JN261816

開拓社叢書 23

# 英語の仮定法

## 仮定法現在を中心に

千葉修司 〔著〕

開拓社

# は　し　が　き

　知人から，時折，「どうして，仮定法現在に興味を持つようになったのか」というような質問を受けることがある．仮定法現在に関する論文を筆者が発表するようになってから，30年以上経過している今となっては，どうして仮定法現在を研究テーマとして選ぶようになったのか，本人にも，正確なところは思い出せないでいる．質問されたときには，その場しのぎに，「あまり誰もやっていないようなことがしたいと思ったから」などという，いい加減な答えでごまかすようにしているが，正直なところ，案外，そのようなところがそもそもの理由だったかも知れない．少なくとも，1980から1982年にかけて，当時始まったばかりの津田塾大学海外研修制度の恩恵を受けて，米国の MIT に Visiting Scientist の資格で滞在を許されたときも，Chomsky 教授の GB 理論に関する熱のこもった授業を聴講しながら，図書館では，ひとり，仮定法関係の古い文献などをあさっていたことを思い出すことがあるから，あの時期には，すでに，仮定法が自分の重要な研究テーマのひとつになっていたに違いない．「仮定法」を取り上げるといっても，興味の中心は，それまで勉強してきた生成文法の枠組みの中での仮定法研究，それも，さらに的を絞って，「仮定法現在」に焦点を当てた研究を進めることであった．というのも，もしそうでなければ，「あまり誰もやらない分野」を取り上げたことにはならないではないか，とおそらく思っていたような気がする．

　生成文法研究のこれまでの進展の中で，英語の仮定法，特に，仮定法現在動詞を主動詞とする that 節（仮定法節）の研究が表舞台に現れることは，近年まではまずなかったと言ってよいであろう．その大きな理由は，現代英語において，仮定法節の用法がそれほど生産的でないと一般的にみなされていたからである．確かに，英語の場合と比べ，仮定法節の使用頻度も高く，はるかに生産的な働きを見せることの多いスペイン語やイタリア語など，仮定法節に関しては英語の「先輩格」にあたるような言語における仮定法節の研究とは異なり，英語における仮定法節の研究は，これまで，どちらかというと日陰者的存在であったと言えるかも知れない．しかしながら，言語事実を深く探っていくと，英語の場合においても，仮定法節の研究から，いろいろと言語学的に興味深い現象に遭遇することができるということが分かる．それ以上のことを望むの

は，希望的観測の域を出ないと批判されるかも知れないが，仮定法節の研究が言語理論研究の面についても示唆する可能性を秘めているというのが，筆者のいつわらざる信念である．ここ何十年かの間に，仮定法節の研究に興味を抱く若い言語学研究者が日本においても次第に増えてきているのは，筆者にとっても喜ばしい限りである．

　永年勤めてきた大学を定年退職し，比較的自由な時間が手に入るようになったのを機会に，これまで書きためてきた仮定法現在についての論文のうち，主立ったものをいくつかまとめてひとつの本にしたのが本書である．今では絶版となっている筆者の著書 *Present Subjunctives in Present-Day English* (1987) を基に，その後新しく取り組んだ研究テーマを選んであるので，本書は Chiba (1987) の姉妹編と呼べるものとなっている．その本を読む機会のなかった読者にもお分かりいただけるよう，そこで扱った重要な事項については，本書の中でも，随時，解説を加えながら再登場させて，読者の便宜をはかるように努めた．

　「仮定法」と聞くと，日本の英語学習者の多くは，おそらく，仮定法過去および仮定法過去完了のあのおなじみの文法的構文のことを思い浮べることであろう．したがって，第1章の最初では，仮定法過去および仮定法過去完了の基本的用法についての復習的解説から説起こしている．しかしながら，本書全体の大きな研究テーマは仮定法現在であるので，話題はすぐに仮定法現在へと移っていくことになる．すなわち，仮定法現在の基本的特徴についての解説として，「仮定法節の認可要素」「仮定法節内の法助動詞」「仮定法節内の not の位置」「仮定法節を導く that の消去」などの文法研究テーマを取り上げる．第2章では，仮定法現在に見られる，否定語 not の語順についての特殊な位置づけとその歴史的変化を，文法規則「動詞繰り上げ」を用いて説明するとどのようになるかについての解説である．それに関連して，一部の英語方言に見られる，語尾変化のない「不変の be」の用法，および幼児期の英語に見られる同様の用法との関連も取り上げられている．この第2章は千葉 (2001a) に加筆修正を加えたものとなっている．第3章は，一種の命令文としての働きを示す仮定法現在と間接疑問文とを組み合わせたような言語使用には，発話行為の点から制約が見られるという言語の持つ普遍的特質について論じている．この章は Chiba (2009) および千葉 (2010) の内容をまとめたものである．第4章では，欽定訳聖書に見られる英語の特質のひとつとして，仮定法現在を取り上げ，特に，その用法の点で問題となりそうな7つの章句に焦点を当て，言語学的分析を通して問題点の指摘を試みている．この章は千葉 (2013) に基づい

ている．最後の第5章では，仮定法現在の用法の歴史的流れを概観するとともに，世界の英語の中で，仮定法現在がどのように拡大して行き，また，どのように「再興」を果たすようになったかの足跡をたどることになる．この章は千葉 (2011) の改訂版となっている．

　開拓社から，「開拓社叢書」に加える本の執筆のお話をいただいてから，かなりの年月が経ってしまった．約束を果たせないまま長い間放置していた形になっていたので，出版のお話は，その後たち切れになってしまっていてもおかしくなかったのであるが，今回，機会を得てやっとまとめることのできた本書の原稿をおそるおそる差し出したところ，なんのおしかりも受けることなく，温かく受け入れてくださることとなった．開拓社の御厚意に感謝申し上げたい．特に，編集部の川田賢氏には，本書出版までのいろいろな段階において大変お世話になり，深く御礼申し上げる次第である．

　本書を通して，仮定法現在の研究のさらなる発展と深まりが見られるようになればとの願いを込めて．

　　2013年5月

　　　　　　　　　　　　　　　　　　　　　　　　　　　　千葉　修司

# 目　次

はしがき

## 第1章　英語の仮定法について
　　　　　―その基本的特徴と仮定法現在― ……………………… 1

　1.　はじめに ………………………………………………………… 1
　2.　仮定法の基本的特徴 …………………………………………… 1
　3.　仮定法によく似た直説法の文 ………………………………… 5
　4.　仮定法の中の隠された条件 …………………………………… 6
　5.　仮定法の「伝播」……………………………………………… 6
　6.　仮定法現在 ……………………………………………………… 14
　7.　仮定法節内の should の消去 ………………………………… 36
　8.　仮定法節内の法助動詞 ………………………………………… 38
　9.　仮定法節内の not の位置 ……………………………………… 41
　10.　仮定法節を導く that の消去 ………………………………… 54
　11.　仮定法と言語習得 ……………………………………………… 67
　12.　仮定法節の音声的特徴 ………………………………………… 69
　13.　「感情の should」……………………………………………… 72
　14.　まとめ …………………………………………………………… 74

## 第2章　動詞繰り上げと仮定法現在 ……………………………… 75

　1.　はじめに ………………………………………………………… 75
　2.　動詞繰り上げ …………………………………………………… 77
　3.　動詞の語尾変化と AGR の強弱 ……………………………… 81
　4.　仮定法動詞の歴史的変化 ……………………………………… 83
　5.　語尾変化の欠けた be 動詞 …………………………………… 85
　6.　まとめ …………………………………………………………… 88

## 第3章　仮定法節と疑問文 ………………………………………… 89

　1.　はじめに ………………………………………………………… 89

2. 命令文としての発話行為を示す仮定法節 ································· 94
  3. 仮定法節と疑問文 ····························································· 97
  4. 文副詞と疑問文 ······························································· 116
  5. まとめ ··········································································· 122

## 第4章　欽定訳聖書に見る仮定法現在
### ――認可要素探索の旅―― ·········································· 125

  1. はじめに ········································································ 125
  2. 仮定法節とその認可要素 ··················································· 125
     2.1. 現代英語の場合 ························································ 125
     2.2. KJV に見られる仮定法現在の認可要素 ························· 128
         2.2.1. 認可要素となる動詞・形容詞・名詞 ···················· 129
             2.2.1.1. 動詞 ················································· 129
             2.2.1.2. 形容詞 ·············································· 138
             2.2.1.3. 名詞 ················································· 140
         2.2.2. 認可要素としての接続詞その他 ·························· 141
     2.3. 間接疑問文の場合 ····················································· 149
  3. 仮定法節かどうかの判定を見誤らないために ························· 151
     3.1. 直説法現在形動詞としての be ····································· 152
     3.2. 仮定法における否定語の語順 ······································ 154
         3.2.1. 動詞／形容詞／名詞補文の場合 ·························· 155
         3.2.2. 副詞節の場合 ·················································· 156
     3.3. 非対格動詞の過去分詞形が仮定法現在のように見える場合 ········ 158
  4. 認可要素は何か ······························································· 163
     4.1. (22-1) の章句について ·············································· 165
     4.2. (22-2) の章句について ·············································· 177
     4.3. (22-3) の章句について ·············································· 182
     4.4. (22-4) の章句について ·············································· 184
     4.5. (22-5) の章句について ·············································· 186
     4.6. (22-6) の章句について ·············································· 190
     4.7. (22-7) の章句について ·············································· 194
  5. まとめ ··········································································· 207

## 第5章　現代英語に見られる仮定法現在の再興と拡大について ···· 211

  1. はじめに ········································································ 211
  2. Fowler (1926, 1965, 1996) に見られる仮定法現在についての記述

|   | の変遷 ･････････････････････････････････････････････････････ 212 |
|---|---|
|   | 2.1. Fowler (1926) ････････････････････････････････････････ 212 |
|   | 2.2. Fowler (1965) ････････････････････････････････････････ 214 |
|   | 2.3. Fowler (1996) ････････････････････････････････････････ 217 |
| 3. | その後の流れ ･･････････････････････････････････････････････ 220 |
| 4. | 直説法動詞を用いた仮定法節 ････････････････････････････････ 223 |
| 5. | 英米以外の英語圏における仮定法節の用法の使用状況について ･･････ 229 |
| 6. | 口語的表現としての仮定法現在 ･･････････････････････････････ 237 |
| 7. | 仮定法節の否定表現 ････････････････････････････････････････ 240 |
| 8. | 「not＋仮定法現在動詞」語順はどのようにして生まれたか ･･････････ 247 |
| 9. | 植民地時代のアメリカ英語 ･･････････････････････････････････ 252 |
| 10. | 仮定法節内の法助動詞 ･･････････････････････････････････････ 255 |
|   | 10.1. 古英語から中英語へ ･････････････････････････････････ 255 |
|   | 10.2. 仮定法衰退の原因 ･･･････････････････････････････････ 257 |
|   | 10.3. 現代英語における仮定法節内の法助動詞 ･･･････････････ 259 |
| 11. | まとめ ･･････････････････････････････････････････････････････ 267 |

参考文献 ････････････････････････････････････････････････････････ 269

索　引　････････････････････････････････････････････････････････ 293

第 1 章

英語の仮定法について
——その基本的特徴と仮定法現在——

## 1. はじめに

　文の種類をその発話内容に対する話し手の心的態度の違いに応じて，次の三つに区別することがある．すなわち，話し手がその発話内容を事実を表すものとして捉えているか，それとも，仮定的な想像上の話として捉えているか，あるいは相手に何か命令や依頼をするために発話しようとしているかといった違いにより，それぞれ，直説法（文），仮定法（文）および命令法（命令文）の三つに分類される．これら話し手の心的態度の違いは，典型的には，動詞の形態上の違いとして表現され，それぞれ，直説法動詞，仮定法動詞，および命令法動詞と呼ぶ．

　このうち仮定法動詞の文は，英語の場合，さらに次のような二つの種類に大きく分けることができる．ひとつは，条件あるいは仮定を表す従属節＋主節（あるいは，その逆の順序）の形で表される仮定法過去および仮定法過去完了の文であり，二つ目は，that 節補文の形を取る仮定法現在（あるいは仮定法原形）と呼ばれる仮定法の文である．

## 2. 仮定法の基本的特徴

　仮定法過去は，意味的には，主として現在の事実に反する仮定，あるいは現在および未来の事柄に対する仮定を表し，文の構造としては，条件節に動詞の過去形を用い，主節の動詞は「法助動詞（would/should/...）＋動詞」の形を取る．

一方，仮定法過去完了は，主として過去の事実に反する仮定を表し，[1] 条件節に動詞の過去完了形を用い，主節の動詞は「法助動詞（would/should/...）＋ have ＋過去分詞」の形を取る（下記例文（1a, b）参照）．

(1) a. If it *rained*, the match *would be* canceled.

(Dancygier (1998: 25))[2]

（もし雨が降れば，試合は中止になるでしょう）

b. If it *had rained*, the match *would have been* canceled. (ibid.)

（もしあのとき雨が降っていたなら，試合は中止になっていたでしょう）

仮定法過去の場合，条件節に be 動詞を用いる時は，次の例文のように，主語の違いにかかわらず常に過去形 were を用いるのが普通であるが，特に口語

---

[1] 仮定法過去完了が過去時制でなく現在時制を表すことがある．下記例文 (i) (Jespersen, *MEG*, Part IV, §9.7(9)) を参照．

(i) If I had had the money [at the present moment] I should have paid you.

（[ ]の中の部分も，Jespersen 自身によるものである）

（もし［現在の時点において］私にそんな金があったなら，お支払いしていたはずです）

このような例文の条件節によって表される現在の事実との乖離の程度は，仮定法過去によって表される次のような例文 (ii) の場合と比べ，より大きくなり，実際は (iii) の表すそれに等しいということを Jespersen (op. cit., §9.7(9)) は指摘している．

(ii) If I had the money, I should pay you.

（もし今私にその金があったなら，お支払いするでしょう）

(iii) I wish I had been rich enough to give you the money.

（あなたにその金を差し上げることができるくらい金持ちだったらいいのになあ）

[2] 次の (ia) のような文に続けて (ib) のように言うと，自然な発話文となるが，(ic) のように続けると，不自然な発話文となる (cf. Portner (1999: 3))．

(i) a. John might have left a note at home.

（ジョンは家にメモを残しているかも知れない）

b. It might explain where he is.

（そうすれば，彼の居場所が分かるかも知れない）

c. ?It explains where he is.

（そうすれば，彼の居場所が分かる）

cf. d. If John left a note at home, it might explain where he is.

（もしジョンが家にメモを残しているなら，彼が今どこにいるか分かるかも知れない）

これは，(ia) によって表された文の内容を，新たに条件節のようにして捉え直し，その条件節を受ける帰結節の形でとして，(ib) および (ic) の文が用いられていることになる ((id) 参照) ので，帰結節に仮定法を用いていない (ic) の文は不自然になることを表す．

体の文では was を用いることもある。[3]

(2) a. If my grandfather *were* here now, he would be angry.
 (Celce-Murcia and Larsen-Freeman (1999: 551))
 (もし私の祖父がここにいたなら，きっと腹を立てることでしょう)
 b. If I *were* the President, I would make some changes. (ibid.)
 (もし私が大統領だったら，いくつか変更を加えたいことがあるのだが)

仮定法過去の条件節の動詞が「should（あるいは should happen to）+動詞」の

---

[3] ただし，was と were とでは，倒置による構文が可能かどうかという点で違いが見られるということを，Stowell (2008: 267-268) は，次のようなデータを示して指摘している．
 (i) a. If John were to rejoin the team, we would win.
 (もしジョンがチームに加わってくれたら，勝てるのになあ)
 b. Were John to rejoin the team, we would win.
 (ii) a. If John was to rejoin the team, we might win.
 (もしジョンがチームに加わってくれたら，勝てるかも知れない)
 b. *Was John to rejoin the team, we would win.
すなわち，were の場合には，接続詞 if を消去して，主語と動詞を倒置させた文も文法的文となるのに対して，was の場合には，そのような倒置構文の文は非文となる．
 Stowell はまた，助動詞 had の場合も，were の場合と同じように倒置構文が許されるが，一方，did の場合は，was の場合と同じく，倒置構文が許されないということを以下のような例文を挙げて説明している (pp. 267-268)．
 (iii) a. If John had not left early, we might have won.
 (もしジョンが早くに退団することがなかったならば，我がチームは勝てたかも知れないのに)
 b. Had John not left early, we might have won.
 (iv) a. If John didn't belong to the team, we would be having problems.
 (もしジョンが我がチームに加わらないとしたなら，やっかいなことになるだろう)
 b. *Did John not belong to the team, we would be having problems.
ところで，倒置可能性に関する were と was の間に見られるこのような違いが，いったいどこから来るのかということに関しては，Stowell は次のような説明を試みている．すなわち，were が仮定法としての性質を持った純粋な仮定法動詞であるのに対し，was のほうは，「仮定法的極性表現 (subjunctive polarity item)」であるので，「仮定法を形成する法性要素 (sub-junctive modal)」（ただし，この法性要素は顕在的なものではないが）による認可を必要とすると考えられる．したがって，倒置構文を生成すべく，was を主語の前に移動させるときに，was の認可要素であるこの法性要素のさらに左に移動することとなり，認可するために必要とされる適当な条件（例えば，認可される要素は認可要素により c-command されていなければならないというような条件）が破られることとなり，結果として，認可されない was が出現することとなる．そこから (iib) のような非文が生ずるものと考えられる．

形で表現されていると，条件節の表す非現実性の程度が一般的に薄れ，主節の表す事柄の起こりうる可能性もそれだけ高くなる（下記例文 (3a) 参照）．したがって，現在の事実に反する事柄を表す条件節の中にこの表現を用いると，(3b) のような不自然な文が生じることとなる．

(3) a. If Joe *should/should happen to* have the time, he would go to Mexico.　　　(Celce-Murcia and Larsen-Freeman (1999: 551))
（もしジョーに暇があれば，メキシコに行くことでしょう）

b. ?If my grandfather *should/should happen to* be alive today, he would experience a very different world.　　　(ibid.)
（もし私の祖父がこんにち生きていたならば，ずっと違った世の中を経験することでしょう）

仮定法は一般的に現実の世界ではなく，仮定（または架空）の世界を表す言語表現であるので，そこに表された仮定や条件の内容は，現実の世界においては成立しない（あるいは成立しにくい）ことが前提となっているのが普通であるが，場合によっては，次の例文が示すように，そのような前提が否定される（すなわち，棚上げされる）こともある．

(4) If Jones had taken arsenic, he would have shown just exactly those symptoms which he does in fact show ....　(Fintel (1998: 35, ex. (2)), Portner (1999: 4, ex. (19))；もともと Anderson (1951: 37) より)
（もしジョーンズが砒素を飲んでいたとしたなら，まさに実際彼に表れたのと同じあのような症状が表れたことでしょう）

すなわち，この例文においては，関係節 which he does in fact show が示すように，「ジョンが砒素を実際飲んだ」ということが否定されていない，というより，むしろ，その可能性が高いことが示唆されている．

同じようなことが，次の例文 (Fintel (1998: 38)) についても言える．

(5) If Polly had come to dinner tonight, we would have had a good time.
（もしポリーが今夜ディナーに来ていたなら，私たちはきっと楽しい思いをしたことでしょう）

If Uli had made the same amount of food that he in fact made, she would have eaten most of it.

（もしユーリが実際今回作ったのと同じ量の食事を用意していたとしたならば，彼女はそのほとんどを平らげていたことでしょう）

すなわち，二つ目の文の if 節によって表されている仮定内容は，関係節 that he in fact made が示すように，実際起こった出来事を表しているので，その仮定は，あり得ないこととして提示されているのではないことになる．[4]

## 3. 仮定法によく似た直説法の文

直説法の文でありながら，仮定法過去の文によく似た文が存在する．すなわち，条件節の部分は仮定法過去の場合と同じ形をしているが，主節の動詞の部分には，仮定法過去の場合と異なり法助動詞を用いず，代わりに直説法動詞の過去形を用いる次のような文が存在する．

(6) If John *went* to that party, (then) he *was* trying to infuriate Miriam.
(Dancygier (1998: 7))

（もしジョンがそのパーティーに出席したのであれば，きっと，ミリアムを憤慨させるようなことをしようとしたでしょう）

このような文は，過去に起った出来事や事柄を事実と認めたうえで，「それならば（それが事実ならば），かくかくしかじかのことが起こった（あった）に違いない」という推測の気持ちを表すのに用いられる．次のような対話の中で用いられるのが，その典型的な用法である．

(7) A: Joyce went there last night.
B: Well, if Joyce *went* there, she *saw* what happened.
(Celce-Murcia and Larsen-Freeman (1999: 558))

（それじゃ，もしジョイスがそこに行ったのなら，彼女はそこで起こったことを目撃したはずだ）

---

[4] 英語の仮定法の一般的特徴を記述した文法書として，Jespersen (*MEG*, Part IV), Curme (1931), 細江 (1973), Quirk et al. (1985), James (1986), Declerck (1991), Dancygier (1998) などがある．

## 4. 仮定法の中の隠された条件

仮定法が用いられる時は，仮定や条件を表す部分は，条件節の形で明示的に表されていることが多い．しかし，仮定や条件を表す部分は，常にこのような条件節の形で示されているわけではない．条件節に相当する意味が他の表現の中に隠されていることもある．

(8) a. Four-legged patients are treated for conditions that *just a few years ago* would have meant putting them to death.

(*Time*, January 11, 1988, p. 39)

(つい2, 3年前だったら，おそらく助かる見込みのなかったような状況でも，四つ足動物の患者は今では治療してもらえるってわけだ)

b. As *exposure to the sun's rays* would surely cause him to perish, he [ = Dracula] stays protected in the satin-lined chamber bearing his family name in silver. (Sam Sebesta (ed.), *Ride the Silver Seas*, p. 283, Harcourt Brace Jovanovich, 1982)

(太陽光線にさらされると確実に身の破滅となるので，ドラキュラは彼の家系の名前が銀で書かれ，しゅすの裏地の付いた棺の中にじっと潜んで身を守っています)

c. *A book which went into considerable detail about the ages of samples of children* might (or might not) be fun to write, but it is not this book.

(*Martin Atkinson, Children's Syntax*, p. 7, Blackwell, 1992)

(見本として挙げられている子どもたちの年齢について詳細に論じたような本だったら，書くのが楽しい（あるいは，楽しくない）かも知れないが，これはそのような本ではない)

上の文 (8a-c) のイタリック体の部分は，それぞれ，「つい2, 3年前だったら」「もし太陽光線に身をさらすようなことがあると」「見本として挙げられている子どもたちの年齢について詳細に論じたような本だったら」のように解釈され，いずれも，条件節に相当する働きをしている．

## 5. 仮定法の「伝播」

仮定法の持つ特徴のひとつに，「仮定法の伝播」と呼べるような興味ある現

象がある．すなわち，仮定法過去の構文において，主節および従属節を修飾するさらに内部の従属節の動詞を，たとえ意味内容の上では現在（あるいは未来）のことを表しているような場合でも，次の例文に見るように，これを過去形で表すことが多い．

(9) If Japanese students were supposed to study English [so that they *developed* competence in English], then such study should begin much earlier than it does. (Thomas Mader, "Language Learning and Culture Learning," p. 3, unpublished paper, Tsuda College, 1995)
（もし日本の学生が英語の能力を付けるために英語を勉強するのだとしたならば，そのような学習は，実際行われているよりもずっと早めに始めるべきである）

上の文の [ ] の部分は，if で始まる条件節の一部をなす従属節である．その中の動詞 developed は過去形になっているが，意味内容の上では過去のことを表すわけではなく，「英語の能力が上達するように」という意味である．

主節の中に現れる従属節についても，同じことが言える．

(10) If we measured adult sentences with a ruler, we would find in most cases [that the length before the verb *was* short and the length after the verb *was* long]. (David Crystal, *Listen to Your Child: A Parent's Guide to Children's Language,* p. 117, Penguin Books, 1986)
（もし大人の用いる文の長さを物差しで測ってみるならば，おそらくたいていの場合，動詞の前の部分は短く，動詞の後の部分は長いということが分かるでしょう）

すなわち，この文の主節の一部をなす that 節の中には，過去形動詞が用いられているが，意味内容の上からは過去の事柄を表すわけではない．これらの事実は，「時の一致」(sequence of tenses) の現象が仮定法の構文の場合にも見られるということを示す．（上で取り上げた例文 (8c) の関係節の中にも，同じような現象が含まれていることに注意.）

ここで留意すべきことがある．学校文法では，仮定法の場合は，ふつう時の一致が起こらないというような説明をすることがある．ただし，そのような説明は，直接話法の文を間接話法の文に書き換える（あるいは言い換える）場合，例えば，下の (11a) の文を，(11b) に示すように，主節 I said の後ろに続く従属節として書き換えるような場合について言えることである．

(11) a. If we went by car we'd get there in time.　　(Declerck (1991: 525))
　　　　（もし車で行くなら，私たちはそちらに時間に間に合って到着できるだろう）
　　b. I said that if we went by car we'd get there in time.　　(ibid.)
　　　　（もし車で行くなら，私たちはそちらに時間に間に合って到着できるだろうと私は言ったのです）
　　c. I said that if we'd gone by car, we'd have got there in time.　　(ibid.)
　　　　（もし車で行っていたなら，私たちはそちらに時間に間に合って到着できていたであろうにと私は言ったのです）

このような場合，もし時の一致に従って (11a) を (11c) のように書き換えると，仮定法の表す意味がもとのものとは異なってくることになる．すなわち，もとの文 (11a) においては，仮定されている事柄に関する現実可能性は否定されていないのに対して，(11c) においては，それが否定されていて，むしろ実際には起こらなかった事柄に対する仮定（およびその帰結）を表すことになる．

このような「話法の転換」の場合に限らず，次のような例文の場合についても，文法書の中には，「仮定法過去は現在時制を表すので，仮定法過去のあとでは時の一致は起こらない」(Curme (1931: 355)) と説明するものもあるが，

(12)　I *should say* that this book meets your requirements.
　　　　（おそらく，この本はあなたのご要望にかなうことでしょう）

実際には，上で取り上げた例文 (9)，(10) および Jespersen (*MEG*, Part IV, §11.4(3)) が挙げている次のような例文からも分かるように，仮定法過去の構文の中に時の一致の現象が見られることも多いのである．[5]

(13) a. Does it lead to anything? I should say it *did*!

---

　[5] ただし，次節で取り上げる仮定法現在の場合には，一般的に時制の一致の現象は見られない．その理由として，Jespersen (*MEG*, Part IV, §11.7(4)) は，特に提案・動議などを表す仮定法現在の that 節の場合，接続詞 that に導かれているとはいえ，実質的には，命令文のように要求・提案を直接話法的に伝える働きをしているので，命令文が一般的に時制の一致を起こさないのと同様，仮定法現在の場合も時制の一致が生じないのであろうというような主旨のことを述べている．
　一方，Celce-Murcia and Larsen-Freeman (1999: 691) は，仮定法現在には時制が欠けているので，時制の一致の対象にならないと述べている．

(それでうまくいきますか．ええ，きっと，うまくいくでしょう)

b. Why did you look at me like that—as if you thought it *was* useless to go on writing to him?
(何でそんなふうに私のことをじろじろ見たの．まるで，私が彼に手紙を書き続けても無駄だなんて思ってるみたいに)

c. If we went, people would think we *were* mad.
(もし私たちが行ったりしたら，正気の沙汰ではないと人に思われることでしょう)

さらに，仮定法過去の構文に見られる時の一致の現象は，次の例のように，関係節や同格節の中にも及ぶのが普通である．

(14) a. On the basis of this set of data, a grammar [that *included* a rule such as (59)] would seem a reasonable choice.
(C. L. Baker, *Introduction to Generative-Transformational Syntax*, p. 429, Prentice-Hall, 1978)
(このような一群の言語事実をもってすれば，文法の中に (59) のような規則が含まれていると考えるのが，理にかなった選択だと思えることでしょう)

b. If I were/was rich, I would buy you anything [you *wanted*].
(Quirk et al. (1995: 158))
(もしも私が金持ちだったら，あなたの好きなもの何でも買ってあげるのに)

c. As far as passivization is concerned, of course, one of the main theoretical issues is precisely whether or not grammatical relations are relevant, so the acceptance of [OBJ] in GPSG would be tantamount to an admission [that they *were*].
(*Lingua* 79 (1989), p. 21)
(もちろん，受け身規則に関する限り，主要な理論的問題のひとつは，まさしく，文法的関係は関係あるのかどうかということであり，したがって，一般句構造文法 (GPSG) の中に「目的語」という概念を取り入れるということは，文法的関係を考慮することが妥当だと判断するに等しいことになるであろう)

これらの例に見られる時の一致の現象は，仮定法の力が仮定法動詞の内部に

とどまらず，それらの動詞と統語的・意味的に密接な関係を持つ従属節の中に伝播（あるいは浸透）していく結果生ずるものと考えられる．このような「仮定法の伝播」の現象は，問題の従属節のさらに内部に存在する従属節（すなわち，さらに深くはめ込まれた従属節）にも及んでいくことが，次のような例文からも分かる．

(15) a. I wish snow was dry, [so that you *didn't* get all cold and wet [when you *played* in it]]. (*The Daily Yomiuri*, March 18, 1999, p. 17)
（雪の中で遊んでも，体中が冷たくなってびしょ濡れにならなくてすむように，雪というものが乾いたものであってくれたらなあ）

b. If they had had a more profound comprehension of language, they would have understood [that linguistic phenomena *were* complex events [which *could* be scrutinized from two equally valid points of view, [neither of which *was* adequate by itself]]].
(*CLS* 7 (1971), p. 522)
（もし，彼らに言語に対してのもっと深い理解力があったならば，言語学的現象というものが，二つの同じように有効なものの見方で，しかも，そのどちらも，単独では妥当でないようなものの見方を通して吟味することのできる複雑な現象であるということを理解することになったであろう）

c. In order for an adequate semantic description to be built on this syntactic analysis, it would be necessary to set up an interpretive rule [that was sensitive to [whether the rule of Question Movement *was* applied], and if the rule *was* applied, [which NP in the tree *was* moved]]. (C. L. Baker, *Introduction to Generative-Transformational Syntax*, p. 229, Prentice-Hall, 1978)
（このような統語的分析に基づいて，妥当な意味的記述が得られるためには，疑問移動規則が適用されるかどうかに敏感で，しかも，もしその規則が適用されるならば，その樹状図の中のどの名詞句が移動するのかということに敏感に反応するような解釈規則を提起することが必要となるであろう）

d. It would probably not make a great deal of difference tomorrow. But 10 years from now, the difference would be huge. That's because there would be [no one [whose job *was* to talk about the health of America] and [who *had* a mission and responsibili-

ty [to see that health *was* a major part of the national agenda]]].
(*The Daily Yomiuri*, July 15, 1995, p. 13)
(だからといって，今日明日のうちに大きな違いが現れるということはないであろう．でも，十年先には，その違いはかなりのものになるであろう．というのも，アメリカ国民の健康のことについて語り，また，健康というものが国全体で考えるべき議題の主要な部分をなすということに心を配ることが任務であり，またその人の責任であるような人は誰もいないことになるであろうから)

　このような現象は，話し手が，そこに現れたそれぞれの従属節の持つ時制を何にするのがよいかということにいちいち拘泥せずに，全体の主要な意味内容を担う動詞の持つ時制（この場合は過去時制）をそのまま継続して用いて話し続ける心理的作用の表れであるとみなすことができるが，このような心理的作用のことを Jespersen (*MEG*, Part IV, §11.1(3)) は「心的惰性」(mental inertia) と呼んでいる．

　ところで，Noam Chomsky に始まる生成文法の考え方あるいは文法観からすると，このように，ある特定の文法的現象だけを「心理的作用」の表れとして説明しようとする立場は，すぐには受け入れがたいところがある．と言うのも，生成文法の立場からすれば，そもそも，文法的現象と呼ばれるものは，生得的な「普遍文法」と，生後ある一定期間における言語的経験の相互作用の結果，人の心の中に獲得されると考えられる「個別文法」(が持つ内的メカニズム)の働きにより心の中に生み出される種々の言語的構造体の織りなす現象のことを言うのであるから，このような立場に立てば，原則として，すべての文法的現象は，(心的)文法に備わった「心的作用」の結果だとみなすことができるであろう．このような文法観からすれば，Jespersen がその大部の文法書の中で解説している様々な文法的事項の多くは，心的メカニズムとしての文法が生み出す文法的現象についての解説であると言えることになる．したがって，上で取り上げた「仮定法伝播の現象」も，当然ながら，(無意識のうちに働く)心的作用の表れのひとつとして捉えられることになる．すなわち，そのような現象も，これを文法研究のテーマのひとつとして見た場合，いったい，心の文法の中にどのような文法的メカニズムが潜んでいる結果，このような現象が生ずるのであろうかというような，(生成文法では)おなじみの問題提起へとつながっていくのである．

　普通は無意識のうちに働く，心的文法内のメカニズムではあるが，もちろ

ん，このような心的作用について思いをはせること自体は可能である．ただし，私たちの心の中で無意識のうちに働く文法的操作を意識的にコントロールすることはできないであろう．第二言語習得の途中の段階にいる学習者が，目標言語の文法の規則のことにあれこれ推測を働かせながら，求められている文章を何とか組み立てようとする場面であるとか，あるいは，母語話者が，推敲を重ねながら文章を練っていくような場面を想定すれば，自分の用いる文法的規則について意識を働かせるようなことが実際起こっていると言えるであろう．ただし，Jespersen が言っているのは，このような場面における心理的作用のことでなく，ごく普通に見られる母語話者の言語使用（文法使用）のことではないかと思われる．

単に，主節とひとつ下の従属節との間に見られる，時制の一致的仮定法動詞の使用だけではなく，二つ目，三つ目とどこまでも続く可能性のある従属節の内部の動詞が皆一斉に，同じような仮定法になっているように見えるこの現象は，確かに，Jespersen の言うように，何か「惰性的」なものが働いているかのようにも受け取られるかも知れない．しかしながら，このような現象も，結果的にそのような「心的惰性」として写るかも知れない，ある種の「厳密な」文法的規則の作用の表れと考えることも十分可能であろう．

Jespersen の言う「心的惰性」が，ほかの文法的現象の場合とどこか異なる心理作用のことを意味しているとしたら，Chomsky の言う「言語能力（competence）」だけでなく，「言語運用（performance）」をも含めた，文法全体のメカニズムのどのあたりに潜む「心理的作用」のことになるか，というような新たな研究課題としてこの問題をさらに追究していくのも，興味あることのように思える．

仮定法過去の構文に見られる時の一致の現象を，上で説明したように「仮定法の力」そのものが伝播されるとみなしてよいであろうか．それとも，動詞の持つ「過去時制」が伝播されると考えるべきだろうか．もし前者だとしたら，問題の従属節の中に伝播されて現れる過去形動詞は，she *would/should have …/it were …* などのように，仮定法であることが明らかなような動詞の形態が選ばれてもよいはずであるが，実際はどうであろうか．次のようなデータを観察してみよう．

 (16) a. If you flew from Phoenix to Minneapolis in January, and didn't know the temperature there *was/\*were/\*would be/\*is* going to be 23 below zero, you wouldn't be prepared for the cold blast upon

arrival and you might panic.

（もし，1月にフェニックスからミネアポリスに飛行機で移動するとして，当地の気温が華氏零下23度まで下がるということを知らなかったとしたら，おそらく，あなたは飛行場に到着するとすぐに見舞われる冷たい突風に対する準備などできてなくて，パニックに陥るかも知れませんね）

b. Modal auxiliaries have only finite forms and a modal that *is/was/\*were* preceded by another auxiliary would have to be in a nonfinite form, so the morphology of modal auxiliaries prevents them from following any other auxiliary verb.

（法助動詞には定形しかなく，一方，別の助動詞の後に続く場合は非定形でなければならないので，結局，法助動詞の形態論の特徴として，法助動詞が別の助動詞の後に続くことが許されないことになります）

c. Max said that he would marry a woman who *was/\*were* intelligent.[6]

---

[6] 例文 (16c) は Stowell (2008: 265) より．Stowell は (16c) と並べて，下記例文 (i) のような例も挙げている．

(i) Max (would have) said that he would only marry a woman who *had* (\**of*) earned a lot of money by the time she reached the age of 30.

（30になるまでにかなりの金を稼ぐことのできるような女性と結婚できたらいいなあとマックスは言いました／おそらく言ったのでしょう）

上の例文の中に用いられている "had of earned" の表現は，標準的用法としては，ふつう "had + V-en" の形，すなわち，"had earned" の形で表現される言語形式に相当する口語的表現を表したもので，ほかに，"had've earned" や "had a earned" のように表記されることもある．このような文字表記で表される仮定法の用法のことを，Stowell はドイツ語の "Konjunktiv II"（接続法第2式）にちなんで，"the English Konjunktiv II"（略して K2）と名付けている．

K2 を用いた文法的文の例としては，次のようなものを挙げることができる（例文は，いずれも，Stowell (2008: 254) より）．

(ii) a. I'd rather she *had of* focused on one or the other, instead of both.

（彼女が二つともに焦点を当てるのではなく，どちらかひとつだけに焦点を絞っていたらよかったのに）

b. If there *had a* been a plan, Iraq might have been moving toward self-rule by now.

（もししっかりとした計画があったならば，イラクは今頃は民主政治に向かって動き始めていたかも知れないのに）

例文 (i) の中が "had (\*of) earned" のような表記になっているということは，この種の仮定法をここで用いることはできないということを表している．

このように，Stowell (2008: 264-265) が，本文中の例文 (16c) および上記 (i) のような例

（聡明な女性と結婚したいとマックスは言いました）

上の文において，仮定法動詞 were/would be（さらに，注6に挙げた仮定法 K2 動詞 had of も）を用いることは許されないのであるから，このような場合，伝播（あるいは転移）されているのは，仮定法の力（あるいは，「仮定法」の素性）そのものというより，（過去）時制のほうであると見なすことができるかも知れない．ただし，このことが，仮定法の時の一致の現象について理論的に何を意味するかなど細かいことはまだ分からない．

## 6. 仮定法現在

第1節で述べたように，仮定法には，もうひとつの別の構文として，仮定法現在（あるいは仮定法原形）がある．仮定法現在は，文語的用法としては，例文 (17a-c) のような祈願文や，例文 (18a-c) のような副詞節（特に，条件・譲歩・目的などを表す副詞節）の中にも用いられることがある[7]が，多くの場合は，

---

文を示しながら，我々が本文で問題にしている「仮定法伝播」と同じような現象について論じているのを知るのは，大変興味深いと思われる．

[7] 副詞節が仮定法節になっているような例として，次のようなものを加えることができる．

(i) a. On the one hand, various attempts have been made to amend or complete the structural typology *so that* all marked cases *be* accounted for within syntactic theory.　　　　　　　　　　　　　　　　　　　(*Language* 65 (1989), p. 695)
（一方では，有標の場合はすべて統語理論の内部で説明が付くように，その構造的類型論を修正ないし完成させるための様々な試みがこれまでなされてきている）
  b. You should pay his bills, *lest* he *get* arrested.　　　　(Emonds (1985: 248))
（彼が逮捕されないように，あなたが彼の勘定を支払うべきだ）
  c. Can I put it on his chest *so* it *be* a button?　　　　(Atkinson (1982: 181))
（ボタンになるように，彼の胸の所にそれを置いていいですか）

ただし，条件を表す副詞節（および I wish の補文）に仮定法節を用いた文は，現代英語としては，気取った (affected) 感じの文になるということを，Stowell (2008: 263-264) は以下のような例文を挙げながら説明している．なお，下記例文 (iic) は，動詞 demand の補文としての that 節の中に，be の代わりに was/were を用いることはできないということを表す．

(ii) a. If I were/was/*be a terrorist, I would keep a low profile.
（もし私がテロリストだとしたら，目立たないようにしているだろう）
  b. I wish John were/was/*be here.
（ジョンがここにいてくれたらなあ）
  c. We demand that they be/*were/*was hired.
（我々は彼らを採用するよう要求します）

例文（19a-c）のように，ある特定の動詞，名詞，形容詞に支配された that 節の中に現れる．

(17) a. The Lord *be* praised.
 （主をほめたたえよ）
 b. God *save* the Queen.
 （女王万歳）
 c. But this is not, *be* it noted, a limitation on quantitative patterns as such. (M. A. K. Halliday, *Explanations in the Functions of Language*, p. 117, Edward Arnold, 1973)
 （しかし，注意すべきは，このことが，数量的パターンそのものに対する制限を意味するものではないということである）

(18) a. But *if* that *be* the case, then how could these highly abstract principles possibly be learned inductively? (F. Newmeyer, *Linguistic Theory in America*, p. 42, Academic Press, 1980)
 （しかし，もしそれが事実だとするならば，このようなかなり抽象的な原理を人はいったいどのようにして帰納的に学習可能だということになるのか）
 b. No *-ly* adverbials *whether* they *be* analyzed as manner, frequency, or some other kind (e.g., *cleverly, occasionally*) may occur any place in the sentence.
 (R. Jacobs and P. Rosenbaum (eds.), *Readings in English Transformational Grammar*, p. 90, Ginn and Company, 1970)
 （語尾が -ly で終わる副詞は，（例えば cleverly, occasionally のように）様態，頻度やその他の種類のいずれに分析されるものであろうとも，いっさい，その文の中のどの位置をも占めることは許されない）

---

 (iii) a. If John left/*leave tomorrow, he would arrive in Paris on Friday.
 （もし明日出発するなら，ジョンは金曜日にパリに到着できるでしょう）
 b. I wish John lived/*live nearby.
 （ジョンが近くに住んでいたならなあ）
 c. If John had (of) left/*leave/*have left tomorrow instead of today, ...
 （もし今日ではなく明日ジョンが出発するのだとしたら，…）
 d. I wish John had (of) left/*leave/*have left tomorrow instead of today, ...
 （今日ではなく明日ジョンが出発するのだとしたらよかったのになあ）
（上記例文 (iiic, d) の中に用いられている "had of left" の表現については，注6を参照.）

c. Notice, also, that the rules must re realized in some form *in order that* the game *be* playable.

(J. Searle, *Speech Acts*, p. 39, Cambridge University Press, 1969)

(そのようなゲームが実行可能であるためには，そういった規則が現実のものとして作動していなければならないということにもまた注意する必要がある)

(19) a. The employees have *demanded* [that the manager *resign*].

(Quirk et al. (1985: 157))

(経営者は辞職すべきだと雇用人たちは要求している)

b. It is *essential* [that each of the girls *be* in jeopardy at least once during every episode]. (*Time*, June 8, 1981, p. 73)

(毎週ごとのテレビドラマ (「チャーリーズ・エンジェルズ」) の中で，最低一回は，その女性たちの一人ひとりが危険な目に遭うという筋書きになっているのがポイントである)

c. The *regulation* is [that no candidate *take* a book into the examination room]. (Onions (1965: 118))

(規則では，受験生は試験会場に本を持ち込まないことになっている)

仮定法現在の現れる that 節のことを便宜上「仮定法節」と呼ぶことにしよう．また，ある特定の意味特徴を備えた語彙項目が仮定法節を従える場合，これを，その語彙項目が仮定法節 (あるいは，仮定法節内の仮定法現在動詞) を「認可する」という言い方で捉えることができる．仮定法節を要求する (あるいは許す) 動詞，名詞，形容詞の意味的特徴として「願望，意志，要求，忠告，決定，非現実性」などを挙げることができるが，すべての関連する語彙項目に共通する中核的意味特徴を的確に指摘することは難しい．

英語以外の言語の場合も含め，伝統文法および生成文法の中で提案されている中核的意味特徴としては，「意志」(will) (cf. Onions (1965))，「非叙実性」(non-factivity) (cf. Lyons (1977))，「非断定性」(non-assertiveness) (cf. Bolinger (1968), Hooper (1975))，「非現実的出来事」(irrealis event) (cf. Pesetsky (1982), Givón (1994), Radford (2009)) などがある．また，「関連性の薄さ (lesser relevance)」ないし「情報的価値の低さ (low-information value)」(cf. Lunn (1989, 1995), Jary (2010)) など「関連性 (relevance)」の観点から問題の意味特徴を捉えようとする研究もある．

ただし，実際には，Jakubowicz (1985: 191), Wierzbicka (1988: 159) が

指摘しているように，「叙実性」（factivity）の意味特徴を表す文の場合でも，仮定法動詞で表すことができるような言語が数多く存在する．また一方では，Farkas（1985: 1-2）が指摘するように，非現実的出来事を表すと思われる英語の動詞 dream, imagine, lie に相当する動詞の場合を考えてみると，これらの動詞は仮定法節を認可できるのではないかと推測されるにもかかわらず，実際には，これらの動詞が関係節の中に仮定法動詞の使用を許すようなロマンス系言語を見いだすことができない，といった具合である．(Lunn (1989: 431) は，スペイン語の el hecho de que 'the fact that' が，その補文の中に，直説法動詞，仮定法動詞のいずれの動詞をも取ることができるということからも分かるように，スペイン語には法の選択（mood choice）に関する複雑性が見られるということを指摘している．)

非断定性という概念は，any, anyone, anybody, anything, anywhere, ever などの語彙項目（これらの語彙項目を「否定対極表現（negative polarity items）」と呼ぶ）を特徴付ける意味的特徴としても用いられることがある．すなわち，Baker (1989: 415) は，上記のような語彙項目を "nonassertive words" あるいは "nonassertives" と名付け，これらの語彙項目が現れる統語的環境として，yes-no 疑問文，条件節，比較構文などを挙げている．したがって，このことより，否定対極表現と仮定法動詞あるいは仮定法節との間に密接な関係があるのではないかという推測が成り立つが，だからと言って，少なくとも現代英語に関する限り，否定対極表現が現れる環境のひとつに仮定法節をそのまま加えればいいということにもならないので，この点，言語事実をふまえた注意深い取り扱いが必要となる．確かに，否定対極表現に見られる非断定性と仮定法節との間には，密接な関係がある（cf. Manzini (2000)）ことが推測されるのであるが，また一方では，ロマンス系言語やスラブ系言語の場合に見られるように，「非断定性」の意味特徴を表す補文の中であっても，仮定法動詞を用いることができないようなものが存在するということも知られている．

英語においても，important, matter, suffice のように，叙実述語（factive predicates）が仮定法節を認可できることを示す次のような例が存在する．

(20) a. It *was important* that he *rest*.
(*Collins Cobuild English Dictionary*, 2nd ed., s.v. *important*)
（彼には休養が必要であった）
b. All that *matters* is that the Verb *appear* in second position so as to make it possible for 21 to apply.

(Stephen R. Anderson, "Wackernagel's Revenge: Clitics, Morphology, and the Syntax of Second Position," p. 88; *Language* 69 (1993) 68-98)
(重要なことは，規則 21 が当てはまるように，動詞が二番目の位置を占めるということである)

c. Thus it was not desirable to restrict the ENS [ = English Native Speakers] sample to a narrow range in terms of proficiency; it *sufficed* that they *be* fluent and roughly comparable in their spoken French. (David Birdsong, "Ultimate Attainment in Second Language Acquisition," p. 717; *Language* 68 (1992) 706-755)
(だから，英語の母語話者のサンプルを言語能力の点である特定の狭い範囲の人たちに限定するのは望ましくないということになった．被験者がフランス語を流暢に話し，だいたい同じような程度の会話能力を備えているということで十分であった)

形容詞 important については，上記例文 (20a) のように，仮定法を認可する用法のほかに，直説法動詞を用いた補文を取る用法も見られる．二つの用法を並べた形で下に提示してみよう．

(21) a. What's *important* is [that everybody at least *learn* the basics, like greetings and introductions, in the local language].
(重要なのは，誰もが，少なくとも，その土地の言語を用いて挨拶や自己紹介ができる程度の基本的事項を身に付けているということである)

b. What is *important* for us here is [that his argument *overcomes* a contradiction concerning RES(NIC), hence ECP, in the case of the prodrop languages]. (Chomsky (1981: 255))
(ここで我々にとって重要なのは，彼の議論が，代名詞主語省略言語の場合，主格島条件の残余（したがって，空範疇原理の場合も）に関する矛盾点をうまく克服しているという点である)

このような場合，仮定法動詞および直説法動詞を用いることにより，補文の表す命題の意味内容，特にその「法」にかかわる部分が微妙に異なることが分かるであろう．すなわち，仮定法を用いて表されている (21a) のような場合には，現実界にすでに起こっている事柄を問題にしているのではなく，起こる可能性のある，あるいは起こることが望ましいと思われる事柄を問題にしているのに対し，一方，直説法を用いて表されている (21b) のような場合には，現

実界にすでに起こっている事柄を問題にしているという違いがある．形容詞 important のように，仮定法動詞および直説法動詞のいずれの用法も許すような語彙項目の場合には，一般的に，このような違いが見られる．そのような語彙項目の他の例としては，advise, insist, specify, suggest; essential; condition, importance, requirement などがある (cf. Chiba (1987: 5-11))．

　場合によっては，仮定法を用いることが期待されるような場面においても，人によっては，仮定法を用いず，直説法で「代用させる」ようなこともあるようである．例えば，Givón (1993: 275) は，「多くの話し手，特に若い年齢層の人たちには，仮定法現在の用法が欠けているようである」という主旨のことを述べ，具体例として，新聞記事に見られる次のような文の例を挙げている．

(22) 　... Elaine Franklin, Packwood's chief of staff, said she called Baucus' campaign manager after seeing the ad Friday "and said it would be our *preference* that Sen. Packwood *is not* in this race" ....
　　　　　　　　　　　　　　　　　　　　　　（イタリック体は筆者）
　　　（パックウッドの主任スタッフであるエレイン・フランクリンの話によると，金曜日にその広告を見た後，ボーカスのキャンペーン部長に電話をかけ，「パックウッド上院議員が今度の選挙戦には出ないというのが我々の希望だということになりますと伝えた」とのことである）

(このような発言は，「is not は not be のように表現すべきところ，近頃の若い者は云々」のような，おなじみの「ことばの乱れ」を嘆く年配者の嘆きの声として受け取られるかも知れない．)

　同じように，Bolinger (1968: 4; 1977: 189) も，人によっては，下記例文 (23a, b) に見るように，二つの用法を区別して用いる人もあれば，中には，どちらの場合にも直説法だけを用いて済ますような人もあるというようなことを指摘している．

(23) 　a. 　I *insist* that he *get* the money.
　　　b. 　I *insist* that he *gets* the money.
　　　　　（[(a), (b) いずれの場合も] 彼はそのお金を受け取るべきだと私は言いたい）

　ここで注意すべきことは，上で説明したような「直説法動詞による代用的使用法」とでも呼べるような現象は，必ずしも否定的な態度で捉えるべき現象には当たらないということである．というのも，主としてアメリカ英語で，仮定

法現在動詞を用いるところを，主としてイギリス英語で，直説法現在動詞（あるいは，場合によっては，過去形動詞）を用いるような用法が一般的に見られるからである（詳しくは，第5章第4節，Quirk et al. (1985: 157; 1014; 1182), Chiba (1987: 11-14; 169, note 19; 182, note 15), Givón (1993: 275f.), 鷹家・林 (2004: 66-69), Anderson (2007: 13f.) 参照）．

次に，動詞 want が仮定法節を認可できるかどうかについて考えてみよう．現代英語においては，動詞 want は，下記例文 (24) が示すように，ふつう仮定法節を認可できないが，下記例文 (25) に見るように，同じような意味を表す動詞 prefer が仮定法節を認可できたり，英語以外の言語（例えば，フランス語）においては，下記例文 (26) に示すように，want に相当する動詞が仮定法節を認可できたりというようなことを考えると，(24a-c) のような文が非文となるのは，偶然的なことのように思えるかも知れない（cf. Chomsky (1981: 19)）．

(24) a. *I *want* that he *be* tickled mercilessly.　　(Ross (1974: 79, fn. 11))
　　 b. *I *want* that you *be* happy.　　(Bolinger (1972: 49))
　　 c. *The students *want* that Bill *visit* Paris.　　(Chomsky (1981: 19))
(25) 　The students *prefer* that Bill *visit* Paris.　　(ibid.)
(26) 　Jean *veut*　qu'il　*pleuve*.　　(Rowlett (2007: 149))
　　　 Jean wants that-it rain.SUBJ　[SUBJ = subjunctive]
　　　 'Jean wants it to rain.'

事実，下記例文 (27) が示すように，動詞 want が仮定法節を認可できるような言語的環境があることも，調べると分かるのである．[8]

---

[8] 仮定法節や不定詞構文など，ある特定の補文の選択可能性について，「不可能である (impossible)」という場合と，「可能であるが，実際には起こらない (possible but not actual)」という場合とを区別できるということを Pesetsky (1982: 674) は述べている．したがって，英語の多くの母語話者の持つ言語直観からすると，下記例文のうち，(ia, b) のほうが (iia, b) に比べ文法性が優っているということになる（例文も同じ箇所から．#の記号は，「可能であるが，実際は起こらない」（すなわち，非文となる）ことを表す）．

　(i)　a. #I want [for you to come earlier]
　　　 b. #I want [that John be elected president]
　(ii)　a. *I believed [for you to come earlier]
　　　 b. *I believed [that John be elected president]

なお，Pesetsky (1982: 673) は，どの程度仮定法節と結び付きやすいかについての程度の差はあるが，仮定法節を補文として取るような動詞としては，次の2種類のグループを認め

(27) a. What I *want* is that he *be* tickled mercilessly.

(Ross (1974: 79, fn. 11))

(私の望みは,彼がなさけ容赦なくくすぐられることです)

b. What John *wants* is that he *win* the race.  (Huntley (1980: 302))

(ジョンの望みは,その試合に勝つことです)

c. All I *want* is that you *be* happy.  (Bolinger (1972: 49))

(私の望みはただひとつ,あなたの幸せです)

d. I *want* only that you *be* happy. (同上)  (ibid.)

e. John *wants* it of Bill that he *clean* the house. (Gruber (1976: 137))

(ジョンがビルに望んでいるのは,ビルが家をきれいにすることです)

---

ることができるということを指摘している.すなわち,Postal (1974) の言う「W 動詞 (W-verbs)」(want, prefer, desire, etc.) および「要求を表す動詞 (verbs of requesting)」(ask, beg, recommend, etc.) の2種類である.

動詞 want の補文の中に法助動詞 should を用いるのを許すような方言の存在することについて,Chiba (1987: 25) は次のような例文を挙げて説明している.

(iii) a. I want that he *should* win.  (Harris (1982: 53))

b. I want that she *should* be there.  (ibid., 28?)

一方,Curme (1931: 247) は,(おそらく,1930年代の英語のことであろう)当時のアメリカ英語では,口語的で方言的な言い方として,下記 (iv) のような文が(ふつう that を省略する形で)用いられていたということを指摘している.

(iv) He wanted Luke *should* go with him.  (Amy Lowell, *East Wind*, p. 110)

なお,Rutherford (1997: 69) は,動詞 want が法助動詞 should を伴う that 節を補文とするような例文を,次のように(普通の)文法的文として扱っているのであるが,このように,この用法が,現在でも一般的に許されると読めるような記述をしている文法書は珍しいと思われる.

(v) We believed/wanted/*persuaded that he *should* be more honest.

本文で取り上げた,例文 (24) と (27) に関する話題に話を戻すと,動詞 want と部分的に同じような振る舞いを示す動詞として express の場合を挙げることができるであろう.すなわち,動詞 express の場合は,下記例文 (via) に見るように,すぐ後ろに that 節補文を従えることができないが,(vib) のような疑似分裂文の中では,that 節補文を用いることが可能となるという事実が Jackendoff (2002: 176) によって指摘されている.

(vi) a. *John *expressed* [that he was disappointed].

b. What John *expressed* was [that he was disappointed].

(ジョンが述べたのは,がっかりしたということでした)

上記例文と本文中の例文 (24), (27) には,直説法動詞,仮定法現在動詞の違いはあるものの,動詞に隣接した形では許されない that 節補文が,疑似分裂文のように,その隣接性が壊れることによって,that 節補文が可能となるという点で共通点が見られるのは,大変興味深いと思われる.

f. I *want*, of course, that this *be* kept off the record.

(Övergaard (1995: 123))

(もちろん，これはオフレコに願います)

以上の考察からも明らかなように，どの語彙項目が仮定法節の認可要素となるかならないかを，経験的事実に基づかないで，的確に判断する（あるいは予測する）のは，難しい点がある．さらに，後ほど取り上げるように，仮定法節の認可要素になるかならないかを，ひとつひとつの語彙項目を見て単独で判断できないような場合もあるので，なおさらである．（仮定法の表す意味機能についてさらに詳しくは，Curme (1931: 390-391), 細江 (1973) を参照.）

仮定法節を認可できる語彙項目のうち代表的なものの例を示すと以下のようになる．

(28) 仮定法節を認可できる動詞の例

accept, adjure, add, advise, advocate, agree, allow, appeal, approve, argue, arrange, ascertain, ask, authorize, assert, assume, appeal, assume, beg, beseech, bid, care, cause, caution, challenge, choose, claim, command, concede, consent, consider, contract, contrive, counsel, count on, crave, cry out, decide, declare, decree, deduce, demand, desire, destine, determine, dictate, direct, disapprove, doubt, emphasize, enact, encourage, enjoin, ensure, entail, enter, entreat, envisage, exhort, expect, favor, fix, forbid, gesture, grant, guarantee, had better, had rather, hint, hope, implore, impose, imply, indicate, insist, instruct, insure, intend, intimate, involve, lay down, look to it, maintain, make it clear, make sure, manage, mandate, matter, motion, move, necessitate, need, occasion, offer, opine, opt, ordain, order, organize, permit, petition, plan, plead, pledge, postulate, pray, preclude, predestine, prefer, premise, prescribe, presuppose, pronounce, propose, provide, recommend, request, require, resolve, rule, sanction, say, scheme, second, see (to it), specify, see fit, settle, specify, state, stipulate, submit, suffer, suffice, suggest, support, take care, understand, urge, vote, want, warn, warrant, will, wish, would rather, write, etc.

(29) 仮定法節を認可できる形容詞の例

adamant, advantageous, advisable, anxious, appropriate, awkward, befitting, best, careful, compatible, compulsory, conceivable, concerned, constitutive, critical, crucial, customary, desirable, desirous, determined, eager, emphatic, enough, essential, excellent, expedient, fair, fitting, fortunate, fundamental, good, ideal, impatient, imperative, implausible, impolite, important, impossible, inadvisable, inappropriate, inconceivable, inconvenient, indispensable, inevitable, insistent, interested, keen, logical, mandatory, natural, necessary, needful, normal, obligatory, opportune, optional, outrageous, paramount, politic, possible, preferable, proper, reasonable, relevant, right, satisfactory, sufficient, unnatural, unnecessary, urgent, usual, vital, willing, wise, worried, etc.

(30) 仮定法節を認可できる名詞の例

advantage, advice, alternative, analysis, appeal, arrangement, assertion, assumption, basis, call, challenge, check, choice, claim, command, compromise, concern, concession, conclusion, condition, consideration, constraint, contention, control, convention, criterion, decision, declaration, decree, demand, desideratum, desire, determination, dictum, edict, expectation, hallmark, hope, hypothesis, idea, implicature, in such a way, (of) importance, innovation, insistence, instruction, intention, (in) interest, law, maxim, (in) nature, necessity, need, objective, offer, opinion, order, plan, plank, plea, point, position, possibility, prayer, precondition, preference, prerequisite, principle, property, proposal, proviso, recommendation, regulation, (of) relevance, request, requirement, restriction, rule, ruling, sacrilege, solution, specification, standard, stipulation, strategy, such that, suggestion, tenet, (high) time, tradition, trend, understanding, view, wish, word, etc.[9]

---

[9] 名詞 tradition については，それまでの一とおりの調査結果に基づき，Chiba (1987: 3) においては，仮定法節を認可できない動詞の例として扱い，次のような文を非文の例として説明していたが，

(i) There is a *tradition* in golf-clubs that every one *replace* the turf which he cuts up.
（ゴルフクラブには，ゴルフ中に切り取ってしまった芝生は自分で元どおりにするというしきたりがある）

その後の調べで，このような文は，むしろ，一般的には文法的文として扱うのが適当であろ

仮定法節は補文の一種である．したがって，仮定法節の研究は生成文法においては，動詞，名詞，形容詞がそれぞれどのような補文（例えば，that 節，動名詞（補文），不定詞（補文），間接疑問文など）を選択するかという補文構造の研究のひとつとして位置付けることができる．補文構造の研究の中で，興味深い研究テーマのひとつとして，補文構造に関する一般的制約の問題を挙げることができる．例えば，動詞，名詞，形容詞が，それぞれの文法的・意味的特徴に応じてある特定の補文を支配するとき，その補文は，それらの動詞，名詞，形容詞に支配される従属節のうち最上位の位置を占めるものでなければならないという，補文構造の「深さ制約」(depth constraint) に関する制約がある（cf. Chomsky (1965), Kajita (1968)）．例えば，次の文において，仮定法節になりうるのは，S1 の部分のみであり，従属節 S2 の中にも仮定法動詞を選んだ場合は，この制約により非文となるのが普通である．

(31) a. We recommend [that [$_{S1}$ the reader *try* doing these problems] [$_{S2}$ before he *proceeds/\*proceed* further]]. (Chiba (1987: 38))
(さらに先に進む前に，読者のみなさんがこれらの練習問題を解いてみら

---

うという判断に今では至っている．下記例文参照．
(ii) a. ?There is *a tradition* in golf-clubs that every one *replaces* the turf which he cuts up.
 b. As you may remember, it has become *an LSA tradition* that every new Secretary-Treasurer *mount* a campaign addressing a special need facing the Society and its members. (Frederick J. Newmeyer, Secretary-Treasurer's letter to members of LSA, dated August 1990)
(覚えていらっしゃることでしょうが，アメリカ言語学会では，新しく財務幹事に選ばれた人は誰でも，当学会および会員のみなさまが特に必要としているひとつの事柄に取り組む運動を開始することがしきたりとなっています)
 c. The two skyscrapers ended *the tradition* that no building *rise* above the statue of the city's founder, William Penn, atop City Hall.
 (*Philadelphia Enquirer*, June 29, 2002; "WordBanks Online" による)
(市庁舎のてっぺんに立っている当市の創成者ウィリアム・ペンの銅像よりも高い建物は建てないというこれまでのしきたりは，この二つの超高層ビルの建築により終止符を打たれることとなった)
 d. However, *a family tradition* that the youngest daughter *remain* unmarried to take care of her aged parents prevents the two from marrying.
 (*India Today*, 8 July 1997; "WordBanks Online" による)
(しかしながら，一番下の娘が結婚しないで年老いた両親の世話をするというこの家の伝統に阻まれて，二人は結婚できません)
したがって，本文のリスト (30) の中には，名詞 tradition が加えられている．

b. At Pereford, Jeremy was waiting, expecting to find her in good spirits; he had asked [that [$_{S1}$ dinner *be* held] [$_{S2}$ until she *arrived/\*arrive*]]. (ibid.)
（ペレフォードでは，上機嫌の彼女に会えることを期待しながら，ジェレミーが待っていた．彼女が到着するまでディナー開始を遅らせてほしいと彼は頼んでいたのだった）

c. Chinese Foreign Minister Qian asked [that [$_{S1}$ concrete actions be taken by the Japanese government], [$_{S2}$ implying that the lighthouse *should be/\*be* removed from the disputed Senkaku Islands in the East China Sea]].[10]
（日本政府が具体的行動を取るように中国外務大臣チエン氏は求めたのだが，それは，東シナ海にある係争中の尖閣諸島から灯台を撤去すべきだという意味合いを込めてのことだったのである）

cf. d. He *implied* that the lighthouse *should be/\*be* removed from the disputed Senkaku Islands in the East China Sea.

同じような言語事実を指摘しているものとして，Kazenin and Testelets (2004: 239) を挙げることができる．彼らの挙げている下記例文 (32a, b) を参照．

(32) a. I demand that John answer the questions that Bill asks (\*ask).
（ビルの質問にジョンが答えるよう私は要求します）

b. I demand that John ask (\*asks) questions and Bill answer (\*answers) them.
（ジョンが質問し，ジョンがそれに答えるよう私は要求します）

彼らが指摘しているように，上の例文 (32a) において仮定法現在動詞 ask を用いると，深さ制限に関する上記制約を破ることになるので非文となる．一

---

[10] 例文 (31c) の "..., implying that the lighthouse *should be/\*be* removed ..." の部分において，仮定法現在形動詞（be）を用いたほうの文は，*The Daily Yomiuri*, Sept. 26, 1996, p. 1 に，日本人海外特派員の署名入りで掲載されたニュース記事の一部を成す，下記 (i) のような文に基づいているが，筆者のインフォーマント・チェックによると，非文であることになる．

(i) Qian asked that "concrete actions" be taken by the Japanese government, implying that the lighthouse be removed.

方，(32b) は，等位構造内の等位項を成す補文が共に仮定法節になっている例であるが，等位構造の性質上，二つの補文は，共に，「認可要素を含む主節に対して，ひとつ下の従属節」を形成することになるので，問題となっている「深さ制約」に触れることはなく，したがって，文法的文となる．[11]

---

[11] このような仮定法節の深さ制約に関連した言語事実として，Culicover and Jackendoff (1999: 548) の指摘する次のような事実が大変興味深いと思われる．すなわち，彼らは，"the more/less ..., the more/less ...." の比較構文（このような構文のことを McCawley (1988, 1998) は omparative conditional (CC) construction と呼んでいる）を取り上げ，その統語構造がどのようになっているかを検討している．この比較構文からなる文の具体例として，仮定法節の認可要素 be imperative および demand の補文内にこの比較構文が用いられたような場合を考え，下記例文 (ia, b) を挙げると同時に，そのような比較構文を含む代表的例文 (ii) に対する統語構造として，図式化した構造 (iii) を提示している．

(i)  It is imperative that
     I demand that
     a. the more John eats, the more he pay(s).
     b. *the more John eat, the more he pay(s).
     （ジョンは食べれば食べるほど，自分自身の支払いがそれだけ増えるようになるということが重要です／ということを私は要求したい）

(ii) The more you eat, the less you want.
     （あなたは食べれば食べるほど，ますます食べたくなくなります）

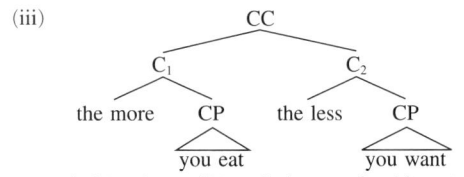

(iii)
```
                    CC
                   /  \
                 C₁    C₂
                /  \   /  \
          the more CP the less CP
                   |         |
                you eat   you want
```

ここで重要なことは，彼らの方言では，(ia, b) のような文においては，仮定法節の選択は義務的なものではなく，任意的なものとなるということである．したがって，少なくとも理論的には，いくつかの組み合わせが考えられる中，まず，補文 $C_1$ と $C_2$ に仮定法動詞を用いないで，直説法動詞だけを用いて表現した "the more John eats, the more he pays" のような補文を選んだ場合は，(ia) に見るように，文法的となることが分かる．ただし，補文内に仮定法動詞を用いるときには，(ia, b) に見るように，二つ目の補文 $C_2$ が仮定法節となることは許されるのに対し，最初の補文 $C_1$ を仮定法節にすることはできない．このことと，深さ制約とを組み合わせると，次のような重要な知見が得られることとなる．すなわち，上記 (iii) のような構造において，$C_1$ と $C_2$ とは，等位構造を形成する等位項としての関係にはなく，むしろ，後者のほうが前者と比べ上位の構造的位置を占めるものと考えられる．

このように，問題の比較構文を構成する二つの補文は，一見，等位項同士のように見えるが，仮定法節に関する深さ制約という「色眼鏡」をかけて眺めてみると，2番目の補文のほうが構造上高い位置を占めているという本当の姿が見えてくることになる．このような新しい発見を促すきっかけとなる，問題の比較構文と深さ制約との組み合わせを思いついた Culicover and Jackendoff (1999) の貢献は高く評価されるべきである．

ただし，次のような文の場合は，仮定法節を選択できる動詞が二つ現れていて（すなわち require と guarantee（(33a) の場合），ask と insist（(33b) の場合）および suggest と insist（(33c) の場合）），それぞれの動詞のそのひとつ下の節が仮定法節になっている（したがって，この制約を守っている）ので文法的文となる．

(33) a. We do not *require* of theoretical work on intuitions [that it *guarantee* [that the grammar of any one individual *be* explicit or even consistent]].　　　　　　　　(Reuland and Abraham (1993: 75))
（言語直観についての理論的研究に対して，人間一人ひとりの文法が明示的であることや，あるいは，矛盾する点がないということにおいてすら，それらのことをその研究が保証できなければならないなどとは私たちは考えません）

b. That is why Dr. Brodie *asks* [that parents not *insist*, against their dentist's advice, [that their child *have* orthodontic work done too early]].
（そういうわけで，ブロディ博士は，子どもの親が歯医者の助言に反してまで，我が子の歯列矯正処置をあまりにも早く施してほしいと強く要求することのないようお願いしているのです）

c. It would be nice to know who *suggested* [who *insist* [that who *do* what before who did what else]], supposing that somebody did *suggest* [that somebody *insist* [that somebody *do* something before somebody did something else]].　　　(Bolinger (1978: 70))
（かりに，誰かがほかの何かをする前に，誰かが何かをするべきだということを誰かが主張するように誰かが実際示唆したとした場合，誰がほかのどんなことをする前に，誰が何をすべきかということを誰が主張するようにいったい誰が示唆したのか，分かったらいいでしょうね）

言語によっては，仮定法節を認可する力が二つ目以下の従属節にまで及ぶことのできるものがある．例えば，アイスランド語，イタリア語，カタロニア語などがそうである (cf. Johnson (1985), Quer (1998), Portner (1999))．[12]

ここでは，カタロニア語（Catalan）の場合を例にとって考えてみよう．ただし，カタロニア語の場合，上で述べた「仮定法節を認可する力が二つ目以下

---

[12] 英語についても，そのような構文を文法的文であると判断するような母語話者がいることを Chiba (1987: 43) は指摘している．

の従属節にまで及ぶことのできる」という言い方には補足が必要になるということに注意しなければならない．というのは，カタロニア語のような言語においては，仮定法節の認可が，単にある特定の語彙項目によって行われるだけでなく，Neg や Q などの演算子 (operator) によっても可能となるという特徴が見られるからである．例えば，主節が否定文や疑問文になっているときは，そのこと自体により，その補文が仮定法節になることができるのである．すなわち，仮定法節認可の方式には，特定の語彙項目による場合と，特定の演算子による場合との二とおりの場合があるということになる．そして，仮定法節を認可する力が二つ目以下の従属節にまで及ぶことのできる場合というのは，カタロニア語のような言語の場合，後者の方式，すなわち，Neg や Q などの演算子による認可の場合に限られるということである．そのことを示す具体例として，Quer (1998: 36-37) の挙げている次のようなカタロニア語の例文を見てみよう．まず，語彙項目による認可の場合の例を取り上げる．

(34) a.　Vull　　　[que creguin　　　　[que ens agrada]]
　　　　want.1SG that believe.SUB.3PL that us　please.IND.3SG
　　　　'I want them to believe we like it.'　　　　　V[SUB[IND]]
　　b.＊Vull　　　[que creguin　　　　[que ens
　　　　want.1SG that believe.SUB.3PL that us
　　　　agradi/agradés/hagi agradat]]
　　　　please.SUB.PRS/PST/PFT.3SG
　　　　'I want them to believe we like/liked/have liked it.'
　　　　　　　　　　　　　　　　　　　　　　　　＊V[SUB[SUB]]

［上記例文 (34) および下記例文 (35) において用いられている省略記号の意味を以下にまとめて示す．
SG: singular;　PL: plural;　1: first person;　3: third person;　SUB: subjunctive; IND: indicative;　PRS: present;　PST: past;　PFT: (present) perfect;　Op: operator］

上に図式化して表示されている V[SUB[IND]] および ＊V[SUB[SUB]] は，それぞれ，次のようなことを表している．すなわち，前者は，「主節動詞 V のひとつ下の従属節内には仮定法動詞 (SUB) が用いられていて，二つ下の従属節には直説法動詞 (IND) が用いられているが，このような組み合わせは許される」ということを示し，後者は，「主節動詞 V のひとつ下の従属節にも，二つ下の従属節にも仮定法動詞 (SUB) が用いられているが，このような組み合

わせは許されない」ということを示している．つまり，英語の want に相当するカタロニア語の動詞は，ひとつ下の従属節（の仮定法動詞）しか認可できないということが，上記例文から読み取れる．これは，仮定法節を認可できる他の語彙項目の場合にも当てはまる一般的現象である．（語彙項目による仮定法認可の作用が，このように，局所的にしか働かないということを，Quer（1998: 36）は「認可作用の局所性（locality of triggering）」と呼んでいる．仮定法に見られる局所性については，Stowell（2008: 266ff.）も参照．）

それに対し，Neg や Q などの演算子による認可の場合は，二つ目（以降）の従属節に現れる仮定法動詞をも，これらの演算子が認可することができる．以下の例は，演算子 Neg を含む文，すなわち，否定文の場合の例である．

(35) a. No creuen     [que pensi        [que li
        not believe.3PL that think.SUB.3SG that him
        convé]]                                    Op[SUB[IND]]
        be convenient.IND.3SG
        'They do not believe s/he thinks it is convenient for him/her.'
    b. No creuen     [que pensi        [que li
        not believe.3PL that think.SUB.3SG that him
        convingui]]                                Op[SUB[SUB]]
        be convenient.SUB.3SG
        'They do not believe s/he thinks it is convenient for him/her.'
    c. *No creuen    [que pensa        [que li
        not believe.3PL that think.IND.3SG that him
        convingui]]                                *Op[IND[SUB]]
        be convenient.SUB.3SG
        'They do not believe s/he thinks it is convenient for him/her.'
    d. No creuen     [que penso        [que li
        not believe.3PL that think.IND.1SG that him
        convé]]                                    Op[IND[IND]]
        be convenient.IND.3SG
        'They do not believe I think it is convenient for him/her.'

この場合は，演算子による認可の例なので，各例文の後ろに示されている図式化された構造表示には，語彙項目を表す記号 V の代わりに，演算子を表す記号 Op が用いられていることが分かる．そこに示された，SUB と IND の組

み合わせ4種のうち，特に Op[SUB[SUB]]（例文 (35b)）と *Op[IND[SUB]]（例文 (35c)）を比較して分かるように，演算子 Op により二つ下の SUB が認可されるためには，ひとつ下の動詞も SUB となっていなければならない．

　以上，簡単ながら，英語の仮定法伝播の現象に相当する現象として，特にロマンス語系言語に見られる，演算子による仮定法節認可の現象について，カタロニア語の場合を例に考えてみた．

　なお，否定文が仮定法節認可の働きをする現象が見られる言語の例として，ほかにスペイン語の場合を取り上げることができる．例えば，寺崎 (1998: 215) は，「主動詞が叙述，知覚，思考を表す動詞 (creer, decir, imaginar, parecer, pensar, ver, etc.) の場合，支配節 [＝主節（筆者）] が肯定文なら一般に従動詞は直説法であるが，否定文なら接続法になるのが普通である」と述べ，次のような例文を挙げている．

(36) a. No creo que la amistad entre el enfermo y su médico *sea* conveniente para ambos.
　　　　（患者と医師の間の友情はどちらにとっても良いとは思えません）
　　b. Yo no he dicho que *sea* un amigo.
　　　　（私はあの男が友達だとは言ってない）

　ただし，支配節が否定文になっていても，話し手が従属節の内容を事実として認定するような場合には，直説法が用いられることがあるということを，寺崎はさらに，以下のように，否定文の中に仮定法動詞と直説法動詞が現れた場合の対比を示す例を挙げながら説明している (p. 215)（日本語訳に続く [ ] の中の説明も，寺崎によるものである）．

(37) a. Teresa no cree que Miguel *venga* hoy.
　　　　（テレーサは，ミゲルが今日来るとは思っていない）［ミゲルが来ることが事実かどうかは不明］
　　b. Teresa no cree que Miguel *viene* hoy.
　　　　（同上）［ミゲルが来ることを話し手は事実として断定している］

　ここで，再び英語の場合に戻って，考察を続けることにしよう．ひとつ下の従属節だけが仮定法節として認可されるという現象は，第5節で取り上げた仮定法の伝播の現象と一見矛盾するように見えるところがある．すなわち，仮定法の伝播の場合は，仮定法の動詞の形が二つ目以降の従属節の中にも次々と現れることが許されるのであるが，仮定法節の認可の場合にはそれが許されな

い．「仮定法」としての統語的・意味的特徴の点では両者に共通点が見られるのであるが，仮定法過去あるいは仮定法過去完了と仮定法現在とでは，仮定法動詞の認可に関し，このように興味ある違いが見られるということである．

　補文構造に関する制約には，ほかに「文脈素性（contextual feature）の局地化（localization）」の仮説（cf. Chomsky (1965), Kajita (1968), Chiba (1987)）と呼ばれるものがある．動詞，名詞，形容詞がそれぞれどのような補文を取りうるかという情報は，[＋―that S]（that 節の場合），[＋―whether S]（whether 節の場合），[＋―S [＋Subj]][13]（仮定法節の場合）などの文脈素性を用いて表すことができるが，文脈素性の局地化の仮説というのは，これらの文脈素性がすべて個々の語彙項目の持つ特徴に帰することができるとする考え方である．この仮説に従うと，例えば動詞句の主要部以外の部分（例えば，その動詞を修飾する副詞句や前置詞句，あるいは主語の名詞句など）が動詞と一緒になって，取りうる補文の種類を決定するということは許されないことになる．しかし，実際には，そのような文脈素性の局地化の制約に合わない言語事実が存在することが，梶田（1976），太田・梶田（1974）などによって指摘されている．Chiba (1987, 1991) は，仮定法節の選択についても，同じような事実があることを，次のようなデータを示しながら指摘している．

(38) a. ?*John says* that the one who wears the ring be offered as a sacrifice.
    （その腕輪をはめている者は生け贄とされなければならないとジョンは言うのです）

b. The Beatles are pursued by a mysterious Eastern religious sect because of the ring Ringo Star wears. *The law of the religion says* [that the one who wears the ring be offered as a sacrifice].
    （リンゴ・スターがはめている腕輪のために，ビートルズは東欧の神秘的な宗派の信者たちによって追っかけられるはめになった．というのも，その宗教の教えによると，その腕輪をはめている者は生け贄とされなければならないということになっているからです）

c. *The saturation constraint then amounts to saying* that no feature value be left undetermined.　　　　　　　　　　(Berwick (1985: 65))

---

[13] [＋Subj] は仮定法を表す素性である．SUBJ のように表すこともある（第 8 節の句構造規則 (46) 参照）．また，金子 (2009: 36) のように，[Tns$_{Subj}$] のような時制素性として表すアイデアもある．

(したがって，飽和制約は，結局，いかなる素性値も，値を未決定のままにしておくことは許されないと言うに等しいこととなる）

(39) a. ?The widow *wrote* that Ball be given part of her property.
(その未亡人は，彼女の財産の一部をボールに与えるべしとしたためた）

b. Ball is arrested for the murder of a rich widow. The widow *wrote in her will* that Ball be given part of her property.
(金持ちの未亡人殺害のかどでボール逮捕．その未亡人は遺書の中で，彼女の財産の一部をボールに与えるよう書き残していたのだった）

(40) a. *Bill *brought/will bring it about* that Harry go or be allowed to go.
(ビルの計らいで，ハリーが出掛けたり，あるいは，出掛けるのを許されるようなことが可能となった／可能となるだろう）

b. I *am asking/ordered Bill to bring it about* that Harry go or be allowed to go.
(ハリーが出掛けたり，あるいは，出掛けるのを許されるようなことが可能となるようビルが取り計らうことを私は頼んでいるのです／私は命令した）

すなわち，(38)は，適当な主語が選ばれると，動詞 say が（現代英語においても）仮定法節を取ることができる[14]という事実を示し，(39)は，動詞 write が適当な修飾語句と共に用いられると，仮定法節を従えることが可能となることを示し，さらに(40)は，ask や order などの適当な動詞にはめ込まれると，動詞 bring it about が仮定法節を支配することができるようになるということを示している．いずれも，仮定法節を取るかどうかに関する動詞の下位区分が，句の主要部を成す動詞（名詞，形容詞）だけでは決定できない，すなわち，局地化できないということを表している．

仮定法現在は，以上見たように，条件・譲歩・目的などある特定の意味を表す接続詞によって導かれる副詞節に現れる（例文(18a-c)参照）ほか，ある特定の動詞・名詞・形容詞によって支配される補文の中にも現れる．すなわち，こ

---

[14] Bouchard (1982: 498, note 4) は，動詞 say には異なる意味を持つ二つの say，すなわち，"statement verb" としての say と "imperative verb" としての say とがあると述べている．
なお，古い時代の英語においては，動詞 say が，特に，to order or command の意味で用いられるとき，仮定法節を従えるのは珍しいことではなかったようである．第4章の注5参照．

れらの接続詞および動詞・名詞・形容詞には，仮定法を認可する働きがあると考えることができる．

　言語によっては，このように，ある特定の語彙項目が仮定法を認可する働きを持つだけでなく，さらに，否定文や疑問文，非人称主語を持つ文，あるいは，ある種の関係節などが仮定法を認可する働きを持つような言語，例えば，イタリア語，スペイン語，カタロニア語，フランス語のような言語，が存在する (cf. Barbaud (1991), Portner (1999), Manzini (2000), Villalta (2008))．否定文の場合については，カタロニア語およびスペイン語の例を挙げて，すでに上で説明したとおりである．ここでは，さらに，イタリア語における否定文の場合の例，カタロニア語における疑問文の場合の例，およびイタリア語における非人称主語の場合の例を，それぞれ，下記例文 (41a, b, c) として挙げてみよう．例文は，いずれも，Portner (1999: 5) より．[15]

---

[15] Portner (1999: 5) は，このような特定の語彙項目によらない仮定法節の認可は，特定の語彙項目による認可の場合と比べて，次のような異なった特徴を持つということを，Quer (1998) の研究を基に指摘している．すなわち，①時制の選択に関し，より大きな自由度が見られる．②直説法動詞との置き換えが，より自由に行える．③二つ以上隔たった節による仮定法の認可が可能である．④仮定法節の主語とひとつ上の節の主語の間で，照応現象が許される．このうち，①，②については，説明を要さないであろう．③については，すでに，本文中の例文 (34), (35) に関して説明したとおりである．ただし，④については，少々説明が必要だと思われるので，ここで簡単に解説しておこう．

　ロマンス系言語，バンツー語やロシア語の場合，仮定法節の主語と主節の主語の間で，互いに同一指示となるような名詞句を選ぶことができないという制約があることが知られている．すなわち，この二つの主語の間で照応現象が許されないことになる．例えば，次に挙げるスペイン語の例文 (Kempchinsky (1986: 37)) を見て分かるように，

　　(i) a. *Fred$_i$ quiere que [pro]$_i$ gane la lotería.
　　　　  'Fred wants that he win (SUBJ) the lottery'
　　　b. Fred$_i$ quiere [PRO$_i$ ganar la lotería]
　　　　  'Fred wants to win the lottery'

例文 (ia) は，音形を持たない仮定法節の主語 pro が主節主語 Fred と同一指示的であるので，非文となるが，(ib) のほうは，従属節の部分が不定詞によって表されているので，その主語 PRO は主節主語と同一指示的であっても許されるということを示している．

　問題となっているこの制約のことを「仮定法非同一指示効果 (Subjunctive Disjoint Reference (SDR) effect)」(cf. Kempchinsky (1986, 2009)) と呼ぶことがある．英語の名称としては，ほかに，"the constraint on coreferentiality of subjects", "the disjoint reference requirement", "the obviation phenomenon" などを用いることがある．

　同じように，ロシア語の仮定法節の場合にも，このような仮定法非同一指示効果が見られることが分かるであろう．下記例文参照 (Avrutin and Rabyonyshev (1997: 230-231))．

(ii) a. Volodja xočet čtoby Nadja pocelovala Feliksa
　　　Volodya wants that-subj Nadya kissed Felix
　　　'Volodya wants Nadya to kiss Felix.'
　b. Volodja_i xočet čtoby on_{*i/j} poceloval Nadju
　　　Volodya wants that-subj he kissed Nadya
　　　'Volodya wants to kiss Nadya.'
　c. Volodja_i xočet PRO_i pocelovat' Nadju
　　　Volodya wants PRO kiss-inf Nadya
　　　'Volodya wants to kiss Nadya.'

　すなわち，例文 (iia) は，主節主語の Volodja と仮定法節の主語 Nadja が同一指示的ではないので文法的であるが，例文 (iib) の場合，仮定法節の代名詞主語 on が主節主語 Volodja と同一指示的となる解釈は，仮定法非同一指示効果により排除されることになる．(ロシア語では，仮定法節は，仮定法節用の補文標識 čtoby を用い，仮定法節の中に直説法動詞の過去形を用いるという特徴が見られる．Dobrushina (2012) 参照．) 一方，例文 (iic) の場合には，スペイン語の上記例文 (ib) の場合と同じように，従属節の部分が不定詞によって表されているので，その主語 PRO は主節主語と同一指示的であっても許されるということを示している．

　このように，仮定法非同一指示に関する制約が働いているような言語の場合，どのようなときに，また，どのような仕組みによりにそのような制約が働くのかを追究するのが重要な言語学的課題となる．Chomsky (1981) の言う「代名詞回避の原理 (avoid pronoun principle)」を用いて説明できるかどうかの研究に始まり，GB 理論の中の一般的理論のひとつである束縛理論を用いた研究を経て，さらにミニマリストの枠組みにおいても，この問題に対する取り組みが，仮定法研究の一環として行われてきている．詳しくは，Bouchard (1983), Picallo (1984, 1985), Kempchinsky (1986, 2009), Wierzbicka (1988), Padilla (1990), Farkus (1992), Avrutin and Babyonyshev (1997), Avrutin and Wexler (1999/2000), Manzini (2000), Costantini (2006) 参照．

　以上のような知識を基にすれば，Portner の挙げている上記④の特徴は，次のような意味として解釈できることになる．すなわち，以上見たように，特定の語彙項目による仮定法認可の場合には，仮定法非同一指示効果が見られるのであるが，一方，特定の語彙項目によらない仮定法節の認可は，一般的に，仮定法非同一指示制約の対象とならず，したがって，「仮定法節の主語とひとつ上の節の主語の間で，照応現象が許される」という結果になる．

　特定の語彙項目によらない仮定法節の認可の現象が見られる別の例として，次のようなイタリア語の話題化 (topicalization) の場合を取り上げることができる．すなわち，Manzini (2000: 250f.) によると，イタリア語においては，to be known のように，仮定法節の認可要素にならない述語の場合でも，主語の位置に補文がくるようなときは，その補文の中の動詞が直説法，仮定法いずれの場合も許されるという事実がある．下記例文参照．

(iii) a. E' noto che Maria è/*sia infelice.
　　　'It is known that Mary is/is:SUBJ unhappy'
　b. Che Maria è/sia infelice è noto.
　　　'That Mary is/is:SUBJ unhappy is known'

　Manzini は，このような現象をさらに一般化して，次のように説明している．すなわち，「主語補文は話題化現象のひとつである」とする Koster (1978) のアイデアを取り入れると，

(41) a. Gianni non sapéva che María fosse incinta. ［イタリア語］
　　　 Gianni neg knew　that Maria was.subj pregnant
　　　 'Gianni didn't know that Maria was pregnant.'
　　b. Recordes que en Miquel treballi? ［カタロニア語］
　　　 remember that the Miquel worked.subj
　　　 'Do you remember if Miquel worked?'
　　c. Si dice che María fosse incinta. ［イタリア語］
　　　 one says that Maria be.subj pregnant
　　　 'It is said that Maria is pregnant.'

　なお，Onions (1965: 114-115) によると，古英語，中英語においては（さらには，初期近代英語においても），仮定法の使用がかなり自由であり，従属節の中の動詞が事実を表すものとして用いられていなければどんな従属節においても，仮定法動詞の使用が認められることになる．同じように，Traugott (1972: 98, fn. 15) は，古英語において，主節における仮定法動詞の影響が関係節の中にも及ぶ例が散見されることを指摘している．

　現代英語においては，関係節の中に仮定法現在が現れることはない（下記例文 (42) 参照）が，すでに第5節で指摘したように，「仮定法の伝播」が関係節の中に及ぶことは普通に見られる現象である．

(42) First, it would be unreasonable to expect that there be [NP a foolproof test [S' which *enable/enabled us to decide whether any given

---

　上記例文 (iii) に見られる言語事実は，下記例文 (iv) からも分かるように，「話題化構文は，どの述語においても一般的に仮定法を認可する働きがある」という，イタリア語に見られる一般的特性の表れとして捉えることができることになる．
　(iv) Che Maria è/sia infelice lo so.
　　　'That Mary is/is:SUBJ unhappy I know it'
　上で見るように，イタリア語においては，「話題化構文」というものに仮定法認可の力が宿っているとみなすことができるかも知れない．その理由としては，主語補文の場合も含め，話題化されている部分により表される命題内容は，これを規定事実として捉えるというよりも，想念の世界での事象として提示されることが多いので，話題化構文そのものが，仮定法節の使用を許すことになるのであろうか．詳しいことは分からない．
　なお，Manzini (2000: 251) は，次の例文に見るように，主節の動詞に強調のストレスを与えると，仮定法認可要素でないような述語の場合でも，仮定法節を認可できるようになるというイタリア語の事実を紹介している．
　(v) Cianni DICE che Maria è/sia infelice (non lo sa).
　　　'John SAYS that Mary is/is:SUBJ unhappy (he doesn't know it)'

constraint is grammatical or perceptual]].

(Chiba (1987: 175, note 53))

（まず第一に，ある制約が文法的性格のものか，あるいは，知覚的性格のものかを判定することが可能となるような，きわめて簡単なテスト方法の存在を私たちが期待するのは無理なことであろう）

## 7. 仮定法節内の should の消去

　伝統文法および生成文法において，仮定法現在形動詞の元の形（あるいは D 構造における形態）は should ＋動詞であり，仮定法動詞は should を消去することにより得られるとする分析が提案されることがある（Visser (1966: 788f., 844), Traugott (1972: 180)), Kiparsky and Kiparsky (1970: 171))．確かに，仮定法節内の仮定法現在形動詞は，特にイギリス英語においては，一般的に should＋動詞の形に置き換えることができるが，アメリカ英語の場合には，動詞（名詞，形容詞）によっては，このような置き換えが許されず，仮定法節だけを用いることがあるので注意を要する．例えば，下記 (43) のような例文は，*Longman Dictionary of Contemporary English* (*LDCE*), 1st ed. (1978) においては，should のあるなしにかかわらず文法的文であると判定されているが，アメリカ英語においては，should のあるほうの文を非文ないし不自然な文であると判断する母語話者が少なくない．（このような事実の指摘については，Hojo (1971: 103-104), Matsui (1981: 46-47), Weeda (1981: 409), Chiba (1987: 146-149), Declerck (1991: 354, note 1), Nomura (2006: 209ff.) および本書第 5 章を参照．[16]）

---

[16] 例えば，Weeda (1981: 409) は，should を用いることのできるのは，イギリス英語では一般的な現象であるが，アメリカ英語では方言によって異なる現象であるという主旨のことを述べ，以下のようなデータを挙げている（％ の記号は，文法性の判断について方言差がありうることを表す）．

(i) a.%I demand that John should be taken to the hospital.
　　（ジョンを病院に連れて行くように私は要求します）
　b.%We recommend that John should not leave the country.
　　（ジョンが国を離れないようにと私たちは勧めます）
　c.%We required that they should all be on time.
　　（彼らがみんな時間に遅れないようにと私たちは命じました）

イギリス英語とアメリカ英語のこのような違いについての知識を背景にすると，例えば，次のような文は，おそらく，イギリス英語（あるいは，それに相当するアメリカ英語の方言）の

(43) a. I asked that I (should) be allowed to see her.
      （私が彼女に会うのを許してくれるよう私は頼みました）
   b. I insisted that he (should) go.
      （彼は行くべきだと私は主張したのです）
   c. The officer ordered that the men (should) fire the guns.
      （上官は部下に向かって「撃て！」と命令しました）

例えば，アメリカ英語の話し手の反応として，以下のような例を挙げることができる（例文の中に（*should）とあるのは，「should を選んだ場合は，非文となる」ことを示す）．

(44) a. I require that he (*should) do that.
      （彼がそれをするよう私は要求します）

---

話し手により書かれたものではないかというような推測が可能となる．
   (ii) One could not easily demand that networks should accept inputs in the form of ..., and should produce outputs sequentially.
      (*Language* 53 (1987), p. 883; by Geoffrey Sampson)
      （ネットワーク … の形式で入力を受け入れ，出力を時間軸に沿って連続的に打ち出すような仕組みにすることを要求するようなことは簡単には望めないでしょう）
なお，興味あることには，イギリス英語の用法を反映させた例文を掲げているはずの LDCE においても，そこに掲げられている例文の should の有る無しに関して，その後の改訂版では部分的ながら変更が見られるのが分かる．すなわち，LDCE, 2nd ed. (1987) までは，1st ed. の例文 (43a-c) の場合と同じように，should を含んだ例文となっているのであるが，3rd ed. (1995) になると，(43a-c) に相当する例文は，以下のようなものになっている．
   (iii) a. ［動詞 ask が that 節を従える用法については，説明・例文共に記載なし］
       b. They insisted that everyone should come to the party.
          （みんながパーティーに出席するべきだと彼らは主張した）
       c. A grand jury has ordered that Schultz be sent for trial.
          （大陪審はシュルツが裁判にかけられるよう命じた）
さらに，4th ed. (2003) および 5th ed. (2009) になると，動詞 insist の例文の場合にだけ，should を含んだ例文が掲げられているが，動詞 ask と order の例文は，いずれも，(should を用いない) 以下のような仮定法節の例文だけとなっているのである（下記例文 (iva-c) は，LDCE, 5th ed. からの引用である）．
   (iv) a. Was it too much to ask that he be allowed some privacy?
          （彼にある程度のプライバシーを認めるようにというのは厚かましいお願いでしたでしょうか）
       b. They insisted that everyone should come to the party. ［= (iiib)］
       c. He ordered that the house be sold.
          （その家を売るようにと彼は命じた）

b. I demand that you (*should) do the dishes.
   （私はあなたに皿洗いをしてほしいのだ）
c. I prefer that I (*should) not be asked to do the work.
   （私がその仕事をするよう頼まれなければいいのだが）
d. Mary obeyed the command that she (*should) come here at once.
   （メアリーは，ここにすぐ来るようにとの命令に従った）
e. It is imperative that she (*should) talk to them every Sunday.
   （彼女が彼らに毎日曜話をすることが絶対に必要だ）

## 8. 仮定法節内の法助動詞

上で見たように，特にイギリス英語において，仮定法動詞の代わりに should＋動詞の形が用いられることがあるが，should 以外の法助動詞については，仮定法節の中に用いることができない（下記例文 (45) 参照）との指摘が従来行われてきた (cf. Emonds (1970: 196), Culicover (1971: 34), Pullum and Postal (1979: 703), Safir (1982: 454-455), Roberts (1985: 40))．

(45) *It is imperative that you will/can/must/would/could/might/... leave on time.　　　　　　　　　　　　　　　　　(Culicover (1971: 42))

このような観察を基に，例えば Culicover (1971: 34) は，助動詞 AUX（または屈折辞 INFL）を書き換える次のような句構造規則において，

(46)　AUX → $\left\{\begin{array}{l} \text{TENSE (M)} \\ \textit{for-to} \\ \textit{poss-ing} \\ \text{SUBJ} \end{array}\right\}$ $(have+en)(be+ing)$

仮定法を表す文法的要素 SUBJ を選ぶことにより，仮定法現在が生成されるとする分析を提案している．また，Chomsky (1973: 236; 1977: 87) は，仮定法と TENSE が共起できるとする立場をとるという点において，このような分析とは部分的に異なるが，法助動詞 M (＝Modal) が表面的に具現化したひとつの場合が SUBJ となるとの考えをとっている．（同じような分析のひとつとして，仮定法を表す文法的要素を「空の法助動詞」(null modal) あるいは「不特定法助動詞」(unspecified modal) であるとする分析 (cf. Roberts (1985), Rizzi (1990),

Haegeman (1986), Radford (2009)) を挙げることができる.) いずれの場合も, 上で述べたように, 仮定法現在と法助動詞とが共起しないということを前提としているという点で共通している.

しかし, 仮定法現在と法助動詞 (ただし should あるいは shall を除く) が共起しないとする主張は, 必ずしも英語の事実を正しく反映したものではないとの立場から, Chiba (1987, 1994) は, いくつか具体例を挙げながら, 仮定法現在と法助動詞とが一般的に共起できないとする議論に反論を加えている. *Oxford Advanced Learner's Dictionary of Current English*, 5th ed. (1995) にある以下の例文 (47a-c) を参照.[17]

(47) a. She *begged* that her husband (*might*) be released.
(夫が釈放されるよう, 彼女は願い出た)

b. The tribunal has *commanded* that all copies of the book (*must*) be destroyed.
(法廷はその本を一冊残らず破棄すべしとの判決を下した)

c. The regulations *specify* that calculators *may* not be used in the examination.
(試験では計算器を用いないようにと規則に定められている)

cf. d. In order to account for the elliptical version of the above sentences, we need to *specify* that what we earlier called the strong genitive *be* used as the left-hand context for an ellipsis.
(C. L. Baker, *English Syntax*, p. 437, MIT Press, 1989)
(上記の文のうちの省略版の文をうまく説明するためには, 前の箇所で「強い属格」と名付けた要素が, 省略箇所の左側の文脈に用いられていなければならないと規定する必要がある)

---

[17] ただし, その後の版 6th ed. (2000) では, 法助動詞 might と must を用いた例文は削除され, 代わりに, いずれも, should を用いた以下のような例文が挙げられているのが分かる. (最新版の 8th ed. (2010) でも同じである.) このような例文の差し替えが生じた理由として, 以前掲げられていた例文には, どこか不自然さが伴うと判断されるようになったためであるのかどうか, その辺の理由について詳しいことは分からない.

(i) a. She *begged* that she (should) be allowed to go.
(彼女は行かせてくださいと懇願した)

b. The commission intervened and *commanded* that work on the building (should) cease.
(委員会が介入して, その建物の作業中止を命じた)

ただし，Chiba (1987: 185, note 29) は，仮定法節の中に起こりうる法助動詞の種類が根源法助動詞（root modals）に限られ，認識様態法助動詞（epistemic modals）は用いられないという言語事実が見られるということを指摘している．上記2種類の法助動詞の違いについては，下記の表（48）(Jackendoff (1972: 100))を参照．

(48)　　　　　Root　　　　　Epistemic
　　*may*　　　permission　　possibility
　　*can*　　　ability　　　　possibility
　　*must*　　 obligation　　 logical entailment
　　*won't*　　refusal　　　　future nonoccurrence
　　*should*　 obligation　　 supposition

上に述べた Chiba による事実指摘と同じようなものを，van Gelderen (1993: 113) にも見いだすことができる．また，Roberts (1993: 325) は，Vikner, van Kemenade および Plank の3人が，それぞれ，デンマーク語，オランダ語およびドイツ語について行った観察[18]を基に，認識様態法助動詞には，時制文に現れるという強い傾向が見られるということを指摘している．さらに Roberts は，「事実，調べてみると，認識様態法助動詞はプラスの時制要素（[+ finite] $T_0$）と結びつかなければならないということを示す十分なデータが得られるようだ」(p. 325) とも述べている．すなわち，仮定法節にはプラスの時制要素が欠けているので，そこには認識様態法助動詞が起こり得ないことにな

---

[18] Roberts (1993: 325) のその箇所では，3人の名前は，それぞれ，"Vikner, van Kemenade (to appear), Plank 1984" という形で記載されている．念のため，同書の References に挙がっている文献資料をここに掲載し，さらに，より正確な情報を追加して記しておこう．

　S. Vikner. 1988. "Modals in Danish and Event Expressions," *Working Papers in Scandinavian Syntax*, 39. ［ページは記載されていないが，ほかの資料を調べてみると，pp. 1-33 であることが分かる］

　A. van Kemenade. "The Diffusion and Implementation of the Category 'Modal' in Middle English," to appear in M. Rissanen et al. (eds.), *Papers from the Sixth International Conference on English Historical Linguistics*, Mouton. ［ただし，その後 1992 年に出版された本の正式タイトルは *History of Englishes: New Methods and Interpretations in Historical Linguistics* [6th ICEHL, Helsinki 1991] となっていて，その中に収録されている van Kemenade の論文のタイトルは "Structural Factors in the History of English Modals" (pp. 287-309) となっている］

　F. Plank. 1984. "The Modals Story Retold," *Studies in Language* 8, 305-364.

る．古英語・中英語について見られる同じような現象については，第 5 章の注 34 を参照．また，仮定法節内の法助動詞について，さらに詳しい解説については，第 5 章 10.3 節参照．

## 9. 仮定法節内の not の位置

仮定法現在の特徴のひとつに，否定文になった場合の not の位置についての特殊性を挙げることができる．すなわち，仮定法節が否定文になった場合，直説法動詞の場合と異なり，本動詞，be 動詞，have 動詞いずれの場合も，一般的に「not ＋動詞」の形を取り，また本動詞の場合においても助動詞 do を用いることがない．

(49) a. I insist that John *not come* so often.　　　　(Chiba (1987: 49))
   （私はジョンにそんなにしょっちゅう来てほしくない）
  b. It is necessary only that the glottis *not be* wide open.
   　　　　　　　　　　　　　　　　　　　　　　　　　(Chiba (1987: 50))
   （必要なことはただひとつ，声門を大きく開けないことです）
  c. It is mandatory that Mary *not have* seen you before noon.　(ibid.)
   （正午になるまではメアリーがあなたに会わないということが強く求められています）
  d. *John demands that Peter does/do go.
   　　　　　　　　　　　　　　　　　(Progovac (1994: 154, note 7))[19]

---

[19] 現代英語において，助動詞 do（または「迂言の do (periphrastic *do*)」）は，ふつう仮定法節に現れないということを，Potsdam (1998: 64-65) は以下のような例を挙げて説明している（(ia-c) は「強調の do」の例，(iia, b) は否定文の例である）．
  (i) a.?*Contrary to what the polls say, we suggest that Jimmy do run for re-election.
    b.?*I requested that she do be more assertive as she is quite competent.
    c.?*Mom demanded that you do be careful.
  (ii) a. *Who suggested that he do not/don't/doesn't act so aloof if he hopes to find a wife?
    b. *Jack asks that we do not/don't cut down his bean stalk just yet.
ただし，彼の投稿論文を審査した査読者の中に，下記 (iii) のような文を文法的文であると判断する人がいたということも Potsdam は述べている (Potsdam (1997: 535, fn. 1))．
  (iii) *I insist that you do be careful.
同じように，Bolinger (1977: 189-195) も，文法的文として以下のような例文を挙げている (Chiba (1987: 177, note 1))．

(iv) a. I *insist* that he do not take the medicine.　(emphatic order)
　　　（彼がその薬を飲むことのないように）
　　b. I *insist* that he do take the medicine.　(emphatic order)
　　　（彼がぜひその薬を飲むように）
　　c. I *suggest* that you do try to be more helpful.
　　　（君はもっと協力的な態度がとれるよう努力すべきだ）

また，彼独特の鋭い言語直観に基づき，動詞 command を用いた次のような例は非文になるという指摘を加えることも Bolinger は忘れていない．

(v) a. *I *command* that you do try to be more helpful.

以下の例は，筆者が採集したデータの中に見だされるものである（Chiba (1987: 177, note 1)）．

(vi) I believe your chances of getting a grant are better than a full fellowship as there is no fixed age limit on grants, so I *suggest* you do apply for a Fellowship grant.
（助成金申請のための年齢制限というものはないのだから，あなたの場合，完全支給の特別奨学金給付生になるより，むしろ助成金を申請したほうが採用される可能性が高くなるでしょう．というわけで，ぜひ助成金申請の申込をするよう勧めたいと思います）

現代英語の場合と異なり，初期近代英語の欽定訳聖書（KJV）やシェイクスピアの作品の中では，下記の例（viia, b）に見るように，仮定法節の中に助動詞 do が現れるのは，珍しくない用い方である．その場合，その do 自体が仮定法現在形となっていることに注意（英語翻訳版聖書の日本語訳は，出典が断ってない場合は，以下原則として，日本聖書協会『聖書 新共同訳』によるものとする）．

(vii) a. And if a soul sin, and hear the voice of swearing, and is a witness, whether he hath seen or known of it; if he *do* not utter it, then he shall bear his iniquity.
　　　　　　　　　　　　　　　　　　　　　　　　　　　　(KJV, Leviticus 5: 1)
（だれかが罪を犯すなら，すなわち，見たり，聞いたりした事実を証言しうるのに，呪いの声を聞きながらも，なおそれを告げずにいる者は，罰を負う）

　　b. And it shall be, if thou *do* at all forget the Lord thy God, and walk after other gods, and serve them, and worship them, I testify against you this day that ye shall surely perish.　　　　　　　　　　　　　　(KJV, Deuteronomy 8: 19)
（もしあなたが，あなたの神，主を忘れて他の神々に従い，それに仕えて，ひれ伏すようなことがあれば，わたしは，今日，あなたたちに証言する．あなたたちは必ず滅びる）

（詳しくは，大塚（1951: 119, 177），市河（1937: 10-11），荒木・宇賀治（1984: 544），寺澤（1985: 33），中島（1979: 220），Kruisinga（1932: 453），Chiba（1987: 177, note 1），Roberts（1993: 323; 1999: 293），Stein（1994: 408）を参照．）

なお，Ross（1979: 469, fn. 4）は，仮定法節の中では動詞句削除（VP Deletion）が適用できないということを，次のような例文を挙げて説明している．

(viii) a. He insisted that she knew Greek, and she insisted that he did.
　　　（彼は彼女がギリシア語を知っていると主張し，一方，彼女は彼がギリシア語を知っていると主張した）

第1章　英語の仮定法について

　　　b.　He insisted that she know Greek, and she insisted that he *(?*do).
　　　　　（彼は彼女がギリシア語を知るべきだと主張し，一方，彼女は彼がギリシア語を知るべきだと主張した）

（上記例文 (viiib) の最後の部分 "*(?*do)" は，he の後ろに do を用いると，do が削除された非文の場合と比べて，少しばかり文法性は高くなるが，それほどよくなるわけでもない，ということを表す．）

　一方，Culicover (1971: 130, fn. 12) は，人によっては異なる反応を示す人もいるが，次のような文は文法的文であると述べている．

　(ix) a.　John was unable to play first violin, so I'm requesting that you do.
　　　　　（ジョンが第一バイオリンを弾くことができなかったので，私はこうしてあなたにお願いしているのです）
　　　b.　Just as it's important that Harry see this film, so it's necessary that everyone else do, too.
　　　　　（ハリーがこの映画を見ることが重要であるのとちょうど同じように，ほかの人もまたそうすることが必要です）
　　　c.　I order that everyone get out of the pool, and I demand that you do, too, Bobby Poobah.
　　　　　（みんなプールから上がるよう私は命じます．だから，ボビー・プーバー，あなたもプールから上がりなさい）

さらに，Culicover は，上記例文は，do の前の主語名詞句が you になっているので問題のない文になっているだけ述べ，別の主語が用いられるとき次のような文は，文法性が低下するということを指摘している．（上記例文 (ixb) は，主語が you ではないが，ここでは，you に相当する働きをしている，というように理解することが求められているのかも知れない．）

　(x) a.　*John was unable to play first violin, so I'm requesting that Harry do.
　　　b.　*Just as it's important that Harry see this film, so it's necessary that Bill do.
　　　c.　*I prefer that you leave now and that Bill do tomorrow.

ちなみに，McCawley (1998: 450) 自身が書いている文章の中には，次に示すように，do の主語が you ではなく they になっているような文を見いだすことができるので，ここに引用しておこう．

　(xi)　While I will give diagrams as in (20) that represent them as comprising a constituent, nothing in what follows requires that they do.
　　　　（それらがひとつの構成要素からできていることを表す図形を (20) としてお見せしますが，これからお話しすることからは，それらがひとつの構成要素からできていなければならないということは何も出てこないのです）

最後に，Potsdam (1997) の指摘している興味ある言語事実として，下記例文 (p. 538) に見るように，文否定の not に隣接する動詞句が削除されてできた文は文法的文となるということを指摘することができる．

　(xii) a.　Kim needs to be there but it is better that the other organizers not ø.
　　　　（キムがそこにいることは必要ですが，別の世話役の人たちはいないほうが良いでしょう）
　　　b.　Ted hoped to vacation in Liberia but his agent recommended that he not ø.

生成文法では，この言語事実はふつう次のように説明される．まず，直説法動詞の場合，have 動詞と be 動詞は Have-Be 繰り上げ規則（*Have-Be* raising）（または動詞繰り上げ（verb raising）；第 2 章参照）の適用により，元の位置（すなわち，INFL + not + have/be の語順に見られる位置）から INFL の前の位置に移動する．本動詞は Have-Be 繰り上げの対象とならず，元の位置（すなわち，INFL + not + 動詞の語順に見られる位置）を移動することはない．ただし，本動詞の場合は，do 挿入規則（*do*-insertion, *do*-support）により do 動詞が INFL の前の位置に挿入される．一方，仮定法動詞の場合は，Have-Be 繰り上げ，do 挿入いずれの規則も適用されることがなく，本動詞，have 動詞，be 動詞いずれの場合も，動詞は not の後ろの位置にとどまったままとなる．

直説法動詞と仮定法動詞に見られるこのような違いの原因は，INFL を構成する素性の違いにあると考えられる．すなわち，INFL は，時制を表す素性 [±Tense] と一致要素（agreement）を表す素性 [±AGR] の様々な組み合わせ（すなわち，[+Tense, +AGR], [+Tense, −AGR], [−Tense, +AGR], [−Tense, −AGR]）として表すことができるが，直説法動詞と仮定法動詞の INFL は，それぞれ，一番目および二番目（または三番目）の組み合わせからできていると考えられる．（四番目は不定詞および動名詞の場合の INFL を表す．）一方，Have-Be 繰り上げおよび do 挿入が適用されるための条件として，素性 [+Tense, +AGR] からなる INFL の存在が要求される．したがって，この条件を満たさない仮定法動詞（および不定詞と動名詞）の場合には，Have-Be 繰り上げも do 挿入も適用されないことになる．

ここでは，Have-Be 繰り上げおよび do 挿入適用の条件としての INFL 素性の組み合わせを [+Tense, +AGR] とみなす考え方に立っているが，次のような対案も考えられる．すなわち，仮定法動詞の INFL の中身を [+Tense, −AGR], [−Tense, +AGR] いずれであると考えるかの違いに応じて，Have-Be 繰り上げ適用の必要条件を [+AGR] あるいは [+Tense] と考える立場である．この考えに従うと，仮定法動詞の INFL の中身を [+Tense, −AGR]

---

（テッドは休暇をリベリアで過ごしたかったのですが，彼の代理人は，そうしないほうがいいとアドバイスしました）
  c. We think that Mary should present her case but we will ask that Bill not ø.
   （メアリーは自分の申し立てをするべきだと私たちは思いますが，ビルにはそうしないよう依頼するつもりです）
（仮定法節の中に見られる動詞句削除の現象およびその分析について，詳しくは田中（2005）を参照．）

であるとした場合は，Have-Be 繰り上げ適用の条件は [＋AGR] であることになり，一方，仮定法動詞の INFL の中身を [－Tense，＋AGR] であるとした場合の Have-Be 繰り上げ適用の条件は [＋Tense] であるということになる．同じように，仮定法節の主語に対する格の付与（あるいは照合）が，[＋AGR]，[＋Tense] いずれの素性と，より密接にかかわるのかという問題も関係してくることになる．詳しくは，Chomsky (1981: 52)，Pesetsky (1982: 208, note 8)，Koopman (1984)，Kempchinsky (1986)，Chiba (1987, 1991) を参照．[20]

　仮定法動詞が Tense を持つかどうか，あるいは，仮定法動詞の INFL の中身がどのようなものであると考えるかということについては，これまで生成文法の中で他の提案もなされている (cf. Kajita (1968), Culicover (1971), Chomsky (1973, 1977, 1981), Roberts (1985), Haegeman (1986), Rizzi (1990), 金子 (2009))．なお，仮定法節は独自の Tense を持たず，常に上位の節の Tense を受け継ぐ，あるいは，時制に関し上位の節の Tense あるいは動詞に依存しているとする考え方については，Pesetsky (1982), Picallo (1984), Johnson (1985), Jakubowicz (1985), Haegeman (1986), Manzini and Wexler (1987), Hegarty (1992), Progovac (1992; 1994: 104), Ishii (2006: 219ff.) を参照．[21] なお，仮定法節内の not の分析について，詳しくは，栗原・松山 (2001: 178-186), Aboh (2004: 339, note 13) を参照．

　仮定法動詞の持つ Tense あるいは INFL がどのような性質のものであるかを考察する場合，手がかりとなる重要な言語事実として，Have-Be 繰り上げ，do 挿入に関するデータのほか，下の (50a, b) のように，仮定法節の主語の位置に相互代名詞 each other および再帰代名詞を用いることができないということを示すデータ，および (51) のように，仮定法節の主語の位置から名詞句移動によって要素を外に取り出すことができないということを示すデータを挙げることができる．(例文 (51) の記号 t は，その位置から要素が，(例えば wh 移動規則により) 取り出された後の痕跡 (trace) を表す．以下同じ．)

---

[20] 統率・束縛理論 (GB 理論) および極小主義 (Minimalist Program) の枠組みを用いて，仮定法動詞の場合の (LF 移動としての) 動詞繰り上げの分析を扱ったものとして，Murakami (1998, 1999), 野村 (1999) がある．

[21] このように，動詞の持つ時制が，独立した時制というより，むしろ，上位の節の時制に依存しているような場合，その時制のことを「依存的時制 (dependent Tense)」または「照応的時制 (anaphoric Tense)」と呼ぶことがある (cf. Stowell (1981, 1982), Anderson (1982), Johnson (1985), Enç (1987), Klein (1994: 133), Pirvulescu (2006))．なお，独立した時制を持つ場合の時制のことを「指示的時制 (referential Tense)」と呼ぶ．

(50) a. *They demanded that *each other* be released.

(Haegeman (1986: 72))

　　 b. *I suggested that *myself* be invited. (ibid.)
(51) *John is demanded (that) *t* leave immediately. (Chiba (1994: 327))

すなわち，この点に関し，仮定法動詞は不定詞ではなく，むしろ直説法動詞の場合と同じ振る舞いをすることになる（次の例文を参照）．

(52) a. They wanted *each other* to be happy. (Haegeman (1986: 72))
　　　　（彼らはお互いが幸せでありたいと願った）
　　 b. He wanted *himself* to be invited first of all. (ibid.)
　　　　（まず自分自身が招待されることを彼は望んだ）
(53) a. *The candidates expected that *each other* would win.

(Chomsky (1973: 238))

　　 b. *The dog is believed is hungry (by me). (Chomsky (1973: 237))

例文 (50)-(53) に見るような言語事実は，これまで，GB 理論においては，ふつう「束縛理論」(binding theory) などの一般的原理で説明されてきた．すなわち，(50a, b) に現れる相互代名詞 each other および再帰代名詞，それに (51) のように名詞句移動によって生じた空範疇 (*t*) の 3 種類の名詞句，すなわち照応形 (anaphor) は，文法の一般的原理のひとつに数えられる束縛理論の中の原理 A，すなわち，「照応形は統率範疇内において束縛されていなければならない」(cf. Chomsky (1981: 188)) を満たすものでなければならない．（なお，上記例文 (51) のように，that-t の連鎖を含む構造は，このような一般的原理により排除されることになるが，このような連続体が非文をもたらすような効果のことを「that 痕跡効果 (*that*-trace effect)」と呼んでいる．)[22]

---

[22] ただし，Sobin (1987; 1991) によると，that-t の連鎖を含む文が，英語のどの方言においても非文となるわけではない．Sobin (1987) は，アイオワ大学の学部学生 42 人（英語の母語話者で，大部分がアイオワ州およびイリノイ州出身者）をインタヴュー形式で調査した結果 (ia) のような whether 構文を非とするものの平均的割合が 97.6% であるのに対して，(ib) のような that 構文を非とするものの平均的割合は 17.5% と少なく，さらに，(ic) のように副詞を伴った場合は，その値が 14.3% にまで下がるという結果を得ている．

(i) a. *Who did you ask whether loves Mary?
　　 b. Who did you say that likes Bill?
　　　　（誰がビルのことを好きなんだと君は言ったんだい）
　　 c. Who did you say that really likes Bill?

したがって，もし S が統率範疇になるかならないかが，その中の INFL が (Tense ではなく) 一致要素 AGR を持つか持たないかによって決まるとするならば (cf. Chomsky (1981: 209ff.))，仮定法節の INFL が AGR を持つか持たないか，そのいずれであると考えるかによって，仮定法節が統率範疇のひとつに数えられたり，数えられなかったりすることになる．一方，上の例文 (50)，(51) で見るように，仮定法節の主語の位置に照応形が現れると一般的に非文となるという事実がある．そこで，この事実を束縛理論の原理 A によって説明するためには，これらの照応形は統率範疇の内部で束縛されていないとみなさなければならない．一方，仮定法節が統率範疇となるためには，仮定法節の INFL には AGR が含まれているとみなすことになる．

例文 (49a-c) について上で述べたように，仮定法節においては Have-Be 繰り上げが適用されず，したがって，否定文は not + have/be の語順を持つというのは確かに一般的な事実ではある．ただし，have/be + not の語順を持つ仮定法節を文法的であると判断するような方言も存在することが指摘されている (cf. Foster (1968: 212), Fiengo (1980: 80), Quirk et al. (1985: 156), Chiba (1987: 49-57), Johnson (1988), Beukema and Coopmans (1989: 429-430), Potsdam (1997: 536-537; 1998: 96, note 20; 149-150))．次の例文は Chiba (1987: 50-51) からの引用である．[23]

(54) a. It is of course reasonable that a set *be not* definable by properties of a subset of its members.
   (もちろん，ある集合体について，その部分集合の持つ特徴でもって定義

---

  (誰がビルのことを本当に好きなんだと君は言ったんだい)
(このような方言の存在については，Rizzi and Shlonsky (2007: 148), Chomsky (2013: 47, fn. 48) においても言及されている．)

[23] Quirk et al. (1985: 156) によると，次のような文は，いずれの語順も許されるとのことである．
  (i) The Senate has decreed that such students *be not/not be* exempted from college dues.
    (そのような学生は，大学の授業料免除の対象にしないという法令を上院は定めた)
 一方，Radford (1988: 457-458) は，以下のような例文を示し，
  (ii) a. I demand [that the chairman *not be* reinstated]
      (私は議長を復帰させることのないよう要求します)
    b. *I demand [that the chairman *be not* reinstated]
(iib) のような文は，今では廃れた言い方で，古めかしい法律文書や大学の肖像などにしか見られなくなっていると指摘している．

b. I demand that he *have not* left before I return.
（私が戻るまでは彼が出発しないということを私は要求したい）

c. But all of the assumptions (3)–(5) are moot (to say the least), and if any one of them *be not* accepted, C's argument for the necessary correctness of (1) falls through.
（しかし，(3)–(5) に挙げた仮説は（控えめに言ったとしても）すべてまだ未解決の問題であるので，そのうちのどれかひとつでも受け入れられないものがあるとしたら，(1) の持つ必然的な正しさを擁護する C の議論は成り立たなくなります）

d. "To me, now, the most important is that we *be not* disturbed here," Pablo said.
（「俺にとって今最も重要なことは，俺たちがここで邪魔されないことなんだ」とパブロは言った）

e. The will requires that the beneficiary *have not* been married at the time of death of the deceased.
（遺産相続人は，遺言人の死亡時において未婚者でなければならないということがその遺言にはしたためられている）

ただし，Beukema and Coopmans (1989) および Potsdam (1997) は，be 動詞の場合，たとえ be + not の語順をとることがあるとしても，その場合の not は文否定の働きをする not ではなく，動詞句否定（あるいは構成素否定 (constituent negation)）の働きをする not であると述べている。[24] したがって，このような判断によると，進行形の be，受け身動詞の be，繋辞の be のいずれの場合においても，次の例文に見るように，be + not の語順は許されないことになる (Potsdam (1998: 148–149))．

(55) a. *Hilda requested that the guests *be not* going so soon.
b. *Professor Zok asks that we *be not* sleeping during his lectures.
c. *In the interest of matrimonial bliss, the counselor suggests that you *be not* keeping secrets from your wife.

(56) a. *It is advised that everyone *be not* fooled by his chicanery.
b. *For his own sake, the association urges that he *be not* examined

---

[24] 同じような指摘が，Jaeggli and Hyams (1993: 342, fn. 21) にも見られる．

by that quack.
   c. *We advise that you *be not* elected to that dead end position.
(57) a. *Humility requires that one *be not* proud.
   b. *His mother is always urging that he *be not* a cheapskate.
   c. *The highway patrol recommends that you *be not* in such a hurry, you'll only get into an accident.

確かに，下記（58c）のように，動詞句否定の文であることが明らかな場合，文否定として解釈できる（58b）のような文と比べて，文法性が高くなるようである．

(58) a. I demand that she *not be* chosen as president this time.
      （今回は彼女が会長に選ばれないよう私は求めます）
   b. ?I demand that she *be not* chosen as president this time.
   c. I demand that she *be not* chosen as president but as vice-president.
      （彼女が会長ではなく副会長に選ばれるよう私は求めます）

しかし，同じように動詞句否定の文であっても，be + not の語順が許されない次のような場合もあるようである．

(59) It is necessary that she *not be*/*be not* allowed but be requested to join the committee.
   （彼女がその委員会に加わることを許すというのではなく，要請されるということが必要なのです）

また一方，特に上記（54c, d）のような文の場合は，これらの文を文法的と見なすような方言（あるいは個人語）において，はたして，これらの文が動詞句否定の文としてだけ許されると言えるかどうか疑問の余地も残る．この点に関し，今後さらに研究を深めていかなければならない．

完了の助動詞 have については，同じように，Potsdam (1998: 96, note 20) が，Johnson (1988) による事実指摘として，have + not のような例外的語順の使用が認められることがあるということを述べている．ただし，否定の仮定法節に見られる完了の助動詞 have のこのような「普通でない振る舞い」(Potsdam (1998: 149)) を示す下記（60a-c）のような例文について，Potsdam は，その許容度が劣ることを表すための疑問符（?）を付すと共に，否定語が

have の前に位置する (61a-c) のような例文のほうがおそらく好ましいであろうと述べている (p. 149).

(60) a. ?My parents suggested that the baby sitter *have not* left a mess in the kitchen for them to clean when they get back.
(私の両親は,帰宅したときにベビーシッターが台所を散らかしたままにして,自分たちで後片付けをしなければならないということのないようにと,それとなく言いました)

b. ?I urged that Mary *have not* just skimmed over his critique simply because of his attitude.
(メアリーが彼の批評を,彼の態度が悪いからと言ってざっと読み流すということのないよう私は要請しました)

c. ?Who demanded that we *have not* eaten everything before sitting down to supper?
(夕食の席に着くまでに私たちがすべてを食べてしまうことのないよう要求したのは,いったい誰なの)

(61) a. My parents suggested that the baby sitter *not have* left a mess in the kitchen for them to clean when they get back.

b. I urged that Mary *not have* just skimmed over his critique simply because of his attitude.

c. Who demanded that we *not have* eaten everything before sitting down to supper?

ところで,仮定法節内において,否定語 not が,上記例文 (49a-c) に見るような語順の特徴を示すのと同じような現象が, not の代わりに actually, always などの副詞,および all, each などの数量詞を用いた場合にもみられる (特に be 動詞の場合),ということを Chiba (1987: 84-97) は,次のようなデータを示しながら指摘している.

(62) a. John required that they *actually be/\*be actually* accepted.
(彼らが本当に採用されるようジョンは命じました)

b. I demand that filthy hippies *always be/\*be always* shot.
(不潔な格好のヒッピーは常に射殺しろ!)

c. John required that they *all be/\*be all* accepted.
(彼らがみんな採用されるようジョンは命じました)

第 1 章　英語の仮定法について　　　　　　　　　　　　51

d. John demanded that the boys *each be/\*be each* given five dollars.
(その子どもたちにはひとり 5 ドルずつ与えるようジョンは要求しました)

すなわち，直説法動詞の be 動詞や have 動詞の場合には，（基底構造において動詞句の左端に位置すると考えられる）actually, always などの副詞や，all, each などの数量詞と一緒に用いられた場合，繰り上げ規則の適用により，それらの副詞や数量詞のさらに左側に移動させることができるが，仮定法動詞の場合には，そのような移動は許されない。[25]

---

[25] 同じような例文として，以下を参照．
(i) a. It seems to me that the single most intriguing property of imagery ... is that it has a certain intrinsic autonomy, in terms of both *requiring* that certain properties of stimuli ... *always be* represented in an image, and ....
(Z. W. Pylyshyn, *Computation and Cognition*, p. 225, MIT Press, 1984)
(心象というものの持つ最も魅力ある特徴として指摘できるのは，外から与えられる刺激が持つある種の特徴 ... を常にひとつのイメージの形で表示することが必要となると同時に，また ... することも必要となるという点において，心象がある種の自律性をもともと備えているということではないかと私には思われるのです)
b. "*Always be* sure to stir the paint thoroughly before you start, and be sure your brushes are clean ..."
(Dean Young & Stan Drake, "Blondie," *The Daily Yomiuri*, July 19, 1997, p. 3)
(描き始める前に，絵の具は完全にかき混ぜてあるかどうか，また，ブラシはきれいになっているかを常に確かめねばならない)
c. *Always be* careful!/\**Be always* careful!　　　(Schütze (2004: 501, fn. 5))
(常に注意を怠らないよう)
上の例文において，(ib, c) のほうは，命令文の中に見られる always be 語順の例である．仮定法現在も命令文も，時制要素（あるいは時制接辞）を欠くために，動詞繰り上げの対象にならないという点で，(ia-c) に見られるように，(be always ではなく) always be の語順を取るという共通性が見られるのであろう．
なお，Kayne (1998: 133, fn. 7) は，下記例文 (iia) に見るような語順の文だけでなく，(iib) のような語順の文も受け入れるような方言（ただし，彼自身の方言とは異なる）が存在するということを指摘している．
(ii) a. John will *always be* happy.
b. John will *be always* happy.
(このように，仮定法現在動詞以外の用法としての原形動詞 be (あるいは過去分詞形 been) と副詞・数量詞との語順に関する言語データについては，ほかに，Stuurman (1990: 54), McCawley (1998: 99), Potsdam (1998: 317, 349) などが参考になる．)
仮定法節において，have 動詞も be 動詞も共に動詞繰り上げの対象にならないという一般

英語の仮定法現在に関し，このような事実が見られるということについて，Chiba (1987) 以外には従来ほとんど取り上げられることはなかった．ただ例外的に，Radford (1988: 457) が断片的ながら，副詞 definitely について下記 (63a, b) のような事実があることを指摘しているのと，その後，Potsdam (1997: 536-537) が normally, absolutely, certainly などの副詞について同じような事実指摘（下記 (64a-c) 参照）を行っているのが目立つ程度である．

(63) a. I insist that he *definitely have* finished by tomorrow.
（彼が明日までにきちんと仕事をやり終えるよう私は要求します）
b. *I insist that he *have definitely* finished by tomorrow.

(64) a. *It is recommended that you *be normally* approved by the committee first.
(cf. Participants *are normally* approved by the committee first.)
（参加者は通常まずその委員会の承認を得ることになっている）
b. *It is crucial that we *be absolutely* paying attention to his every word.
(cf. We *were absolutely* paying attention to his every word.)
（私たちは本当に彼のことば一つひとつに注意を払っていた）
c. ?It is mandatory that everybody *have certainly* read at least the introduction.
(cf. Everybody *had certainly* read at least the introduction.)

---

的事実はあるものの，細かい点においては両者の振る舞いは異なるようである．例えば，have 動詞の場合は，動詞繰り上げ適用後の語順の持つ文法性が，be 動詞の場合と比べ，一般的に高くなるという性質の違いが，特に数量詞の場合に見られるということを，Chiba (1987: 94-97) は次のようなデータを示しながら指摘している．

(iii) They *all have/have all* completed the job.
（彼らはみんな仕事を終えています）
(iv) The students disregarded her requirement that they *all have/?have all* completed the job by 10:00 today.
（学生たちはみな本日10時までに仕事を終えているようにとの彼女の要求を，彼らは無視したのである）
(v) We request that you *all have/?have all* departed by no later than Wednesday.
（みなさんは，遅くとも水曜日までにひとり残らず出発しているように私たちはお願いしたい）
(vi) It is required that they *each have/?have each* mastered one African language.
（彼らの一人ひとりが，アフリカの言語をひとつ習得しているよう求められている）

(少なくともその序章だけは確かにみんなが読んでいました)

なお，中英語や近代英語においては，仮定法動詞が否定語 not の前の位置を占めていたことが知られている (cf. Visser (1966), Ukaji (1978), Chiba (1987: 52-53), Baker (1991), Roberts (1993), Murakami (1999), Nomura (2006: 314ff.))．すなわち，この時期の英語においては，仮定法動詞が繰り上げ規則により INFL の位置に移動する結果，次の例文に見るような語順を取るに至ると考えられる (例文 (65a-c) は Visser (1966: 837-839) より，また，例文 (65d-f) は Charleston (1941: 140) からの引用で，後者の例文は，18 世紀初期の定期刊行物より採録されたものである)．

(65) a. take good kepe Þat Þe nedil *touche not* Þe ye
 (c1410 Duke of York, Master of Game (ed. Baillie/Groman) 52)
 (針が目に触れないよう十分気をつけるように)

 b. Y praie you that ye *be not* the furst to take new shappes and gises of array (c1450 Knight Tour-Landry 29, 31)
 (あなたが人に先駆けて新しい服装やみなりをすることのないよう私は希望します)

 c. To prouide that a thing *happen not*, 'precaueo'
 (1573-80 John Baret, An Alvearie or Triple Dictionarie, P 801)
 (英語で「あることが起こらないように気をつける」という意味に相当するラテン語は precaueo である)

 d. ..., and take heed that he *be not* tempted to do a vile thing ....
 (また，彼が恥ずべきことに手を染める誘惑に駆られることのないよう注意せよ)

 e. Let her take care ... Let her take ... that she *give me not* ground to suspect her ....
 (私が彼女のことを疑いたくなるような根拠を彼女が私に与えることのないよう彼女に注意させなさい)

 f. I wish I *be not* now proud indeed!
 (本当に，今この私が思い上がった気持ちにどうかなりませんように！)

このような事実から，仮定法動詞が動詞繰り上げの対象になるかならないかが，英語の歴史において変化したことが分かる (さらに詳しくは，第 5 章第 7, 8 節参照)．したがって，もしこの動詞繰り上げの現象が，少なくとも中英語お

よび初期近代英語の時期において，否定文の場合だけでなく，ある特定の種類の副詞および数量詞を含んだ文の場合にも一般的に見られるとするならば，上記 (62a-d) の非文および (64a-c) の例文に相当する文は，この比較的早い時期の英語においては，いずれも文法的文であったということが推測されるが，このことを裏付けるデータの吟味については，少なくとも筆者は現在まだその機会を得ていない．[26]

## 10. 仮定法節を導く that の消去

仮定法節を導く補文標識 that の消去は一般的に許されないということは，Rosenbaum (1967) をはじめ，多くの言語学者によって指摘されている．下記例文 (66)，(67) 参照．

(66) a. I ask that John be allowed to come.
　　　（ジョンが来るのを許してほしい）
　　b. *I ask John be allowed to come.

(Rosenbaum (1967: 92, note 3))

(67) a. The committee may insist that he resign.
　　　（その委員会は彼の辞職を求めるかも知れない）
　　b. *The committee may insist he resign.

(Radford (1988: 308))

ただし，このような場合の that 消去の可能性に対する判断には，個人差および方言差がかなり見られるようである．次の例は，Chiba (1987: 168, note 14) において指摘されている，そのような場合のひとつである．

(68) a. She demanded *(that) he think of a clever sentence.

(Wilkins (1977: 123))

---

[26] 細江 (1973: 110) に引用されている次のような例文が，そのようなデータのひとつになりうるであろう（日本語訳は細江による）．
　(i) God send we *be all* better this day three months.
　　　（三か月後のきょうあたりにはわれわれ皆よくなっていますように）

(O. Goldsmith, *The Good-Natured Man*, I (1767))

ただし，all は "wholly, entirely" の意味の副詞として用いられることもあるので，そのような用法と区別することも必要になるであろう．

(彼女は彼が何か気の利いた文をひとつ考え出してくれるよう求めた)
   b. Mary demands (that) Fred leave immediately.
   (Culicover et al. (1977: 60, fn. 52))
   (メアリーはフレッドがすぐに出発するよう要求している)
   c. These analyses demand these higher predicates be transparent to deep structure constraints, assuming such constraints exist.
   (F. Newmeyer, *English Aspectual Verbs*, p. 33, Mouton, 1975)[27]
   (このような分析法を採用すると，かりに深層構造規制というものが存在するとした場合，この上のほうの述語は深層構造規制の適用を受けないものとしなければならなくなるであろう)

すなわち，上記例文 (68a) は，that 消去が許されないことを示し，一方，(68b, c) は，that 消去が可能であることを示している．

また，McCawley (1998: 148-149) は，同じ that 消去でも，次の (69) のような場合と比べると，(70) のような仮定法の場合 (および (71a-c) のような場合) は，結果としてそれほど奇異な感じの文とはならないということを指摘している (記号 φ は，that が消去されている (欠けている) ことを表す).

(69) That/*φ Perot will be elected is unlikely.
   (パロウが選ばれることはありそうにない)
(70) a. ?The king decreed the rebels be drawn and quartered.
   (反逆者は内臓を抜き出し4つ裂きにしてしまえと王は命じた)
   b. ?I requested John help me.
   (私はジョンに助けてほしいと頼んだ)
(71) a. It is unlikely that/(?) φ Perot will be elected.
   b. John said sarcastically that/?φ he was glad he had such good friends.
   (自分にはあんないい友達がいてうれしいとジョンは皮肉っぽく言った)
   c. Frank assured us yesterday that/?φ the trouble was over.
   (やっかいごとが解決したことを昨日フランクは我々に確信させた)

このようなことを考えると，上記例文 (69) のような，明らかに非文の場合

---

[27] 例文 (68b-c) のように，that 消去を許すような方言のことを，Radford (1988: 308) は「寛大な ('liberal')」方言と呼んでいる．

はともかく，たとえ非文法性を示す星印の記号を付されているような例文でも，一般的に that 消去の文の場合は，McCawley が述べているように，むしろ疑問符の記号が付いた程度の文法性を持つ文，すなわち，どこか不自然さが伴うが，完全に非文とは言えないような文として解釈するのが適当であるような場合がかなりあるのではないかと思われる．[28]

次に，仮定法節の中からの要素の取り出しについて考えて見よう．that 消去がかなり制限されているほかの動詞の場合（例えば，後ほど取り上げることになる発話様態動詞の場合）と同じように，仮定法節の場合も，主語の取り出しは，次の例 (72b)，(73b) に見るように，多くの場合許されないようである．[29]

(72) a. He has asked *(that) we go with him.
（自分と一緒に行ってほしいと彼は我々に頼んできた）
b. *Which of us has he asked (that) go with him?

(Bresnan (1972: 96))

(73) a. John asked/ordered/dictated/advised/requested/required *(that) Tom leave immediately.

---

[28] Murakami (1999) は，現代英語期以前の英語の仮定法節においては補文標識 that の消去がよく見られるということを，次のような例を挙げながら指摘している（ただし，(ia)，(ic) の日本語訳は，それぞれ，小田島雄志訳（新潮社）および細江 (1973: 110) による）．
  (i) a. Pray God φ he be not angry.　　(Shakespeare (1613) *King Henry VIII*)
       （お腹立ちにならなければいいが）
     b. God send φ we be all better this day three months.　[＝注26の例文 (i)]
     c. God grant φ it be not upon Tower Hill.　　(Kingsley (1855) *Westward Ho!*)
       （その死というのが塔丘での処刑の死ではありませんように）

[29] ただし，Zanuttini (1996: 204, note 34) は，Robin Clark による指摘として，下記例文 (ib) は，(ia) と比較すると文法性が高くなるということを述べている．
  (i) a. *Who did you insist see John?
     b.??Who did you insist *that* see John?

同じように，田中 (2005: 106, note 10) も，次のような文（いずれも Chiba (1987: 152-153) では非文とされている）を文法的文と判断するようなアメリカ人インフォーマントの存在を指摘している．
  (ii) a. The book which Joseph asked that be read by all of us is not available at the library.
       （ジョゼフが我々みんなに読むように依頼した本はその図書館にはありません）
     b. She was reading a book, one of Merrin's that she'd asked that be delivered to the house.
       （彼女はメリンの本で，その家に届けてほしいと彼女が頼んでおいた本を読んでいた）

(トムがすぐに出発するようジョンは頼んだ／命じた／頭ごなしに命令した／助言した／懇願した／要求した)

b. *Who did John ask/order/dictate/advise/request/require (that) $t$ leave immediately?

(Chiba (1987: 151-152))

一方，目的語の場合は，下記例文（74）に見るように，仮定法節から that が消去されていなければ，多くの場合許されるという調査結果が Chiba (1987: 150-151) において示されている．

(74) Who did John ask/order/dictate/advise/request/require *(that) Tom kill $t$?

(トムが誰を殺すようにジョンは頼んだ／命じた／頭ごなしに命令した／助言した／懇願した／要求したんですか)

なお，仮定法節を取る動詞の中には，demand, insist のように，that 消去が比較的自由であるような動詞もあるが，そのような動詞の場合は，次に見るように，仮定法節からの要素の取り出しが，主語，目的語の別なく可能だと判断するインフォーマントも多いようである．

(75) a. John insisted/demanded (that) Tom leave immediately.
b. Who did John insist/demand $t$ leave immediately?[30]

---

[30] 例文（75b）と類似の例文として，以下のようなものを挙げることができる．

(i) a. The government may postpone summit talks between Japan and Russia, which the Russian side had requested [$t$ be delayed for about a month from last Friday], to discuss the conclusion of a peace treaty unless Russian advances its suggested date for the talks, government sources said Friday.

(*The Daily Yomiuri*, January 29, 2001, p. 1)

(政府筋が金曜日語ったところによると，平和条約締結について話し合う日ロ間の首脳会議を，先週金曜日から約一ヶ月の間遅らせてほしいとの依頼が先にロシア側からあったのを受けて，もしこのまま，ロシアが示唆した会議日程を早めることがない場合は，政府は延期するかも知れないとのことである)

b. And the long string of conditions attached to the withdrawal that the U.N. had insisted [$t$ be unconditional] might well be an initial bid designed to be taken little more seriously than a bazaar merchant's opening price quotation.

(*Time*, Feb. 25, 1991, p. 11)

(さらにまた，これまで国連が無条件撤退を主張していた今度の撤退に付けられた長々とした条件の数々は，おそらく，バザール商人が付ける始め値以上には，

c. Who did John insist/demand (that) Tom kill *t*?

((60b, c) は Chiba (1987: 151) より)

さらに細かい点に関しては，一般化して捉えることがむずかしいように見える現象も指摘されている (Chiba (1987: 155-158) 参照). しかし，仮定法節の場合，that 消去の可能性と that 節の中からの要素の取り出しの可能性との間には，全般的に見て，かなりの程度の相関関係が見られると言ってよいだろう.

ただし，仮定法節の場合，(主語の場合を除いた) 要素の取り出しは可能だが，一方，that の消去は全般的に不可能であるとする立場から，Erteschik (1973: 134, note 11) は，「that 節の中からの要素の取り出し可能性と，that 消去の可能性との間に相関関係は成り立たない」という捉え方をしている.

Erteschik (1973: 119) によると，仮定法節の中から要素を取り出すことが可能となるのは，主節ではなく，仮定法節のほうが「意味的に支配的である (semantically dominant)」からであるということになる．すなわち，Erteschik (1973: 83) は「ある特定のコンテクストにおいて，意味的に支配的であると見なすことのできる節（あるいは句）からのみ，要素の取り出しは可能となる」というような機能主義的説明を提案している．しかしながら，仮定法節の中からの目的語の取り出しは一般的に許されるとしても，主語の取り出しは，多くの場合許されないのであるから，もし，Erteschik の言うような機能主義的説明が，この場合，主語・目的語の区別なく，「一般的に要素の取り出しは可能である」という予測をするとしたら，上で説明したような事実に合わなくなってしまうであろう．ただし，Erteschik の立場に立つにしても，「that 痕跡効果」に相当する制約を，そのような説明の中に，何らかの形で取り入れる可能性は開かれているので，主語の取り出しができないということに関しては，そのような制約により別途説明するということが考えられるかも知れない.

一般的に that 消去が許されないとされる別の種類のグループとして，発話様態動詞 (manner of speaking verbs) と呼ばれる動詞の場合がある．発話様態動詞というのは，文字どおり，どのようなものの言い方，あるいは発話の仕方で伝達するかを表す動詞で，lisp (舌足らずで発音する)，scream, shout, shriek, mumble (つぶやく), mutter (ぶつぶつ言う), whine (めそめそ言う) などの動詞を言う.[31] Ross (1967 = 1986) は，Janet Dean [ = Janet D. Fodor] (1967)

---

ほとんどまじめに受け取られないものとしてもくろまれた最初の付け値といったところであろう）

[31] Erteschik (1973: 84) は，say, tell, report, announce などの動詞もこれに加えて，全体と

が指摘した言語事実として，次のような事実を紹介している (Ross (1986: 154))．すなわち，quip (皮肉を言う，からかう)，snort (声を荒げて言う)，rejoice (狂喜する) などの動詞 (発話様態動詞) の後ろに that 節が現れるときは，次の例に見るように，that 消去は許されない．

(76) a. Mike quipped that she never wore this hat.
　　　　　（彼女はこの帽子を決してかぶらなかったよとマイクは皮肉を言った）
　　　b. *Mike quipped she never wore this hat.

同じような事実について，Bolinger (1972: 18) も，次のような例を挙げて指摘している．

(77) a. *She gushed she simply loved it.
　　　　　[gush = to speak or behave effusively (感傷的におしゃべりする)]
　　　b. *He sounded off he was better than anybody.
　　　　　[sound off = to express one's opinions forcefully (あからさまに言う)]
　　　c. *He sniggered it was easy.
　　　　　[snigger = to utter half-suppressed laugh (忍び笑いしながら言う)]
　　　d. *They chortled it was only a joke.
　　　　　[chortle = to express with loud gleeful chuckle (満足げに笑いながら言う)]
　　　e. *He objected it was already six o'clock and too late to leave.

ただし，発話様態動詞と見なすことができるような動詞でも，どの動詞が that 消去を許すか許さないかということに関しては，個人差，方言差が見られるようである．[32] 例えば，Bolinger (1972: 18) によると，(78) に見るように，比較的使用頻度の高い動詞は，それだけ that 消去の許容度が高くなるようである．[33] 特に，(78b, c) の文は，Bolinger (1972) では文法的文とされている (それぞれ，p. 18 および p. 33 より)．

(78) a. ?He snorted he would have nothing to do with it.
　　　　　（そんなことにはいっさい関わりたくないと彼は声を荒げて言った）
　　　b. He shouted he was ready.

---

して「発言動詞 (verbs of saying)」と呼んでいる．発話様態動詞のほかの例については，Zwicky (1971)，Levin (1993: 204-205) を参照．

[32] Baker (1989: 111-112) 参照．

[33] 同じような事実指摘が Erteschik (1973: 85-86) にも見られる．

(準備 OK だと彼は叫んだ)
　　c.　She screamed she had to have both.
　　　　(自分にはそれが二つとも必要だと彼女は金切り声を上げて言った)

　また，筆者の尋ねた数人のインフォーマントは，たとえ that を消去した場合でも，次のような文は文法的であると判断している．

(79)　a.　I warned them (that) there was a bull in the field.
　　　　(野原には雄牛がいると私は彼らに警告した)
　　b.　John just whispered to me (that) he ate octopus.
　　　　(たこを食べたんだとジョンは私にささやいた)
　　c.　Bill muttered (that) he doesn't like Max.
　　　　(ビルは，マックスのことを好きじゃないんだとぶつぶつ言った)

　このように，発話様態動詞に支配される従属節の場合の that 消去は許されないという現象が，どのくらい一般的に見られる現象であるのか，あるいは，発話様態動詞とされる動詞の中のどの動詞が that 消去を許すのか，[34] そしてそれはなぜかというような問題のさらなる検討については，今後の研究に俟たなければならない．

　発話様態動詞が示す興味ある現象として，ほかに次のような言語事実があることが知られている．すなわち，Chomsky (1977: 141) および Ross (1986: 154) によると，Janet D. Fodor (1967) はまた，発話様態動詞に支配される従属節の中から要素を取り出すことができないという事実があることも指摘している．例えば，次の例文 (Ross (1986: 154)) が示すように，発話様態動詞 quip に支配された that 節における動詞の主語あるいは目的語を，移動規則の

---

[34] Erteschik (1973: 84) は，あるひとりのインフォーマントの反応に基づいて，次の (i) のような図式的に表した文の V の位置にどのような動詞が生起可能かを調べ，(ii) のように，それを三つのグループに分類している．
　(i)　What do you V ((to) them) that he had done?
　(ii)　a.　Acceptable: say, tell, report, announce
　　　b.　Questionable: grunt, holler, murmur, mumble, mutter, roar, scream, shout, sigh, snort, stammer, wail, whine, tell, exclaim
　　　c.　Bad: purr, snarl, editorialize, eulogize, coo, jeer, rumble, simper, lisp, quip, croak, dictate, transcribe, ululate (泣きわめく), animadvert (非難する)
(上の分類において，動詞 tell が (ii) の (a), (b) いずれのグループにも現れているのは，何かの間違いであろう．)

ひとつである wh 移動によって that 節の外に取り出すと非文が生じる．

(80) a. *Which girl did Mike quip never wore this hat?
b. *Which hat did Mike quip that she never wore?

この場合，(80a) の that 節からは that が消去されているが，(80a) が非文となるのは，このためばかりではない．なぜなら，that を補った次のような文も，同じように非文となるからである．

(81) *Which girl did Mike quip that *t* never wore this hat?

例文 (81) が非文となるのは，発話様態動詞の場合に限らず，一般的に，that-t の連鎖を含む構造は排除されるという，上述の「that 痕跡効果」が働くためである．同じように，下記例文 (82b) も非文となる．

(82) a. Which girl did Mike believe φ *t* never wore this hat?
　　　（マイクはどの少女がこの帽子を決してかぶらなかったと信じていたのか）
b. *Which girl did Mike believe that *t* never wore this hat?

したがって，普通の動詞の場合は，that 節の主語名詞句が外に取り出されたとき，that が消去されていれば，「that 痕跡効果」を生じさせなくて済むが，一方，発話様態動詞の場合は，主語名詞句が取り出された後，（「that 痕跡効果」を避けるために）たとえ that 消去を行っても，どのみち非文を生じさせてしまうことになる，という見方もできる．

このように考えてくると，(80a) が非文となる原因を次のように説明することができるであろう．すなわち，発話様態動詞の一般的性質として，補文標識 that の存在が要求される一方，要求どおり that を残しておくと，「that 痕跡効果」を生じさせてしまうといういわばジレンマに陥ってしまうことになる．その結果，この文の持つ構造を，あらゆる点でルール違反を引き起こさない，何ら問題のない表層構造に結び付けることができなくなるため，このような文は非文となると見なすことができるであろう．このことをさらに一般化して考えると，次のようになるはずである．すなわち，発話様態動詞の場合に限らず，一般的に，that 消去を許さない動詞の場合は，that のあるなしにかかわらず，that 節の主語の取り出しは許されない．果たしてそのとおりであるかどうかを調べるために，発話様態動詞以外の場合を見てみよう．

(83) a. Clyde allowed *(that) Henrietta likes spumoni.

[allow = think, assert]

（ヘンリエッタは（アイスクリームの）スプモーネが好きだとクライドは思った）

  b. *Who did Clyde allow (that) likes spumoni?

(84) a. It must be the case *(that) Clarita robs churches.

   （クラリータが教会で盗みを働いているのは事実に違いない）

  b *Who must it be the case (that) robs churches?

上の例文は，いずれも，Perlmutter (1971: 108-109) が挙げている文であるが，彼によると，allow, case はいずれも that 消去を許さない動詞および名詞である．確かに，(83b), (84b) は，この場合も that 節の主語の取り出しが許されないことを示している．

もうひとつ例を挙げてみよう．次の事実は，Stowell (1981: 404) が指摘しているものである．

(85) a. It came as a relief *(that) my mother was safe.

   （私の母が無事だったのでほっとした）

  b. *Who did it come as a relief (that) was safe?

これもまた，that 節からの主語の取り出しと that 消去との間には相関関係が見られることの証拠になる．

ところで，上ですでに見たように，発話様態動詞の場合は，(that 節からの) 主語の取り出しだけでなく，それ以外の要素（少なくとも動詞の目的語）の取り出しも同じように許されない，というように一般化できるようである．そのことを示すために，主語以外の要素を that 節の中から取り出した非文の例をさらにいくつか挙げておこう．

(86) a. *What did John complain that he had to do this evening?

            (Chomsky (1977: 141))[35]

  b.??What did the paper editorialize that McGovern had done?

   [editorialize = to express an opinion in the form of an editorial（社説で論ずる）]

---

[35] 動詞 complain の例以外に，quip の場合の非文の例も Chomsky は挙げているが，これは，すでに取り上げた (76a, b) の例文と同種のものである．同じような例文は，Aoun et al. (1987: 544) にも見られる．

c. ??What good deeds did the priest eulogize that the dead man had accomplished?

　　[eulogize = to praise highly in speech or writing (ほめたたえる)]

d. ??What did she purr that Fred had given her?

　　[purr = to make the low vibrating murmur characteristic of an apparently contented or pleased cat (低くセクシーな声で話す)]

e. ??What did she simper that home economics was?

　　[simper = to say smiling in a foolish self-conscious manner (にたにた笑いながら言う)]

((86b-e) は Erteschik (1973: 84-85) より)

それでは，発話様態動詞の持つこの特徴は，that 消去を許さないほかの動詞（あるいは名詞）の場合にも当てはまるであろうか．Stowell (1981: 406) が挙げている次のような例文を見てみよう．

(87) a. Who does it surprise you that John likes?
　　　（ジョンが誰を好いているということが，あなたにとって意外に思われるのですか）
　　b. What did it come as a relief that Bill bought?
　　　（ビルが何を買ったということで，あなたは安心なさったのですか）

まず，（少なくとも Stowell にとって）surprise, come as a relief はいずれも that 消去を許さない語句であるとされている．そのような語句によって支配される that 節の中から，主語を取り出すことが一般的に許されないことについては，すでに見たとおりである．したがって，例文 (87a, b) が文法的であることから，主語以外の要素なら，このような that 節の中からの取り出しが可能となるのではないかということが考えられる．同じようなことは，Perlmutter (1971: 108-109) が指摘している次のような文（上記例文 (83b), (84b) と比較されたい）からも推測できる．

(88) a. What did Clyde allow that Henrietta likes?
　　　（ヘンリエッタが何を好きだとクライドは思ったのですか）
　　b. What must it be the case that Clarita robs?
　　　（クラリータがいったいどこで盗みを働いているということが事実に違いないというのですか）

さらに，Erteschik（1973: 102）の挙げている次のような例についても，同じようなことが言える．

(89) a. *He regretted you did it.
　　 b. What did he regret that you did?
　　　（あなたが何をしたことを彼は残念に思っているのですか）
(90) a. *It alarmed me she liked it.
　　 b. What did it alarm you that she liked?
　　　（彼女が何が好きだということで，あなたは不安に思ったのですか）

以上の観察から，発話様態動詞の場合とは異なり，that 消去を許さないほかの動詞の場合，主語以外の要素は that 節の外に取り出すことが一般的にできると一応結論できるようである．

ここで問題となるのは，that 消去を許さない動詞の中で，発話様態動詞だけがどうしてほかとは異なる振る舞いをするのかということである．もちろん，この問題提起が意味を成すのは，上の説明でも一応そう考えたように，発話様態動詞の場合は，主語以外の要素についても that 節からの取り出しが許されないという一般化が成り立つ場合である．ところが，このような一般化に疑問を投げかけるような言語観察が Stowell（1981: 406-407）によって提示されているのである．すなわち，Stowell は，発話様態動詞についても，目的語の位置からの取り出しに関しては，主語の場合とは異なり，可能であるということを，次のような例文を示しながら指摘している．[36]

(91) a. What did John just whisper to you that he ate?
　　　（ジョンは何を食べたということをあなたにささやいたのですか）
　　 b. Who did Bill mutter that he doesn't like?
　　　（ビルは誰のことを好きでないとつぶやいたのですか）

Stowell は，このような that 節の中からの要素の取り出しを，主語の位置，目的語の位置の区別なく一般的に禁ずることになる Erteschik（1973）の機能主義的説明を，上のような言語資料を基に批判している．すなわち，すでに上

---

[36] 動詞 complain, mutter については，Stowell と同じような反応を示すインフォーマントもいる．すなわち，そのようなインフォーマントにあっては，complain, mutter は that 消去を許さないと判断する一方で，(86a)，(91b) のような文は文法的であると判断されることになる．

で取り上げた Erteschik (1973: 83) の説明によると,「ある特定のコンテクストにおいて,意味的に支配的であると見なすことのできる節(あるいは句)からのみ,要素の取り出しは可能となる」のような条件が働いていることになる.しかしながら,上記 (91) のような文の場合,意味的に支配的なのは主節のほうであるから,that 節からの取り出しは,主語の場合ばかりか,目的語の場合にも許されないこととなり,上記 (91) のような文が文法的であるという (Stowell の判断による) 言語事実を正しく説明できなくなる,というのが Stowell の主張である.(that 消去の可能性の問題について,機能主義的観点を取り入れて説明を試みている研究の例としては,ほかに Bolinger (1972) がある.)

このように,that 消去の可能性と,that 節の中からの要素の取り出しの可能性との間に見られる相関関係がどの程度一般的なものなのかについて,言語事実の点でも必ずしも十分明確でないところがある.[37] したがって,上で提示し

---

[37] that 消去と that 節の中からの要素の取り出しとの間に見られる密接な関係についての興味ある言語事実を指摘している例として,Borkin (1984: 84-87) を挙げることができる.Borkin は,George Lakoff による事実指摘として,次のような例文に見られるような言語事実を紹介している.

 (i) a. ?Tomorrow, I think that I'll leave.
    b. Tomorrow, I think I'll leave.
        (明日は出発しようと思っています)
 (ii) a. ?This dress, I suppose that you'll want to wear home.
    b. This dress, I suppose you'll want to wear home.
        (この服なら,家でお召しになりたいとお思いではないでしょうか)
 (iii) a.?*Just who do you think that you are, anyway?
    b. Just who do you think you are, anyway?
        (そもそも,自分のことをだれ様だと思ってるんだい)

すなわち,that 消去の結果,that 節が持っている「島 (island)」としての性格が弱められることになり,したがって,that 節の中からの要素の取り出しがそれだけ容易になるということを,これらの例文は示唆しているのではないかということである.
Rochemont and Culicover (1990: 93) が挙げている次のような例も,同じように解釈できるであろう.

 (iv) a. ?Fix the car, I know that he will.
    b. Fix the car, I know he will.
        (その車を修繕するのは,きっと彼やると思うよ)

ただし,上記 (iia) のような例については,Lasnik and Saito (1992: 82) が次のような文を,that のあるなしにかかわらず文法的であると判断していることからも分かるように,その文法性の判断に関し異なる方言や個人語 (idiolect) が存在するようである.

 (v) That race, I think (that) John won.
        (あのレースにジョンは勝ったのだと私は思う)

た興味ある問題，すなわち，that 消去を許さない動詞の中で，発話様態動詞だけがどうしてほかとは異なる振る舞いをするのか，という問題をさらに掘り下

---

Borkin はまた，Adrian Akmajian による事実指摘として，次のような現象を紹介している．すなわち，that が消去された場合は，下記の例文に見るように，従属節の主語の位置に現れうる名詞句の種類に制限があるということである．

(vi) a. We believe that Fido/a beaver/any beaver/a beaver with any brains at all is a lot smarter than any chipmunk.
（どんなシマリスより，犬のファイドー／ビーバー／とにかくビーバー／脳みそがちょっとでもあるビーバーのほうが，はるかにお利口だと私たちは思う）
b. We believe Fido/?a beaver/?*any beaver/?*a beaver with any brains at all is a lot smarter than any chipmunk.

(vii) a. John believes that the littlest thing throws me into a tizzy.
（ジョンは私が最も些細なことにも狼狽するものと信じている）
b. ?John believes the littlest thing throws me into a tizzy.

(viii) a. They believed that from London to Paris was a long way.
（ロンドンからパリまでは長い距離があると彼らは信じていた）
b.?*They believed from London to Paris was a long way.

(ix) a. John proved that sm people were agitating for removal of the Chairman.
（議長解任を扇動する人たちがいることをジョンは証明した）
b. ?John proved sm people were agitating for removal of the Chairman.

(x) a. Fran acknowledged that sm people were coming over for beer later.
（後ほどビールを飲みにやってる人たちがいるということをフランは認めた）
b. ?Fran acknowledged sm people were coming over for beer later.

（例文 (ix), (x) の 'sm' は，不定の数量を表す 'some' が，ここでは [sm]（より厳密には，成節子音（syllabic consonant）を表す記号を付けた [sm̩]）のように発音されて用いられていることを表す．）

また Borkin (p. 85) は，Akmajian による指摘として，次のような主旨のことを述べている．すなわち，（主節の）目的語の位置への繰り上げ（raising to object）が許されるかどうかということも，名詞句の種類によって異なる．この点に関し，上記 that 節の場合と並行的類似性が見られるということになる．

なお，一般的に指摘されているように，（一定の方言において）仮定法節の補文標識 that が消去できないという事実を，この補文標識が持つ特別な働きに結び付けて説明しようとするアイデアも存在する．すなわち，仮定法節の補文標識には（時制要素 T の仲介を経て最終的に）仮定法動詞を認可する重要な働きがあるので，これを自由に消去することはできないというような主旨の考え方である．結局は，補文標識 that には，普通の that のほかに，仮定法節の場合に用いられる特別な that があるということになる．このようなアイデアは，仮定法節の補文標識の位置には「仮定法演算子（subjunctive operator）」が位置を占めているとする Kempchinsky (1986) による仮定法節の取り扱い方（第 3 章第 3 節参照）とも密接に関連するものである．詳しくは，Emonds (1976: 198, fn. 17), Enç (1987), Ernst (1992: 121, fn. 15), Jaeggli and Hyams (1993: 343), Zanuttini (1996: 197) 参照．

げて検討することは，今後に残された課題としなければならない．以上，仮定法節および発話様態動詞に関して見られる that 消去の問題について考察を加えてみた．[38]

## 11. 仮定法と言語習得

　この節においては，第一言語習得とのかかわりの観点から，仮定法の問題について，少々述べてみたい．仮定法動詞を用いた条件文，あるいは，たとえ，仮定法ではなく直説法の動詞からなる条件文の場合であっても，条件文についての言語習得は一般的に遅れるようである．すなわち，幼児にとって認知的にむずかしいと思われる「仮定」「条件」「想像」などの概念を表す条件文や仮定法の文を駆使できるようになるためには，それ相応の知的発達を待たなければならないと考えられる．例えば，次のような英語の文は，通常4歳ないし5歳頃になるまで，幼児の発話には登場しないことが知られている (cf. de Villiers and de Villiers (1979: 135))．

(92) a. If it is windy we shall fly the kite.
　　　　（もし風が強ければ，私たちはたこ揚げをするでしょう）
　　 b. If it had snowed we should have lost our way.

---

[38] 発話様態動詞の場合，なぜ（一般的に）補文の中から要素を取り出せないのかという問題については，これらの補文が，θ標示される（θ-marked）普通の補文とは異なり，非θ位置 (non-θ-marked position) を占める付加詞 (adjunct) としての働きをしているからであるとする説明が考えられる．詳しくは，Stowell (1981: 398ff.), Doherty (1993: 56ff.) を参照．後者は，このような説明が，発話様態動詞の場合だけでなく，下記例文 (ia–e) (Doherty (1993: 57)) に見られるような一群の動詞の場合にも当てはまると主張している．
　(i) a. He grieved *(that) she never returned.
　　　　（彼は彼女が戻って来なかったので悲嘆に暮れた）
　　 b. They reflected *(that) they were very lucky.
　　　　（彼らは実に幸運だったことを思い起こしていた）
　　 c. She gloated *(that) he had been fired.
　　　　（彼女は彼が解雇されたのでほくそ笑んだ）
　　 d. Mary screamed *(that) there was a mouse on the table.
　　　　（メアリーは「キャー！ テーブルの上にネズミが！」と悲鳴を上げた）
　　 e. John squealed *(that) his finger was caught in the door.
　　　　（ジョンは指がドアに挟まれたので金切り声を上げた）
なお，上記2種類の動詞の場合だけでなく，それ以外の場合をも含めた，補文標識 that 消去に関する一般的考察については，千葉 (1995) を参照．

(もし雪が降っていたなら，きっと道に迷っていたことでしょう)

　また，たとえロシア語のように，統語的に比較的単純な規則からなる仮定法の文 (や条件文)[39] の場合でも，やはり，英語の第一言語習得の場合とほぼ同じ年齢に達するまで，子どもたちはそれらの文を使えるようにはならないことが知られている (cf. de Villiers and de Villiers (1979: 135))．

　一方，仮定法現在の場合は，仮定法節を補文として選ぶことができるかどうかの統語的情報が，個々の語彙項目の持つ統語的特徴の一部に含まれていると考えられるので，これらの語彙項目の習得と共に仮定法現在の持つ文法的特徴も習得されるものと推測される．

　仮定法節の言語習得について詳しい解説はできないので，ここでは，次のことだけを述べるにとどめる．すなわち，すでに注 15 において解説したように，ロマンス系言語やロシア語などにおいては，仮定法節の主語と主節主語が同一指示的であるような文が一般的に許されないという現象 (仮定法非同一指示効果) が見られる．このような現象についての言語知識が，幼児や子どもの場合にすでに習得されているかどうかについての研究がいくつか存在する．例えば，スペイン語について，3 歳児〜9 歳児を対象に調べた Padilla (1990) や，ロシア語について，4，5 歳児を対象に調べた Avrutin and Wexler (1999/2000) などがそうである．このうち後者の研究は，4，5 歳児の段階で，すでに仮定法非同一指示効果に関する文法的知識が習得されているとの見方に立ち，この知識が GB 理論における一般的理論のひとつ，束縛理論の原理 B と深くかかわるものであると主張している．Avrutin and Wexler はまた，Padilla (1990) の研究が，問題の文法的知識がこの段階の (スペイン語を母語とする) 幼児たちにはまだ習得されていないという判断に立っていることについて，その実験方法などに対する批判を加えている．(Padilla (1990) の研究によると，スペイン語の場合，5 歳から 7 歳の間にかけて，仮定法非同一指示効果に関する文法的知識が習得されるということになる．)

　なお，仮定法節 (のうち，特に，「命令的仮定法」と呼ぶことのある，demand/ask タイプの動詞の補文を成す仮定法節) の習得が，命令文の習得との関連性があるかないかなども，興味ある問題であろう．

---

[39] Palmer (2001: 217f.) 参照．

第 1 章　英語の仮定法について　　　　　　　　　　69

## 12. 仮定法節の音声的特徴

　これまでのセクションにおいては，仮定法節についての統語論的・意味論的解説を加えてきたことになるが，ここでは，仮定法節に見られる音声的特徴として，縮約可能性について考えてみよう．

　周知のとおり，仮定法節は，どちらかというと，文語的環境で用いられることが多いと言える．[40] 口語的表現に見られる音声的特徴のひとつに，縮約化の現象 (contraction, reduction) を挙げることができる．すなわち，I have, she is, will not を，それぞれ，I've, she's, won't のように縮約して発音する現象である．興味あることには，このような縮約の現象は，仮定法節には起こらないということが知られている．例えば，Selkirk (1972: 104-105) の指摘している次のような事実[41]を Chiba (1987: 58) が紹介している．すなわち，下記例文 (93) に見るように，直説法動詞の場合には，縮約してもしなくても，共に文法的文となるが，仮定法節の場合は，(94) に見るように，イタリック体の部分を縮約形として発音すると非文となる．

(93)　a.　She insists that *they have/they've* completed the job.
　　　　　（彼女は彼らがその仕事をやり終えたと主張している）
　　　b.　I know that *they've* already left.
　　　　　（私は彼らがすでに出掛けてしまったことを知っている）
　　　c.　We realize that *you've* been here before.
　　　　　（あなたが以前ここにいらっしゃったことがあることが私たちにはよく分かりました）
(94)　a.　She insists that *they have/\*they've* completed the job by 10:00 today.
　　　　　（彼女は彼らが今日の 10 時までにその仕事をやり終えてしまうよう要求しています）
　　　b.　I demand that *they have/\*they've* removed their shoes before entering.
　　　　　（私は彼らが中に入る前に靴を脱ぐよう要求する）
　　　c.　We request that *you have/\*you've* departed by no later than

---

[40] 口語的文脈でも用いられることがあるということについては，第 5 章第 6 節参照．
[41] もともと，この事実は Bob Fiengo の指摘によるものであると Selkirk (1972: 104) は断っている．

Wednesday.
（私たちはあなたが遅くとも水曜日までには出発するようお願いしたい）

ここで，注意すべきは，縮約の種類によっては，仮定法節の中においても縮約が可能になる場合があるということである．すなわち，縮約形 they've の場合を例にとって説明すると，縮約形には，[ðejəv] と [ðejv] の二つの異なる音声形があり，直説法動詞の場合には，どちらの音声形も許されるが，一方，仮定法現在形動詞の場合には，[ðejəv] のように，母音 [ə] が保たれたままの縮約形は許されるのに対し，その母音を削除する形の縮約形 [ðejv] は許されないという違いが見られるのである．同じように，上記例文 (94c) の場合は，縮約形 [yuwəv] は許されるが，[yuwv] は許されないという違いが見られる．[42]

なお，Selkirk (1972: 104) も述べているように，縮約の現象が見られないのは，単に仮定法節に限ったことではなく，時制要素を欠くような場合には縮約が起こらないというように，これを一般化して捉えることができるのは大変興味深いと思われる．したがって，例えば，Akmajian et al. (1979: 48-50) の指摘している次のような言語事実も，このような一般化のひとつの表れとみ

---

[42] 仮定法節の中では縮約が許されないことを示すその他の例として，下記例文を参照.
(i) a.  I demand [that he have a second chance]
　　　　（彼にはもう一度チャンスを与えるよう私は要求する）
　　b. *I demand [that he've a second chance]
(Radford (1988: 458, exx. (3a, b)))
(ii) *The major ordered that he've completed the operation by midnight.
(Radford (1997: 161))
なお，時制文であっても，本文で問題にしたような [ə] の削除を伴う縮約が許されない場合があることが知られている．例えば，Radford (1988: 408) が指摘している次のような，主語の種類に関する制約も，そのような場合のひとつである．すなわち，主語が「母音か二重母音で終わる代名詞」の場合にのみ縮約が可能となるというような制約がある．したがって，主語が子音で終わるような代名詞の場合，および，母音か二重母音で終わっていても，主語が代名詞ではなく普通の名詞表現の場合，さらには，縮約の対照となる動詞・助動詞が，二重母音で終わる法助動詞の後ろにあるような場合は，いずれも，[ə] の削除を伴う縮約は許されない（下記例文 (iii) (Radford (1988: 408)) 参照).
(iii) a. *The Masai've lost their traditional homelands.
　　　b. *Whom've you seen?
　　　c. *They may've left already.
ただし，上記のような Radford による事実指摘に対し，Trousdale (2003: 382-383) は，イギリスの Newcastle-upon-Tyne 地方の方言 Tyneside English においては，特に若い世代の人たちの間では，Tommy'd get in like（トミーなら，受かったりなんかするだろう）のように，普通の名詞表現 (full DPs) の場合の縮約も許されるということを指摘している．

第 1 章 英語の仮定法について　　　　　　　　　　　　　71

(95) a.　Could they have left?
　　　　　（彼らがもう出掛けてしまったなんてことはあるでしょうか）
　　 b.　*Could they've left?　[ðejv]
(96) a.　He must have not been listening.
　　　　　（彼は聞いていなかったに違いない）
　　 b.　*He must haven't been listening.
　　 cf.　You haven't been listening.
(97) a.　They may have left.
　　　　　（彼らは出掛けてしまったかも知れない）
　　 b.　*They may've left.　[meyv]

　このように，縮約の対象となる動詞・助動詞が時制を持っていないような場合においては，例えば，下記例文 (98) に見るように，たとえ，表記上は would've のように縮約形になっていても，これを [wudv] のように発音することはできないのであるから，特に英語学習者あるいは英語教育に携わる者は，十分心しなければならないと思われる．

(98)　He swam like a fish, so if he fell overboard he would've just climbed back on.　　(Peter Benchley, *Jaws*, Bantam Books, p. 81)
　　　（彼は魚のように泳ぐことができたので，もし船から水中に落ちたりしても，すぐに船の上に這い上ってくるってことがよくあったよ）

　ただし，Jones (1960: 226) は，ふつう [ai ʃəd əv 'θɔːt sou] のように発音される英語の文 "I should have thought so" が，スピードの早い会話の中では，[ai ʃt f 'θɔːt sou] のように，上で非文とされたような音声形を伴って発音されることがあると指摘している．また同じように，Ladefoged (1993: 127) も，そのような音声形が実際用いられているのを記録している．
　縮約現象および助動詞縮約 (auxiliary reduction) について，さらに詳しくは，King (1970), Zwicky (1970), Baker (1971), Selkirk (1972: Chs. 1-2), Akmajian et al. (1979), Wood (1979), Fiengo (1980: 73-80), Carden (1983), Suiko (1978), 水光 (1985: 105ff.), Radford (1997: 135-137; 329-332), Radford (2009: 99ff.) 参照．[43]

---

[43] 下記例文 (i) に見るように，want to を wanna に縮約する「wanna 縮約」の場合も，仮

## 13. 「感情の should」

よく知られていることであるが，従属節の中に現れる法助動詞 should の用法のひとつに，「感情の should (emotional *should* (Jespersen (1933: §26.7)); emotive *should* (Jacobsson (1988)))」と呼ばれる用法がある．すなわち，「驚き・意外・怒り」など話者の主観的判断を表す形容詞・名詞に続く that 節の中に現れる should の用法のことである．そのような形容詞・名詞の例としては，次のようなものがある（さらに詳しい形容詞のリストについては，安井・秋山・中村 (1976: 217ff.) 参照）．

(99) impossible, improbable, inconceivable, natural, strange, surprising, (un)fortunate, unlikely, unlucky, unthinkable; a pity

この種の形容詞・名詞に続く that 節の中においては，アメリカ英語の場合も，イギリス英語同様，should が多く用いられるということを，鷹家・林 (2004: 72-73) が解説している．なお，鷹家・林はまた，この種の that 節と仮定法節としての that 節とが異なることに注意すべきであるということを指摘する一方で，「しかしながら，natural は意味上曖昧な点があり，necessary などと明確な対比をなさないことが予想される」と断った上で，この点に関する事実調査の結果を説得力のあるデータと共に示し，その予想が事実どおりであることを述べている．詳しくは，上掲書を参照．

なお，Leech (2004: 118) は，「感情の should」のことを「推定的 should (putative *should*)」と呼んで，仮定法節の中に用いられる should も，この推定的 should の一種であるとみなしているが，両者には次のような違いがあることにも触れている．すなわち，まず，推定的 should を用いた that 節の中には，下記例文 (100) のように，仮定法節で置き換えることのできないようなものが数多く存在する．

(100) It is interesting that the play should be such a huge success.

---

定法節には起こらないということを指摘することができる (cf. Chiba (1987: 182, note 16); 例文 (ib) は Brame (1980: 302, fn. 6; 1981: 286, fn. 13) より).

(i) a. The students *want to/wanna* visit Paris.
    （学生たちはパリを訪れたいと思っている）
  b. The director requires that all the doctors *want to/*wanna* give their most.
    （すべての医者が最善を尽くしたいと願うことを所長は求めている）

(その演劇がそんな大成功を納めるとは興味深いことだね)

　つまり，仮定法節が可能となるのは，願望や意図や指図などを表す that 節（すなわち，命令的仮定法 (mandative subjunctive)) に限られている．(推定的 should を用いた that 節を補文とする形容詞のリストについては，安井・秋山・中村 (1976: 217ff.) 参照.) また，感嘆文や疑問文の中には，仮定法節で置き換えることのできない，次のような推定的 should を用いた構文が存在するということも，両者を区別する理由になると Leech (2004: 118) は説明している．

(101) a. Dyson was stunned by the vulgarity of it. That poor old Eddy should come to this! ( = 'the very idea')
　　　　（ダイソンはその下品さに驚嘆した．あのあわれな年老いたエディーがこんなふうになるなんて！）
　　　b. We were having a great time, when who should come along but the managing director. ('Who do you imagine came along ...?'))
　　　　（それまで私たちは楽しくやっていたのに，突然そこに，誰あろう，社長が姿を表すなんて）
　　　c. How should I know? | Why should we bother about that?
　　　　（私が知っているはずないでしょう！｜何で我々がそんなことに煩わされなければならないんだ！）

　Leech (2004: 118) はまた，仮定法節の場合のように，'ought to' の意味を表す should が用いられる場合と，推定的 should が用いられる場合とを注意深く区別すべきであると述べる一方，どちらの意味用法が用いられているのかを文脈から区別するのが困難な場合が多く存在するということも認めている．

　なお，感情の should の用法に関する最近の研究のひとつに前田 (2007) があるが，前田は，この種の should の用法と，仮定法節の中に should を用いる，いわゆる，イギリス英語の仮定法の用法とを区別しないで，共に「疑似仮定法の should (quasi-subjunctive *should*)」として扱っている．また，アメリカ英語には emotional *should* の用法がないと見なしている (p. 157) という点でも，前田のこの研究には問題となりそうな点が含まれているが，ただし，一方では，イギリス英語に見られる仮定法節内の should についての歴史的発達に関し，いろいろ有益な情報が含まれているので，仮定法節内に現れる should の用法と 感情の should の用法の違いを考える上で，また，前者の用法の should の歴史的発達を考える上で，重要な資料の一つに加えることがで

きる．感情の should について，さらに詳しくは，Behre (1955), Aijmer (1972), 小川 (1981) を参照．

## 14. まとめ

　本章では，仮定法過去および仮定法過去完了の用法についての復習的解説から始めているが，特に，筆者がこれまで興味を抱いてきた「仮定法の伝播」の現象についての解説を加えることが，導入部での主な狙いであった．ついで，話題を本書全体の大きな研究テーマである仮定法現在についての解説に移し，特に，その基本的特徴を浮き彫りにすることに力点を置いて，「仮定法節の認可要素」「仮定法節内の法助動詞」「仮定法節内の not の位置」「仮定法節を導く that の消去」などの文法研究テーマを取り上げた．次章以降では，これらのテーマをさらに発展拡大させ，「仮定法節と文法理論とのかかわり」「仮定法節の歴史的言語変化」「欽定訳聖書に見る仮定法節の特徴」「世界の様々な英語の中での仮定法節」などの観点から見た仮定法の世界へと読者諸賢を誘って行きたい．

# 第 2 章

# 動詞繰り上げと仮定法現在

## 1. はじめに

　第 1 章第 9 節においてすでに触れたように，現代英語の仮定法節においては，ふつう否定語 not は動詞の前に位置する（下記例文 (1a-c) 参照）のに対し，中英語や初期近代英語においては，直説法動詞の場合と同じように，not は動詞の後ろの位置を占めていた（下記例文 (2a-c) 参照）ことが知られている．すでに第 1 章で取り上げた例文 (49a-c) および (65a-c) を，それぞれ，(1a-c) および (2a-c) としてここに再録しておこう．

(1) a. I insist that John *not come* so often.
　　b. It is necessary only that the glottis *not be* wide open.
　　c. It is mandatory that Mary *not have* seen you before noon.
(2) a. take good kepe Þat Þe nedil *touche not* Þe ye
　　b. Y praie you that ye *be not* the furst to take new shappes and gises of array
　　c. To prouide that a thing *happen not*, 'precaueo'

　If などの接続詞によって導かれる従属節の場合には，現代英語においても，下記例文 (3a-c) に見るような語順の文が用いられることがあるが，これは，古い時代の英語の語順が現代英語においても部分的に残っているものとして捉えることができるであろう．

(3) a. But all of the assumptions (3)-(5) are moot (to say the least),

and if any one of them *be not* accepted, C's argument for the necessary correctness of (1) falls through.　(＝第1章 (54c))

　b.　In all our communication with people, if it *be not* of an inspirational nature, it is best to remain silent.
　　　（あらゆる場合の人とのコミュニケーションにおいては，何かインスピレーション的なものでない限り，口を閉ざしているのが一番だ）

　c.　If that *be not* the case, then how could these highly abstract principles possibly be learned inductively?　(cf. 第1章 (18a))

　上記例文 (2a-c) は，いずれも，初期近代英語期に書かれた英語の例で，しかも，仮定法節を含む例であるが，同じ時代に作成された欽定訳聖書 (1611) に用いられている If 節の中においても，下記例文 (4a-c) に見るように，否定語は動詞の後ろの位置を占めていることが分かる．（欽定訳聖書の英語に見られる仮定法現在の特徴について，詳しくは，第4章を参照.）

(4)　a.　If she *please not* her master, who hath betrothed her to himself, then shall he let her be redeemed:　　　　　　　　(Exodus 21: 8)
　　　（もし，主人が彼女を一度自分のものと定めながら，気に入らなくなった場合は，彼女が買い戻されることを許さねばならない）

　b.　If thou *save not* thy life to night, to morrow thou shalt be slain.
　　　　　　　　　　　　　　　　　　　　　　　　　(I Samuel 19: 11)
　　　（「今夜中に避難して自分の命を守らなければ，明日は殺されます」）

　c.　...: for I swear by the Lord, if thou *go not* forth, there will not tarry one with thee this night:　　　　　　　(II Samuel 19: 7)
　　　（主に誓って言いますが，出て来られなければ，今夜あなたと共に過ごす者は一人もいないでしょう）

　中英語および初期近代英語（さらに18世紀初めの英語）に見られるこのような特徴は，仮定法節（あるいは，広く仮定法現在動詞よりなる従属節）が否定文になっている場合，次の節で説明するような文法的規則のひとつ「動詞繰り上げ」，すなわち，動詞を（時制要素）INFL の位置へ繰り上げる操作が，この時期一般的に可能であったことを示すものと考えることができる．英語の発達の過程において，この特徴はその後も維持されるが，第5章第7節において説明するように，1940年ないし1950年代以降は，仮定法節における動詞繰り上げの現象は次第に一般的でなくなって行ったと考えられる．一方，直説法動詞を用

いた定形文においては，be 動詞および完了の have の場合に限り，動詞繰り上げの適用が現代英語においても許されていると考えられる．古い英語において，どうして動詞繰り上げが仮定法動詞の場合にも許されていたのか．逆に，現代英語において，be 動詞および完了の have の場合を除いて，動詞繰り上げが一般的に許されないのはどうしてか．この興味ある問題について，次節以下で考えてみよう．

## 2. 動詞繰り上げ

現代英語に関する生成文法研究の流れの中で，動詞繰り上げのアイデアは最初「Have-Be 繰り上げ (*Have-Be* raising)」の規則として提案された (cf. Jackendoff (1972: 77), Akmajian and Wasow (1975), Emonds (1976: 213), Akmajian et al. (1979))．すなわち，動詞 have/be を [＋AGR] の素性を持つ Aux の位置へ繰り上げるというものである．この規則により，概略 (5) のような統語構造において，

 (5) [... Aux [＋AGR] [vp Neg [vp have/be ...]]]

have/be を Aux [＋AGR] の位置に移動させることにより，現代英語の定形動詞否定文において，一般的に動詞 have/be が否定語 not の前の位置を占めるということが説明される．一方，一般動詞（あるいは本動詞）の場合は，この規則の構造条件に合わないので，動詞の繰り上げは起こらないことになる．

それでは，現代英語における仮定法節の場合はどうであろうか．Chiba (1987: 104-111) は，仮定法動詞と共起する Aux の要素として，Culicover (1971) の提案した，仮定法を表す文法的要素 SUBJ（第 1 章の (46) 参照）を取り入れると共に，仮定法動詞の Aux の素性構造を [＋Tense, －AGR] のようなものであると考えた (cf. Chomsky (1973, 1977))．この考えに基づくと，現代英語の仮定法節における「not＋動詞」の語順は次のように説明される．すなわち，たとえ have/be 動詞を含む仮定法節であっても，Aux の部分に関する構造条件（すなわち Aux [＋AGR]）を満たしていないので，Have-Be 繰り上げは適用されず，その結果，一般動詞はもちろん，have/be 動詞の場合も，not の左に移動することは一般的に許されないことになる．同じような結果は，仮定法節の場合の AGR が「空の AGR (a null AGR)」であるという仮説 (cf. Chomsky (1981: 230, note 73), Chiba (1994)) からも得られることが分かる．あるいは，仮定法節の AGR の位置が「空の仮定法法助動詞 (a null subjunctive modal)」によって占められているとする仮説 (cf. Roberts (1985), Haegeman (1986), Rizzi (1990), Chiba (1994), Potsdam (1998)) を考えてもよい．

Have-Be 繰り上げ規則は，その後，特に GB 理論研究の枠組みの中で，より一般的な性質を持つ「動詞繰り上げ」（あるいは「動詞移動」）の規則として再編成されることとなる．すなわち，概略 (6) のような構造において，

(6)　[$_{IP}$ ... [$_{I'}$ I [$_{VP}$ ... [$_V$ V ...]]]]

動詞繰り上げにより，主要語 V は IP の主要語 I の位置に移動する．この動詞繰り上げは，フランス語のような言語においては，定動詞の場合，一般的に適用されるが，現代英語の場合は，上で見たように，have/be 動詞以外は一般的に適用できない (cf. Emonds (1978), Pollock (1989))．英語においては，一般動詞の場合，「動詞繰り下げ」（あるいは「接辞移動 (Affix Hopping)」）により，むしろ，屈折要素 I のほうが V の位置へと移動すると考えられている．[1]

フランス語と英語に見られるこのような違いは，一般的に屈折要素の持つ

---

[1] AGR 素性 [+AGR] を機能範疇 I から独立させて，別の機能範疇 AGR として立て，さらに，この AGR を Pollock (1989) のアイデアに基づき，主語の一致（subject agreement）を表す要素 $Agr_S$ と，目的語の一致（object agreement）を表す要素 $Agr_O$ の二つに分離させ，それに，任意的要素としての否定句 NegP を加えたような IP の内部構造を示すと，概略次のようになる（FP=TP; F には [±finite] の素性が含まれている）(Chomsky (1995: 147))．

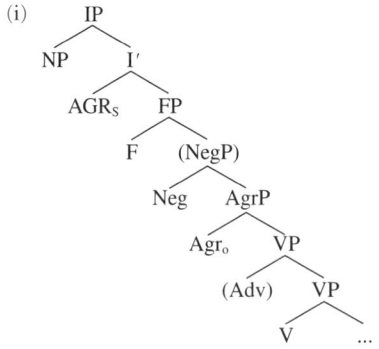

(i)
```
        IP
       /  \
      NP   I'
          /  \
       AGR_S  FP
             /  \
            F   (NegP)
               /   \
             Neg   AgrP
                  /  \
               Agr_O  VP
                     /  \
                 (Adv)   VP
                        /  \
                       V    ...
```

このようなアイデアによると，動詞繰り上げは，上のような構造において，VP の中の V がまず $Agr_O$ に引きつけられ，その結果できた V と $Agr_O$ との複合体がさらに F の位置に移動する一連の操作として捉えられることになる．

ただし，Chomsky (1995: 353) では，それまで目的語引き上げ (object raising) のためにだけ必要とされていた $Agr_O$ は不要とされるに至っている．すなわち，目的語引き上げの操作は，下記 (ii) (Chomsky (1995: 352)) に示す軽動詞句（$v^{max}$）の主要部を占める軽動詞 $v$ の持つ強素性により引き起こされると考えることになる．

素性の違いとして説明される (cf. Pollock (1989), Belletti (1990), Chomsky (1991)). 例えば, Chomsky (1991: 422-423; 1995: 135-136) によると, フランス語の AGR (すなわち, 上記 (6) の機能範疇 I を構成する要素 [+AGR]) は英

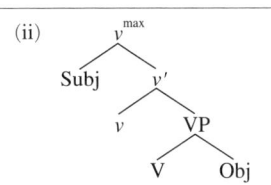

(ii)
```
         v^max
        /    \
      Subj    v'
            /    \
           v      VP
                 /  \
                V    Obj
```

また, Chomsky (1995: 355) では, インターフェイス表示レヴェル (interface levels) において具現化される, 内在的特性を持った (T, C, D などの) 機能範疇だけを認める立場に立ち, 統語範疇としての Agr を普遍文法から排除する方向性が示唆されている. 同じような Agr(P) 不要論については, Iatridou (1990) 参照.

ところで, 上記 (i) の構造は, Neg が機能範疇のひとつ NegP の主要語を成すとみなす分析を反映させたものとなっている. ただし, 同じ機能範疇 NegP の存在は認めるものの, Neg はその範疇の主要語ではなく Spec の位置を占めるとする別の分析も提案されている. さらに, NegP の範疇そのものを認めず, Neg を AdvP に現れる通常の副詞のひとつと見なす考え方もある. Ernst (1992) に示されている分析が, そのような考え方の代表的なものである. 以下に, Ernst (1992) の主張を取り入れた構造表示と解説の一部を引用しておこう.

まず, 時制文の場合の構造 (iii) と非時制文 (tenseless clauses) の構造 (iv) を掲げると, それぞれ, 次のようになる.

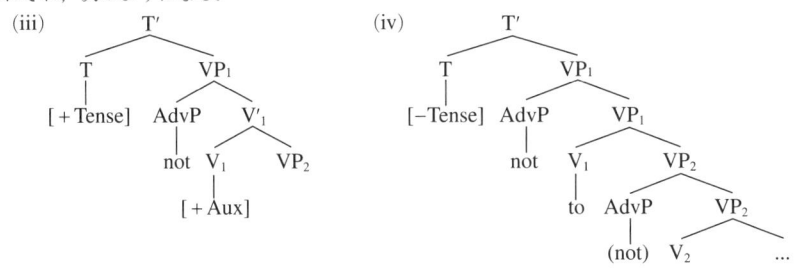

(iii)
```
          T'
         /  \
        T    VP_1
        |    /  \
    [+Tense] AdvP V'_1
             |   /  \
            not V_1  VP_2
                |
             [+Aux]
```

(iv)
```
          T'
         /  \
        T    VP_1
        |    /  \
    [-Tense] AdvP VP_1
             |   /  \
            not V_1  VP_2
                |   /  \
                to AdvP VP_2
                    |   /  \
                  (not) V_2  ...
```

次に示す (v) が上記二つの構造についての Ernst の説明である.

(v) a. [+Tense] selects
    (i) main verb, or
    (ii) [+Aux] with optional *not* in Spec.
  b. [−Tense] selects *to* (which in turn selects any verb, without *not* as Spec)

なお, 法助動詞 (M), 完了相動詞 (have), 進行相動詞 (be) は, いずれも, VP の主要語を形成し, また, T の後ろに現れる VP のうち, 否定語 not を Spec とする VP が, 助動詞的動詞句 (Auxiliary VP, [+Aux] VP) としての最初の位置 (すなわち, 最上位の位置) を占めることになる. 助動詞 do は法助動詞のひとつと考える.

仮定法節内の否定構造については, 桒原・松山 (2001: Ch. 5) および Nomura (2006: Ch. 11) 参照.

語の AGR より「強い (strong)」という性質を持つと考えられる．さらに，弱い AGR は助動詞を引きつける (attract) ことはできるが，一般動詞を引きつけることはできないと考えられる．一方，強い AGR はすべての種類の動詞を引きつけることができる．このような違いはいったいどこからくるのかということに関しては，少なくとも，二つの説明が考えられる (cf. Chomsky, op. cit.)．そのひとつは，Howard Lasnik のアイデアによるもので，一般動詞と助動詞の持つ形態的違いに基づいている．すなわち，一般動詞のような「重い」要素を引きつけることができるのは，強い AGR だけであるが，助動詞のような「軽い」要素を引きつけることなら，弱い AGR にもできるというものである．

考えられるもうひとつの説明は，Pollock のアイデアに基づくもので，$\theta$ 理論[2]との関連による説明となっている．すなわち，強い AGR は動詞に付加されると，その動詞が，$\theta$ 連鎖を通して，その移動後の痕跡要素に $\theta$ 役割を転移させることを許し，その結果，その動詞がもともと従えていた項にしかるべき $\theta$ 役割を付与することを許す．一方，弱い AGR には，そのような力がないので，動詞を移動させると，結果的に $\theta$ 基準 ($\theta$-criterion)[3] 違反を引き起こすことになる．したがって，動詞は移動せずに，元のままの位置から直接，必要な $\theta$ 役割をしかるべき項に付与しなければならない．ただし，一般動詞と異なり，$\theta$ 役割付与の必要のない助動詞の場合は，たとえ助動詞が移動して弱い屈折接辞 AGR に付加されたとしても，もともと，助動詞は $\theta$ 役割付与にはあずからないのであるから，結果的に $\theta$ 基準に違反することにはならない．つまり，助動詞は $\theta$ 基準違反を引き起こすことなく AGR の位置に移動することが可能となる．これが，AGR の強いフランス語の場合には，すべての定動詞が動詞繰り上げの対象になるのに対して，AGR の弱い英語にあっては，助動詞，すなわち，have/be 動詞の場合だけ，動詞繰り上げが許されるということの理

---

　[2] $\theta$ 理論というのは，GB 理論を構成する下位理論のひとつであり，動詞，形容詞などの述語（あるいは動詞句全体）によって，その補語としての名詞句や従属節などに付与される「$\theta$ 役割 ($\theta$-role)」あるいは「意味役割 (semantic role)」（例えば，「動作主」「主題」「経験者」など）に関する一般的原則について規定する働きをする理論のことである．$\theta$ 理論の中には，一般的原理のひとつとして，「$\theta$ 基準 ($\theta$-criterion)」が含まれている．注3を参照．
　[3] $\theta$ 基準というのは，述語と共に命題を形成する働きをする「項 (argument)」と呼ばれる要素が担う $\theta$ 役割についての一般的原理であり，次のように定義される (cf. Chomsky (1981: 36))．すなわち，「それぞれの項にはひとつの意味役割，しかも，ただひとつの意味役割が付与され，さらに，（述語が有する）それぞれの意味役割は，ただひとつの項にのみ付与される」．

由である．

　一方，(現代英語の) 仮定法節においては，たとえ have/be 動詞の場合であっても，動詞繰り上げが一般的に許されないのは，すでに観察したとおりである．それでは，定動詞としての have/be と仮定法動詞としての have/be とでは，どこが異なるのであろうか．上では，一般動詞は「重い」(あるいは「強い」) ので AGR がそれを引きつけることができないと考えたのであるから，仮定法動詞の場合の have/be は定形一般動詞と同じように「重い」(あるいは「強い」) ので，AGR の位置に移動できないと考えるべきであろうか．そうではなく，ここでは，AGR によって引きつけられる以前の have/be 動詞そのものは，定形動詞の場合も仮定法動詞の場合も同じであると考え，違いは，むしろ，両者の場合の AGR の性質そのものにあると考えることにする．すなわち，上で見たように，仮定法動詞の場合，I を構成する AGR の中身が [−AGR] であるか，あるいは，I の位置が空の法助動詞によって埋められていて，AGR が欠けているために，結果的に have/be を引きつけることができないということになる．

## 3. 動詞の語尾変化と AGR の強弱

　ここで，古い英語の仮定法動詞の場合を再び取り上げてみよう．古い英語において，どうして動詞繰り上げが仮定法動詞の場合にも許されていたのだろうか．それは，この時期の英語においては，仮定法動詞の場合も，一般動詞の場合も，共に，現代フランス語の定形動詞の場合と同じように，AGR が強かったためであると考えられる．すなわち，INFL を構成する AGR が強い AGR であったので，一般動詞も仮定法動詞も共にその強い AGR によって引きつけられ，その結果，上記例文 (2), (4) の例に見られるような語順を持った文が生成できたものと考えられる．

　ところで，強い AGR と弱い AGR の違いはどこから来るのであろうか．その違いは，問題となる言語 (あるいは，ひとつの言語の中のある一定の時代の言語) の動詞の語形変化が豊富であるかどうかの違いと密接に関係していると考えられる (cf. Roberts (1993: 323))．すなわち，一般的に，動詞の語尾変化が豊富な言語 (あるいは，そのような時代の言語) は強い AGR を有し，一方，動詞の語尾変化が乏しい言語 (あるいは，そのような時代の言語) は弱い AGR を持つこととなる．したがって，現代フランス語や古い時代の英語の AGR は強く，現代英語の AGR は弱いと考えられる．

ただし，動詞の語尾変化が豊富であるかどうかの違いと，AGR が強いか弱いかの違い（したがって，結果的に，動詞繰り上げが許されるかどうかの違い）が，一対一の対応関係で結ばれているとは限らない (cf. Lightfoot (1999: 160-161))．例えば，一般的に，動詞の語尾変化が豊富な言語は強い AGR を持つと言える (cf. Lightfoot (1991), Roberts (1999)) が，その逆は必ずしも真ではない．すなわち，動詞の語尾変化が豊富でない言語でも，デンマーク語やスウェーデン語のように，動詞繰り上げを許す言語もある (cf. Lightfoot (1999: 161))．同じようなことが，ある時代の英語についても当てはまる．すなわち，英語の発達過程において，動詞の語尾変化が急激に簡素化の方向に向かうという現象が見られ，動詞の語尾変化は 14 世紀までには完全に簡素化されるに至ったが，動詞繰り上げの現象が消失するのは，18 世紀になってからである．したがって，動詞の語尾変化が豊富でない状態でありながら，動詞繰り上げが許されていた時代がかなりの間続いていたことになる (cf. Lightfoot, op. cit.)．

現代英語の be 動詞の場合もまた，動詞の語尾変化が豊富であるかどうかということと，AGR が強いか弱いかの違いが，一対一の対応関係で結ばれているとは限らないということを示す例のひとつとして考えることができるかも知れない．なぜなら，すでに上で見たように，AGR の弱い現代英語にあっても，be 動詞は（それに have 動詞の場合も）動詞繰り上げの対象になるのであるから，be 動詞の場合は，「語尾変化が豊富である」ことと，「AGR が弱い」ことが密接に結びついていることになるからである．もちろん，be 動詞のように，語尾変化が豊富な動詞は，弱い AGR では認可できず，強い AGR によってのみ認可できる．したがって，be 動詞は強い AGR と一緒に現れたときだけ正しく認可されることとなるので，それを保証するために，現代英語でも，強い AGR を選ぶことが可能であるというように考えることもできるであろう．ただし，このような考え方は，AGR の性質が，あるひとつの言語において，あるいは，あるひとつの時代の言語において，さらには，ある言語のひとつの方言において，常に強弱いずれかにはっきりと分かれているとする，望ましい簡潔な捉え方ができないという意味において，言語の特質を大きく把握することにならないとみなされるかも知れない．

ここで，AGR 素性の強弱との関連性を特別考えずに，とにかく，動詞語尾変化が豊富であれば動詞繰り上げが許されるというように，「動詞の語尾変化の豊富さ」と「動詞繰り上げの可能性」とを直接結びつけて考えるとしたら，どうであろうか．このように考えることは，少なくとも，記述的な捉え方としては許されるであろう．現代英語の be 動詞が例外的に豊富な語尾変化を保っ

ているという事実と，be 動詞が動詞繰り上げの対象になるという事実を考えた場合，そのように捉えるほうがむしろ簡潔な説明であるということが言えるかも知れない．

ところで，古い時代の仮定法において，動詞繰り上げが一般的に適用できたということについては，すでに上で見たとおりである．このことから，その時代の仮定法動詞は豊富な語尾変化を伴っていたということが一応予測されるが，果たして，事実はそのとおりであろうか．

## 4. 仮定法動詞の歴史的変化

直説法動詞と仮定法動詞の語尾変化について，英語の歴史的変化の跡をたどってみよう．まず，古英語の場合，動詞 rīdan 'ride' を例に取ってみると，直説法と仮定法は，それぞれ，次のような語尾変化を持っていたことが分かる (cf. Campbell (1959: 296))（同じような表をもう少し詳しくしたものが，第 5 章の注 29 にも掲げてある）．

(7)      直説法   仮定法

|  |  | 直説法 | 仮定法 |
|---|---|---|---|
| Present |  |  |  |
| Sg. | 1. | rīde *I ride* | rīde |
|  | 2. | rītst | rīde |
|  | 3. | rītt | rīde |
| Pl. |  | rīdaþ | rīden |
| Past |  |  |  |
| Sg. | 1. | rād | ride |
|  | 2. | ride | ride |
|  | 3. | rād | ride |
| Pl. |  | ridon | riden |

すなわち，直説法動詞（単数・現在形）が 1 人称, 2 人称, 3 人称の違いに応じて三つの異なる語尾変化を持っていたのに対して，仮定法動詞の場合には，現在形・過去形共に, 1 人称, 2 人称, 3 人称の区別なく同一の形を取り, ただ, 単数形と複数形の違いのみが語尾変化の違い（すなわち, -e と -en の違い）として表されていたことが分かる．これは，動詞全般について当てはまることであり，be 動詞や do 動詞についてさえ言えることである．中英語になると，古英語に見られた仮定法動詞の -e（単数）と -en（複数）の違いが失われるように

なり，後期近代英語になると，その違いは完全に失われてしまう (cf. Pollock (1997: 261))．

このように，少なくとも仮定法動詞については，古英語の時代においてすら，決して豊富な語尾変化を伴っていたわけではないことが分かる．しかるに，一方では，すでに上で見たように，古英語，中英語，さらには，少なくとも初期近代英語までは，仮定法動詞の場合にも，動詞繰り上げが許されていたのである．したがって，この場合も，動詞繰り上げが見られるからといって，必ずしも，動詞に豊富な語尾変化が見られるとは限らないことになる．

このような事実に基づき，Pollock (1997) は，動詞繰り上げが可能かどうか，すなわち，屈折範疇 AGR が強いか弱いか[4]ということと，動詞の持つ人称語尾変化が豊富であるかどうかということとの関係は，十分一般化できるようなものではなく，むしろ，動詞繰り上げが可能かどうかは，直説法，仮定法，命令法のそれぞれの「法（mood）」の違いが形態的に表示されているかどうかということと密接にかかわっていると捉えるべきであると主張している．そしてこの場合，法性の違いが形態的に同定されうるかどうかの判断の基準として，次のようなものを提案している (p. 265)．

(8)　言語 L において，ある屈折形態素 [$_1\alpha$] が，同じ屈折範疇内の少なくともひとつの異なる形態素と明確に区別されているなら，その形態素は動詞語尾変化のパラダイム P に関して，形態的に同定されうる（すなわち，「強い」）ものとする．

この基準によると，古い時代の英語においては，仮定法を表す形態素 -e は，同じく仮定法を示すもう一方の形態素 -en と明確に区別されているので，その形態素は「強い」ということになる．一方，法の違いを表す機能範疇として，Pollock (1997) は MoodP を仮定している．この範疇は，次のような構造上の位置を占めるものとして提案されている (p. 262)．[5]

---

[4] Pollock (1989) では，「強い」AGR と「弱い」AGR という概念の代わりに，「透明な (transparent)」AGR と「不透明な (opaque)」AGR という概念が用いられている．

[5] (9) の構造における機能範疇 Mood は，本書におけるこれまでの考察の中で用いてきた機能範疇の Aux あるいは AGR に部分的に相当するところがある．Pollock (1997) と同じように，統語範疇としての Mood（あるいは，統語素性としての [+Mood]）や MoodP などの範疇を取り入れた仮定法研究の例としては，ほかに Murakami (1995, 1998), Giorgi and Pianesi (1997), Nomura (1999, 2006), 金子 (2009) がある．統語範疇 ModP の必要性については，Schütze (2004), Cinque (1999, 2004) を参照．（なお，(9) の構造表示について，

(9)　[MoodP Mood ([NegP neg) [TP T [AgrP AGR [VP α]]](])]

このように，法の違いが機能範疇として統語構造上に明示されている言語，すなわち，フランス語あるいは古英語，中英語，または初期近代英語において，同定されうる屈折形態素を担った動詞は，定形動詞の場合も仮定法動詞の場合も，同じように，(機能範疇 AGR, T を経由して最終的に) Mood の位置まで移動し，その Mood との素性照合を通して，それらの形態素(の素性)が認可されることになる．一方，同定されうる形態素を持たない，現代英語の一般動詞および仮定法動詞の場合は，そのような動詞繰り上げは生じないことになる．

## 5. 語尾変化の欠けた be 動詞

　ここで，現代英語の場合に戻り，動詞繰り上げと豊富な語尾変化との対応関係について，別の観点から考えてみよう．すなわち，普通は，動詞繰り上げの対象になる be 動詞の場合でも，豊富な語尾変化を伴わないような場合には，動詞繰り上げの対象にならないということが予想される．不定詞や仮定法現在の用法などは，そのような場合のひとつである．さらに興味あることには，英語の方言の中には，例えば，黒人日常英語 (Black English Vernacular) またはエボニックス (Ebonics)[6] のように，語尾変化を一切伴わない be 動詞の用い方をするような方言がある．次の例文を見てみよう (cf. Lightfoot (1999: 160))．

(10)　a.　Bill be angry.
　　　b.　Bill don't be angry.
　　　c.　Do Bill be angry?
　　　d.　What do Bill be?
　　　e.　I don't be angry?

---

右端の部分が，Pollock (1997: 261) では "... AGR [VP α]](])]" のようになっていて，内側の右括弧がひとつ足りないように思うので，本文の (9) においては，それを補ってある．)

[6]「黒人英語」の呼び名に対する英語表現としては，ほかに Black English, African American Vernacular English (AAVE), African American English (AAE) などがある．語尾変化の一切伴わない be 動詞の用法のことを「不変の be (invariant be)」と呼ぶことがある．不変の be について詳しくは，Andersen (1990), Atwood (1953), Baily and Bassett (1986), Baugh (1983), Bernstein (1988), Green (1993) を参照．

   f. Do clowns be boys or girls?
   g. Did it be funny?
(11) a. *Bill ben't angry.
   b. *Be Bill angry?
   c. *What be Bill?

　上のデータから，次のような事実が読み取れる．すなわち，このような方言では，これら be 動詞を含む文の場合，(10a-g) に見るように，たとえ否定文や疑問文においても，be 動詞は元の位置のままで，代わりに，do 挿入規則を適用した否定文および疑問文となっている．すなわち，この場合，be 動詞に対する動詞繰り上げは起こっていない．一方，動詞繰り上げを適用すると，(11a-c) に見るような非文が生成されるという事実が読み取れる．[7]

　Lightfoot (1999: 160) は，同じような現象が，幼児の言語の場合にも見られることがあるということを指摘している．具体的例としては，Roeper (1993: 81) の挙げているデータが参考になるであろう．すなわち，Roeper は，Childes コーパスの中から，maybe, still, even, really, only, probably, always, never, sometimes などの副詞を含む文を選んで調べた結果，下記 (12) のような文は見いだすことができるが，(13) のような文は，データの中に一切含まれていないということを報告している．すなわち，幼児の文法においては，

---

 [7] 同じような言語事実についての指摘は，Lasnik (2003: 20) にも見られる．Lasnik は Green (1993) による不変の be の分析を紹介する中で，以下のような言語事実を挙げながら，これらの言語データに関する統語論的分析を試みている．
  (i) a. Bob be writing his assignments.
    b. *Bob ben't writing his assignments.
    c. *Be you happy when you talk to your sister?
  (ii) a. Bob don't be writing his assignments.
    b. Do you be happy when you talk to your sister?
本文でも述べたように，Black English Vernacular においては，時制要素が欠けているために，動詞繰り上げの対象にならないという点，ならびに，do 支持規則の対象になるという点において，命令文の場合と共通性が見られるということを Lasnik は特に注目している．一方では，同じく時制要素を持たないと思われる仮定法現在の場合には，下記例文 (iii) に見るように，do 挿入規則が適用されない (第1章注19参照) という違いが見られることも指摘している．
  (iii) I require that you (*do) not be late for class.
    (授業に遅れちゃいけません)
これらの言語データに関し，彼が提案している統語的分析について詳しくは，Lasnik (2003) を参照．

(実際見いだすことのできる）（12a-d）のような文は文法的文となるが，一方，(用いられることのない）（13a-c）のような文は非文であるということになるので，そのようなデータの分布になるのであろうと推測される（下記例文 (12c, d) に見られる mummy, Mummy の表記の違いは原文どおりである）．

(12) a. Is that my meat / It maybe be my meat.
  b. It maybe be dark ... it maybe be dark.
  c. I always be a mummy.
  d. Laurie is always a Mummy too.
(13) a. *Laurie be always a Mummy too.
  b. *It be maybe mine.
  c. *Be it dark?

このようなデータから，次のようなことが考えられるであろう．すなわち，幼児の文法において，(12a) の後半の文および (12b, c) に見るように，be 動詞が語尾変化のない形，すなわち，時制要素 Tense を伴わない形で用いられるときは，これに動詞繰り上げを適用しなければ，（少なくとも，幼児の文法においては）文法的文となる．一方，(12a) の前半の文および (12d) に見るように，be 動詞が時制要素を伴って用いられるときは，大人の文法と同じように，動詞繰り上げが適用できることを示す．それに対し，(13a-c) の例文は，be 動詞が時制要素を伴わない形で用いられるとき，動詞繰り上げを適用すると非文となることを示している．同じように，下記例文 (14a-c) のような文も，幼児が実際に用いる文の例であり，Childes コーパスから得られる例文である．なお，(14c) は，get のような一般動詞についても同じことが当てはまるということを示している．

(14) a. Robin always be naughty.
  b. Because Indians always be bad.
  c He always get to nursery school.

このように，幼児の文法において，原形動詞としての be が用いられるときは，（always の類の）副詞の前ではなく後ろの位置を占めなければならないという事実は，興味あることに，原形動詞としての仮定法現在動詞を考えた場合，そのまま大人の文法にも当てはまる事実である．なぜならば，すでに第1章第9節において解説したように，仮定法節内においては，actually, always などの副詞，および all, each などの数量詞を用いた場合，特に be 動詞の場合，

一般的に動詞繰り上げを伴わない場合のみ文法的文となる (cf. Chiba (1987: 84-97)) という事実が見られるからである．

さらに，同じく第1章第9節で観察したように，否定語 not の分布の場合も，これらの副詞や数量詞の場合と同じような特徴を示すということを併せて説明するために，Chiba (1987: 109-111) は，これらの語句を PREV (= Pre-verb) という範疇でまとめることを提案している．すなわち，下記 (15a) のような構造において，V として have/be が選ばれたとき，動詞繰り上げが適用されて，have/be が PREV の前の位置を占めるようになるが，一方，(15b) のような構造を持つ仮定法動詞の場合は，動詞繰り上げが適用できず，PREV と have/be 動詞の語順は基底構造のままとなるというような説明になる．

(15) a.　[$_S$ NP AUX [ + AGR] [$_{VP}$ PREV [$_{VP}$ V ...]]]
　　　b.　[$_S$ NP AUX [ − AGR] [$_{VP}$ PREV [$_{VP}$ V ...]]]

同じように，上記例文 (12)-(14) に示すような幼児の言語データも，次のように説明することができるであろう．すなわち，原形動詞としての be (あるいは get) を用いたとき，それらの動詞が，上記 (15b) の構造における V の位置を占めることになるので，動詞繰り上げの対象にはならず，結局，PREV + V のような語順の文が生成されるのである．

## 6. まとめ

英語の歴史の中で，動詞の語尾変化が貧弱になるにつれ，語順の持つ重要性が高まるようになるという変化が起こったことはよく知られている．文中における，ある特定の語順がどのようにもたらされるのかという問題を考えるとき，有効な手段のひとつとして，動詞繰り上げの規則を用いた説明が試みられることがよく行われる．この章では，特に，否定文としての仮定法節に見られる語順の特徴を，英語の歴史的変化の中で捉えると共に，動詞繰り上げ規則を用いて，関連ある言語データがどのように説明できるかの問題を考察した．一般的によく知られた，仮定法節における否定語 not に見られる語順の特徴だけでなく，Chiba (1987) において初めて指摘されるようになった，動詞前副詞および数量詞と have/be 動詞との間に見られる興味ある語順の特徴をも同時に取り入れて，これらを統一的に捉える方法について考えてみた．さらには，子どもの言語習得や黒人日常英語に見られる言語的特徴にも，同じようなメカニズムが働いている可能性があることを指摘した．

# 第3章

# 仮定法節と疑問文

## 1. はじめに

　平叙文，疑問文と命令文は，統語構造の上で異なる特徴を示すとともに，発話行為（speech act）の点でも，それぞれ，異なった役割を担っている．発話行為の点からは，それぞれ異なった機能を持つこれら3種の文のタイプも，記述的内容（descriptive content）の面からは共通の特徴を持っているとする捉え方もある．例えば，Huntley (1980: 282) によると，下記例文 (1a-c) は発語内行為（illocutionary acts）の点では異なるが，いずれも同じ記述的内容を表していることになる．

(1) a. The door is open.
　　b. Is the door open?
　　c. Open the door!

　Huntley は，このような主張を "the Same Content Thesis (SCT)（同一内容命題）" と呼び，以下のように定義している (p. 282)．

(2) "Cognate declarative, interrogative and imperative sentences have the same descriptive content. They express the same proposition."
（同じ種類に属する平叙文，疑問文，命令文は同じ記述的内容を有する．それらは同じ命題を表す）

　さらに，この共通の記述的内容のことを "sentence-radical（文幹）"（または "parasitic"）と呼び，一方，発語内行為の異なる部分のことを "modal element

(様態要素)"(または "neustic")と呼ぶことがあると説明している(pp. 281-282).さらに詳しくは,Stenius (1967),Huntley (1980; 1982; 1984) 参照.

なお,文の種類の4番目として,感嘆文あるいは祈願文を加えることがある (cf. Collins (2006: 181)).ところで,「断言 (assertions)」「質問 (questions)」「命令 (orders)」「願望 (wishes)」などの発話行為は,それぞれ,平叙文,疑問文,命令文,祈願文によって表されることが多いが,このような一対一の対応が常に見られるわけではない.例えば,下記例文 (3a-e)(いずれも Davies (1986) より)は,

(3) a. What's the weather like, somebody? (p. 22)
 (誰か,どんな天気だか分かる人はいませんか)
 b. Can't you be quiet? (p. 65)
 (静かにできないの)
 c. Why don't you be more careful? (p. 101)
 (もっと注意が必要じゃないか)
 d. Why not go and see? (p. 121)
 (行って,みてきたらどう)
 e. I beg you, can't we put a stop to this unpleasantness? (p. 232)
 (ね,お願い!こんな不愉快なこと,もうやめにしようじゃない)

文の種類としては,いずれも,疑問文の形をとっているが,適当な状況のもとで用いると,発話行為としては,命令(あるいは依頼)を表す文としても使用可能である.このことからも分かるように,文の種類とそれが表す発話行為との関係には,多少ともずれが生じることがある.詳しくは,Huddleston (1994),Saeed (2003) を参照.

しかしながら,全般的には,統語的構造の違いが発話行為の違いと相まって,それぞれ,異なる種類のグループを形成すると考えることができる.このようにして形成された異なるタイプの文 (sentence type)[1] は,互いに排他的な関係にあるので,これら異なる種類のものを,例えば,「疑問命令文」のように,組み合わせて用いることはできない (cf. Sadock and Zwicky (1985: 159),

---

[1]「異なるタイプの文」については,Sadock and Zwicky (1985: 156),Collins (2006: 108ff.),Aarts (2012) を参照.厳密に言うと,ひとつの文の中の節ごとに異なるタイプの文が生起可能なので,「異なるタイプの文の種類」というのは「異なるタイプの節の種類」ということになる (cf. Huddleston (1994),Collins (2006: 180)).

Reis and Rosengren (1992: 87), Saeed (2003: 237), Wurff (2007: 19)). 例えば, 下記の例文 (Wurff (2007: 19)) は, [ ] の中に示したように, 疑問文と命令文との働きを併せ持ったような文として考えられたものであるが, 実際は非文となる.

(4) *Give it to me?!  [< Do you give it to me? + Give it to me.]

ただし, 一見, このような制約を破っているかのように見える下記例文 (5) のようなドイツ語の文 (Reis and Rosengren (1992: 80)) の場合は, 非文とはならない.

(5) Wohin sag mir    bitte   doch mal gleich,    daß Peter
    Where tell me(D) please  MP   MP  right away that Peter
    gegangen ist.
    gone     is
    'Tell me please right away where Peter went.'
    [D = dative; MP = modal particle, particle related to specific sentence and/or illocutionary types]

なぜなら, この文は, もともと従属節の構成素をなす wh 句 (wohin) を主節の文頭の位置まで移動させてできた文であり, 意味解釈上は, 下記例文 (6) (Reis and Rosengren (1992: 81)) のような, wh 句が埋め込み文の補文標識 (COMP) の位置にとどまったままの命令文と同じ内容を表すからである.

(6) Sag mir    bitte   doch mal gleich,   wohin Peter gegangen ist.
    Tell me(D) please  MP   MP  right away where Peter gone     is
    'Please tell me right away where Peter went.'

すなわち, 上記 (5) のような文は, 全体として wh 疑問文のように見えるが, 実際は命令文である. 意味的に疑問文となっているのは, 主節の部分ではなく, 埋め込み文の部分だけなので, 同じひとつの節の中に疑問文と命令文の機能が混在しているわけではない. したがって, このような文は, 問題になっている制約に違反してはいないと言える. すなわち, 上記例文 (5) は英語の下記例文 (7) (Wurff (2007: 19)) に相当する間接疑問文の例であることになる. ちなみに, ドイツ語でも, 疑問文と命令文の純粋な混交が見られる下記 (8a) のような文は非文となる. (8a) に対応する普通の疑問文 (8b) と比較されたい ((8a, b) は Reis and Rosengren (1992: 86) より).

(7) Tell me who you have visited!
　　（あなたは誰を訪問したのか教えて！）
(8) a. *Wen　　　　 benenne　　　　 als meinen Nachfolger.
　　　　 whom(A) nominate [imp.] as my　　　 successor(A)
　　b. Wen　　　　 benennst du　als meinen Nachfolger?
　　　　 whom(A) nominate you as　my　　　 successor(A)?
　　　　 'Who do you nominate as my successor?'
　　　　 [A = accusative; imp. = imperative]

なお，上記例文（5）のような構文のことを Reis and Rosengren (1992) は「＋Wh 命令文（＋Wh-imperative）」と呼んでいる．一方，この構文の文頭の位置に，Wh 句以外の要素を移動させてできる下記例文（9）（Reis and Rosengren (1992: 80)）のような文のことを「－Wh 命令文（－Wh-imperative）」と呼んでいる．

(9) Den Fritz　　 versprich mir　　bitte, daß du nie　　wieder
　　 the Fritz(A) promise　　 me(D) please that you never again
　　 besuchen wirst.
　　 visit　　 will
　　 'Fritz promise me please that you will never visit again.'
　　 [D = dative]

Reis and Rosengren (1992: 79-82) によると，＋Wh 命令文および－Wh 命令文が用いられる方言地域は，平叙文や疑問文の場合に見られる同じような構文（下記例文（10a, b）参照）の用いられる地域と重なり，主として南部ドイツの方言に多く見られるとのことである．

(10) a. Den Fritz　　　 verspreche ich dir,　　 daß ich nie　　 wieder
　　　　 the Fritz(A) promise　　 I　 you(D) that I　　never again
　　　　 besuchen werde.
　　　　 visit　　 will
　　　　 'Fritz I promise you that I shall never visit again.'
　　 b. Wohin sagte Fritz, daß Peter gegangen ist?
　　　　 where said　Fritz that Peter gone　　 is
　　　　 'Where did Fritz say that Peter went?'

また，ドイツ語の動詞 meinen 'think'，glauben 'believe'，denken 'think'，wünschen 'wish' などのように，＋Wh 補文を取らない動詞の場合には，下記例文 (11) に見るように，＋Wh 命令文が許されないという事実がある．

(11) *Wen     glaube,     daß Peter getroffen hat.
     whom(A) believe [imp.] that Peter met       has

これは，一般的に，＋Wh 命令文における文頭の wh 語が，主節ではなく従属節において認可されるべき要素であることを示していて，興味深いと思われる (cf. Reis and Rosengren (1992: 88-89))．すなわち，主節の動詞 glauben 'believe' が＋Wh 補文を取らないので，疑問詞 wen 'whom' が補文内で正しく認可されず（あるいは，[＋wh] 素性に関する素性照合が正しく行えず），結局，非文を生じることになるからである．

なお，ドイツ語には，仮定法節の研究にとって重要なデータのひとつになると思われる，次のような事実がある．すなわち，下記例文 (12a) に見るように，補文が仮定法節になっている場合，それに対応する－Wh 命令文は一般的に非文となる．これは，ドイツ語において，下記例文 (12b) に見るように，仮定法節を補文とすることのできる動詞の場合でも，それに対する普通の命令文自体が一般的に許されないので，それに対応する－Wh 命令文もまた非文となるというように説明されることになる．

(12) a. Den Mantel gib    zu, hat/*habe      Fritz schon  am
        the coat(A) admit P   has[ind./subj.] Fritz already on
        Montag gekauft.
        Monday bought
        （フリッツが月曜日にすでにそのコートを購入していたことを認めろ）
     b. *Gib  zu/*Sag mir, er habe        den Mantel  schon  am
         admit P/tell   me  he has[subj.] the coat(A) already on
         Montag gekauft.
         Monday bought
         [P＝分離動詞の前つづり; ind.＝indicative; subj.＝subjunctive]

なお，＋Wh 命令文がどうして上記例文 (5) のような表層の形，すなわち，主節の補文標識の位置を wh 句が占めるような構文の形，を取るのかについての詳しい考察については，Reis and Rosengren (1992) および Wurff (2007: §7.2) を参照．

ところで，統語的構造の違いという点から文の種類をいくつかに分けるということなら，否定文も独立した文の種類を形成していると見なすことができるが，否定文の場合，発話行為の点からは，平叙文とは異なる発話行為を担っているとは言えず，むしろ，平叙文の一部に組み込むことができると考えられる．すなわち，否定文は，ここで問題とするような厳密な意味での，独立した異なる文の種類を形成するわけではないので，下記例文（13）(Sadock and Zwicky (1985: 159)) に見るように，否定文を疑問文や命令文と組み合わせることは問題ないということになる．（同趣旨の説明は，Saeed (2003: 239) にも見られる．）

(13) a. Didn't you catch the speckled geese?
    （あなたはグレーターマガンをまだ捕獲していなかったんですか）
   b. Don't catch the speckled geese.
    （グレーターマガンは捕獲してはいけません）

なお，Davies (1986: 33) は，平叙文，疑問文と命令文の中で，命令文だけは，言語表現とそこに込められた発話行為との関係が常に直接的に読み取れる，すなわち，両者の間に一対一の対応 (one-to-one correspondence) が見られるとする Haverakte (1976: 225) のアイデアを紹介している．ただし，すでに，(3a-e) の例文について説明したとおり，命令文的な発話行為が常に命令文としての文の形式を取るという意味ではないことに注意する必要がある．

## 2. 命令文としての発話行為を示す仮定法節

発話行為の点から一種の命令文として位置付けることのできる構文のひとつに，仮定法節がある．すなわち，命令文と仮定法現在の持つ意味的類似性から，仮定法節を一種の嵌め込み命令文 (embedded imperatives) とみなすことができる．下記例文 (Long (1966: 204)) を参照．

(14) a. Be diplomatic.
    （駆け引きうまくやりなさい）
   b. Don't always be taken in by smooth talk.
    （うまい話にだまされてばかりいちゃいけませんよ）
(15) a. I suggest that you be diplomatic.

b. It is important that you not be always taken in by smooth talk.[2]

(埋め込み命令文のアイデアについて詳しくは，Long (1966), Stockwell, Schachter and Partee (1973), Ukaji (1978), Jacobs (1981), Huntley (1980; 1982; 1984), Kempchinsky (1986; 2009), Davies (1986), Zanuttini (1996) を参照．)

発話行為を 2 種類に分けて，「直接的発話行為」と「間接的発話行為」とを区別することがある (cf. Fraser (1973), Sadock (1974), Gordon and Lakoff (1971), Green (1975), Morgan (1978)). この観点からすれば，上記例文 (15a, b) や下記例文 (16) のように，

(16) I demand that you go there at once.
　　　(すぐにそこに行きなさい)

仮定法節(を補文とする文)により表される発話行為は，普通の命令文の場合とは異なり，間接的発話行為に属すると言えるかも知れない．ただし，第 1 節に示した例文 (3a-e) が，命令文としての間接的発話行為を表すのと比べると，上記例文 (16) によって表される種類の間接的発話行為は，はるかに「直接的」な発話行為であるとも言えるであろう (cf. Huddleston (1994)).

仮定法節の中に用いられる動詞，仮定法現在は，命令法としての動詞そのものではないので，仮定法節のことを「埋め込み命令文」と呼ぶのは，比喩的な意味においてである．[3] しかしながら Platzack (2007) によると，古アイスランド語 (Old Icelandic) や古スウェーデン語 (Old Swedish) からなる古スカンジナビア語 (Old Scandinavian) のように，実際，命令法動詞が埋め込み文の中に用いられている言語が過去には存在していたということである．すなわち，Platzack (2007: 181) によると，これらの言語では，下記例文 (17a, b) に見るように，命令文の働きを表す特別な原形動詞が埋め込み文の中に用いら

---

[2] ただし，インフォーマントによっては，例文 (15b) は not be always の語順のために自然な文とは言えない (ただし，not always be のような語順にすれば文法的文となる) との反応を示す人もいる．すでに第 1 章第 9 節において解説したように，一般的に，仮定法節の中においては，助動詞 be/have は always/often などの "preverbs" (動詞前副詞) の後ろに配置させなければならないという，語順に関する制約が見られ，この制約は，特に，助動詞 be の場合には強く働くという事実がある．

[3] 第 1 章第 11 節の終わりの部分でも触れたように，仮定法現在のうち，特に，demand/ask タイプの動詞の補文の中に用いられる仮定法のことを「命令的仮定法 (mandative subjunctives)」と呼ぶことがある．形容詞 mandative はラテン語の mandate 'a command or order' に基づく語である (cf. Berk (1999: 149)).

れていたとのことである．

(17) a. Wakta thig    at   thu mødh    enkte thit  hiærta ther
        watch yourself that you bother.IMP not   your heart  there
        wm
        with
        'Be careful not to bother your heart with that.'
    b. Jag bidher tik  at   thu ey  owergiff     mik
        I   ask   you that you not abandon.IMP me
        'Please do not abandon me!'
        [IMP = imperative]

　一方，現代語としてのスウェーデン語やアイスランド語には，このような用法は見られない，すなわち，この用法は 16 世紀の間に消失した（Platzack (2007: 201)）とのことである．現代語においては，次のような一般的状況がほぼ普遍的に見られるからである．すなわち，Platzack が述べているように，「命令文としてだけ用いることのできるような特別な動詞の形態を有する言語においては，この動詞の形態を嵌め込み文の中に用いることはできない」（p. 183）ということになる．さらに，Platzack によると，嵌め込み命令文の使用は，世界の言語全体を見ても，ごくまれにしか見られないので，「命令文は嵌め込み文として用いることはできない」というような断定的な言い方をすることがしばしば見られるとのことである．例えば，Rivero (1994) や Platzack and Rosengren (1998) などがその例である．ただし，もっと慎重な述べ方をする Rupp (1999) のような例も見られるとも述べている（p. 183）．Rupp (1999: 44, note 11) によると，下記例文 (18) のように，補文標識 that を用いない場合には，命令文を嵌め込んだような文が許されることになる．[4]

---

　[4] ただし，(18) の文（の中の，that を用いないほうの文）は，実際には，下記例文 (i) のように表記されるべき文のことではないかとも思われるので，このような例文を基に，英語において，「命令文を嵌め込んだような文が許される」と言うことには，それほど説得力があるとは思われない．
　(i) The judge said, "Hand over my driving license!"
　なお，本文の中で，現代語としてのスウェーデン語（やアイスランド語）には，命令文が嵌め込み文として用いられることはないとする Platzack (2007) の説明を紹介した．ただし，本人自らが挙げている本文中の例文 (19) は，この説明と矛盾するように思えるところがあるのだが，詳しいことは分からない．

(18) The judge said [(*that) hand over my driving license]!
(「私の運転免許証をよこしなさい！」と判事は言った)

一方，スウェーデン語の場合には，下記例文 (19) に見るように，補文標識 att があってもなくても，嵌め込み命令文が可能であるとのことである (cf. Platzack (2007: 194, fn. 13))．

(19) Domaren sa (att) räck över körkortet!
Judge-the said that hand.IMP over driving-licence, the
'The judge said, hand over your driving licence.'

以上の考察からも分かるように，上記例文 (15a, b) のような仮定法節を補文とする文の場合は，(14a, b) のような普通の命令文の場合とは異なり，「命令」の発話行為が直接的に表されているわけではないが，働きの上では，間接的ながら命令文と同じように，命令や勧奨や願望の意図を込めて用いられる文であると言えるであろう．もちろん，厳密に言うと，仮定法節を補文とするような文が，いつでも命令文的発話行為を表すわけではなく，命令文的機能を有するのは，特に，注 3 で述べた「命令的仮定法」のような呼び名で表されるような種類のものに限られるということにも注意しなければならない．

以上のことから推測されるのは，命令文の一種であるこの仮定法節を用いて，同時に(間接)疑問文としての働きをさせることはできないのではないか，ということである．すなわち，第 1 節で解説したように，もし，疑問文と命令文の組み合わせが許されないとしたら，疑問文と仮定法節の組み合わせも許されないことになるはずであるが，果たして，事実はどうであろうか．

## 3. 仮定法節と疑問文

Chiba (1987: 123) は，仮定法節を下位範疇化する動詞のうち，(間接)疑問文をも下位範疇化できるものを取り上げ，これらの動詞がこの二つの異なる種類の補文を同時に組み合わせたようなものを補文として取ることができるかどうかを議論している．その議論の概要は以下のとおりである．

動詞 ask および demand は，下記例文 (20)，(21) (Chiba (1987: 118)) に見るように，仮定法節を下位範疇化することができると同時に，間接疑問文を補文に従えることもできる．

(20) John asked/demanded that Tom leave the room immediately.

（トムが直ちに部屋を出るようジョンは頼んだ／要求した）

(21) a. Susan asked me who had done it.
   （誰がそんなことしたのかとスーザンは私に尋ねた）
   b. Susan demanded who had done it.
   （誰がそんなことしたのか教えてほしいとスーザンは言った）

ただし，下記例文 (22) (Chiba (1987: 123)) に見るように，間接疑問文内の主動詞を仮定法現在動詞の形で表すことはできない．

(22) a. *I demand who John visit tomorrow.
   b. *John asked who Bill see.[5]

一方，下記例文 (23) が示すように，仮定法節の中の wh 句を（最終的に）主節の COMP の位置に移動させることは問題ない．

(23) a. Who do you demand that John visit tomorrow?
   （あなたはジョンが明日誰を訪問すべきだとおっしゃるのですか）
   b. Who did John ask that Bill see?
   （ジョンはビルが誰に会うことを依頼したのですか）

なお，このことと関連することであるが，上記 (22a, b) のような文が非文になるのは，補文標識 that が欠けているからであるという見方が成り立つかも知れない．すなわち，仮定法節に補文標識が不可欠であるという制約は，Chiba (1987: 149ff.) も指摘するように，実際には，どの方言にも当てはまる

---

[5] 例文 (22b) は Chomsky (1973: 278) からの引用である．動詞 ask, demand のほか，recommend についても同じような現象が見られるようだ（下記例文 (i) 参照）．
  (i) a. Max recommends that Beth be fired.
      （ベスを解雇するようにとマックスは勧めている）
     b. Max recommends who should be fired.
      （誰を解雇すべきかという忠告をマックスは行っている）
     c. *Max recommends who be fired.
  ただし，下記例文 (iia, b) が文法的文となることからも分かるように，間接疑問文の中の動詞が仮定法現在形であるような文は常に非文となるわけではない．このことについては，以下本文で取り上げることになる．
  (ii) a. Mac recommends whether Beth (should) be fired.
      （マックスはベスを解雇すべきかどうかについて忠告している）
     b. Betty ordered whether that plan (should) be adopted.
      （ベティーはその計画を採用すべきかどうかの命令を下した）

わけではないが，少なくとも，そのような制約が成り立つような方言においては，そのような制約とのかかわりにおいて，(22a, b) の持つ非文法性を捉えることが可能かも知れない．ただし，調べてみると，上記例文 (22a, b) に補文標識を補ったような文（下記例文 (24a, b) 参照）の場合も，依然として非文になるということからも推測できるように，問題の原因は，もっと別の所にありそうである．

(24) a. *I demand that who John visit tomorrow.
　　 b. *John asked that who Bill see.

なお，補文標識 that を伴う仮定法節の中に wh 句が用いられていて，文法的となるような文の例については，のちほど，例文 (33a, b) として取り上げることになる．

例文 (22a, b) の S 構造 (S-Structure) は，それぞれ，次の (25a, b) のようになるであろう．

(25) a.　I demand [[who [that]] [John visit t tomorrow]]
　　　　 [−WH]
　　 b.　John asked [[who [that]] [Bill see t]]
　　　　 [−WH]

この場合，COMP の指定部 (Spec) の位置を占める疑問詞 who は補文標識 that の持つ素性 [−WH] によって認可できず，したがって，そのような不適格な構造を持つ文 (22a, b) は非文となる．すなわち，動詞 demand, ask の要請により，補文標識 that が選ばれているが，that の持つ素性は [−WH] である．一方，wh 移動により，COMP の指定部の位置を占めるに至る疑問詞 who は素性 [+WH] を持っているが，この素性は COMP の主要部 (Head) の位置を占める that のものとは異なり，素性が一致しないので，正しく素性照合が行えず，結局，解釈不可能な素性が残ることとなり，そのような構造を持つ文は非文となる．

以上の事実観察は，命令文（の一種として解釈できる仮定法節）と (間接) 疑問文との働きを併せ持ったような文の構築は，やはり許されないということを示していると解釈できる．

ただし，仮定法節の中の仮定法現在動詞を「法助動詞 should＋動詞」で置き換えたような従属節の場合を考えてみると，下記例文 (26a, b) (Chiba (1987: 123)) が示すように，そのような従属節と疑問文との組み合わせには何ら問題

がないことが分かる (cf. (22a, b)).

(26) a.　I demand who John should visit tomorrow.
　　 b.　John asked who Bill should see.

どうしてであろうか.例文 (26a) を例にとって考えてみると,動詞 demand により要求されているのは,「ジョンが明日訪れるべき人物は誰であるのか」という質問に対する答えを与えること,すなわち,ある人物 X を特定することだけであり,「ジョンがある特定の人物 X (たとえそれが誰であるにしろ) を明日訪れること」を実現させることについてではないということが分かる.すなわち,"I demand that John (should) visit X tomorrow." のような文の場合に意味される,従属節を形成する命題内容 (John (should) visit X tomorrow) の実現化についての要求そのものは,上記例文 (26a) のような場合には,問題になっていないのである.むしろ,その部分は当然のこととして受け入れられている,すなわち,前提条件となっていると考えられる.同じようなことが,例文 (26b) についても当てはまる (cf. "John asked that Bill see Susan.").すなわち,これらの例文の場合,問題となるような意味機能の衝突は起こらないので,文法的文となる.

なお,上記例文 (26a, b) の S 構造は,それぞれ,次に示す (27a, b) のようなものになるであろう.

(27) a.　I demand [[who [+WH]] [John should visit *t* tomorrow]]
　　 b.　John asked [[who [+WH]] [Bill should see *t*]]

すなわち,(27a, b) においては,上記 (25a, b) の場合とは異なり,who の持つ [+WH] 素性が COMP 主要部の持つ [+WH] により正しく照合され,解釈不可能な素性が残ることはないので,(26a, b) は文法的文となると説明できる.

これと同じような趣旨の事実指摘を行っている言語研究として,ほかに Bresnan (1972) を挙げることができる.すなわち,Bresnan (1972: 67) は,以下のような例文を取り上げて,疑問文と命令文の組み合わせが意味的に矛盾した内容の構造体を構成することになることを指摘している.[6]

---

　[6] 記号 # は "semantically ill-formed"(「意味的に不適格な文である」)ということを表す.なお,例文 (28b) には直説法動詞の sees が用いられているが,これを仮定法現在形の see に置き換えても事情は同じである.

(28) a. #He commanded whether we should go.
    b. #It is imperative who sees you.
    c. #Whether you win is most desirable.

すなわち，Bresnan の説明によると，（疑問文を表す形態素）WH の持つ意味機能を考えると，それが，要求や命令を表す文の持つ意味特徴とは相容れない．すなわち，述べられた事柄や状態が実現されることを期待しながら発せられる命令文は，wh 疑問文の場合とは異なり，記述内容が意味的に未定の部分のない，完結したものでなければならないので，両者は意味特徴の上で相容れないことになる．したがって，これらの文は不自然な文だということになる．[7]

ただし，Bresnan が具体例として挙げている上記例文 (28a-c) は，例文として適当ではないと思われる．なぜなら，command, (be) imperative, (be) desirable などの語彙項目は，仮定法節（あるいは，意味的に命令文と同じような意味内容を表す従属節）を下位範疇化する語彙項目にはなり得ても，間接疑問文を補文に取るような語彙項目にはなり得ない (cf. Chomsky (1986: 52)) からである．すなわち，(28a-c) のような文が問題となるのは，疑問詞 whether および who を認可する要素 [+WH] と緊密な関係にある語彙項目（例えば，ask, know, (be) doubtful などのような語彙項目）が選ばれていない，不適格な構造になっているとみなすことができるからである．

意味機能の異なる 2 種類の文を合成・混交することが許されないことを示すためには，上記例文 (20), (21) のように，まず，合成・混交される前のそれぞれ単独の文が，その他の点では何ら問題のない文であることを示す必要がある，あるいは，少なくとも，そのような例文を具体例として取り上げなければならないであろう．

上で指摘した問題点は，以下に示す Ginzburg and Sag (2000) の場合にも当てはまる．すなわち，Ginzburg and Sag (2000) も同じように，「英語において，仮定法が疑問文の中に現れることがない」(p. 8, p. 78) ということを，以下のような例文と共に示している．

(29) a. *I wonder what he be careful of.

---

[7] Bresnan (1972: 66) の述べている原文の英語は次のようになっている．
"The semantic function of WH may also explain its incompatibility with desideratives and imperatives, which imply that the described state of affairs must be brought about or realized, and thus may require semantic completeness of the description:"
（この後に，本文に示した例文 (28a-c) が続く）

b. *I wonder whether he be careful.
c. *Billie wonders who be invited to the party.
d. *Billie wonders whether Mo leave the anarchist faction.

(例文 (29a, b) は p. 8 より,また,例文 (29c, d) は p. 78 より)

しかしながら,上記例文 (29a-d) が非文となるのは,動詞 wonder が間接疑問文を補文に取ることはできても,仮定法節を補文に取ることはできないから,つまり,これらの文には,仮定法節の認可要素が欠けているからであるという説明が成り立つので,これらの例文もまた不適当であるということになる.

同じような現象をスペイン語の場合を取り上げて説明したものとして Jakubowicz (1985: 199), Kempchinsky (1986) がある.例えば,Kempchinsky (1986: 100-101) は,wh 補文および仮定法節をそれぞれ独立的に下位範疇化する動詞であっても,この二つを同時に組み合わせた「仮定法による wh 疑問文」(彼女はこれを "wh-subjunctives" と呼んでいる) の文は許されないということを,下記 (30a-d) のようなスペイン語の例を挙げて説明している.

(30) a. Decidí qué tema iba a investigar el año pasado.
'I decided what topic I was going to research last year'
b. Decidí qué investigar después de consultar con él.
'I decided what to research after consulting with him'
c. Decidí que fueras a la universidad.
'I decided that you go (SUBJ) to the university'
d. *Decidí qué estudiaras en la universidad.
'I decided what you study (SUBJ) in the university'

すなわち,Kempchinsky (1986) の分析によると,まず,仮定法節の COMP の位置には仮定法演算子 (subjunctive operator) が位置を占めていると考えられる.また,同じひとつの COMP の位置に異なる二つの演算子が現れることは一般的に許されないと考えられる.したがって,wh 疑問の演算子と仮定法の演算子がひとつの COMP の位置に共起することを必要とする上記 (30d) のような文の生成は許されないということになる.ただし,Kempchinsky 自身が指摘しているように,主節が否定文であることにより仮定法節が可能となる場合があり (第1章第6節参照),そのような場合は,下記例文 (31a-d) (Kempchinsky (1986: 158)) に見るように,文法的となるような wh-subjunctive 文も存在することになる．

(31) a. No sabíamos cómo lo habíamos ofendido.
'(We) didn't know how (we) had (I) offended him'
b. No sabíamos cómo lo hubiéramos ofendido.
'(We) didn't know how (we) had (S) offended him'
c. Sabíamos que lo habíamos ofendido.
'(We) knew that (we) had (I) offended him'
d. *Sabíamos que lo hubiéramos ofendido.
'(We) knew that (we) had (S) offended him'
[I: Indicative; S: Subjunctive]

すなわち，上記例文 (31c, d) は，主節が肯定文になっているので，仮定法節は認可できず，また，主節動詞自体も仮定法節を認可できない動詞となっている．そのため，仮定法節を補文とする (31d) は非文となる．一方，(31a, b) の場合は，主節が否定文となっているので，その否定要素により仮定法節を認可できる．したがって，主節動詞自体は仮定法節を認可できなくてもよいことになる．その動詞は間接疑問文を認可することはできるので，結局，仮定法動詞および疑問詞が，それぞれ，別々の演算子により認可されることになり，何ら問題は生じないので，直説法動詞からなる上記例文 (31a) 同様，仮定法動詞からなる例文 (31b) の場合も文法的文となると説明できる．

このように，スペイン語においても，*wh*-subjunctive の文がすべて非文となるわけではないことが分かる．この問題については，あとでまた取り上げることになる．

ところで，英語の場合，以下のような文は問題ない文である．

(32) a. I wonder what$_i$ he demanded [that I be careful of $t_i$].
（どんなことに私が注意するようにと彼は要求したのだろうか）
b. I wonder when$_i$ he really wished [that it be disclosed $t_i$]. Just now?
（それをいつ暴露してほしいと彼は本当に願っていたのでしょうか．今すぐにでしょうか）
c. Billie wonders who$_i$ he should ask [$t_i$ be invited to the party].
（ビリーはそのパーティーにいったい誰を招待してほしいと頼んだらいいのか思いあぐんでいる）

上記例文 (32a-c) は，それぞれ，動詞 demand, wish, ask の補文をなす仮定法節の中に疑問詞 what, when, who の痕跡 t が含まれているが，それらの動詞および仮定法節の使用によって，t の値を特定すること（すなわち，t と結び付けられるべき wh 句の what/when/who が，それぞれ，「何／いつ／誰」を指すのかを答えること）自体が要求されているわけではない．すなわち，これらの文は，仮定法節の使用により，「命令すること」と「質問すること」の二つの異なる発話行為を同時に成立させることを意図して用いられた文ではない．もし，そのような目的を持たせたような文を考えるとすると，上で取り上げた例文 (22a, b) のようなものが考えられるが，そのような文は，すでに説明したように，異なる種類の文の合成に関する制約により許されないこととなるというわけである．

ところが，興味あることに，Bresnan (1977: 191) は下記例文 (33a, b) を挙げ，このような文を文法的な文であると説明している．

(33) a. Who recommends that who be fired?
(誰を解雇すべきだと，いったい誰が勧めているのですか)
b. Which man ordered that which woman be fired?
(どの女を解雇すべきだと，いったいどの男が命じたのですか)

すなわち，Bresnan によると，これらの文は「問い返し疑問文 (echo question)」や「クイズ疑問文 (quiz (master's) question)」のような特殊な疑問文としてではなく，普通の wh 疑問文として解釈できる完全に文法的な文であることになる．[8] ただし，質問の対象となる疑問詞が，ひとつだけでなく二つ含まれている多重 wh 疑問文 (multiple *wh*-question) となっているという点で，これらの疑問文には，確かに特殊なところもあるにはあるが．

Bresnan (1977) はまた，これらの文が，Kuno and Robinson (1972) の提

---

[8] 同じように，次のような文も文法的文となることが分かる．
(i) a. Did John demand (that) who leave immediately?
(誰が直ちに出発することをジョンは要求しましたか)
b. Who suggests (that) who leave the town at once?
(誰が直ちに町を去るべきだと誰が示唆しているのですか)
c. Who claims (that) who not be fired?
(誰が解雇されるべきでないと誰が主張しているんだい)
d. Who demanded (that) who be a spy is a secret.
(誰をスパイにすべきだといったい誰が主張したのかということは秘密です)

案している文法的制約，すなわち，「多重疑問詞同一節制約（Clause-Mate Constraint on Multiple WH）」の例外となるということも指摘している．すなわち，Kuno and Robinson (1972) は，疑問文形態素 Q が二つ（以上）の wh 句を束縛できるためには，それらの wh 句がいずれもその Q により支配される同一節内の構成素となっていなければならない，したがって，さらにそれより下に位置する節の中にあるような wh 句の場合は，その Q によっては束縛できない，という文法的制約を提案している．この制約によると，例えば，下記例文 (34a, b) (Kuno and Robinson (1972: 466, fn. 6)) のような文が，普通の wh 疑問文としては非文法的文となるということが説明できる．

(34) a. Who expects that Mary will marry who?
(え？，メアリーが誰と結婚するだろうということを，いったい誰が期待しているんだって）［問い返し疑問文．(34b) も同じ］
b. Who regretted that he hadn't seen who?
(え？，誰に面会できなかったということを，いったい誰が悔やんでいるんだって）

ところが，上に述べたように，Bresnan (1977) が提示している上記例文 (33a, b) は，Kuno and Robinson の提案しているこの文法的制約に違反していると思われるにもかかわらず，普通の疑問文として解釈のできる文法的文となるというわけである．（上記のような文法的制約に対する問題点を指摘しているものとしては，ほかに Hankamer (1974) がある.)

ただし，ここで注意しなければならないのは，上記例文 (33a, b) では，that 補文が仮定法節になっているという点である．直説法動詞からなる that 補文の場合には，Lasnik and Saito (1992: 127) が次のような例文を挙げて説明しているように，

(35) a. $who_1$ said (that) John bought $what_2$
(ジョンが何を買ったって誰が言ったの)
b. ?$who_1$ $t_1$ said (that) $who_2$ bought the book
(その本を誰が買ったって誰が言ったの)

一般的に，補文の中の目的語が wh 句となっている (35a) のような場合は文法的文になるのに対して，補文の中の主語が wh 句となっている (35b) のような場合は非文となるようである．

ただし，例文 (35b) には，「それほど悪くない文である」とも読み取れるよ

うな文法性の判断を示す記号"?"が付されていることからも分かるように，上記のような一般化は，具体的例文によっては，そのまま成り立たない場合もあるようである．例えば，Stroik (1996: 86) の場合には，下記例文 (36a) が非文になるのに対して，(36b) は文法的文であるとの判断が示されている．[9]

(36) a. *Who$_i$ does John believe that $t_i$ is going to leave?
　　 b. Who believes that who is going to leave?
　　　　（誰が出発する予定だということを誰が信じているの）

同じように，Hornstein, Nunes and Grohmann (2005: 37) の挙げている下記例文 (37a) に見るように，問題の主語名詞句が「談話連結された wh 句 (D(iscourse)-linked *wh*-phrases)」，すなわち，which events のように which からなる疑問詞，となっているような場合には，文法的文となり，(37c) のように，what が主語となっている非文とはコントラストを成すことを示すようなデータもある．

(37) a. Which man said that which events were in the park?
　　　　（公園でどの催しが行われているって，どの男が言ったの）
　　 b. *Which event did you say that was in the park?
　　 c. *Who said that what was in the park?

このように，that 補文の主語が who や what のような疑問詞からなる多重 wh 疑問文の場合についても，その (非) 文法性の程度については方言差が見られるようであるが，ここでは，上記例文 (33a, b) について Lasnik and Saito (1992: 127) が指摘しているような一般化が成り立つものと考えておくことに

---

[9] 筆者の調査からも，次のような文を文法的文であると判断する英語母語話者がいることが分かる．
　(i) a. It is unclear who thinks who saw us.
　　　　（誰が我々を見たと誰が思っているのかはっきりしません）
　　 b. I know perfectly well who thinks who is in love with him.
　　　　（誰が彼にほれていると誰が思っているのか私は十分承知しています）
　　 c. I don't remember who believes who read the book.
　　　　（誰がその本を読んだと誰が信じているのか私は覚えていません）
なお，Saito (1994: 227) は次のような例文に対し，「何かの理由で，完全な文とはならない」ことを断っている．
　(ii) ?Who$_i$ $t_i$ said (that) who left early.

しよう.[10] ただし，このような一般化が成り立つのは，直説法動詞の場合であ

---

[10] 関連する英語のデータとして，Chomsky (1981: 236) の挙げている，次のような多重 wh 疑問文に関するデータも参考になるであろう．
  (i) a. who remembers where John bought what
       (1. ジョンがどこで何を買ったのか覚えているのは誰ですか，2. ジョンが買った品物はいったい何なのか，また，その品物をジョンがどこで買ったのかを覚えている人物はいったい誰なのか，それぞれの品物と人物の名前を教えてください)
       [1 と 2 の解釈の違いは，1 では，who だけが質問の対象になっているのに対し，2 では，who と what の両方が質問の対象になっているというところにある]
     b. *who remembers where who bought that book
 (ii) a. it is unclear who thinks (that) we saw whom
       (我々が誰を見たと誰が思っているのかはっきりしません)
     b. *it is unclear who thinks (that) who saw us
(iii) a. I know perfectly well who thinks (that) he is in love with whom
       (彼が誰にほれていると誰が思っているのか私は十分承知しています)
     b. *I know perfectly well who thinks (that) who is in love with him
 (iv) a. I don't know who would be happy for whom to win the prize
       (誰が賞を獲得することにより誰が喜ぶだろうか私には分かりません)
     b. *I don't know who would be happy if who won the prize
     c. *I don't know who would be happy that who win [sic] the prize
  (v) a. I don't remember who believes him to have read what
       (誰が彼が何を読んだと信じているのか私は覚えていません)
     b. I don't remember who believes whom to have read the book
       (誰がその本を読んだと誰が信じているのか私は覚えていません)
     c. *I don't remember who believes (that) who read the book
なお，疑問文を形成する際，ひとつの文の中で，疑問の対象になりうる部分をすべて疑問詞で表したような多重 wh 疑問文は，一般的に自然な文となり，本文で問題となっているような統語的制約の対象からも免れるという事実があることが，現在ではよく知られている．例えば，そのような事実指摘の先駆的研究のひとつとして，次のような文法的文の存在を指摘したHankamer (1974: 66) の場合を挙げることができる．
 (vi) a. Who thinks who should buy what?
       (誰が何を買うべきだと誰が思っているんだい)
     b. Who thinks who should go where?
       (誰がどこへ行くべきだと誰が思っているんだい)
     c. Who thinks who should send which books to whom?
       (誰がどの本を誰に送るべきだと誰が思っているんだい)
また，そのような多重 wh 疑問文の場合には，たとえ，従属節の COMP の位置に二つの疑問詞が同時に収まっているように見える英語の文であっても，同じように自然な文となるということが，Chiba (1977), Bolinger (1978) 以来，多くの言語学者の知るところとなっている (Chiba (1977: 301) の挙げている下記例文を参照).
(vii) a. What who bought when (where) is not clear.

ることに注意したい．すなわち，問題になっている that 節補文が仮定法節であるような場合には，そのような一般化が成り立たないということを，

---

   （何を誰がいつ（どこで）買ったのかはっきりしない）
 b. I remembered exactly what who had given to whom (when).
   （誰が何を誰に（いつ）与えたのか私は正確に覚えていた）
 c. John knows what who saw when/where.
   （誰が何をいつ／どこで見たのかジョンは知っている）
 d. In which sense who uses which term puzzles me.
   （誰がどの語をどの意味で用いているのか私は迷ってしまう）
 e. Alice didn't know why who bought what.
   （なぜ誰が何を買ったのかアリスは知らなかった）
 f. I remembered to whom who had given what.
   （私は誰が何を誰に与えたのか覚えている）

GB 理論の枠組みによる研究の中で，同種の事実指摘をしている比較的初期の研究のひとつとして，Kayne (1983) を挙げることができる．すなわち，Kayne (1983: 235) は，下記 (viiia, b) のような例文は，ECP（空範疇原理）（または，それに類する一般的原理）に違反するので非文となるが，例文 (ixa, b) のように，さらに三つ目の wh 句（疑問詞）を加えることにより，文の容認可能性が高まるということを指摘している．

(viii) a. *I'd like to know where who hid it.
  b. *I'd like to know what who hid there.
 (ix) a. ?I'd like to know where who hid what.
   （私はどこに誰が何を隠したのか知りたい）
  b. ?I'd like to know what who hid where.
   （私は何を誰がどこに隠したのか知りたい）

なお，上記例文 (vii) に関連する例文として，下記例文のように，関係代名詞／関係副詞と疑問詞の組み合わせからできているようなケースもある (Chiba (1977: 303, fn. 12))．

(x) a. Alice didn't know the reason why who bought what.
   （なぜ誰が何を買ったのかアリスはその理由を知りませんでした）
 b. Tell me the house to which who wishes which package delivered.
   （どの家に誰がどの包みを配達してほしいのか教えてください）
 c. I'm not sure I know the exact conditions under which who will sell what to whom.
   （厳密に言ってどういう条件の下で，誰が何を誰に売るだろうかということは私には分からない）

英語の多重 wh 疑問文について詳しくは，Fiengo (1980: Ch. 4)，Kayne (1983; 1984: Ch. 8)，May (1985)，Pesetsky (1987)，Fiengo, Huang and Reinhart (1988)，Lasnik and Saito (1992: 118ff.)，É. Kiss (1993)，Kuno and Takami (1993: Ch. 3)，Huang (1995)，Garrett (1996)，Stroik (1996)，Hagstrom (1998)，Reinhart (1998; 2006: Ch. 1)，大庭 (1998: Ch.3; 2001)，Barss (2000)，Grohmann (2000)，Haider (2000)，Simpson (2000)，Hornstein (2001: Ch. 4)，Watanabe (2001)，Boeckx and Grohmann (2003)，Kennedy (2005)，Dayal (2006)，西岡 (2007: Ch. 8) 参照．

Bresnan の挙げた例文 (33a, b) は示していると解釈できるからである．

このことと関連ある言語事実として，Tsoulas (1995) の挙げているフランス語の場合が大変興味深いと思われる．すなわち，Tsoulas (1995: 516) によると，フランス語においては，下記例文 (38a, b) に示すように，que 補文の中に直説法動詞が用いられている場合，その補文の中からの wh 移動は許されないのに対し，その補文が仮定法節になっている場合は，その中からの wh 移動は許されるとのことである（各例文の下に挙げてある英語訳は，同じ例文を取り上げている Quer (1998: 16-17) によるものである）．

(38) a. *Que  te      demandes-tu qui    a dit qu' Alex a vu?
         what$_i$ you/refl wonder    [who$_j$ [$t_j$ said that Alex saw $t_i$]]
         ('What do you wonder who said that Alex saw?')
    b.  Que  te      demandes-tu qui    a voulu que Sophie
        what$_i$ you/refl wonder    [who$_j$ [$t_j$ wanted that Sophie
        voie?
        see/Subj $t_i$]]
        ('What do you wonder who wanted Sophie to see?')

さらに，Tsoulas (1995: 517-518) は，フランス語における上記の事実を，下記例文に見るような 定名詞句（厳密には，定 DP 句 (definite DP)）および不定名詞句（厳密には，不定 DP 句 (indefinite DP)）からの wh 句の取り出しに関する文法性の違いに関連付けている．

(39) a. *De qui  veux-tu  voir ces    photos
         of  who  want-you see these pictures
    b.  De qui  veux-tu  voir une    photo
        of  who  want-you see one (a) picture
        （あなたは誰の写真を見たいの）

すなわち，定名詞句 "ces photos de qui" の中からは，de que を取り出すことができないが，不定名詞句 "une photo de qui" の中からは，それが可能となるという違いが見られる．上記例文 (38a, b) に見られる文法性の違いも，この「定性」「不定性」の概念の違いの現れとして捉えることができる．つまり，直説法動詞が時制の上で「定性」の特徴を持つのに対し，仮定法動詞は，時制の上で「不定性」の特徴を持つとみなすことができる．Tsoulas の用いている文法用語で言えば，一般的に，仮定法動詞は "temporal indefiniteness"

（時制上の不定性）を示す"INDEFINITES"の特性を持つと仮定することになる．すなわち，そのような仮定に立てば，名詞句（またはDP）の場合であれ，補文の場合であれ，それがINDEFINITESの特性を有する場合には，その中からのwh移動が許されるのに対し，DEFINITESの特性を有する場合には，それが許されない，というように一般化して捉えることができることになる．詳しくは，Tsoulas (1995) および Quer (1998) を参照．

　ここで，上で取り上げた仮定法動詞に関するBresnanの例文 (33a, b) に立ち戻って，これらの例文の示唆するところについて，少しく議論してみよう．彼女の挙げている (33a, b) のような例文は，「命令文と疑問文の混交・合成が許されない」という制約に対する例外にはならないのであろうか．すでに上で取り上げた別の例文 (28a-c) についての彼女自身の説明 (Bresnan (1972: 67)) は，上で解説したように，二つの意味機能，すなわち，疑問文の意味機能と要求や命令を表す文の持つ意味機能とは相容れないので，これら二つの意味機能を併せ持った文は不自然な文になるというものであった．もし，上記例文 (33a, b) が（命令文の一種である）仮定法節とwh疑問文の合成により出来上がっているとするならば，これらの文が，どうして，何ら問題のない普通のwh疑問文でありうるのか，という問題が生じてくることになる．

　上で仮に立てた前提条件，すなわち，「もし，上記例文 (33a, b) が（命令文の一種である）仮定法節とwh疑問文の合成によりでき上がっているとするならば」が，果たして成り立つかどうかを吟味するために，問題になっている上記例文 (33a, b) をもう一度よく観察してみよう．すぐ気がつくように，これらの文に含まれる仮定法節は，確かに，（間接的）命令文としての機能を担っていると言えるが，一方，その同じ従属節の中に現れる疑問詞は，意味解釈上は，従属節のCOMPではなく，主節のCOMPの位置に結び付けて考えられるべき性質のものである（すなわち，従属節のCOMPの位置には，従属節中の疑問詞を認可するwh疑問演算子 (wh operator) が欠けていることに注意）ので，表面上は仮定法節の中に疑問詞が現れているとはいえ，これらの文は，「命令すること」と「質問すること」の二つの異なる発話行為がひとつの同じ従属節の中に込められてでき上がっているような文ではないことになる．すなわち，例文 (33a, b) は，問題になっている制約の例外とはならないことになる．ここで重要なことは，文全体の意味解釈ないし意味表示を考えたとき，その一部に「命令」の発話行為に対応する意味表示がなされていて，また別の部分に「質問」の発話行為に対応する意味表示がなされているような文は一般的に非文となるというようなことではなく，制約を受けるのは，同じひとつの（局所的に

捉えられた) 節の内部において「命令」と「質問」の発話行為を同時に成り立たせようとする試みである．

このように考えてくると，たとえ，仮定法節の形は取っていても，必ずしも，「命令・要求・依頼」などの意味機能を担っていないような場合には，仮定法節と疑問文との混交が許されるのではないかということが推測されるのであるが，以下に示すように，事実はまさにそのとおりであることが分かる．例えば，Chiba (1987: 176, note 53) には，仮定法節と疑問文との混交が許される例として，下記例文のような ME 時代の英語の例（Roberts (1985: 41, fn. 13)）が引用されている．

(40)　Ask his father where he be.
　　　（彼はどこにいるのか，彼のお父さんに聞いてご覧なさい）

上記例文 (40) に用いられている動詞 ask は「質問する」という意味で用いられているので，現代英語では，仮定法節を下位範疇化することができず，したがって，このような仮定法節と疑問文との混交もまた起こり得ないことになるが，この例文は，古い時代の英語においてはそれが可能であったことを示している．

Roberts (op. cit.) はまた，中英語期においては，動詞 ask だけではなく，"verbs of saying" に属する一連の動詞が仮定法節を補文として取ることを許していたという事実が見られることを指摘している．さらに，Onions (1965: 114-115) によると，「古英語期や中英語期，さらにはエリザベス朝時代に至るまでの時期をも含め，仮定法の使用はかなり自由に行われていたので，事実であることを意味的に含意しない動詞が用いられている従属節ならば，どんな従属節にも仮定法が用いられているのを見いだすことができる」ということになる．

なお，Hogg and Denison (2006: 142-143) は，古英語において，仮定法動詞が最も頻繁に起こるのは，主節に法性（modality）を表す語彙項目が現れた場合のその主節に続く従属節においてであるということを指摘している．また彼らは，この場合，従属節中の仮定法は，もはや独立して法性の意味情報を担う働きを失っている，すなわち，文法化した (grammaticalised) と見なすことができること，および，文法化の現象が進むと，仮定法が何ら本来の意味情報を表さなくなる (semantically meaningless) ような極端な場合も見られるようになることなども論じている．同じ現象を，Traugott (1992: 240) は，「古英語期に至るまでに，すでに仮定法の使用が因習化されていた (conventionalized)」という表現で説明している．例えば，下記例文 (41) に示すように，間接話法 (indirect speech) の節の中に，特別，仮定法としての意味を表さない，いわば，中身の無い，形だけの仮定法が機械的に用いられる場合が，中英語期の宗教詩 Ormulum の中に見られるということを Traugott は指摘している．[11]

---

[11] 例文 (41) は Traugott (1992: 240) にあるものをそのまま転記したものであるが，一方，Fischer and van der Wurff (2006: 143) がその論文の中で，同じく Traugott (1992: 240) からの引用として挙げているもの（彼らの例文 (33)）は，下記例文 (i) のようになっていて，Traugott の挙げているものとは部分的に異なるところがある．原典の出典を示す情報についても，Traugott の挙げている "Or I 1.19.32" から "Or I 1.16.21" への変更が見られる．

(i) Wulfstan sæde þæt he gefore of   Hæðum, þæt he wære on Truso   on syfan
    Wulfstan said that he went   from Hedeby, that he was  in Drusno in seven
    dagum &   nihtum þæt þæt scip wæs ealne weg yrnende under segle.
    days   and nights that that ship was all   way running under sail
    'Wulfstan said that he departed from Hedeby, that he reached Druson in seven days and nights, and that the ship was running under full sail all the way.'
                                              (Or I 1.16.21; Traugott (1992: 240))

なお，このように，古い時代の英語では，仮定法節がかなり広い分布を示していたという事実は，文法用語 "subjunctive" の語源的意味からもうかがうことができる．Palmer (2001: 108) による下記解説を参照．

"Jespersen (1924: 314) noted that one of the functions of the subjunctive is simply that of being subordinate, in that it is typically the mood used in subordinate clauses. It is, in fact, no coincidence that the term 'subjunctive' is a translation of the classical Greek *hypotaktikē* which literally means subordinate. Indeed, in Latin, the subjunctive was increasingly used in subordinate sentences even where there seemed to be no notion of irrealis (see below, 5.5)."

（イエスペルセンの指摘によると，仮定法の持つ機能のひとつに，典型的には従属節に用いるムードであるという点で，それが用いられている節が単に従属節であることを示すに過ぎないような用法がある．事実このことは，subjunctive という語が「従属関係の」という意味の古典ギリシア語の hypotaktikē を翻訳したものであるということと密接に関係がある．実際ラテン語では，非現実性の概念が欠けていると思えるような場合にでさえ，仮定法が従属節に用いられることがますます多くなっていったのである）

（上記引用箇所の中に，"Jespersen (1924: 314)" とあるが，指定されたその箇所にも，その周辺の関連箇所にも，該当する説明は見当たらないので，Palmer の思い違いか何かであろう．）

"subjunctive" の語源については，宇賀治 (2012: 43) も，古代ギリシアの文法家アポロニオス (Apollōnios, AD c110-175) の文法研究について解説する中で，「仮定法 (subjunctive)」の語源が古代ギリシアの時代まで遡ることができることを指摘している．すなわち，宇賀治は「古代ギリシアの文法家は，仮定法は直説法文が接続詞に従属することにより発生するとみて，仮定法を hupotaktikē ('subordinative') (> hypotaxis「従属」) と名付けた」(p. 43) ということを指摘している．

また，*Shorter Oxford English Dictionary* (on CD-ROM, Version 3.0) の "subjunctive" の

(41) Wulfstan sæde þæt he gefore (SUBJ) of    Hæðum, þæt he
     Wulfstan said   that he went            from Hedeby, that he
     wære (SUBJ) on Truso   on syfan dagum &   nihtum, ðæt þæt
     was          in Druzno in seven days    and nights   that that
     scip wæs (INDIC) ealne weg yrnende under segle.
     ship was          all   way running under sail
     'Wulfstan said that he left from Hedeby, that he reached Druzno in seven days and nights, and that the ship was running under full sail all the way.'

(Or I 1.19.32; Traugott (1992: 240))

（ウルフスタンは次のように語った．すなわち，彼はヘドビィを出発し，七日七晩かけてドゥルズノに到着したが，彼の乗った船はその間ずっと帆を一杯に張って全速力で航行を続けたのだと）

　上記例文において，最初の二つの従属節には仮定法動詞（gefore, wære）が用いられているが，いずれも，意味的に空虚な（semantically empty）仮定法の用法となっている（ただし，三つ目の従属節の動詞は直説法動詞となっている）ことに注意．

　同じように，上記（40）のような例文の場合も，そこに用いられている仮定法節は，「命令・要求・依頼」などの意味機能を持たない，いわば「形態上の仮定法節」ということになるので，たとえ，（間接）疑問文と組み合わせたとしても，上で問題としたような意味での「異なる二つの意味機能間の衝突の現象」は起こらないと考えられる．なお，Vincent (1988: 67)，Bybee, Perkins and Pagliuca (1994: 222)，Palmer (2001: 120-121)，Roberts (2007: 162) など

---

項を覗いてみると，以下のように，語源および語義について上で見たのと同じような解説が与えられていることが分かる．

*subjunctive* < *subjoin* = add at the end.
A. adj. Gram. That is subjoined or dependent 1583
（「接続された」あるいは「従属した」の意の形容詞．文法用語．1583 年初出）
b. Designating a mood (L. *modus subjunctivus*) the forms of which are employed to .... (So named because it was regarded as specially appropriate to 'subjoined' or subordinate clauses.) 1530.
（ラテン語の「接続法」に相当するムード（法）を表し ...（「接続法」と呼ぶのは，接続法が特に「接続された」すなわち従属した節に用いるのがふさわしいと考えられたためである）1530 年初出）

によって指摘されているラテン語に見られる仮定法と疑問文の混交の場合も，そのような場合のひとつである．以下に示すのは，Palmer (2001: 121) からの例である．[12]

(42) a. Rogo quid agas
   I.ask what do+2SG+PRES+SUBJ
   'I ask what you are doing.'
  b. Rogavi pervenisset-ne              Agrigentum
   I.asked arrived+3SG+PLUP+SUBJ-INT Agrigentum
   'I asked if he had arrived at Agrigentum.'

同じように，次のようなイタリア語の例 (Giorgi and Pianesi (1997: 235)) を挙げることもできるであろう．

(43) Gianni si domanda che cosa Mario abbia fatto.[13]
   'Gianni wonders what Mario has (SUBJ) done.'

なお，Palmer (2001: 121) はイタリア語のほかに，同じことがスペイン語の場合にも見られることを指摘している．ラテン語においては，このような場合の仮定法動詞の使用が義務的であるのに対し，イタリア語やスペイン語においては，特に口語体では，直説法動詞が用いられるという事実についての指摘も見られる．

同じような現象がまたアイスランド語の場合にも当てはまるという事実を，以下のような例 (Thráinsson (1976: 230)) で示すこともできるであろう．

(44) Jón$_i$ upplýsti hver hefði/*hafði      barið sig$_i$.
   John revealed who had (subj.)/*(ind.) hit himself

---

[12] SG = singular; PRES = present; SUBJ = subjunctive; PLUP = pluperfect; SUBJ-INT = subjunctive-interrogative

[13] この場合，仮定法動詞 abbia の代わりに直説法動詞 ha を用いると非文になる．ただし，次の例文 (Giorgi and Pianesi (1997: 235)) に示すように，主語・動詞の倒置が起こる場合は，直説法動詞を用いることが可能である．
 (i) Gianni si domanda che cosa ha visto Mario.
    Gianni wonders what has seen Mario.
    (マリオは何を見たんだろうとジャンニは思っている)
詳しくは，Giorgi and Pianesi (1997: 232f.): "Subject-Verb inversion phenomena in Italian" を参照．

'John revealed who had hit him.'

この例文は，アイスランド語では，再帰代名詞（sig）が仮定法節の中にある場合には，主節内の名詞句（Jón）をその先行詞とすることができる[14]ということを示す例として，もともと提示されたものであるが，ここでは，仮定法節内に疑問詞が用いられていることを示す例として考えることができる．

このように，仮定法節が，実質的には命令文としての機能を持たないような場合には，たとえ，仮定法節と疑問文とが同居するような形になっていても，非文を形成することにはならないという一般化ができるのではないかと思われる．すなわち，形式上は，仮定法と疑問文の特徴を同時に備えていても，問題のないような文が存在することになる．この点で，すでに上で，スペイン語の例文（30）に関して紹介した Kempchinsky（1986）による分析，つまり，統語理論的観点からの説明を試みようとする分析は，問題を生じる可能性がある．すなわち，上で説明したように，Kempchinsky の分析によると，「仮定法節の COMP の位置には仮定法演算子が位置を占めているので，その同じ場所に wh 疑問の演算子を移動することができない」ということになるが，このような分析では，「形態上の仮定法節」の場合も，「実質的な仮定法節」の場合と同じように，疑問文との組み合わせが許されなくなり，したがって，上で取り上げたような言語事実と矛盾する可能性が生じるであろう．そのような問題点をも克服できるように，この分析を今後さらに精密化することが求められている．

---

[14] すなわち，第1章第9節で取り上げた GB 理論の一般的原理「束縛理論」の中の原理 A によると，「（再帰代名詞や英語の each other など）照応形は統率範疇内において束縛されていなければならない」ので，英語のような言語においては，直説法動詞の場合であれ，仮定法現在動詞の場合であれ，ひとつの節の中の照応形は，同じ節の中にある先行詞によって束縛される，すなわち，互いに同一指示的であると認定されることが求められる．したがって，下記例文（i）において，照応形 himself は，その統率範疇である内側の節内で束縛されていなければならないので，外側の節の中にある John が himself の先行詞になることはできない．
  (i)  [John asked [who had betrayed himself]].
ところが，アイスランド語のような言語の場合，仮定法節は統率範疇になれないので，本文の例文（44）において，再帰代名詞 sig の統率範疇が拡張されて，主節全体が統率範疇となり，その結果，Jón が sig の先行詞となる解釈が可能となるというわけである．詳しくは，Manzini and Wexler（1987），大津（1989: 216ff.），Harbert（1995: 193ff.）参照．

## 4. 文副詞と疑問文

　この章におけるこれまでの考察は，異なる種類の文の組み合わせのうち，主として，命令文（したがって，仮定法節）と疑問文の組み合わせに関するある種の制約についてであった．このことと関連する別の種類の組み合わせのひとつとして，最後に，文副詞と疑問文の組み合わせの場合について，簡単に触れておきたい．

　副詞の中には，平叙文には現れることができるが，疑問文の中には用いることのできないようなものが存在するということが，次のような例 (Fodor (1977: 99)) から分かる．

(45) a. *Probably* is he a doctor?
　　 b. *Probably* he is a doctor.
　　　　（おそらく，彼は医者でしょう）

　このような文副詞は，「法(的)副詞（modal adverbs）」と呼ばれる種類の副詞である．疑問文の中に法副詞を用いることができないという事実の指摘は，以下のように，Bellert (1977: 344) にも見いだすことができる．

(46) *Has/*Will John *probably/certainly/evidently* come?

　このような文が非文となる理由として，Bellert (p. 344) は次のように説明している．すなわち，「質問を発すると同時に，その質問の対象となっている命題の持つ真偽値（truth value）を問うたり，どの程度真であるかを問うことはできないからである」と．このことは，すなわち，ひとつの文の中で，法副詞によって表される「法性（modality）」と，疑問文によって表される「法性」との間に，ある種の衝突が生ずることになり，その結果，そのように異なる二つの法性を盛り込んだ文の生成が阻止される，というように捉えることができるであろう．

　同じように，Stockwell et al. (1973: 652) は，下記例文 (47) に見るように，ある種の動詞前副詞（preverbs）は，依頼（requests）を表す文および命令文に現れることができないという事実指摘を行っている．

(47) a. *Would you *hardly/scarcely/almost* finish your work, please?
　　 b. **Hardly/*Scarcely/*Almost* finish your work.

　文副詞や否定の動詞前副詞の中には，疑問文の中に用いることができないも

のがあるという事実については，Katz and Postal (1964: 88), Jackendoff (1972: 84) および Greenbaum (1969: 111, 130) がそれぞれ挙げている下記例文 (48), (49) および (50) からも理解できるであろう．

(48) a. \**Certainly/*Probably/*Yes/*Maybe* is he a doctor?
 b. \**Does he *scarcely/hardly* eat?
(49) a. \**Did Frank *probably* beat all his opponents?
 b. \**Who *certainly* finished eating dinner?
 c. ?What has Charley *evidently* discovered?
(50) a. \**Possibly* will they leave early?
 b. ?Will they *possibly* leave early?
 c. \**Will he *surely/certainly* be there?
 cf. *Seriously/Candidly*, how do I look?
 （まじめな話／率直なところ，私って，どんなふうに見える）

（同種の解説として，ほかに，Chafe (1970: 337), 岡田 (1985: Ch. 3), 天野 (1999: Chs. 13-14) が参考になる．)

さらに，命令文については，Katz and Postal (1964: 77), Lees (1964: 35, note 10), Wachowicz (1978: 159) および Akmajian (1984: 4) にも同じような指摘が見られる．以下は，Lees による記述内容である．「否定を表す動詞前副詞 (negative preverbs) 全般，および肯定的動詞前副詞のうちの almost だけは，一般的に命令文に用いることができない．」

関連ある言語事実として，法助動詞がかかわる場合を取り上げることができる．（なお，以下に挙げる例文およびその説明は，もともと McDowell (1987) が挙げているものを Progovac (1994: 77-78) が解説している中に現れるものである．）例えば，下記例文に見るように，

(51) a. Someone must have killed Yuri.
 （誰かがユーリを殺したに違いない）
 b.?\*Who must have killed Yuri?

認識様態法助動詞 (epistemic modals) を含む平叙文に対応する wh 疑問文は一般的に非文となる．その理由として，McDowell (1987) は次のように説明する．すなわち，認識様態法助動詞は論理形式部門 (Logical Form (LF) component) において，補文標識 (Comp) の位置に引き上げられて，下記 (52) に示すような論理形式が得られる．この論理形式を基に，(51) の文の持

つしかるべき意味解釈が得られることになる.[15]

(52) [CP must_i [IP someone t_i have killed Yuri]].

---

[15] 認識様態法助動詞が補文標識 C(omp) と結び付けて解釈されるとするアイデアは，Zagona (2008) にも見られる．すなわち，Zagona は，英語における根源法助動詞と認識様態法助動詞の違いは，他の要素と融合されて（be merged）さらに大きな統語構造を構成するときに，派生のどの段階で融合（merge）が起こるかに関する違いが重要な決め手となると考える．つまり，前者の場合，融合は $v^*$P 句（動詞 V の最大項構造（full argument structure）に相当するフェーズ（phase））の内部において生ずるのに対し，後者の場合は，$v^*$P の外側において生ずると考えられる．さらに，$v^*$P 内部で融合された法助動詞の場合は，主要部 $v^*$ との間で一致が見られるのに対し，$v^*$P の外側で融合された法助動詞の場合は，CP 句の主要部 C との間で一致が見られることになる．（$v^*$P の外側に，時制要素 T を内に含む CP 句のフェーズが広がっている．）この違いが，一般的に，根源法助動詞が動詞や主語との結びつきが強いのに対し，認識様態法助動詞は，むしろ，文全体の持つ発話の力やその文の発話内容に対する話し手の態度や捉え方と密接な関係があるという事実を説明することになる．すなわち，根源法助動詞と認識様態法助動詞が，それぞれ，「主語指向の（subject-oriented）」法助動詞および「話し手指向の（speaker-oriented）」法助動詞と言われるゆえんである．（Zagona (2008: 274) は，「主語指向の」の代わりに，「状況指向の（situation-oriented）」という用語を用いている．）

したがって，Zagona のアイデアによると，英語の場合の根源法助動詞と認識様態法助動詞の違いは，本来的に有する意味上の違いとして，レキシコンにおける別々の語彙項目として最初から存在しているのではないということになる．語彙項目としては同じものではあるが，同じひとつの語彙項目が，$v^*$P 内部で融合されるときに選ばれてその融合操作に加わる場合には，（普通の定動詞の場合と同じように）「解釈可能な（interpretable）」接辞素性を与えられるのに対し，一方，$v^*$P の外側で融合されるときに選ばれてその融合操作に加わる場合には，「解釈不可能な（uninterpretable）」接辞素性が与えられるという違いが生じると考えるのである．すなわち，そのような素性の違いが基で，結局，それぞれ，根源法助動詞と認識様態法助動詞として区別されるような二つの異なる用法の言語表現を生み出すに至ると考えることになる．Zagona (2008: 285) が挙げている，下記例文 (i) に対する二つの異なる構造 (iia, b) を参照．

(i) Fred may eat the last cookie.
　　（フレッドはその最後のクッキーを食べても良い／食べるかも知れない）
(ii) a. [_{v*P} v^* [may [eat the last cookie]]]
　　　　└──┘ (Agree)
　　b. [_{CP} C [may [T ...]]]
　　　　└────┘ (Agree)

（上記 (iia) および (iib) の構造表示に付された矢印に "(Agree)" とあるのは，上で説明したように，法助動詞 may と $v^*$ および C との間に，それぞれ，一致の現象が生じることを表している．そのままでは解釈不可能な接辞素性を持つ (iib) の場合の may は，文の発話力（Force）と密接な関連のある C との結び付きを通して解釈可能となり，そこから認識様態法助動詞としての意味解釈が得られることになる．)

第3章　仮定法節と疑問文　　　　　　　　　　　　　　　119

　ところが，(51b) のような wh 疑問文の場合には，wh-AGR がすでに Comp の位置を占めているので，法助動詞 must をその位置に移動させることができない．結局，必要な LF 操作を加えることができず，(51b) のような非文が生ずることとなる．

　なお，(51b) が非文となるのは，ある情報を求めて「質問すること」と，十分ありうることとして「断定的にものを言うこと」とが，語用論的に両立しないためであるというような理由を挙げることはできない．なぜならば，そのような二つの意図を組み合わせた，下記例文 (53) のような発話は，十分可能であるから，というような説明を McDowell (1987) が与えているということも，Progovac は述べている．

(53)　Someone must have killed Yuri, becaue it clearly wasn't suicide, but who?
　　　（誰かがユーリを殺したに違いない．だって，自殺じゃあり得ないもの．でも，いったい誰が）

すなわち，このようなデータは，質問することと，「～であるに違いない」と述べることの両方を取り入れたひとつの独立した文を，(53) のような表現として作り出すこと自体には，何ら問題がないにもかかわらず，(51b) のような形式の文として表現すると非文になるということを示しているものと理解できる．

　語用論的説明が成り立たないことを示すさらに説得力を持った証拠として，下記例文 (54) に見るようなデータも取り上げられている．

(54)　a.　John must never have loved Mary.
　　　　　（ジョンがメアリーを愛していたなんてあり得ない）
　　　b.　*Never must John have loved Mary.

　McDowell は，また，下記例文 (55) に見るように，yes-no 疑問文，if 節および反意述語 (adversative predicates) などは，すべて，認識様態法助動詞と両立できないという性質を持つと述べている．

(55)　a.?*Must John know the answer?
　　　b. *If John must know the answer, let's ask him.
　　　c. *I doubt that John must know the answer.

　そこで，上記 McDowell のアイデアも取り入れて，Progovac (1994) は，

上に挙げたような言語事実を次のように説明できるとしている．すなわち，上に挙げたような種類の文には，すべて，空演算子（null operator）が含まれるとすれば，認識様態法助動詞をその位置に移動させることができなくなると説明できるであろうと述べている．この説明には，十分理解できないところがあるが，おそらく，「Q, if および反意述語に対応する何らかの演算子が空（null）の形で，それぞれ，Comp の位置を占めているので，その位置にさらに認識様態法助動詞を引き上げるという LF 操作は許されなくなり，非文が生ずる」というような意味であろうか．

なお，上記（51b）のような非文を，上に述べたような語用論的な観点から説明することはできないということを示す証拠として，McDowell が，（53）のような発話が許されるという事実を挙げているということを上で説明したが，このような証拠には，今ひとつ説得力が欠けているように思われる．というのも，「疑問文を表す Q と認識様態法助動詞によって表される意味要素とを同時に込めることができない」とする語用論的説明には，当然，「ひとつの同じ文の中で」というような「局所的」条件が付いているものと考えることができるので，上記（53）のように，Q と認識様態法助動詞が別々の文（あるいは節）に配置されたような発話の例を反証として持ち出すのは，フェアではないように思われるからである．

語用論的説明が成り立つか成り立たないかについての議論をこれ以上深めることは，ここではできないが，以上の観察から，おおざっぱに言って，法性に関する特性・素性のうち，相矛盾する（あるいは，相対立する）とは必ずしも言えないような特性・素性同士であっても，二つ(以上)の異なるものを同時に取り込むことは許されない，というような制約が働いているものと考えることができるであろう．

そのような制約のひとつの具体例として，森山（2002）の指摘している以下のような日本語の場合を挙げることができるであろう．すなわち，森山（pp. 172-173）は「不確実を表す形式」について，次のような説明をしている．

 断定しないことを表す形式としては，次のようなものがあります．
 ・太郎は来るに違いない．…… 話し手の強い思いこみ
 ・太郎は来た {らしい・ようだ}．…… 何らかの証拠があるという状況からの判断
 ・太郎は来たはずだ．…… 話し手が理由を認識した上で論理的に推測する
 ・太郎は来たそうだ．…… 聞き伝え

いずれも，広い意味で，その内容が不確実であることを表します．いずれも，あとに否定形式を続けることができず，

　X 太郎は来るに違いなくない．
　X 太郎は来たらしくない．

[X の記号は，それに続く文が非文であることを表している――筆者]
のようには言えません．これらの形式は，話し手によって，不確実なとらえ方がなされているということを表すもので，その判断自体には肯定と否定の両方の使い分けはありません．

ただし，「かもしれない，に違いない，はずだ，ようだ，らしい」などは後に「た」をつけた言い方が可能で，例えば，

・彼は来るかもしれなかった．
・彼は来るらしかった．

のように，そういう判断が過去に成り立ったということを表せます（ただし伝聞を表す「そうだ」に「た」をつけた言い方はかなり不自然）．

また，これらの形式は，疑問文においては使われません．すなわち，

　X 彼はきっと日本人に違いないですか．
　X どこに本があるかもしれない．

などとは言えないのです．これは，一応の主張はするもののそうでない可能性も残しておくという述べ方をする意味が，疑問の「わからないから答えを決めようとする」意味と背反するためと考えられます．

なお，日本語に見られるこのような制約を破っているようにも見える表現が，夏目漱石の小説の中の主人公の台詞の中に見いだすことができるので，例文 (56) としてここに挙げておきたい．

(56) 　健三は此の新しい報知を当然とも思った．又異様にも感じた．
　　　『もう老朽だらうからね．然し已められれば，猶困る<u>だらうぢやないか</u>』
　　　（夏目漱石『道草』（縮刷 道草［復刻版］昭和 58 年出版，岩波書店）p. 439;
　　　下線部は筆者）[16]

(56) の「困るだろうじゃないか」を基に，「困るに違いないじゃないか」「困

---

[16] 英語翻訳版では，次のように訳されている．"... but one would have thought that retirement would make him poorer than ever." (Soseki Natsume, *Grass on the Wayside*, tr. by Edwin McClellan, p. 162, Charles E. Tuttle Company, 1969)

るに違いないかい」「困るに違いないんですか」「困るに違いないの」「困るに違いない？」などの日本語表現の場合を考えてみたり，あるいは，「ジョンはその答えを知っているに違いないんですか」「ジョンはその答えを知っているに違いないんかい」「ジョンはその答えを知っているに違いないの」「ジョンはその答えを知っているに違いない？」などの日本語表現を，上記 (55a) のような英語の文と比較して，どこがどのように異なるのかなどの問題を考えてみるのもおもしろいかも知れない．

　なお，不確実を表す形式のうち，「だろう」だけは疑問文として表現することができるということを森山 (1992) が指摘している（下記例文 (57a, b) を参照）．また，同じ内容の解説として，木下 (2013: 216ff.) がある（下記例文 (57c, d) を参照．下線は原文のまま）．

(57) a. *彼は来るらしいか．／*来るかも知れないか．
    b. 　来るだろうか．
    c. *景気は回復するかもしれないか／にちがいないか／ようか／らしいか．
    d. 　景気は回復するだろうか．

　異なる種類の法性が組み合わさってできる言語表現のうち，どのようなものが許され，また許されないか，そして，文法の中のどのような仕組みによってそれがもたらされるのかは，興味ある研究テーマのひとつであるが，ここでは，これ以上深く考察することはできないので，次のような参考文献の一部を挙げるにとどめる．岡田 (1985)，澤田 (1978; 1993)，中右 (1980; 1994)，三原 (1995)，遠藤 (2010)．なお，英語の仮定法節の中に認識様態法助動詞を用いることができないという制約が見られるということについては，第1章第8節を参照．

## 5．まとめ

　以上，英語およびそれ以外のいくつかの言語に見られる言語事実の観察および記述を通して，「命令文としての仮定法節と疑問文の組み合わせが許されない」という制約について考察した．さらに，この制約は文の持つ意味機能の点からの制約であるということを指摘した．すなわち，たとえ統語的に仮定法動詞を用いていたとしても，意味機能の点で，それが命令文としての発話行為に結びつかないのであれば，疑問文と命令文の混交の現象は生じないことになる

と考えられる．

　重要なことは，「ひとつの COMP の中に二つの異なる演算子が共起することは許されない」とする制約は，それが発話行為の上での「異なる二つの発話行為」に結びつく場合にのみ，その効力が発揮されるのであり，上で取り上げたような「形式上の仮定法と疑問文の組み合わせ」の場合のように，仮定法動詞の使用が必ずしも命令文としての発話行為を意図したものとはならないような場合には，そのような制約は，問題となる具体的文の生成を妨げる効力を持たないということである．このように，問題になっている言語現象には，発話行為に関する意味的・認知的制約が働いていると考えられるので，したがって，このような組み合わせは，英語の歴史的変化のどの時期においても起こらなかったし，また，どの言語においても起こらないだろうと推測される．

第 4 章

# 欽定訳聖書に見る仮定法現在
―認可要素探索の旅―

## 1. はじめに

　2011 年は欽定訳聖書成立後 400 年を迎える記念すべき年であるということもあり，それまで全編を通して読む機会のなかった欽定訳聖書を通読することを思い立ち，1 年ばかりかけてひと通り目を通すことができた．この章では，その時の通読作業を通して得られた欽定訳聖書の言語学的研究の試みの中から，特に仮定法現在の用法に関する部分をまとめてみたい．（ここでは，以下，欽定訳聖書を KJV (King James Version) と略語で示すことにする．）

## 2. 仮定法節とその認可要素
### 2.1. 現代英語の場合

　すでに，第 1 章第 6 節で説明したように，現代英語で用いられる仮定法現在の用法は，文語的用法としては，下記例文 (1a-c) のような祈願文や，例文 (2a-c) のような副詞節（特に，条件・譲歩・目的などを表す副詞節）の中にも用いられることがあるが，多くの場合は，例文 (3a-c) のように，ある特定の動詞，名詞，形容詞に支配された that 節の中に現れる．[1]

　(1) a.　The Lord *be* praised.

---

[1] 下記例文は，第 1 章で取り上げた例文 (17)，(18)，(19) を，それぞれ，(1)，(2)，(3) としてここに再録したものである．

b. God *save* the Queen.
   c. But this is not, *be* it noted, a limitation on quantitative patterns as such.
(2) a. But *if* that *be* the case, then how could these highly abstract principles possibly be learned inductively?
   b. No *-ly* adverbials *whether* they *be* analyzed as manner, frequency, or some other kind (e.g., *cleverly*, *occasionally*) may occur any place in the sentence.
   c. Notice, also, that the rules must re realized in some form *in order that* the game *be* playable.
(3) a. The employees have *demanded* [that the manager *resign*].
   b. It is *essential* [that each of the girls *be* in jeopardy at least once during every episode].
   c. The *regulation* is [that no candidate *take* a book into the examination room].

なお，上記 (1a, b) のような祈願文は，独立文（すなわち，主節）として用いられているのであるが，この種の祈願文は，遂行動詞 (performative verbs) のひとつである wish や pray を伴った主節 "I wish" や "I pray (God)" の部分が表面に現れていない複文であると考えることができるであろう．このような分析，すなわち，遂行的分析 (performative analysis) を用いると，(1) のような祈願文の場合も，補文の中に仮定法現在動詞が用いられているケースのひとつとしてまとめることができることになる (cf. Ando (1976: 194)，宇賀治 (1973)，Ukaji (1978: Ch. 2), James (1986: Ch. 2)[2])．このような見方に立てば，

---

[2] このような分析を提案している言語学者のひとりとして，さらに Harris (1991) を加えることができる．以下は Harris (1991: 139-140) からの引用である．
   "The invisible existence of a higher metalinguistic operator is indicated by the rare English *That he go!* (common in French: *Qu'il parte!*). Here we can reconstruct *I ask* (or *request*) *that he go*, with the subjunctive of *go* under *ask*; in effect, for modern English, this consists in zeroing the *will* which has high likelihood in the last argument of such operators as *request, beg, demand, command, desire*."
   （文構造上の上部の位置にメタ言語的操作詞 [＝（この場合は）述語（に相当）] が不可視的に存在するということは，（フランス語でごく普通に用いられる Qu'il parte! のような文に相当するが）英語では滅多に用いられない文 That he go! によって示すことができる．この文の場合，動詞 ask の下に仮定法動詞の go を伴った I ask/request that he

第4章　欽定訳聖書に見る仮定法現在　　　　　　　　　　127

go のような文が復元できる．実際には，現代英語としては，request, beg, demand, command, desire などの操作詞の最後の項［としての補文］の中に存在することが十分考えられる，［「意志」を表す］will が消去された結果，このような文が出来上がるということになる）

　すなわち，仮定法現在動詞によって表現される祈願文が，このように，補文標識で始まるような文になっていることは現代英語ではまれであるが，フランス語では普通に用いられる表現である．したがって，独立文のように見えるこれらの祈願文も，補文標識の存在により，もともと従属節に由来するものと考えることができるという主旨である．（英語の場合，接続詞 that（に相当する þæt(te)）により導かれるこのような節が，そのまま主節として用いられることが古英語・中英語においては時折見られるということを，Visser (1966: 806) は例を挙げて説明している．）

　同じような形の祈願文が，フランス語以外にも，イタリア語やドイツ語など多くの言語で用いられているということを，Giorgi and Pianesi (1997: 194-195) は以下のような例文を挙げながら説明している．

(i) a.　(Che) Dio ci aiuti!　　　　(Italian)
　　　　(That) God us-help(SUB)!
　　b.　(Que) Dieu nous aide!　　　(French)
　　　　(That) God us-help(SUB)!
　　c.　Gott hilfe uns!　　　　　　(German)
　　　　God help(SUB) us!
　　d.　God help(SUBJ) us!　　　　(English)
(ii) a.　(Che) Mario parta!　　　　(Italian)
　　　　Lit.: (that) Mario leave(SUBJ)!
　　　　Let Mario leave!
　　b.　Gehe Paul weg!　　　　　　(German)
　　　　Lit.: go(SUBJ) Paul away!
　　　　Let Paul go!

　普通は従属節の形をなす仮定法節が，このように，主節として用いられることのあるのは，「祈願」など特別の発話行為 (speech act)（厳密には，「発語内の力」(illocutionary force)）が認められるときのみであることになる (cf. Giorgi and Pianesi (1997: 194))．遂行動詞および遂行的分析について詳しくは，大塚高信・中島文雄監『新英語学辞典』（研究社，1982) の「performative（遂行的）」（千葉修司執筆）の項を参照．

　なお，このような「主節における仮定法」の場合として，祈願や願望以外にも，譲歩，要求，命令，勧告，勧誘など類似の意味を表す独立文や成句的表現の例を加えることができるであろう．下記 (iii), (iv) 参照．

(iii)　be damned（〜なんてとんでもない，いまいましい）; be it A or B（たとえ A であろうと B であろうと）; be it admitted（しっかりと認識すべきことなんだが）; be it as it may（いずれにせよ，それはともかく）; be it so/ so be it（＝let it be so）（それも仕方がない）; come spring（＝if spring comes）（春になれば）; come what may（どうなろうとも）; far be it from me（〜しようという気は私にはまったくない（が））; truth be told（正直なところ）

仮定法現在の種類としては，上記（1）と（3）をひとつにまとめて，ある特定の動詞・名詞・形容詞が仮定法節を補文として従えるようなグループと，（2）のように，ある特定の従属接続詞が仮定法節を従えるようなグループの二つのパターンがあると考えることができるであろう．いずれのグループの場合も，仮定法節が，ある特定の種類に属する語彙項目，すなわち，動詞・名詞・形容詞・接続詞の中の特定の意味特徴を備えた語彙項目，によって支配（または認可）されているというような構図を考えることができる．以下，この章では，このような条件を満たした語彙項目のことを「仮定法節の認可要素」と呼ぶこととする．

　以上のような捉え方をすると，仮定法現在に関する言語学研究において，「仮定法節の認可要素探し」が重要な研究テーマのひとつとして浮かび上がってくることになる．この章における仮定法現在の研究も，そのような研究テーマに沿った聖書研究のひとつになることを目指している．

## 2.2. KJV に見られる仮定法現在の認可要素

　以下この節においては，仮定法現在の認可要素として，KJV にはどのような語彙項目が用いられているかについてまとめてみたい．まず，2.2.1 節において，動詞・形容詞・名詞の場合を取り上げ，ついで，2.2.2 節において，接続詞その他の場合に触れてみたい．いずれの節においても，最初に，該当する語彙項目をリストとして掲げたあとで，それぞれの項目に関する具体例をひとつずつ示すことにする．そのあとで，必要だと思われる補足的説明をいくつか補うこととしたい．[3]

---

　(iv)　On your (own) head (be it)!
　　　（それは君の責任だぞ［自業自得だ］）

（研究社『新英和大辞典』6th ed., s.v. *head*, n.）
（上記例文 (iv) は，KJV の Leviticus 22: 11; Joshua 2: 19; II Samuel 1: 16; Matthew 27: 25 などの章句に見られる "his blood (shall) be on our head" などの英語表現に由来するものである．市河 (1937: 189f.)，Crystal (2010: 81f.)，小野 (2011: 23f.) 参照．）

　[3] こんにち，私たちが普段手にする KJV バージョンは 1769 年版である．この版は，Oxford 大学のヘブライ語欽定講座教授 Dr. Benjamin Blayney (1728-1801) が編集した，Oxford 標準版と呼ばれるもの (cf. 寺澤 (1985: 21)，Campbell (2010: 4)) で，1611 年のオリジナル版と比べると，400 箇所にわたる修正が施されている (cf. Miller (2011: 139)) とのことである．本章で参照する版も 1769 年版に基づくものである．念のため，1611 年オリジナル版の KJV と比較してみたところ，この章で以下問題点を指摘することになる 7 つの章句 (cf. 第 4 節 (22-1)-(22-7)) で用いられている仮定法現在動詞に関する部分については，上

## 2.2.1. 認可要素となる動詞・形容詞・名詞
### 2.2.1.1. 動詞
まず，動詞の例としては，次のようなものがある．

(4) adjure [ = beg, command], [imperative] behold, beseech, [imperative] beware, bid, cause [ = see (to it), make sure], charge, (it) come to pass, command, counsel [ = advise], desire, exhort [ = ask, pray], intreat [ = entreat], know, look [ = see to it, make sure], mean, need, pray, require, see [ = take care, see to it], signify [ = declare, make known], speak, take heed, write; it cannot be [ = it must not be][4, 5]

---

記いずれの版にも変化が見られないことが確認できた．したがって，第4節以降，本章で指摘する「KJV の問題点」に関しては，1611年版 KJV にもそのまま当てはまると考えてよいことになる．

[4] 初期近代英語に見られる仮定法節認可要素としての動詞の例を，KJV だけに限って拾ってみると，当然のことながら，このように限られた数にならざるを得ない．それに対して，現代英語の場合を調査の対象にして，データの範囲を特別限らないで拾い集めてみると，すでに第1章の (28) に挙げたように，かなりの数に登ることが分かる．

[5] 仮定法節の認可要素として用いられている語彙項目にはどのようなものがあるかというような観点から，KJV を調べてみると，初期近代英語の他の文献，例えば，Shakespeare の作品の中などには見いだされるが，KJV の中には，たまたま，見当たらないような語彙項目がいくつか存在することに気がつく．例えば，次のようなものがそうである．

care (not) /demand/fear/hope/request/urge/be resolved/suggest/think/want/wish, etc.

このうち，動詞 think の場合を考えてみると，大塚 (1976: 85) が挙げている下記例文 (ia, b) や，Visser (1966: 850) あるいは荒木・宇賀治 (1984: 40) の指摘する下記例文 (ii) などが，該当例として考えられるであろう（日本語訳は小田島雄志訳（CD-ROM 版『シェイクスピア大全』新潮社）による）．

(i) a. I *think* [he *be* transform'd into a beast]; for I can nowhere find him like a man.
　　　　　　　　　　　　　　　　　　　　　　　　　　　　(*As You Like It*, II. vii. 1)
　　　（あの男，獣にでも姿を変えたのではあるまいか，人間の形をしたあの男はどこにも見あたらぬが）
　　b. I think [this Talbot *be* a fiend of hell].　　　(*1 King Henry VI*, II. i. 46)
　　　（トールボットってやつは地獄の悪魔にちがいない）
(ii) I *think* [my wife *be* honest] and think she is not;　　(*Othello*, III. iii. 384)
　　（おれは妻が忠実だと思い，そうでないと思う）

（上記例文 (ii) の後ろには，さらに，"I think that thou art just, and think thou art not." の台詞が続くのであるが，このように，仮定法動詞と直説法動詞の二つの異なる動詞形態を織り交ぜて用いるところに，（主人公 Othello による妻 Desdemona に対する）疑惑の気持ちが表現されていると Visser (1966: 850) はコメントしている．）

動詞 think が仮定法節を従えるこのような用法について，大塚 (1976) は，「これは古い時

代の仮定法の"be"であるかも知れぬが，シェイクスピア時代には，複数の"be"と同様に，最早や仮定法とは感じられていない」(p. 84) と述べている．(上記の引用箇所において，大塚が「複数の"be"と同様に」と述べているのは，次のような理由による．すなわち，まず，"be"の形が直説法で三人称主語を受けるような例が，シェイクスピアにも聖書にも見られることを例を挙げながら説明した後，ただし，「単数の場合は非常に稀で，多くは複数である」(p. 84) ことを指摘して，さらに，シェイクスピアにおいても「だいたい複数で，単数の"be"は，I think などで始まる従属節に使われることが多い．」(p. 84) と述べた後に，上記のような「これは古い時代云々」の説明が続くのである．)

Schelter (1982; 岩崎・宮下訳 (1990: 47-48)) にも，次のような指摘が見られる．すなわち，「初期近代英語では直説法 be (...) と叙想法 be が併存しているため，I think this Talbot be a fiend of hell (...) のような文章では直説法と叙想法の正確な区別がつかない．」(なお，Schelter はまた，"I hope it be not so" (*The Merry Wives of Windsor*, II. i. 104) のような例についても，「この be は叙想法かもしれないし，あるいは初期近代英語までまだ通用している直説法の異形かもしれない．」(p. 58) と述べている．) また，下記例文 (iiia, b) に見るように，Jespersen, *MEG*, Part VII, §18.7$_2$ が挙げている，動詞 think に関する例文には，"[indicative?]" という Jespersen 自身によるコメントが付されているのも興味深いと思われる．

(iii) a. More U 180 I thynk he be [indicative?] some of the Ambassadours fooles
  (... あれはね，きっと使節様の道化師なのよ)
 b. Sh Gent II. 3.5  I thinke Crab my dog, be [indicative?] the sowrest natured dogge that liues
  (ところが雄犬のやつ，お酢のようにすっぱい野郎だ)

(出典を示す略語 More U および Sh Gent は，それぞれ，Thomas More, *Utopia* および Shakespeare, *The Two Gentlemen of Verona* を表す．日本語訳は，それぞれ，平井正穂訳 (岩波書店, 1957) および小田島雄志訳 (CD-ROM 版『シェイクスピア大全』新潮社) による．なお，Utopia からの例文は，原典ラテン語版の J. H. Lupton (Oxford, 1895) による英訳版からのものであるが，Gilbert Burnet (1684) による英訳では "this, I believe, is one of the ambassadors' fools" のようになっている．)

第1章の注14でも触れたように，初期近代英語を含む古い時代の英語においては，動詞 say が，特に，"to order or command" の意味で用いられるとき，仮定法節を従えるのは珍しくなかったようである (cf. Franz (1939; 斎藤ほか訳, p. 910), 細江 (1950: 88), Chiba (1987: 172, note 36))．ただし，KJV において，動詞 say が明らかに仮定法節を支配していると断定できるような例を指摘するのは困難なように思える．見いだすことのできるのは，下記章句 (iva, b) のように，直接引用を表わす引用符こそ用いていなくても，直接引用の形になっていると解釈され (したがって，その場合の原形動詞は，祈願文や命令文としてのものと解釈され) るものや，あるいは，(va, b) のように，法助動詞 should や shall が用いられているものばかりで，(via) に挙げるウィクリフ派聖書 (1395年版, "StudyLight.org" (http://www.studylight.org)) にあるような例は見当たらないようである．((vib) に見るように，KJV 版では，動詞 say ではなく command が用いられている．なお，Wycliffe および KJV のどちらの版においても，原形動詞 be の主語は複数形名詞になっているが，意味内容の点から，この場合の be は「複数主語名詞を受ける直説法現在動詞としての be」ではなく，仮定法現在形としての be であると解釈される．)

(iv) a. And Jesus answered and *said* unto it, [No man *eat* fruit of thee hereafter for ever]. And his disciples heard it. (KJV, Mark 11: 14)
(イエスはその木に向かって,「今から後いつまでも,お前から実を食べる者がないように」と言われた.弟子たちはこれを聞いていた)

b. But Peter *said* unto him, [Thy money *perish* with thee, because thou hast thought that the gift of God may be purchased with money]. (KJV, Acts 8: 20)
(すると,ペトロは言った.「この金は,お前と一緒に滅びてしまうがよい.神の賜物を金で手に入れられると思っているからだ」)

(v) a. And finding disciples, we tarried there seven days: who *said* to Paul through the Spirit, [that he *should* not go up to Jerusalem]. (KJV, Acts 21: 4)
(わたしたちは弟子たちを探し出して,そこに7日間泊まった.彼らは"霊"に動かされ,エルサレムへ行かないようにと,パウロに繰り返して言った)

b. All things that the Father hath are mine: therefore *said* I, [that he *shall* take of mine, and shall shew it unto you]. (KJV, John 16: 15)
(父が持っておられるものはすべて,わたしのものである.だから,わたしは,『その方がわたしのものを受けて,あなたがたに告げる』と言ったのである」)

(vi) a. And the tempter cam nyy, and seide to hym, If thou art Goddis sone, *seie* [that thes stoones *be* maad looues]. (The Wycliffe Bible (1395), Matthew 4: 3)
(すると,誘惑する者が来て,イエスに言った.「神の子なら,これらの石がパンになるように命じたらどうだ」)

b. And when the tempter came to him, he said, If thou be the Son of God, *command* [that these stones *be* made bread]. (KJV, Matthew 4: 3)

現代英語においては,say が仮定法節を認可するような用法は一般的ではないかもしれないが,それでも,第1章第6節に挙げた例文 (38b, c) のようなデータ (ここに,(viia, b) として再録) を指摘することは,さして困難であるわけではない.

(vii) a. The Beatles are pursued by a mysterious Eastern religious sect because of the ring Ringo Star wears. The law of the religion *says* [that the one who wears the ring *be* offered as a sacrifice].

b. The saturation constraint then amounts to *saying* [that no feature value *be* left undetermined].

なお,英語以外の言語,例えば,アイスランド語,スペイン語,ドイツ語などにおいては,英語の say に相当する動詞の補文の中には,直説法動詞と仮定法動詞のいずれをも用いることができるということが知られている.例えば,スペイン語においては,動詞 querer 'to want', mandar 'to order', sentir 'to regret' などは常に仮定法動詞を要求するのに対し,creer 'to believe', es verdad 'it is true', estar seguro de 'to be sure of' などの語彙項目は,肯定文の場合,常に直説法動詞を要求する.一方,動詞 decir 'to say' などの動詞は,下記例文 (viiia, b) (Bybee, Perkins and Pagliuca (1994: 213)) に見るように,仮定法動詞と直説法動詞の両方の用法を許すが,それぞれの用法で意味の違いを生ずる.

(viii) a. Dice    que vienen        ahora.
       say:3.s that come:IND:3.p now
       'He says they are coming now.'

上記（4）のそれぞれの動詞の使用例をひとつずつ挙げると，以下のようになる（イタリック体および角括弧 [ ] 表示は筆者．（ ）内の日本語訳は，以下，特別断りのない限り，日本聖書協会『聖書　新共同訳』によるものとする．漢字・仮名表記もそれに従う）．

(4-1) And the king said to him, How many times shall I *adjure* thee, [that thou *say* nothing but the truth to me in the name of the Lord]? (KJV, II Chronicles 18: 15)
(そこで王が彼に，「何度誓わせたら，お前は主の名によって真実だけをわたしに告げるようになるのか」と言うと)

(4-2) And as touching the matter which thou and I have spoken of, *behold*, [Lord *be* between thee and me for ever].

---

b. Dice　que vengan　　　　　ahora.
　　say:3.s that come:SUBJ:3.p now
　'He says for them to come now.'

（同じような例については，Manzini and Wexler (1987: 417), Giorgi and Pianesi (1997: 195-199) 参照．）

最後に，古英語の場合の用法について，簡単に触れておきたい．下瀬ほか (1990: 109-116) によると，古英語では，仮定法節を認可できる動詞として，wēnan 'think', witan 'know' などのほか，間接話法を形成する動詞 cweðan 'say', bodian 'proclaim' などもこれに含めることができるという事実がある．下記例文（下瀬ほか (1990: 110-111) 参照）．

(ix) a. Ðū *wēnst* nū þæt þū *sēo* swīðe ungesǣlig. —*Boethius* XI, i.
　　（あなたは今自分が大変不幸だと思っていますね）［注］**wēnst**, wēnan（＝think）の pres. 2 sg. **sēo**, bēon（＝be）の subj. pres. 2 sg. **swīðe**（＝very). **ungesǣlig**（＝unhappy）は nsm [＝nominative (case), singular (number), masculine (gender)].

b. *Wāst* þū hwæt mon *sīe*? —*Boethius* XXXIV, x.
　　（あなたは人間とは何ぞや，知っていますか）［注］**wāst**, witan（＝know）の pres. 2 sg. **sīe**, bēon（＝be）の subj. pres. 3 sg.

c. ne meaht ðū fulēaþe *cweðan* þæt þū earm *sīe* ond ungesǣlig. —*Boethius* VIII.
　　（あなたは自分がみじめで不幸であるとそう簡単には言えない）［注］**meaht**, magan（＝be able）の pres. 2 sg. **fulēaþe**（＝very easily). **cweðan**（＝say) 不定詞．**earm**（＝miserable) nsm. **ungesǣlig**（unhappy) nsm.

d. he *bodode* þæs þæt hē ūðwita *wǣre* —*Boethius* XVIII, iv.
　　（彼は［自分が］哲学者だと宣言した）［注］**bobode**, bodian（＝proclaim）の pret. 3 sg. **þæs**, sē（＝that）の gsn [＝genitive (case), singular (number), neutral (gender)]. *bodian* が属格を要求するから，**þæt** 以下がその内容を示す．**ūðwita**（＝philosopher) nsm. **wǣre**, wesan（＝be）の subj. pret. 3 sg.

(KJV, I Samuel 20: 23)[6]

(わたしとあなたが取り決めたこの事については，主がとこしえにわたしとあなたの間におられる」)

(4-3) I *beseech* Euodias, and beseech Syntyche, [that they *be* of the same mind in the Lord]. (KJV, Philippians 4: 2)[7]

(わたしはエボディアに勧め，またシンティケに勧めます．主において同じ思いを抱きなさい)

(4-4) And Abraham said unto him, *Beware* thou [that thou *bring* not my son thither again]. (KJV, Genesis 24: 6)

(アブラハムは答えた．「決して，息子を行かせてはならない」)

(4-5) But Martha was cumbered about much serving, and came to him, and said, Lord, dost thou not care that my sister hath left me to serve alone? *bid* her therefore [that she *help* me].

(KJV, Luke 10: 40))

(マルタはいろいろのもてなしのためせわしく立ち働いていたが，そばに近寄って言った．「主よ，わたしの姉妹はわたしだけにもてなしをさせていますが，何ともお思いになりませんか．手伝ってくれるようにおっしゃってください」)

(4-6) And when this epistle is read among you, *cause* [that it *be* read also in the church of the Laodiceans]; and that ye likewise read the epistle from Laodicea. (KJV, Colossians 4: 16)

---

[6] 動詞 behold が仮定法節を認可するのは，命令文として用いたときに限られるようである．例えば，下記例文 (i) の場合は，過去形動詞 beheld が用いられているので，that 節補文の中の動詞は直説法動詞になっている．

(i) And it came to pass, that, when Abram was come into Egypt, the Egyptians *beheld* the woman [that she *was* very fair]. (KJV, Genesis 12: 14)

(アブラムがエジプトに入ると，エジプト人はサライを見て，大変美しいと思った)

同じことが，本文中の例文 (4-4) に見るように，動詞 beware についても当てはまる．このように，命令文として用いられた動詞が仮定法節を認可するということから，命令文の持つ発話の力 (speech act) と，仮定法節認可要素が一般的に有する意味的特性とが密接に関係していると考えることができるかも知れない．

[7] 動詞 beseech が that 節補文を取る例については，この章句を含め，採録した be の例はすべて複数主語名詞を受ける be になっているので，「複数主語名詞を受ける直説法現在動詞としての be」の可能性を払拭できないが，意味内容から推して，仮定法現在の用法であろうと思われる．

(この手紙があなたがたのところで読まれたら，ラオディキアの教会でも読まれるように，取り計らってください．また，ラオディキアから回って来る手紙を，あなたがたも読んでください)

(4-7) I *charge* you by the Lord [that this epistle *be* read unto all the holy brethren]. (KJV, I Thessalonians 5: 27)

(この手紙をすべての兄弟たちに読んで聞かせるように，わたしは主によって強く命じます)

(4-8) When a man hath taken a wife, and married her, and it *come to pass* [that she *find* no favour in his eyes, because he hath found some uncleanness in her]: then let him write her a bill of divorcement, and give it in her hand, and send her out of his house. (KJV, Deuteronomy 24: 1)

(人が妻をめとり，その夫となってから，妻に何か恥ずべきことを見いだし，気に入らなくなったときは，離縁状を書いて彼女の手に渡し，家を去らせる)

(4-9) And when the tempter came to him, he said, If thou be the Son of God, *command* [that these stones *be* made bread].

(KJV, Matthew 4: 3)

(すると，誘惑する者が来て，イエスに言った，「神の子なら，これらの石がパンになるように命じたらどうだ」)

(4-10) Therefore I *counsel* [that all Israel *be* generally [=fully] gathered unto thee, from Dan even to Beer-sheba, as the sand that is by the sea for multitud]; and [that thou *go* to battle in thine own person]. (KJV, II Samuel 17: 11)

(わたしはこう提案いたします．まず王の下に全イスラエルを集結させることです．ダンからベエル・シェバに至る全国から，海辺の砂のように多くの兵士を集結させ，御自身で率いて戦闘に出られることです)

(4-11) And we *desire* [that every one of you *do* shew the same diligence to the full assurance of hope unto the end]: (KJV, Hebrews 6: 11)

(わたしたちは，あなたがたおのおのが最後まで希望を持ち続けるために，同じ熱心さを示してもらいたいと思います)

(4-12) I *exhort* therefore, [that, first of all, supplications, prayers, intercessions, and giving of thanks, *be* made for all men];

(KJV, I Timothy 2: 1)

第 4 章　欽定訳聖書に見る仮定法現在　　　　　　　　　　　　135

(そこで，まず第一に勧めます．願いと祈りと執り成しと感謝とをすべての人々のためにささげなさい)

(4-13)　*Intreat* the Lord (for it is enough) [that there *be* no more mighty thunderings and hail]; and I will let you go, and ye shall stay no longer.　　　　　　　　　　　　　　　　　　　(KJV, Exodus 9: 28)
(主に祈願してくれ．恐ろしい雷と雹はもうたくさんだ．あなたたちを去らせよう．これ以上ここにとどまることはない)

(4-14)　And if we *know* [that he *hear* us], whatsoever we ask, we know that we have the petitions that we desired of him.
　　　　　　　　　　　　　　　　　　　(KJV, I John 5: 15)
(わたしたちは，願い事は何でも聞き入れてくださるということが分かるなら，神に願ったことはすでにかなえられていることも分かります)

(4-15)　And Jehu went, and Jehonadab the son of Rechab, into the house of Baal, and said unto the worshippers of Baal, Search, and *look* [that there *be* here with you none of the servants of the Lord, but the worshippers of Baalonly].　　(KJV, II Kings 10: 23)
(そこでイエフはレカブ人ヨナダブと共にバアルの神殿に入り，バアルに仕える者たちに言った．「主に仕える者があなたたちと一緒にいることがないよう，ただバアルに仕える者だけがいるように，よく調べて見よ」)

(4-16)　For I *mean* not [that other men *be* eased, and ye burdened]:
　　　　　　　　　　　　　　　　　　(KJV, II Corinthians 8: 13)
(他の人々には楽をさせて，あなたがたに苦労をかけるということではなく，釣り合いがとれるようにするわけです)

(4-17)　But the anointing which ye have received of him abideth in you, and ye *need* not [that any man *teach* you]: but as the same anointing teacheth you of all things, and is truth, and is no lie, and even as it hath taught you, ye shall abide in him.
　　　　　　　　　　　　　　　　　　　(KJV, I John 2: 27)
(しかし，いつもあなたがたの内には，御子から注がれた油がありますから，だれからも教えを受ける必要がありません．この油が万事について教えます．それは真実であって，偽りではありません．だから，教えられたとおり，御子の内にとどまりなさい)

(4-18)　But *pray* ye [that your flight *be* not in the winter, neither on the sabbath day]:　　　　　　　　　　　(KJV, Matthew 24: 20)

(4-19) Moreover it is *required* in stewards, [that a man *be* found faithful]. (KJV, I Corinthians 4: 2)
(この場合，管理者に要求されるのは忠実であることです)

(4-20) And their eyes were opened; and Jesus straitly charged them, saying, *See* [that no man *know* it]. (KJV, Matthew 9: 30)
(二人は目が見えるようになった．イエスは，「このことは，だれにも知らせてはいけない」と彼らに厳しくお命じになった)

(4-21) Now therefore ye with the council *signify* to the chief captain [that he *bring* him down unto you to morrow], as though ye would enquire something more perfectly concerning him: and we, or ever he come near, are ready to kill him. (KJV, Acts 23: 15)
(ですから今，パウロについてもっと詳しく調べるという口実を設けて，彼をあなたがたのところへ連れて来るように，最高法院と組んで千人隊長に願い出てください．わたしたちは，彼がここへ来る前に殺してしまう手はずを整えています)

(4-22) And one of the company said unto him, Master, *speak* to my brother, [that he divide the inheritance with me].
(KJV, Luke 12: 13)[8]
(群衆の一人が言った．「先生，わたしにも遺産を分けてくれるように兄弟に言ってください」)

(4-23) *Take heed* therefore [that the light which is in thee *be* not darkness]. (KJV, Luke 11: 35)
(だから，あなたの中にある光が消えていないか調べなさい)

(4-24) And what cause soever shall come to you of your brethren that dwell in their cities, between blood and blood, between law and commandment, statutes and judgments, ye shall even *warn* them [that they *trespass* not against the Lord, and so wrath come upon you, and upon your brethren]: this do, and ye shall not trespass.

---

[8] この場合の that は，補文標識（complementizer, COMP）としての that というより，目的節を導く so that の意味の that の可能性もあるが，ここでは，一応，前者の解釈を取るものとする．

第 4 章　欽定訳聖書に見る仮定法現在　　　　　　　　　　137

　　　　　　　　　　　　　　　　　　　　　(KJV, II Chronicles 19: 10)[9]
　　　（あなたたちの兄弟が自分の住んでいる町からあなたたちに訴え出るときは
　　　いつでも，それが傷害事件であれ，律法，戒め，規定，掟に関する問題で
　　　あれ，彼らが主に罪を犯して，怒りがあなたたちと兄弟たちの上に降りか
　　　かることのないように，彼らを戒めなさい．このように行えば，あなたた
　　　ちが罪を犯すことはない）

(4-25)　And she came in straightway with haste unto the king, and
　　　asked, saying, I *will* [that thou *give* me by and by in a charger
　　　the head of John the Baptist].　　　　　　　　(KJV, Mark 6: 25)
　　　（早速，少女は大急ぎで王のところに行き，「今すぐに洗礼者ヨハネの首を
　　　盆に載せて，いただきとうございます」と願った）

(4-26)　If it please the king, let there go a royal commandment from
　　　him, and let it be *written* among the laws of the Persians and the
　　　Medes, [that it *be* not altered], [That Vashti *come* no more before
　　　king Ahasuerus]; and let the king give her royal estate unto an-
　　　other that is better than she.　　　　　　　(KJV, Esther 1: 19)[10]
　　　（もしもお心に適いますなら，『ワシュティがクセルクセス王の前に出るこ

───────────

[9] 章句 (4-24) で問題になっている that 節補文内の動詞 trespass は，その主語が they なの
で，形の上からは仮定法現在形であると断定できないが，下記 (i) に示す別の翻訳聖書 (World
English Bible, 2000) における否定語 not の位置からも推測できるように，この場合の tres-
pass は仮定法現在形として用いられていると考えられる．((4-24) において，not が動詞の前
ではなく後に置かれているが，この時代の英語においては，仮定法節においても not はこの
位置を占めていたので，not の位置からだけでは仮定法節かどうかの判定はできないことにな
る．詳しくは，3.2 節参照.）

　(i)　Whenever any controversy shall come to you from your brothers who dwell in
　　　their cities, between blood and blood, between law and commandment, statutes
　　　and ordinances, you shall warn them, [that they *not be* guilty towards Yahweh, and
　　　so wrath come on you and on your brothers]. Do this, and you shall not be guilty.

[10] すでに第 1 章第 6 節でも触れたように，動詞 write は，現代英語においても，適当な条
件が整っていれば，下記例文 (Chiba (1987: 28)) に見るように，仮定法節を認可できる．

　(i)　Ball is arrested for the murder of a rich widow. The widow wrote in her will [that
　　　Ball be given part of her property].　［= 第 1 章 (39b)］

注 5 で指摘した動詞 say や，ここで取り上げた write のように，ふつう，仮定法節を認可で
きないと思われているような語彙項目の場合でも，梶田 (1976) の言う「意味の化合」あるい
は Kajita (1977) の提案する「動的文法理論 (a dynamic model of syntax)」の中に見られる
ような意味的・認知的メカニズムにより，仮定法節の認可が可能となるような（複合的）語彙
項目に変身することがあると考えられる．詳しくは，Chiba (1987; 1991) を参照.

とを禁ずる．王妃の位は，より優れた他の女に与える』との命令を王御自身お下しになり，これをペルシアとメディアの国法の中に書き込ませ，確定事項となさってはいかがでしょうか）

(4-27)　Nevertheless I must walk to day, and to morrow, and the day following: for *it cannot be* [that a prophet *perish* out of Jerusalem].
(KJV, Luke 13: 33)[11]

（だが，わたしは今日も明日も，その次の日も自分の道を進まねばならない．預言者がエルサレム以外の所で死ぬことは，ありえないからだ）

### 2.2.1.2. 形容詞

KJV に用いられている形容詞の中で，仮定法節を認可する要素のひとつとして用いられているものが，以下のように，わずかながらある．

(5)　better, comely [=proper], enough, good, expedient, sure[12]

以下に，それぞれの形容詞の使用例を挙げる．

(5-1)　For *better* it is [that it *be* said unto thee, Come up hither]; than that thou shouldest be put lower in the presence of the prince whom thine eyes have seen.　(KJV, Proverbs 25: 7)
（高貴な人の前で下座に落とされるよりも，上座に着くようにと言われるほうがよい．何ごとかを目にしても）

(5-2)　Judge in yourselves: is it *comely* [that a woman *pray* unto God uncovered]?　(KJV, I Corinthians 11: 13)
（自分で判断しなさい．女が頭に何もかぶらないで神に祈るのが，ふさわしいかどうか）

(5-3)　It is *enough* for the disciple [that he *be* as his master, and the servant as his lord]. If they have called the master of the house

---

[11] この場合の仮定法節の認可要素が何であるのか，的確に指摘するのは難しいように思えるが，おそらく，cannot be 全体で "cannot be allowable/possible/permitted" の意味の複合体が形成され，その結果，仮定法節の認可要素の仲間入りをしているのであろうと推測される．

ちなみに，Darby Bible Translation の聖書では，この部分が，"... it must not be [that a prophet perish out of Jerusalem]" のように，別の法助動詞 must を用いた英語表現になっている．

[12] 動詞の場合と同じように，現代英語における仮定法節認可要素としての形容詞のリストアップについては，第1章の (29) 参照．

　　　　Beelzebub, how much more shall they call them of his household?　　　　　　　　　　　　　　　　　　　　(KJV, Matthew 10: 25)[13]
　　　　（弟子は師のように，僕は主人のようになれば，それで十分である．家の主人がベルゼブルと言われるのなら，その家族の者はもっとひどく言われることだろう）

(5-4)　Also, [that the soul *be* without knowledge], it is not *good*; and he that hasteth with his feet sinneth.　　　　　　　(KJV, Proverbs 19: 2)[14]

---

[13] 形容詞 enough が仮定法節の認可要素になれるということと，現代英語において，さらに，形容詞 sufficient や動詞 suffice にも同じような性質があるという事実とを考え合わせると，仮定法節認可要素としての，これらの語彙項目が有する意味的共通点が浮かび上がってくるであろう．参考のために，この三つの語彙項目が仮定法節を認可する現代語の例を下記例文 (ia-c) として挙げておこう．

(i) a.　It is not *enough* [that the thief *pay* his debt to society]―it is not to society that he owes the debt, but to the man whom he has robbed.
　　　　　　　　　　　　　　(E. A. Nida, *Custom and Cultures*, Asahi Press edition, p. 53)
　　（泥棒が自分の借りを社会に支払うのでは不十分だ．泥棒が負債を負っているのは社会に対してではなく，盗まれた人に対してである）

b.　...; it is *sufficient* [that it *be* hoped for or imagined].
　　　　　　　　　　　　　　　　　　　　　　　(Chomsky (1965: 204-205, fn. 26))
　　（それを期待したり，想像したりするだけで十分である）

c.　..., and it *suffices* [that X not *mark* a movement or deletion site].
　　　　　　　　　　　　　　　　　　　　　　　　　(*Language* 59 (1983), p. 120)
　　（X が移動や消去の箇所に印を付けないとするだけで十分である）

[14] 形容詞 good（およびその変化形の better, best）が，仮定法節の認可要素になるのは，現代英語においても普通に見られる現象である．興味あることには，形容詞 good が名詞を修飾して (a) good thing のような名詞句が形成されたときでも，その後に仮定法節を続けることが可能となる．事実，下に示す (i) の章句は，まさにそのような特徴を持った英語表現となっていることが分かる．

(i)　Be not carried about with divers and strange doctrines. For it is a *good* [thing [that the heart *be* established with grace; not with meats, which have not profited them that have been occupied therein]].　　　　　　　　　(KJV, Hebrews 13: 9)
　　（いろいろ異なった教えに迷わされてはなりません．食べ物ではなく，恵みによって心が強められるのはよいことです．食物の規定に従って生活した者は，益を受けませんでした）

このような場合，名詞 thing が単独で仮定法節を認可するとは言えないので，このような文が可能となる文法的メカニズムとしては，もともと，good に与えられていた，仮定法認可要素としての意味特徴が，名詞句主要部としての thing に転移ないし搬送された結果，(a) good thing 全体で，後に続く that 節の中に現れる仮定法現在動詞を認可することができるようになる，というような説明が可能であろう．この場合もまた，注10で説明したような「意味の化

(知識がなければ欲しても不毛だ．あまり足を急がせると過ちを犯す)

(5-5) Nor consider that it is *expedient* for us, that one man should die for the people, and [that the whole nation *perish* not].

(KJV, John 11: 50)

(一人の人間が民の代わりに死に，国民全体が滅びないで済むほうが，あなたがたに好都合だとは考えないのか)

(5-6) Only be *sure* [that thou *eat* not the blood]　　(KJV, Deut. 12: 23)

(ただ，その血は断じて食べてはならない)

### 2.2.1.3. 名詞

形容詞の場合と同じように，KJV において仮定法節を認可する名詞が用いられている例も，ごくわずかである．

(6)　commandment, decree, doctrine, (of) necessity, need[15]

上記名詞の使用例は，以下のとおりである．

(6-1) Give ye now *commandment* to cause these men to cease, and [that this city *be* not builded, until another commandment shall be given from me].　　(KJV, Ezra 4: 21)

(したがって今，その人々に工事を中止するように命令せよ，改めてわたしが命令を出すまで．その都は再建されてはならない)

(6-2) And I, even I Artaxerxes the king, do make a *decree* to all the treasurers which are beyond the river, [that whatsoever Ezra the priest, the scribe of the law of the God of heaven, shall require of you, it *be* done speedily], ….　　(KJV, Ezra 7: 21)

(天にいます神の律法の書記官，祭司エズラの要求には，すべて怠りなくこたえるように，このアルタクセルクセス王がユーフラテス西方の全財務官に命じておく)

(6-3) ¹But speak thou the things which become sound *doctrine*: ²[That the aged men *be* sober, grave, temperate, sound in faith, in chari-

---

合」の現象が働いていると考えることができるかも知れない．現代英語に見られる同じような現象については，Chiba (1987: 22ff.) を参照．

[15] 現代英語における仮定法節認可要素としての名詞のリストアップについては，第1章の (30) 参照．

ty, in patience]. (KJV, Titus 2: 1-2)[16]
（しかし，あなたは，健全な教えに適うことを語りなさい．年老いた男には，節制し，品位を保ち，分別があり，信仰と愛と忍耐の点で健全であるように勧めなさい）

(6-4) For every high priest is ordained to offer gifts and sacrifices: wherefore it is *of necessity* [that this man have somewhat also to offer] (KJV, Hebrews 8: 3)
（すべて大祭司は，供え物といけにえを献げるために，任命されています．それで，この方も，何か献げる物を持っておられなければなりません）

(6-5) For when for the time ye ought to be teachers, ye have *need* [that one *teach* you again which be the first principles of the oracles of God]; and are become such as have need of milk, and not of strong meat. (KJV, Hebrews 5: 12)
（実際，あなたがたは今ではもう教師となっているはずなのに，再びだれかに神の言葉の初歩を教えてもらわねばならず，また，固い食物の代わりに，乳を必要とする始末だからです）

### 2.2.2. 認可要素としての接続詞その他

初期近代英語期の英語において，仮定法節の認可要素として働く接続詞あるいは接続詞に類する語彙項目については，現代英語の場合に比べ，その数も頻度もかなり多いと言える．KJV に用いられているものを挙げると，以下のようになる．

(7) after, against [＝until], and [＝if], as if, before, by that time, ere, except [＝except that, unless], if [＝provided], if [＝whether], if so be, lest, neither, or ever [＝before], peradventure [＝if], than, that [＝so that], though, till, unless, until, when, whether, whoever/ whatever/whichever/etc.[17]

---

[16] 章句の頭の部分にある上付き文字の数字は，この場合のように，連続した複数の節を提示する必要のあるときに，（KJV（1769 年版）に記入されている）それぞれの節の番号を示したものである．以下同じ．

[17] Yonekura (1985) によるウィクリフ派聖書研究によると，(14 世紀末近くに作成された) このウィクリフ派聖書の中においては，接続詞 after および when に導かれる従属節の場合，その翻訳聖書の基になっているラテン語訳聖書 (the Vulgate) では仮定法になっているにもか

かわらず，仮定法ではなく直説法動詞を用いた英語訳になっているとのことである（cf. pp. 289ff.）．

なお，(7) のリストに挙がっていない接続詞で，現代英語(の文語)で仮定法を認可することのできるようなものをいくつか指摘できる．例えば，下記例文 (i) に見るように，such that の場合がそうである．

(i) It is crucial however that some of the relevant features will be set to the target value while others will require further or different input *such that* [alternative representations *be* excluded and the appropriate one is selected on economy grounds].
(Ianthi-Maria Tsimpli, *The Prefunctional Stage of First Language Acquisition: A Crosslinguistic Study*, p. 227, New York and London: Garland Publishing, Inc., 1996)

（しかしながら，重要なことは，関連ある素性のいくつかが目標値に設定されると同時に，別の素性のほうは，もう一方の表示を排除して，経済性の観点から適切な別の表示を選ぶことが可能になるような，さらなる入力あるいは異なる入力が必要となるだろうということである）

また，現代英語においては，下記例文 (iia, b) のように，接続詞 in order that が仮定法節を認可するような例を，稀ながら，見いだすことができる．

(ii) a. Notice, also that the rules must be realized in some form *in order* [*that* the game *be* playable]． ［＝第1章 (18c)］

b. [...] as all being illustrative of the single point that the *for*-NP must be a semantic argument of the *tough* predicate, *in order* [*that* the appropriated selectional restrictions *be* enforced].
(R. D. Levine and T. E. Hukari, *The Unity of Unbounded Dependency Constructions*, p. 339, Stanford, CA: CSLI Publications, 2006)

（あてがわれたそれらの選択制限が効力を発揮できるように，for 名詞句がその tough 述語の意味的項のひとつになっていなければならないという同じひとつの事柄を，これらすべてのことが指し示していることになるので …）

念のため，米国 Brigham Young 大学の Mark Davies によって作成されたデータコーパス ("corpus.byu.edu") により，1920年代から2000年代までに発行された *Time* 誌の中から該当例を拾い出して，頻度数をまとめてみると，以下のようになることが分かる．（分数の形で示した数字の分母と分子は，それぞれ，in order that を用いた文の数，および，that 以下が仮定法節になっている文の数を表す．）

| 1920s | 1930s | 1940s | 1950s | 1960s | 1970s | 1980s | 1990s | 2000s |
|---|---|---|---|---|---|---|---|---|
| 3/127 | 0/48 | 3/29 | 2/32 | 1/17 | 1/7 | 1/4 | 1/3 | 1/2 |

一方，KJV（およびシェイクスピアの作品）の中には，仮定法節の例はひとつもない，というより，in order that を用いた英語表現そのものがひとつもないことが分かる．これは，*OED*, 2nd ed. (on CD-ROM, Version 4.0) s.v. *in order that* の初出例が，1711年の Addison, *Spec*. No. 62 からのものになっていることからも推測できるように，KJV 成立当時以前は，英語の中にこの接続詞がまだ登場していなかったためであろうと思われる．

ついでながら，このことと関連する事柄として，筆者の興味を引いたことがあるので，ここに指摘しておきたい．すなわち，Stein (1994: 403) が初期近代英語における仮定法の発達の

それぞれの接続詞の使用例を以下に示す．

(7-1) Take heed to thyself that thou be not snared by following them, *after* [that they *be* destroyed from before thee]; and [that thou *enquire* not after their gods, saying, How did these nations serve their gods? even so will I do likewise].　　(KJV, Deuteronomy 12: 30)
(注意して，彼らがあなたの前から滅ぼされた後，彼らに従って罠に陥らないようにしなさい．すなわち，「これらの国々の民はどのように神々に仕えていたのだろう．わたしも同じようにしよう」と言って，彼らの神々を尋ね求めることのないようにしなさい)

(7-2) Get thee unto Pharaoh in the morning; lo, he goeth out unto the water; and thou shalt stand by the river's brink *against* [he *come*]; and the rod which was turned to a serpent shalt thou take in thine hand.　　(KJV, Exodus 7: 15)
[against he come＝until he comes; to meet him]
(明朝，ファラオのところへ行きなさい．彼は水辺に下りて来る．あなたは蛇になったあの杖を手に持ち，ナイル川の岸辺に立って，彼を待ち受け，...)

(7-3) And [*be* it indeed that I have erred], mine error remaineth with myself.　　(KJV, Job 19: 4)
(わたしが過ちを犯したのが事実だとしても，その過ちはわたし個人にとどまるのみだ)

(7-4) And if there be any blemish therein, *as if* [it *be* lame, or blind, or *have* any ill blemish], thou shalt not sacrifice it unto the Lord thy

---

ことを解説する中に，「初期近代英語における仮定法動詞の持つ接辞語尾が，直説法動詞の場合と異なり，ゼロ表示となる」という趣旨のことを述べている部分がある．問題となるのは，そのときに，「"if thou come", "in order that he write a paper" のような例に見るように」として，この in order that の例を（どこかの文献からの例としてではなく）挙げていることである．in order that の表現が初期近代英語の時期にすでに広く用いられていたかのように読めるこの説明と，上で筆者がまとめたこととは矛盾するように思われる．もちろん，OED が挙げている初出例については，実際には，それよりも何年か前に，該当表現がすでに用いられていたという事実があることが時折指摘されることがあるので，気をつけなければならないということは承知しているつもりであるが，果たして，初期近代英語の時代（1500-1700）に書かれた文献の中に，in order that の英語表現を用いたものが存在するのかどうか，正確なところを知りたいと思っている．

God. (KJV, Deuteronomy 15: 21)

（初子の足や目，あるいはほかのどこかに大きな傷があれば，あなたの神，主にいけにえとして屠ってはならない）

(7-5) Doth our law judge any man, *before* [it *hear* him, and *know* what he doeth]? (KJV, John 7: 51)

（「我々の律法によれば，まず本人から事情を聞き，何をしたかを確かめたうえでなければ，判決を下してはならないことになっているではないか」）

(7-6) And they said unto the messengers that came, Thus shall ye say unto the men of Jabesh-gilead, To morrow, *by that time* [the sun *be* hot], ye shall have help. And the messengers came and shewed it to the men of Jabesh; and they were glad.

(KJV, I Samuel 11: 9)

（彼らはヤベシュから送られて来た使者に言った．「ギレアドのヤベシュの人々にこう言うのだ．『明日，日盛りのころ，あなたがたに救いが来る』」使者が帰って来てそう知らせると，ヤベシュの人々は喜び祝った）

(7-7) The nobleman saith unto him, Sir, come down *ere* [my child *die*]. (KJV, John 4: 49)

（役人は，「主よ，子供が死なないうちに，おいでください」と言った）

(7-8) Verily, verily, I say unto you, *Except* [a corn of wheat fall into the ground and *die*], it abideth alone: but if it die, it bringeth forth much fruit. (KJV, John 12: 24)

（はっきり言っておく．一粒の麦は，地に落ちて死ななければ，一粒のままである．だが，死ねば，多くの実を結ぶ）

(7-9) *If* [mine heart *have* been deceived by a woman], or if I have laid wait at my neighbour's door; (KJV, Job 31: 9)[18]

---

[18] 接続詞 if で始まる条件節の場合，KJV の少なくとも旧約聖書においては，ほとんどの場合，仮定法節になっていると言っていいくらいに，数多くの例が見いだされる．土居 (1982: 44-45) は，4 福音書 (Matthew, Mark, Luke, John) の if 構文において，直説法動詞が用いられているのは，Matthew 5: 23-24 と John 9: 31 の二つの章句だけであると報告している．KJV 全体で，直説法動詞を用いた例（ただし，*shall*, *should* など法助動詞の場合は除く）と言うより，動詞の形の上から，明らかに直説法現在動詞であると言えるような例はわずかであり，筆者の気づいた章句を挙げると，上記二箇所のほかに，Job 31: 5, 7, Proverbs 6: 1, Proverbs 24: 12, Ecclesiastes 5: 8, Daniel 5: 16, Galatians 2: 17, Philemon 1: 18, Hebrews 9: 13-14 のみである．

if 節の中に直説法動詞を用いるべきか，それとも，仮定法動詞を用いるべきかを決める手が

第4章　欽定訳聖書に見る仮定法現在　　　　　　　　　　　　　　　　145

かりとなる基準として，18，19世紀の文法家たちがそれぞれ独自の基準を提案している例を Visser (1966：790ff.) が紹介しているが，そのような基準の中には，Dr. Lathan, *History of the English Language* (1849, p. 646) が提唱している次のようなものがある．すなわち，「接続詞 if の後に "as is the case" と "as may or may not be the case" のうちどちらの表現を挿入すれば自然なつながりが得られるかにより，問題となっている条件節の持つ疑念性 (doubt) の程度を判断して，直説法動詞にするか仮定法動詞にするかを決める」というようなものがある．Visser はまた，KJV の翻訳者たちがそのような基準や規則を守っていないということで批判されていることにも触れているが，そのような例のひとつとして，文法家のひとり Dean Alford が，その文法書 *The Queen's English* (1864) の中で，「KJV の翻訳者たちには，明らかに，直説法ではなく仮定法の方を余計に用いるという偏向が見られる」(p. 193) という意見を吐露していることも紹介されていて (Visser (1966: 792))，大変興味深い．

接続詞 if および if so be 以外にも，接続詞 so が "if"，"provided"，"even if" の意味で用いられるときに，仮定法節が続くことが知られている (cf. Jespersen, *MEG*, Part V, §21.5(8); 大塚 (1951: 184-185); Zachrisson (1919; 前島儀一郎訳『シェークスピア・聖書の語法』pp. 33-36); Ando (1976: 210ff.)). ただし，この用法の例は KJV には見当たらない．Ando (1976: 218) が挙げている Marlowe の作品からの例の中からいくつか下に引用しておこう（例文の出典名として，M, J, E とあるのは，それぞれ，*The Massacre at Paris*, *The Jew of Malta* および *Edward the Second* の略である．日本語訳は筆者による）．

   (i)　*So* [he *be* safe] he cares not what becomes Of King or Country, M 745（自分の身が安全であるなら，国王や国がどうなろうと彼はかまやしない）/ let 'em warre, *so* [we *be* conquerors]: J 190（戦争させればいいんだ，我々が戦勝者になりさえすれば）/ I care not how it is, *so* [it *be* not spide], E 2372（人に見られない限りは，どんなやり方でもかまわん）

Jespersen, *MEG*, Part V, §21.5$_8$ は，so が "if" ないし "if only" の意味の従属接続詞として用いられるときは，仮定法動詞が一緒に用いられることがしばしば起こるということを例を挙げて説明しているが，その例文の中に，願望 (wish) あるいはのろい (imprecation) を表す表現として "So help me God!" の例文を加えている．同じように，Zachrisson (1919; 前島儀一郎訳, pp. 33-36) も，「疑惑または不確実をあらわすために if によって始まる条件文」の例の中に，"So (=if) help me God."（誓って！確かに！）を加えている（日本語訳は翻訳者によって与えられているものである）．

なお，*OED*, 2nd ed. (on CD-ROM Version 4.0) s.v. *so* には，if の意味を有するような so の用法についての記述は見当たらないが，"so help me God"（および，その変異形としての "so help me bob" や "so help me"）に用いられている動詞 help が（命令形ではなく）仮定法現在形であると解釈していることは，*OED* の記述から明らかである（*help*, v. B1, c の記述参照）．一方，同じく仮定法現在動詞 be を含む慣用句 "so be it" の場合の so については，述語として用いられた副詞であるとの説明が *OED* に記されている (s.v. *so* adv. and conj.).

一方, *Shorter Oxford English Dictionary* (on CD-ROM, Version 3.0) s.v. *so* B *conjunction*. 2. a には，問題の so の用法に該当するものとして，下記 (ii) のような語義説明と共に，(iii) のような例文が記載されている．

   (ii)　"On condition that, provided that; so long as, if only. Usu. with *that*. arch. OE."
　　　（「～という条件の下で，もし～ならば，～である限り，～でさえあれば」の意味．

(わたしが隣人の妻に心奪われたり／門で待ち伏せたりしたことは，決してない．もしあるというなら ...)

(7-10) And see *if* [there *be* any wicked way in me, and lead me in the way everlasting]. (KJV, Psalm 139: 24)
(御覧ください／わたしの内に迷いの道があるかどうかを．どうか，わたしを／とこしえの道に導いてください)

---

通常，that と共に用いる．古語．古英語に見られる）

(iii) STEELE It is no Matter how dirty a Bag it is conveyed to him in,...*so* the Money is good. / M. EDGEWORTH It was...indifferent who was found guilty, so that he could recover his money.
(その金が有効なものであるならば，どんなに汚い袋に入れて渡されたとしてもたいしたことではない／彼が自分の金を取り戻せるなら，誰が有罪判決を受けたとしても，そんなことどうでもいいことだった)

また，同書の動詞 help (verb, 1.1.1.b.2) についての解説の中には，"so help me (God)" に関する次のような記述を見いだすことができる．

(iv) *so help me* (*God*) (in an invocation or oath) as I keep my word, as I speak the truth, etc. (cf. swelp me).
((祈願や誓いのことばの中に用いて)「誓います（から）」「嘘偽りは申しません（ので）」のような意味（so help の部分を一語に短縮した swelp me という言い方もある))

ただし，OED の場合と異なり，"so help me (God)" の so および help についての文法的説明は見当たらない．

同種の表現について，Strang (1970: 153) が解説しているところによると，"so please you" や "an(d) please your majesty" において，so および an(d) が if に相当し，また，please は仮定法動詞であることになる．

なお，市河 (1937: 45) が「Subject の無い文章といふのはさう珍らしいものでは無く，Shakespeare にもよく出て来る "so please your Majesty" (= may it so please your Majesty) もさうであるし，普通用ひられる "Here's to you!"（御健康を祝す）だの，俗語の "Here goes!"（これ始めるぞ）などもさうである．」と述べているところからすると，"so please your Majesty" の so についての市河の解釈は，上記のものとは異なっていることになる．すなわち，市河の場合は，so＝if とは考えないという点で，すでに述べた OED の解釈と同じであろう．

同じような線に沿った解釈をしている文法家として，大塚 (1951) を加えることができる．すなわち，大塚 (1951: 185) は，仮定や条件を表す if の用法についての解説に続いて，下記 (v) のような例文を挙げながら，次のような警告を発している．すなわち，「"So" は断言・証言の前後に来る祈願文の初めに来ることがある．これと仮定の "so" とを混同してはならぬ．」

(v) a. I never saw the chain, *so* help me Heaven. (*The Comedy of Errors*, V. i. 267)
(鎖は見たこともありません，とんだ迷惑だ)
b. Never, Paulina; *so* be blest my spirit! (*The Winter's Tale*, V. i. 71)
(決してしないよポリーナ，あゝ吾が霊に恵あれ)

(7-11) And *if so be* [that he *find* it], verily I say unto you, he rejoiceth more of that sheep, than of the ninety and nine which went not astray. (KJV, Matthew 18: 13)
（はっきり言っておくが，もし，それを見つけたら，迷わずにいた九十九匹より，その一匹のことを喜ぶだろう）

(7-12) For this cause, when I could no longer forbear, I sent to know your faith, *lest* [by some means the tempter *have* tempted you, and our labour *be* in vain]. (KJV, I Thessalonians 3: 5)
（そこで，わたしも，もはやじっとしていられなくなって，誘惑する者があなたがたを惑わし，わたしたちの労苦が無駄になってしまうのではないかという心配から，あなたがたの信仰の様子を知るために，テモテを派遣したのです）

(7-13) And a man lie with her carnally, and it be hid from the eyes of her husband, and be kept close, and she be defiled, and there be no witness against her, *neither* [she *be* taken with the manner];
(KJV, Numbers 5: 13)
（別の男と性的関係を持ったにもかかわらず，そのことが夫の目に触れず，露見せず，女が身を汚したことを目撃した証人もなく，捕らえられなくても，…）

(7-14) *Or ever* [the silver cord *be* loosed, or the golden bowl *be* broken, or the pitcher *be* broken at the fountain, or the wheel broken at the cistern]. (KJV, Ecclesiastes 12: 6)
（白銀の糸は断たれ，黄金の鉢は砕ける．泉のほとりに壺は割れ，井戸車は砕けて落ちる）

(7-15) *Peradventure* [there *be* fifty righteous within the city]: wilt thou also destroy and not spare the place for the fifty righteous that are therein? (KJV, Genesis 18: 24)
（あの町に正しい者が五十人いるとしても，それでも滅ぼし，その五十人の正しい者のために，町をお赦しにはならないのですか）

(7-16) Greater love hath no man *than* this, [that a man *lay down* his life for his friends]. (KJV, John 15: 13)
（友のために自分の命を捨てること，これ以上に大きな愛はない）

(7-17) Judge not, *that* [ye *be* not judged]. (KJV, Matthew 7: 1)
（「人を裁くな．あなたがたも裁かれないようにするためである」）

(7-18) *Though* he *fall*, he shall not be utterly cast down: for the Lord upholdeth him with his hand. (KJV, Psalm 37: 24)
（人は倒れても打ち捨てられるのではない．主がその手をとらえていてくださる）

(7-19) And Samuel said unto Jesse, Are here all thy children? And he said, There remaineth yet the youngest, and, behold, he keepeth the sheep. And Samuel said unto Jesse, Send and fetch him: for we will not sit down *till* [he *come*] hither]. (KJV, I Samuel 16: 11)
（サムエルはエッサイに尋ねた．「あなたの息子はこれだけですか」「末の子が残っていますが，今，羊の番をしています」とエッサイが答えると，サムエルは言った．「人をやって，彼を連れて来させてください．その子がここに来ないうちは，食卓には着きません」）

(7-20) The soul which hath touched any such shall be unclean until even, and shall not eat of the holy things, *unless* [he *wash* his flesh with water]. (KJV, Leviticus 22: 6)
（あるいは人を汚れさせる爬虫類，人を汚れさせる人間に触れた者は，その汚れの種類を問わず，すべてその日の夕方まで汚れている．彼は身を洗うまでは聖なる献げ物を食べることができない）

(7-21) *Until* [the spirit *be* poured upon us from on high, and the wilderness *be* a fruitful field, and the fruitful field *be* counted for a forest]. (KJV, Isaiah 32: 15)
（ついに，我々の上に／霊が高い天から注がれる．荒れ野は園となり／園は森と見なされる）

(7-22) ...; or *when* [the spirit of jealousy cometh upon him, and he *be* jealous over his wife], and shall set the woman before the Lord, and the priest shall execute upon her all this law.
(KJV, Numbers 5: 30)
（あるいは，夫が嫉妬にかられ，妻に疑いを抱いた場合の指示である．男は妻を主の御前に立たせ，祭司は彼女にこの指示どおりのことを行う）

(7-23) Even a child is known by his doings, *whether* [his work *be* pure], and *whether* [it *be* right]. (KJV, Proverbs 20: 11)
（子供も，行いが清く正しいかどうか／行動によって示す）

(7-24) If there be dearth in the land, if there be pestilence, if there be blasting, or mildew, locusts, or caterpillers; if their enemies be-

siege them in the cities of their land; *whatsoever* sore or *whatsoever* sickness there *be*: (KJV, II Chronicles 6: 28)
（またこの地に飢饉が広がったり，疫病がはやったり，黒穂病，赤さび病，いなご，ばったが発生したり，敵がこの地で城門を封鎖したり，そのほかどんな災い，どんな難病が生じたときにも）

## 2.3. 間接疑問文の場合

　仮定法現在の基本的用法を，以上のように，仮定法節とその認可要素との関係に基づいて，認可要素としての個々の語彙項目に還元するやり方で捉えようとすると，そこから漏れてしまうような仮定法現在の用法が出てくるかも知れない．例えば，従来，「主節の中に用いられる仮定法」として取り上げられることの多い祈願文の場合もそのひとつである．祈願文については，すでに 1.1 節において，遂行的分析を取り入れた本書の立場を紹介したので，ここでは取り上げないことにする．ここで問題にするのは，間接疑問文の場合である．

　間接疑問文を導く接続詞 if, whether については，上記リストの中に含まれているが，それ以外にも，下記例文（8）に見るように，疑問詞により導かれている間接疑問文の中が仮定法節となるような場合があることが知られている．

(8)　But heare you my masters, though mistresse Winchcombe goe in her Hood, I am as good as shee, I care not [*who tell* it her]: ....
(Thomas Deloney, *The pleasant Historie of Iacke of Newberie*, 1626; Mann (1967: 62))
（でもね，皆さん，たとえウインチコウム夫人がフードで着飾ったとしても，私も負けず劣らずなかなかですからね．そのことを彼女に告げ口する奴がいても，私は気にしませんよ）

　Jespersen（*MEG*, Part VII）も，§18.7$_3$ および §18.7$_4$ において，それぞれ，間接疑問文（indirect questions）および不定関係節（indefinite relative clauses）の中に仮定法現在動詞がしばしば用いられるということを，多くの例と共に指摘している．また，仮定法の起こる 10 種の言語的環境の中のひとつに，間接疑問文の場合があるということを Grainger（1907; 2010: Ch. 6）が指摘している．なお，細江（1973: 285ff.）にもまた，「従属疑問文」という名称のもと，「古代英語では，この場合一般に叙想法を用いたもので，その法は現代に至るまで文語の中に保有されている．中にも if または whether を連結とす

る種類の文句に特にその用例が多い」と述べて，例を挙げて説明している箇所がある．[19]

ただし，whether 以外の疑問詞に導かれる間接疑問文が明らかに仮定法節になっているような例を KJV の中から指摘するのは，なかなか困難である．例えば，下記 (9a, b) として挙げた章句は，一見，そのような例のひとつのように思われるかも知れないが，この場合の be は，3.1 節で取り上げる「複数名詞主語を受ける直説法現在動詞としての be」の可能性があるので，例としては不適切である．

(9) a. For when for the time ye ought to be teachers, ye have need that one teach you again [*which be* the first principles of the oracles of God]; and are become such as have need of milk, and not of strong meat. (KJV, Hebrews 5: 12) [ = (6-5)]

b. Then said the princes unto Baruch, Go, hide thee, thou and Jeremiah; and let no man know [where ye *be*]. (KJV, Jeremiah 36: 19)
（そこで，役人たちはバルクに言った．「あなたとエレミヤは急いで身を隠しなさい．だれにも居どころを知られてはなりません」）

また，少なくとも，上記例文 (8) のような場合（ただし，これは KJV からの例ではないが）は，仮定法動詞 tell を認可しているのは主節動詞の care (not) ではなかろうかとも考えられるので，たとえ，データとして，間接疑問文が仮定法節になっているような例を指摘できたとしても，それらの例を基に，すぐさま，一般的に，疑問詞そのものに仮定法認可の働きが備わっていると結論付けることはできないかも知れない．今後の研究課題として，さらにこの問題を追究する必要があると感ずるゆえんである．

なお，興味深い現象として，以下の例に見るように，仮定法現在ではなく，直説法動詞の過去(完了)形や仮定法過去形を用いる場合もある．

(10) a. Then the chief captain came near, and took him, and commanded him to be bound with two chains; and *demanded* [*who* he *was*, and *what* he *had done*]. (KJV, Acts 21: 33)

---

[19] 細江が挙げている例の中に，下記例文 (i) のように，whether 以外の疑問詞（すなわち who）を含むものがひとつだけ登場する (p. 285)．

(i) I care not *who* know it. (Shakespeare, *Henry V*, IV. vii. 117)
（だれが知ってもかまいません）

　　　　　（千人隊長は近寄ってパウロを捕らえ，二本の鎖で縛るように命じた．そして，パウロが何者であるのか，また，何をしたのかと尋ねた）
　　b. When Pilate heard of Galilee, he *asked* [*whether* the man *were* a Galilæan]. 　　　　　　　　　　　　　　　　(KJV, Luke 23: 6)
　　　　　（これを聞いたピラトは，この人はガリラヤ人かと尋ね …）

上記例文（10a）において，間接疑問文が仮定法節になっていないのには，それなりの理由があると思われる．すなわち，動詞 demand 自体は仮定法現在の（典型的な）認可要素のひとつであるので，命令文的働きを持たせた that 節補文を仮定法節の形で表すことが一般的に可能である．しかしながら，命令的仮定法節と(間接)疑問文とを組み合わせたような意味内容および表現形式を持つ文を排除するような一般的制約のために，このような場合，仮定法現在の使用が許されないこととなる．詳しくは，第3章および Chiba (2009) を参照．

## 3. 仮定法節かどうかの判定を見誤らないために

　現代英語において，仮定法現在の顕著な特徴のひとつとして，be 動詞の場合，主語のいかんにかかわらず，常に原形 "be" の形で現れるという事実がある．さらに，否定文において，一般的に否定語 not が動詞の前に位置するというのも，仮定法現在の持つ別の重要な特徴としてよく知られた現象である．[20]

　したがって，that 節補文の中の主動詞として原形 "be" が用いられていたり，否定語 not が動詞の前に位置するような語順になっているような場合には，このような特徴を基に，その that 節は仮定法節である可能性が強いと判断することができる．

　ところが，初期近代英語においては，上記いずれの特徴も，そのまま当てはまらないので，注意しなければならない．さらに，非対格動詞の場合，特に，

---

　　[20] 三つ目の顕著な特徴として，すでに第1章第9節で触れたように，actually, always のような副詞（動詞前副詞（preverbs））や all, each などの数量詞は，一般的に，be/have 動詞の後ろではなく前に位置する，特に，be 動詞の場合には，この傾向が強い，という事実を指摘することができる (cf. Chiba (1987: 84-97), Radford (1988: 457), Potsdam (1997: 536-537))．第1章で取り上げた例文 (62) をここに下記例文 (i) として再録しておこう．

　　(i) a. John *required* [that they *actually be*/\**be actually* accepted].
　　　 b. I *demand* [that filthy hippies *always be*/\**be always* shot].
　　　 c. John *required* [that they *all be*/\**be all* accepted].
　　　 d. John *demanded* [that the boys *each be*/\**be each* given five dollars].

過去分詞形が現在形と同じ形態で用いられる動詞の場合には，過去分詞として用いられている動詞を仮定法現在動詞と誤解する可能性があるので，このことについても触れてみたい．以下，これら三つの事柄について，それぞれ，3.1 節，3.2 節および 3.3 節において簡単にまとめてみよう．

### 3.1. 直説法現在形動詞としての be

*OED*, 2nd ed. (on CD-ROM, version 4.0) は，be 動詞について，次のような解説を与えている．すなわち，まず，be 動詞の変化形が，もともと，それぞれ語源的に異なる三つの独立した動詞の変化形（すなわち，語幹 es-, wes- および beu- よりなる動詞の変化形）の統合によりでき上がっていることに触れ，ついで，以下のような主旨の解説が続く．

> 「OE 時代，am の直説法・複数形には，sind, sindon と earon, aron の二種類の形態が存在していたが，後者が用いられたのはアングリア方言に限られていた．その方言では，後者の形態が sind, -un の形態と共に併用されていた．これらの形態のうち，sind, -on のほうは 1250 年以前にはすでに使用されなくなり，それに代わって，南部方言では，be 系統のグループの複数形 beth, ben, be が用いられるようになっていた．その結果，南部および中部方言では，その後何世紀かの間，We/ye/they など複数形主語に対する be 動詞の標準的形態として，beth/ben/be が用いられることとなった．また，南部方言では，直説法・単数形の場合においてすら，be/beest/beth が am/art/is の使用領域を侵し始め，南部方言の話しことばでは，今日，これらの形態が標準形として用いられるに至っている．一方，aron, aren, arn, are のほうは，北部方言おいて生き残り，次第にその勢力を南に伸ばすようになり，そのうちの are に至っては，16 世紀初期に，標準英語の中に登場するほどにまでなった．このことは，標準英語の中で，Tindale がその著作の中で通常的に are を用いていることからも明らかである．be のほうは，Shakespeare や 1611 年の欽定訳聖書に見るように，16 世紀の終わりまで，その他の変化形と共に使われ続け，今日においても，"the powers that be" のような，16 世紀に起源を持つある種の伝統的表現やおなじみの引用語句の中に用いられるだけでなく，詩的古語用法としても用いられている．しかしながら，現代英語における通常の複数形は be ではなく are であり，この変化形が，仮定法の用法においてさえ，今では be を閉め出す傾向

にある．一方，南部および東部方言の話しことばにおいては，"I be a going" や "we be ready" のように，今なお，単数形としても複数形としても用いられている．」

（下線は筆者）

(be 動詞の歴史的発達に関しては，Jespersen, *MEG*, Part VI, §5.6（pp. 75-76），寺澤ほか（1969: 312-313），中尾（1972），中島（1979: 187-188），小野・中尾（1980: 279-280），荒木・宇賀治（1984）なども参考になる．)

このように，動詞 be（およびその変異形）が，（不定詞や）仮定法現在としてだけでなく，直説法動詞（の特に複数形）としても，かなり広範囲にわたって用いられていたことが理解できる．したがって，KJV の中で，be の現れる具体的章句に接した場合，仮定法現在としての be なのか，それとも，複数主語名詞を受ける直説法動詞としての be なのかを見定めることが重要となる．[21]

参考のため，KJV から，後者の用法の例をいくつか挙げておこう．

(11) a. All they that *be* fat upon earth shall eat and worship: all they that go down to the dust shall bow before him: and none can keep alive his own soul. (KJV, Psalm 22: 29)
（命に溢れてこの地に住む者はことごとく／主にひれ伏し／塵に下った者もすべて御前に身を屈めます．わたしの魂は必ず命を得 ...）［『聖書 新共同訳』では，この箇所は「詩編 22 編 30 節」となっている―筆者］

b. Mine enemies would daily swallow me up: for they *be* many

---

[21] Frank E. Halliday (ed.), *A Shakespeare Companion 1550-1950* (London: Gerald Duckworth, 1952) が「三人称複数直説法現在形の be」の用法を，誤って仮定法の be とみなしていることを 大塚（1956b: 13）は次のように指摘している．すなわち，

「例えば，subjunctive の例文に "Where be thy brothers?" という *Richard III* IV. iv. 92 の文を挙げて，これを subjunctive の用法と見，シェイクスピアでは，今よりも subjunctive が多く用いられていたと説明しているのは，明らかに編者の勘違である．シェイクスピア時代に subjunctive が現代より多く用いられたことは事実であるが，この be が subjunctive であると考えたのは間違で，この文の前後を見ても，Where is thy husband? Where be thy brothers? / Where are thy children? wherein dost thou enjoy? のようにすべて indicative になっているところから考えても，この be は indicative plural の be でなくてはならぬ．」

（上の引用箇所において，大塚が「例えば」と言っているのは，その前の部分（p. 13）で，「こと語学に関する限り，この *Shakespeare Companion* の短所があるもののようである」と述べたのを裏付けるための具体例を示すためである．なお，大塚の指摘どおり，この内容は，Halliday（1952），p. 189 に見いだすことができるが，同じ内容の説明が Halliday（1964: 154）においても繰り返されている．）

　　　　 that fight against me, O thou most High.　　　(KJV, Psalm 56: 2)

　　　　 (陥れようとする者が／絶えることなくわたしを踏みにじります．高くいます方よ／多くの者がわたしに戦いを挑みます）［『聖書　新共同訳』では，この箇所は「詩編56編3節」となっている―筆者］

　c. Pass ye unto Calneh, and see; and from thence go ye to Hamath the great: then go down to Gath of the Philistines: *be* they better than these kingdoms? or their border greater than your border?
　　　　　　　　　　　　　　　　　　　　　　　　　(KJV, Amos 6: 2)

　　　　 (カルネに赴いて，よく見よ．そこから，ハマト・ラバに行き／ペリシテ人のガトに下れ．お前たちはこれらの王国にまさっているか．彼らの領土は／お前たちの領土より大きいか)

　d. Verily I say unto you, There *be* some standing here, which shall not taste of death, till they see the Son of man coming in his kingdom.　　　　　　　　　　　　　　　　(KJV, Matthew 16: 28)

　　　　 (はっきり言っておく，ここに一緒にいる人々の中には，人の子がその国と共に来るのを見るまでは，決して死なない者がいる」)

これらの章句において，もしイタリック体のbe動詞が仮定法現在動詞であるなら，それを認可できるような認可要素が適当な位置に存在することが求められるのであるが，見た限り，そのような認可要素は見当たらないと思われる．命令文としてのbeでもなければ，不定詞としてのbeでもないようなので，結局，上で説明した「複数名詞主語を受ける直説法現在動詞としてのbe」であろうと結論付けることになる．

### 3.2. 仮定法節における否定語の語順

　上で述べたように，初期近代英語において，仮定法節が否定文になっている場合，否定語は，一般的に，動詞の前ではなく後の位置を占めることが知られている．例えば，Ukaji (1978: 33ff.) は，1585-1625年の間に書かれた，あるいは，出版された50の作品における仮定法節 (Ukajiの用語で言えば，「嵌め込まれた命令文 (embedded imperative clauses)」) の用法を調べた結果，ただひとつの例を除き，他はすべてnotが動詞の後に位置しているという事実を報告している．

　KJVに関する今回の筆者の調査でも，否定文としての仮定法節内では，すべての場合，notが動詞の後に現れることを確かめることができた．このこと

は，単に，動詞・形容詞・名詞の補文をなす仮定法節の場合だけでなく，副詞節が仮定法節をなす場合にも見られる現象である．以下，3.2.1-2 節に挙げる例を参照．

### 3.2.1. 動詞／形容詞／名詞補文の場合

(12) a. And the man of God sent unto the king of Israel, saying, *Beware* [that thou *pass not* such a place]; for thither the Syrians are come down.　　　　　　　　　　　　　　　　(KJV, II Kings 6: 9)
(しかし，神の人はイスラエルの王のもとに人を遣わし，「その場所を通らないように注意せよ．アラム軍がそこに下って来ている」と言わせた)

b. *Charge* them that are rich in this world, [that they *be not* high-minded, nor trust in uncertain riches, but in the living God, who giveth us richly all things to enjoy];　　　(KJV, I Timothy 6: 17)
(この世で富んでいる人々に命じなさい．高慢にならず，不確かな富に望みを置くのではなく，わたしたちにすべてのものを豊かに与えて楽しませてくださる神に望みを置くように)

c. Then saith he unto me, *See* [thou *do it not*]: for I am thy fellowservant, and of thy brethren the prophets, and of them which keep the sayings of this book: worship God.
　　　　　　　　　　　　　　　　　　　　(KJV, Revelation 22: 9)[22]
(すると，天使はわたしに言った．「やめよ．わたしは，あなたや，あなたの兄弟である預言者たちや，この書物の言葉を守っている人たちと共に，仕える者である．神を礼拝せよ」)

d. Nor consider that it is *expedient* for us, that one man should die for the people, and [that the whole nation *perish not*].
　　　　　　　　　　　　　　　　(KJV, John 11: 50) [= (5-5)]

e. Give ye now *commandment* to cause these men to cease, and [that this city *be not* builded, until another commandment shall be given from me].　　　　　(KJV, Ezra 4: 21) [= (6-1)]

---

[22] "See thou do it not:" は命令文である．命令文であるかどうかが仮定法節認可の可能性と結びついているように思われるほかの例としては，すでに，注 6 において指摘した動詞 behold の場合を参照．

### 3.2.2. 副詞節の場合

(13) a. *Although* [my house be *not* so with God]; yet he hath made with me an everlasting covenant, ordered in all things, and sure: for this is all my salvation, and all my desire, although he make it not to grow. (KJV, II Samuel 23: 5)
(神と共にあってわたしの家は確かに立つ．神は永遠の契約をわたしに賜る／すべてに整い，守られるべき契約を．わたしの救い，わたしの喜びを／すべて神は芽生えさせてくださる)

b. Fear before him, all the earth: the world also shall be stable, *that* [it be *not* moved].　　[that = so that]　　(KJV, I Chronicles 16: 30)
(全地よ，御前におののけ．世界は固く据えられ，決して揺らぐことがない)

c. Go not forth hastily to strive, *lest* [thou know *not* what to do in the end thereof, when thy neighbour hath put thee to shame]. (KJV, Proverbs 25: 8)
(性急に争いの場に引き出そうとするな．そのため友人に嘲られることになったら／将来どうするつもりか)

d. But ye are not in the flesh, but in the Spirit, if so be that the Spirit of God dwell in you. Now *if* [any man have *not* the Spirit of Christ], he is none of his. (KJV, Romans 8: 9)
(神の霊があなたがたの内に宿っているかぎり，あなたがたは，肉ではなく霊の支配下にいます．キリストの霊を持たない者は，キリストに属していません)

一方，直説法動詞の場合は，一般動詞，be 動詞，have 動詞，法助動詞を含め，結果的に現代英語と変らない語順となるように見える．[23] したがって，

---

[23] すなわち，直説法動詞の場合も，下記例文 (ia-d) に見るように，一般的に，"V + not" の語順となるので，この点で，現代英語の場合と変わりがないように見える．ただし，章句 (ic, d) のような本動詞の場合，助動詞 do を用いていないという違いは見られるが．なお，章句 (ia) の "(for he tarried at Jericho,)" の部分に ( ) が用いられているのは，原文どおりである．

(i) a. And when they came again to him, (for he tarried at Jericho,) he said unto them, *Did* I *not* say unto you, Go not? (KJV, II Kings 2: 18)
(エリコにいるエリシャのもとに帰って来た．エリシャは，「行くなと言ったでは

KJV においては，仮定法現在動詞の場合および直説法動詞の場合共に，一般的に，not は動詞の後ろの位置を占めるのが普通であると言えるが，ただし，let us 構文を含め，不定詞構文においては，以下の例に見るように，"not + V" の語順，すなわち，not が動詞の前に位置する語順となるようである。[24]

(14) a. Let us *not be* desirous of vain glory, provoking one another, envying one another.　　　　　　　　　　　　　(KJV, Galatians 5: 26)

　　　（うぬぼれて，互いに挑み合ったり，ねたみ合ったりするのはやめましょう）

　　b. Of whom is Hymenaeus and Alexander; whom I have delivered unto Satan, that they may learn *not to blaspheme*.

　　　　　　　　　　　　　　　　　　　　　　　　(KJV, I Timothy 1: 20)

　　　（その中には，ヒメナイとアレクサンドロがいます．わたしは，神を冒涜してはならないことを学ばせるために，彼らをサタンに引き渡しました）

---

　　ないか」と言った）
　b. *Art not* thou our God, who didst drive out the inhabitants of this land before thy people Israel, and gavest it to the seed of Abraham thy friend for ever?
　　　　　　　　　　　　　　　　　　　　　　　　(KJV, II Chronicles 20: 7)
　　（わたしたちの神よ，あなたはあなたの民イスラエルの前からこの地の先住民を追い払い，この地をあなたの友アブラハムの子孫にとこしえにお与えになったではありませんか）
　c. But David *took not* the number of them from twenty years old and under: because the Lord had said he would increase Israel like to the stars of the heavens.　　　　　　　　　　　　　　　　　　(KJV, I Chronicles 27: 23)
　　（ダビデは二十歳以下の者を人口に加えなかったが，それは主がイスラエルを空の星のように数多くすると約束されたからである）
　d. And their words seemed to them as idle tales, and they *believed* them *not*.
　　　　　　　　　　　　　　　　　　　　　　　　(KJV, Luke 24: 11)
　　（使徒たちは，この話がたわ言のように思われたので，婦人たちを信じなかった）
　この点に関し，寺澤ほか（1969: 149-150）が，「シェイクスピアにはめずらしくない not-V の型（I not doubt. *Tempest* 2.1.121）は，一般に AV[ = KJV] では用いられていないようである」と述べているのが参考になるであろう．

[24] 現代英語の仮定法節に見られる "not + V" 語順が，いつ頃どのような経過をたどって発達してきたのかについては，第5章第7-8節を参照．なお，現代英語の仮定法現在とは異なる特徴を示す別の例として，助動詞 do の場合を取り上げることができる．すなわち，現代英語においては，部分的な方言上の違いが見られるものの，一般的に，仮定法節の中に助動詞 do を用いることができないが，KJV やシェイクスピアの作品の中では珍しくない用い方である．詳しくは，第1章の注19参照．

なお，よく知られているように，その後の言語変化の結果，仮定法節における not の位置が，一般的に，動詞の後ろから動詞の前へと移動することになるが，詳しくは第5章第7-8節を参照．

### 3.3. 非対格動詞の過去分詞形が仮定法現在のように見える場合

一見，仮定法現在動詞が用いられているかのように見えるが，実はそうではないことが分かるような英語表現の中には，次のような種類のものがある．

(15) The same came to Jesus by night, and said unto him, Rabbi, we know that thou art [a teacher [*come* from God]]: for no man can do these miracles that thou doest, except God be with him.

(KJV, John 3: 2)

(ある夜，イエスのもとに来て言った．「ラビ，わたしどもは，あなたが神のもとから来られた教師であることを知っています．神が共におられるのでなければ，あなたのなさるようなしるしを，だれも行うことはできないからです」)

ここで問題となるのは，動詞 come の文法的機能である．もちろん，直説法現在動詞としての come であると考えることはできない (cf. "a teacher cometh from God")．また，仮定法現在の come とみなすことも無理である．それでは，どのように考えたらよいであろうか．答えは，次に引用する大塚 (1956a: 20) が教えてくれる．すなわち，大塚は，下記例文 (16) について，

(16) "A Daniel *come* to judgment! yea, a Daniel!"

以下のように説明している．

「これはシェイクスピアの The Merchant of Venice 第4幕，第1場，223行の有名な句である．『裁判に来たダニエル様，正にダニエル様だ』という意味で，Daniel というのはユダヤの名判官と伝えられている人，ここではその次の行にあるように "A wise young judge" のことである (因に "come" という字はここでは過去分詞で，a Daniel を修飾する．自動詞で，かく他動詞の場合と同様に，形容詞の働きをするのは，「行く」とか「来る」というような運動の意味の動詞に限られていることは

注意を要する）.」　　　　　　　　　　　　　　　　　　　　　　　　（下線は筆者）[25]

　これと同じような分析を上記章句（15）の問題となっている箇所に当てはめてみると，過去分詞形動詞 come 以下の部分 "come from God" は関係節のように "a teacher" を修飾し，"a teacher come from God" 全体で，ひとつの名詞句を構成していることになる．完全な形の関係節として表現するとすれば，現代英語では，このような場合，関係代名詞と完了の助動詞 have を補って，"who has come from God" のように表すことになるであろう．しかしながら，

---

[25] *The Merchant of Venice* には，これと同じ用法の come を用いた箇所を，以下のとおり，もう二箇所見いだすことができる（日本語訳は，小田島雄志訳（CD-ROM 版『シェイクスピア大全』新潮社）による）．

(i) a. The four strangers seek for you, madam, to take their leave; and there is a forerunner *come* from a fifth, the Prince of Morocco, who brings word the prince his master will be here tonight.　　　　　　　　　(*The Merchant of Venice*, I. ii)
（四人のお客様がお別れのあいさつを申しあげたいとおっしゃっています．五人目になりますモロッコ大公の先ぶれがまいりまして，大公には今宵ここに到着されるとのこと）

b. Tell him there's a post *come* from my master, with his horn full of good news: my master will be here ere morning.　　　　　(*The Merchant of Venice*, V. i)
（ロレンゾー様に伝えてくれ，旦那様から早飛脚がきて，角笛でもっていい知らせをいっぱい吹き鳴らしてるってな．旦那様は朝までにお帰りだそうだぞ）

さらに，同種の例文は，下記（iia, b）に示すように，Ukaji (2004) にも見いだすことができる（例文 (iia, b) の中の丸括弧（　）は，関係代名詞を補うことのできる箇所を示すために，Ukaji が便宜上補ったものである．(iia) の日本語訳は小田島雄志訳（CD-ROM 版『シェイクスピア大全』新潮社）により，(iib) のそれは大場建治 / 井出新訳（ベン・ジョンソン戯曲選集 5『浮かれ縁日：バーソロミュー・フェア』国書刊行会，1992）によるものである）．

(ii) a. there is a friend of mine (　) *come* to Towne, (　) tels mee there is three Cozen-Iermans, that has cozend all the Hosts of Readins, of Maidenhead; of Colebrooke, of horses and money:
　　　　　　　　(1597 Sh *WIV* IV. v. 76-9 p) (Ukaji (2004: 329, ex. (23)))
（この町にきた私の友人の話だと，ドイツ人を詐称する三人の詐欺師が，レディンズでもメードンヘッドでもコールブルックでも，行く先々の宿の亭主をだまして，馬や金を騙りとってるということです）

b. O, here's my man, (　) *dropt* in, (　) I look'd for.
　　　　　　　　(1614 Johnson *Bartholomew Fair* IV. vi. 123 p) (Ukaji (2004: 322, ex. (4)))
（おや，探してた男がひょっこり現れたぞ）

ただし，Ukaji はこれらの例を二重制限（double restriction）の関係節で，しかも関係代名詞が省略されている構文（すなわち，Jespersen の言う「接触節（contact clause）」）の例として挙げているのであり，われわれが問題としているような，「非対格動詞に見られる特殊な構文」の観点からこれらの例文を議論しているわけではない．

KJV やシェイクスピアに見られる英語の場合は，have 動詞ではなく，be 動詞を補うことになる．どうして have 動詞ではなく be 動詞を補って完了形を表すことになるのかというと，この場合もまた，大塚 (1951: 120)（先ほどの著書とは異なる著書の中ではあるが）による以下のような説明が参考になる．

> 「シェイクスピア時代には，自動詞の完了形は，他動詞のように，"have" に過去分詞を用いないで，"be" に過去分詞を結合させるという古い用法が見える．今日でも，rise, set, come, go, fall, arrive, depart, grow の如く，運動・変化を示す動詞の場合には，完了が "be" によって作られるが，同時に "have" による一般形も用いられ，したがって "be" の場合と "have" の場合とでは意味が違うようになった．これは周知の事実であるが，シェイクスピア当時はか丶る意味の分化は見られず "be＋過去分詞" は全く "have＋過去分詞" と同じであった．」

be 動詞による完了形について，大塚は上記引用箇所と同じ所で，シェイクスピアからの具体例を挙げると同時に，次のように，KJV の中に見られる該当例を二つ挙げている（日本語訳は大塚による）．

(17) a. And when Jesus *was entered* into Capernaum, there came unto him a centurion, beseeching him, Matt. viii. 5.
（イエス，カペナウムに入り給ひしとき，百卒長来り乞ひて）
b. And when Jesus *was passed* over again by ship unto the other side, Mark v. 21.
（イエス船にてまた彼方に渡り給ひしに）

なお，Fridén (1948: 57-117) は，中英語から初期近代英語において見られる be 動詞による完了形の用法について，数多くの例を挙げて解説している．そこに取り上げられている動詞は以下のとおりである．

(18) come, go, arrive, fall, flee; alight, arise, climb, creep, depart, descend, enter, escape, fly, get (to, into, up, etc.), land, leap, meet, mount, pass, post, retire, return, ride, rise, run, spring, sink, step, walk, wander, steal (away), appear, vanish; fare, glide, roam, wend; become, grow, wax, befall, cease, change, expire, increase,

melt, turn, die, decease[26]

ところで，このような種類の動詞は，今日の文法研究において用いられている専門用語で言うと，自動詞の中の「非対格動詞（unaccusative verbs）」と呼ばれるグループの動詞に相当する．非対格動詞の持つ興味ある特徴のひとつとして，上で取り上げた "a teacher come from God," "A Daniel come to judgment" のような特殊な構造の名詞句が形成可能であるということになる．同じような構文を含む別の章句の例として，以下のようなものを指摘することができる．

(19) For there are [certain men [crept in unawares]], who were before of old ordained to this condemnation, ungodly men, turning the grace of our God into lasciviousness, and denying the only Lord God, and our Lord Jesus Christ.  (KJV, Jude 1: 4)
（なぜなら，ある者たち，つまり，次のような裁きを受けると昔から書かれている不信心な者たちが，ひそかに紛れ込んで来て，わたしたちの神の恵みをみだらな楽しみに変え，また，唯一の支配者であり，わたしたちの主であるイエス・キリストを否定しているからです）

すなわち，この場合の動詞 crept は過去分詞形であり，"certain men crept in unawares" の部分は，"certain men who are crept in unawares" のように，当時の英語でパラフレーズできることになる．

ところで，Common English Bible (CEB) の中に見いだすことのできる，次のような，非対格動詞 gather を用いた英語表現も，この種の構文の例である．

(20) Then [everyone [gathered from the region of the Gerasenes]] asked Jesus to leave their area because they were overcome with fear. So he got into the boat and returned across the lake.
(CEB, Luke 8: 37)[27]

---

[26] be 動詞による完了形について，さらに Jespersen (1933: 240), Franz (1939; 斎藤静ほか訳, p. 886) も参照．

[27] この章句に対する KJV の英語訳では，次のように，該当箇所が異なる構文を用いた英語表現で表されている．

 (i) *Then the whole multitude of the country of the Gadarenes round about* besought him to depart from them; for they were taken with great fear: and he went up into

(そこで，ゲラサ地方の人々は皆，自分たちのところから出て行ってもらいたいと，イエスに願った．彼らはすっかり恐れに取りつかれていたのである．そこで，イエスは舟に乗って帰ろうとされた)

2011年に完成されたこの新しい翻訳版聖書CEBから引用した上記章句(20)に見られるような英語表現は，そのまま現代英語の日常的表現としても通用するものとして用いられているのである．事実，日常的に用いられている英語表現の中から，同種の構文を含むような文を指摘するのは，さして困難ではない．例えば，次のような例を取り上げてもよい．

(21) a. AP Television News footage showed small lakes of blood outside the medical clinic, located on a dusty street. Scorch marks infused with blood covered the clinic walls and [dozens of people [*gathered* at the scene]] helped put body parts, including arms, feet and limbs into blankets. Piles of shoes and tattered clothes were piled in a corner.

(BAGHDAD (AP); *The Daily Yomiuri*, March 1, 2005, p. 1)
(APテレビニュースの画面には，埃っぽい通りに面した診療所の外に，いくつもの小さな血の水たまりができているのが映し出されていた．血に染まった焼け焦げ跡が診療所の壁の至る所にでき，現場に集まった何十人もの人たちが腕，脚や手足など飛び散った体の部分を毛布の中に入れるのを手伝っていた．角のほうには，なんぞくもの靴とぼろぼろになった衣服が積み上げられていた)

b. "We can be sure that our beloved pope is standing today at the window of the Father's house, that he sees us and blesses us," Cardinal Joseph Ratzinger told [hundreds of thousands of people [*packed* into a windswept St. Peter's Square]].

(VATICAN CITY (Reuters); *The Daily Yomiuri*, April 9, 2005, p. 1)
(「我らが愛してやまない法王様が，本日，法王様のお住まいの窓辺にお立ちになり，私たちのほうをご覧になって祝福して下さるのは確実です」と枢機卿のジョゼフ・ラッツインガーは風の吹きすさぶサン・ピエトロ広場を埋め尽くした何十万もの人々に向かって語りかけた)

---

the ship, and returned back again.　　　　　　　　　　(KJV, Luke 8: 37)
[地名の綴り字が両者で異なっているが，それぞれ，元のままである]

注意すべきは，上記例文（21a, b）に用いられている動詞 gathered, packed が，他動詞ではなく，自動詞用法になっているという点である．[28]

以上，これまでのセクションでは，次節以降の考察を進める上で必要となる基本的で重要な事柄をいくつか取り上げて解説を試みてきた．それでは，これらの情報と知識を背景に，次節以降のセクションで，この章の本論へと入って行くことにしよう．

## 4. 認可要素は何か

第2節において見たように，仮定法現在形動詞が用いられるときは，その認可要素が統語上の適当な位置に現れることが期待される．ところが，KJV の中には，少なくとも表面的には，適当な認可要素が欠けたままの状態で仮定法現在動詞が用いられているように見える箇所が何箇所か存在する．以下この節においては，そのような箇所の例として7つの章句を取り上げ，それぞれ，どのような問題を含み，また，どのような解釈あるいは解決策が可能であるのかについて考えてみたい．具体的解説に入る前に，ここで取り上げる7つの章句を最初にまとめて提示してみよう．以下のとおりである．

(22-1)　Who only hath immortality, dwelling in the light which no man can approach unto; whom no man hath seen, nor can see: [to whom *be* honour and power everlasting]. Amen.

(KJV, I Timothy 6: 16)

（唯一の不死の存在，近寄り難い光の中に住まわれる方，だれ一人見たこと

---

[28] このように，非対格動詞の場合は，完了を表す過去分詞形をそのまま名詞の後ろに置く用法や，名詞の前に置く用法が許される．さらに詳しくは，Radford (2009: 249ff.)，中村・金子 (2002: 43-44) 参照．下に，例文 (i) として挙げるのは，Radford (2009: 252) からの引用である．
(i) a. The train *arrived* at platform 4 is the delayed 8.28 for London Euston.
（四番線に到着しました列車は，遅れていました8時28分発ロンドン・ユーストン行きの列車です）
　　b. The vice squad arrested a businessman recently *returned* from Thailand.
（風俗犯罪取締班は最近タイより帰国した会社員を逮捕した）
　　c. Several facts recently *come* to light point to his guilt.
（最近明るみに出たいくつかの事実が彼の有罪を指し示している）
　　d. Brigadier Bungle is something of a *fallen* hero.
（バングル准将には落ちた英雄の観がある）

がなく，見ることのできない方です．この神に誉れと永遠の支配がありますように，アーメン）

(22-2) ¹⁸The flesh also, in which, even in the skin thereof, was a boil, and is healed, ¹⁹and [in the place of the boil there *be* a white rising, or a bright spot, white, and somewhat reddish], and [it *be* shewed to the priest]; (KJV, Leviticus 13: 18-19)
（もし，皮膚に生じた炎症が一度治ってから，その跡に再び炎症が起きて，白い湿疹か，赤みがかった白の疱疹ができたならば，その人は祭司にその個所を見せる）

(22-3) So Gad came to David, and told him, and said unto him, [s1 Shall seven years of famine come unto thee in thy land?] or [s2 wilt thou flee three months before thine enemies, while they pursue thee?] or [s3 that there *be* three days' pestilence in thy land?] now advise, and see what answer I shall return to him that sent me. (KJV, II Samuel 24: 13)
（ガドはダビデのもとに来て告げた．「7年間の飢饉があなたの国を襲うことか，あなたが3か月間敵に追われて逃げることか，3日間あなたの国に疫病が起こることか．よく考えて，わたしを遣わされた方にどうお答えすべきか，決めてください」）

(22-4) Give glory to the Lord your God, before he cause darkness, and before your feet stumble upon the dark mountains, and, while ye look for light, he turn it into the shadow of death, and *make* it gross darkness. (KJV, Jeremiah 13: 16)
（あなたたちの神，主に栄光を帰せよ／闇が襲わぬうちに／足が夕闇の山でつまずかぬうちに．光を望んでも，主はそれを死の陰とし／暗黒に変えられる）

(22-5) And the Lord said unto Satan, The Lord *rebuke* thee, O Satan; even the Lord that hath chosen Jerusalem *rebuke* thee: is not this a brand plucked out of the fire? (KJV, Zechariah 3: 2)
（主の御使いはサタンに言った．「サタンよ，主はお前を責められる．エルサレムを選ばれた主はお前を責められる．ここにあるのは火の中から取り出された燃えさしではないか」）

(22-6) ¹⁸And if the family of Egypt go not up, and come not, that *have* no rain; there shall be the plague, wherewith the Lord will smite the heathen that come not up to keep the feast of tabernacles. [19]This shall be the punishment of Egypt, and the punishment of all nations that come not up to keep the feast of tabernacles.

(KJV, Zechariah 14: 18-19)

(もし，エジプトの家族も上って来なければ，仮庵祭を祝うためにエルサレムに上らなかった諸国の民が，主から受けたと同じ疫病に見舞われることがないと言えようか．これこそ，仮庵祭を祝うために上って来なかったエジプトの受ける罰であり，またすべての国の受ける罰である)

(22-7)　And if [we know [that he *hear* us]] whatsoever we ask, we know that we have the petitions that we desired of him.

(KJV, II John 5: 15)

(わたしたちは，願い事は何でも聞き入れてくださるということが分かるなら，神に願ったことはすでにかなえられていることも分かります)

いずれの章句も，イタリック体で示した仮定法現在動詞に対する認可要素の存在が問題となりそうな英語表現になっているのであるが，どこが問題になるのか，以下，順を追って説明してみよう．

## 4.1.　(22-1) の章句について

まず取り上げるのは，以下に再録する (22-1) の章句についてである．

(22-1)　Who only hath immortality, dwelling in the light which no man can approach unto; whom no man hath seen, nor can see: [to whom *be* honour and power everlasting]. Amen.

(KJV, I Timothy 6: 16)

この章句は，to whom で始まる関係節 (whom の先行詞は，この章句に先立つ第13節に現れている God である) の中に，仮定法現在形ではないかと思われる be が用いられている例である．[29] KJV の中から，関係節の中に仮定法現在形動

---

[29] ただし，(22-1) の関係節の中に現れる be の解釈としては，仮定法現在動詞ではなく，すでに上で見たように，「複数主語名詞を受ける直説法現在動詞としての be」であるとする可能性もある．なお，本文において次に示す他の翻訳バージョンのうち，Young's Literal Translation だけは，直説法動詞を用いた英訳になっているのは，この点，興味深いと思われる．なお，この be に相当する言語表現は，古代ヘブライ語で書かれた原典版聖書には見当たらないので，英語への翻訳の際に，KJV などの聖書において，必要に応じて補われたもので

詞が現れる例をあと三つだけ指摘することができる．次の章句がそうである．[30]

(23) a. ..., according to the will of [God and our Father: [to whom be glory for ever and ever]]. Amen.　　　　　　(KJV, Galatians 1: 5)
(わたしたちの神であり父である方に世々限りなく栄光がありますように，アーメン)

b. And the Lord shall deliver me from every evil work, and will preserve me unto his heavenly kingdom: [to whom be glory for ever and ever]. Amen.　　　　　　(KJV, II Timothy 4: 18)
(主はわたしをすべての悪い業から助け出し，天にある御自分の国へ救い入れてくださいます．主に栄光が世々限りなくありますように，アーメン)

c. ..., make you perfect in every good work to do his will, working in you that which is wellpleasing in his sight, through [Jesus Christ; [to whom be glory for ever and ever]]. Amen.
　　　　　　(KJV, Hebrews 13: 21)

---

あろう．

[30] 下記 (i) のように，関係節の中に仮定法現在の be が現れているように見える例はどうだろうかと思われるかも知れないが，

(i) And the king said unto Ziba, What meanest thou by these? And Ziba said, The asses be for the king's household to ride on; and the bread and summer fruit for the young men to eat; and the wine, [that [such [as be faint in the wilderness]] may drink].　　　　　　(KJV, II Samuel 16: 2)
(王が，「お前はこれらのものをどうするのか」と尋ねると，ツィバは，「ろばは王様の御家族の乗用に，パンと夏の果物は従者の食用に，ぶどう酒は荒れ野で疲れた者の飲料に持参いたしました」と答えた)

ただし，よく観察してみると，この場合の be は，以下に引用する American Standard Version の聖書の該当章句における関係節 "that such as are faint in the wilderness" に見るように，「複数主語名詞を受ける直説法現在動詞としての be」と考えるのが妥当であろう．すなわち，関係代名詞 as で導かれた関係節 "as be faint in the wilderness" が修飾する先行詞としての such は，この場合，those のような複数名詞の働きをしている（すなわち，such as = those who）と考えられる．したがって，この場合の be は，その主語である複数名詞 such を受けることになるので，直説法動詞としての be の可能性が高い．なお，the wine の後の that は関係代名詞というより，so that と同じように目的を表す従属接続詞としての that と解釈するのが適当であろう．

(ii) And the king said unto Ziba, What meanest thou by these? And Ziba said, The asses are for the king's household to ride on; and the bread and summer fruit for the young men to eat; and the wine, [that [such [as are faint in the wilderness]] may drink].

(御心に適うことをイエス・キリストによってわたしたちにしてくださり，御心を行うために，すべての良いものをあなたがたに備えてくださるように．栄光が世々限りなくキリストにありますように，アーメン）

このような場合の be の用法は何であろうか．おそらく，祈願文として用いられているものと思われる．そこで，念のため，ほかの英語翻訳聖書ではどのようになっているかを調べてみよう．インターネットで検索可能なもののうち，Biblos.com Bible Study Tools の "Parallel Translation" を用いると，KJV を含む多くの英語翻訳聖書をパソコンの同一画面に呼び出し，それぞれの英語表現を比較することができる．このウェブサイトは大変便利なので，以下，本章では，何回か利用することになる．参考のため，ここでは，KJV を除く 17 種のバージョンを聖書名と共に一括して提示してみよう．以下のとおりである．（比較の対象となっている箇所をイタリック体で示す．また，版権年度が記入されてないものには，その聖書の成立年度を [ ] の中に入れて示すことにする．以下同じ．）

(24) **New International Version**（©1984）
who alone is immortal and who lives in unapproachable light, whom no one has seen or can see. *To him be honor and might forever.* Amen.

**New Living Translation**（©2007）
He alone can never die, and he lives in light so brilliant that no human can approach him. No human eye has ever seen him, nor ever will. *All honor and power to him forever!* Amen.

**English Standard Version**（©2001）
who alone has immortality, who dwells in unapproachable light, whom no one has ever seen or can see. *To him be honor and eternal dominion.* Amen.

**New American Standard Bible**（©1995）
who alone possesses immortality and dwells in unapproachable light, whom no man has seen or can see. *To Him be honor and eternal dominion!* Amen.

### International Standard Version (©2008)

He alone has endless life and lives in inaccessible light. No one has ever seen him, nor can anyone see him. *Honor and eternal power belong to him!* Amen.

### Aramaic Bible in Plain English (©2010)

He who alone is uncorrupted and dwelling in light that a human cannot approach and which none of the children of men has seen, nor can see, *to whom be honor and authority to the eternity of eternities.* Amen.

### GOD'S WORD® Translation (©1995)

He is the only one who cannot die. He lives in light that no one can come near. No one has seen him, nor can they see him. *Honor and power belong to him forever!* Amen.

### King James 2000 Bible (©2003)

Who only has immortality, dwelling in the light which no man can approach unto; whom no man has seen, nor can see: *to whom be honor and power everlasting.* Amen.

### American King James Version [1999]

Who only has immortality, dwelling in the light which no man can approach to; whom no man has seen, nor can see: *to whom be honor and power everlasting.* Amen.

### American Standard Version [1901]

who only hath immortality, dwelling in light unapproachable; whom no man hath seen, nor can see: *to whom be honor and power eternal.* Amen.

### Douay-Rheims Bible [1752]

Who only hath immortality, and inhabiteth light inaccessible, whom no man hath seen, nor can see: *to whom be honour and empire everlasting.* Amen.

### Darby Bible Translation [1890]

who only has immortality, dwelling in unapproachable light; whom no man has seen, nor is able to see; *to whom be honour and eternal might.* Amen.

**English Revised Version** [1885]
who only hath immortality, dwelling in light unapproachable; whom no man hath seen, nor can see: *to whom be honour and power eternal.* Amen.

**Webster's Bible Translation** [1833]
Who only hath immortality, dwelling in the light which no man can approach; whom no man hath seen, nor can see: *to whom be honor and power everlasting.* Amen.

**Weymouth New Testament** [1903]
who alone possesses immortality, dwelling in unapproachable light, and whom no man has seen or can see. *To Him be eternal honour and power!* Amen.

**World English Bible** [2000]
who alone has immortality, dwelling in unapproachable light; whom no man has seen, nor can see: *to whom be honor and eternal power.* Amen.

**Young's Literal Translation** [1862]
who only is having immortality, dwelling in light unapproachable, whom no one of men did see, nor is able to see, *to whom is honour and might age-during!* Amen.

これら17種の翻訳バージョンを，そこに用いられている英語表現の特徴を基にグループ分けしてみると，(25) に示すように，3種類に分類できる．そこに示した数字は，それぞれのグループに属するバージョンがいくつあるかを表す．

(25) 1. KJV と同じように，関係節の中に原形動詞を用いて祈願文の働きをさせているもの： 9
2. 関係代名詞を用いているが，関係節の中の動詞が直説法動詞になっているもの： 1

3. KJV で関係節となっている部分が独立文（主節）としての祈願文となり，関係節代名詞の部分は，"To him ..." または "... to him" のように普通の代名詞表現になっているもの： 7

なお，Wycliffe 派訳聖書（1395）および Tyndale 訳聖書（1526）を調べてみると，いずれも上記1のグループに属することが分かる．

KJV に見るような，関係節の中に仮定法現在形動詞が現れるような用法は，少なくとも現代英語には見られないと思われる．したがって，問題となっている仮定法現在の用法に関し，現代英語としてもそのまま通用するような自然な英語表現を目指す翻訳英語版であれば，上記第2グループのように，直説法動詞を用いるか，あるいは，第3グループのように，普通の代名詞を用いた言語表現による英語訳を試みることになるのではないだろうか．

ところで，初期近代英語を代表するシェイクスピアの英語にも，関係節が仮定法節となっているような例が見られることが知られている．例えば，シェイクスピアの英語に見られる仮定法の特徴について，Franz（1939）は次のように述べている（斎藤静ほか訳, pp. 928-929）．

> 「仮定法はまた関係詞節で用いられることもある．その関係詞節が願望 (*a*)，仮定（主観的意見の表明）を表現する（また rhetorical question においても—*b*）項）とか，或はそれが仮定構文の一部であるような (*c*) 場合がそうである．もちろんこのような用法の仮定法は多くはない．」

そこに挙げられている4つの例の中から，上記引用箇所の (*a*) の願望に関する例文をひとつ，日本語訳と共に下に例文 (26) として引用しておこう（p. 928; イタリック体は原文のまま）．

(26) His royal person—/ *Whom* God *preserve* better than you would wish!—/ Cannot be quiet scarce a breathing-while
　　　　　　　　　　　　　(Rich. 3　I.3.58) [Rich. 3 = *King Richard III*][31]
（王陛下は ... ああ，どうか足下たちが願う以上にお長寿であるように！ 息をなさる間だけでも安穏にしてお在なさることが出来ない）

したがって，KJV の (22-1) の章句に現れる仮定法現在の用法も，このよ

---

[31] Schelter (1982, 岩崎・宮下訳『シェイクスピアの英語』p. 58) も，シェイクスピアの作品における仮定法についての解説の中で，「関係節では稀」であるとしながらも，本文の例文 (26) と同じ箇所を例として挙げている．

第 4 章　欽定訳聖書に見る仮定法現在　　　　　　　　　　　　　　171

うな Shakespeare の作品に見られる英語表現と同種のものとみなすことができるであろう．

　上記の章句（22-1），(23) や例文（26）は，関係節の中に，「祈願文」としての発話行為あるいは発話力が込められている種類の文である．そのような言語表現を創りだそうとするその意図は理解できるのであるが，現代英語においては，一般的に，埋め込み文の中に挿入的な働きをさせる表現を用いるには，それなりの制限が伴うことになり，極端な場合には，文法的に許されない非文を生じさせることにもなるということが知られている．ここでは，これ以上，この種の文についての考察を深めることはせず，ただ，次の 2 点のみ指摘するにとどめておこう．そのひとつ目として，初期近代英語において，この種の文が許されるとしたら，一般的に，制限用法の関係節ではなく，非制限用法の関係節に限られるのではないだろうか．二つ目に，このような用法の文は，現代英語で言うと，例えば，下記（27a, b）のような例（千葉 (2004: 49-50, exx. (23a, b)）に見られるような挿入句の働きに相当するのではないだろうか．

(27)　a.　Barbara Flittner (Dec. 29, Page 8) seems to be going out of her way to look for a challenge, so I'll provide it. [...] And, on the other side, representing purity and peace, is a group [that (*surprise!*) that the writer herself belongs to], namely women.
　　　　（12 月 29 日の 8 ページの誌上で，バーバラ・フリットナーがわざわざ挑戦を受けようと言って下さっているようなので，私が挑戦してみたいと思います．［...］またもう一方の陣営には，純粋さと平和を代表して，これがまた驚いたことには，作者自身が属するグループ，すなわち，女性陣が控えていらっしゃるのです）

　　　b.　More dangerous is the general American attitude, which seems to dominate Washington, [that we're the most powerful country in the world, *dammit* and we can do anything we want, no matter what the rest of the world thinks].
　　　　（もっと危険なのはアメリカ一般大衆の態度であり，これがアメリカ政府を支配しているようなのです．すなわち，たとえ世界のほかの国々がどのように思ったとしても，これはとんでもない考えなんですが，自分たちは世界で一番強力な国家であり，自分たちのやりたいことは何でもできるんだといったような態度のことなんですが）

　上記例文で用いられている挿入句 surprise! および dammit は，ここでは，

文副詞としての働きを担っていると思われる．このような用法は，近頃のメールで用いることのある「絵文字」や「顔文字」(e.g.☺)の働きに相当するものと思われる．

　本題に戻って，(22-1)，(26) に見られる表現は，自然な英語として当時は広く受け入れられていたのであろうか．[32] 関係節中に現れる仮定法現在につい

---

[32] なお，KJV の英語表現の中には，次のように，関係節の中が命令文になっているような例も存在する．

(i) a. ¹⁴Alexander the coppersmith did me much evil: the Lord reward him according to his works: ¹⁵*Of whom be thou ware also*; for he hath greatly withstood our words.　　　　　　　　　　　　　　　　　　　　　　(KJV, II Timothy 4: 14-15)
(銅細工人アレクサンドロがわたしをひどく苦しめました．主は，その仕業に応じて彼にお報いになります．あなたも彼には用心しなさい．彼はわたしたちの語ることに激しく反対したからです)

b. Remember them which have the rule over you, who have spoken unto you the word of God: *whose faith follow*, considering the end of their conversation.
　　　　　　　　　　　　　　　　　　　　　　　　　　　　(KJV, Hebrews 13: 7)
(あなたがたに神の言葉を語った指導者たちのことを，思い出しなさい．彼らの生涯の終わりをしっかり見て，その信仰を見倣いなさい)

[cf. *Imitate their faith* as you consider the way their lives turned out. (Common English Bible)]

ギリシア語の新約聖書に見られる関係節について研究した Boyer (1988: 252) によると，ギリシア語聖書において，関係節の中に命令法動詞が用いられている場合，および，関係節の中に勧奨的仮定法 (hortatory subjunctive)，すなわち，英語の "let us go"，"let it be done quickly" など「let＋不定詞」の構文を用いた表現に相当する仮定法の用法，が用いられている場合が，それぞれ，9 例および 6 例あるということである．上記例文 (ia, b) は，筆者が独自に採取した KJV からの章句であるが，勧奨的仮定法の 6 例として Boyer が指摘している原典ギリシア語聖書の中の章句 (II Timothy 4: 15; Titus 1: 13; Hebrews 13: 7; I Peter 3: 3; 5: 9, 12) のうちの二つに合致している．興味あることには，その 6 つの章句のうち，ひとつ (Titus 1: 13) を除くあと 5 つの章句は，KJV の英語訳においても，原典ギリシア語聖書の場合と同じように，上記例文 (ia, b) に見るような，関係節の中に命令文ないし勧奨的仮定法の構文を取り込んだような英語表現となっていることが分かる．

ギリシア語の場合はもちろん，当時の英語としても，このような構文が自然な英語表現として受け取られていたことになるようだが，現代英語としては，かなり技巧的で不自然な文のように思える．(現代英語において) 命令文が従属節に起こり得ないという指摘は，Collins (2006) にも見られる．すなわち，平叙文，疑問文，命令文と感嘆文の 4 つの種類の文 (厳密には，4 つの種類の節) の中で，命令文だけは，従属節の中に起こらないという特性が見られるということを Collins (2006: 190) は述べている．

関係節の中に frankly, it seems to me, let us suppose のような表現を挿入句として用いることは，下記例文に見るように，現代英語でも普通の言語使用の中によく見られることである．

(ii) a. John, [who, *frankly*, was incompetent], was fired.
　　　（ジョンは，率直に言って，能力が欠けていたのだが，解雇された）
　　b. The school, [which, *it seems to me*, is the best in the country] is General Beadle State College.
　　　（国一番だと私には思えるその学校の名はジェネラル・ビードル州立大学です）
　　c. By fixing each of the parameters we determine a particular grammar [which, *let us suppose*, generates a specific language].
　　　（一つひとつのパラメータの値を決めることにより，ある特定の言語を生成すると考えられるひとつの個別文法を定義できることになる）

（例文（iia），（iib）および（iic）は，それぞれ，梶田（1976: 167），Selkirk（1970: 6）および千葉（2004: 49）より．）

　ただし，ここで問題にしているような，祈願文あるいは命令文を関係節の中に取り入れたような表現は，普通には用いられないのではないだろうか．例えば，次に示すのは，筆者の依頼したアメリカ人インフォーマントによる反応を示したものであるが，その例文のうち，"Follow the woman!" や "God bless you." に相当する命令文や祈願文を関係節の中に取り入れた形のものは，文法性がかなり劣るようである．

(iii) In this area there appear many pickpockets, of whom
　　(a) everybody should beware.
　　(b) ?beware, everybody.
　　（ここら辺はスリが多いので，みんな気をつけるように）
(iv) As soon as you enter the building, you should see a fair-haired woman,
　　(a) whom you should follow wherever she may go.
　　(b) *whom follow wherever she may go.
　　（建物の中に入るとすぐに金髪の女性の姿が目にとまるでしょうから，その人の後をどこまでもついて行きなさい）
(v) All of my friends were cheated by my brother, whose wrongdoing
　　(a) may God permit!
　　(b) *God permit!
　　（私の友達はみんな私の兄にだまされたのです．神様，どうか兄の悪事をお許し下さい）
(vi) As God promised us, this country will be saved by the young woman,
　　(a) to whom I pray honor and power be given everlastingly.
　　(b) to whom may honor and power be given everlastingly.
　　(c) to whom let us pray honor and power be given everlastingly.
　　(d)??to whom honor and power be given everlastingly.
　　(e)??to whom be given honor and power everlastingly.
　　(f)??to whom be honor and power given everlastingly.
　　(g) *to whom be honor and power everlastingly.
　　（神が私たちに約束して下さったように，この国はその若い女性によって救われることでしょう．どうか彼女に名誉と力がとこしえに与えられますよう）

　このような問題および上記例文（ii）にかかわる問題について，詳しくは，三原（1995），澤

ては，下の引用箇所からも分かるように，Strang（1970: 312）においても言

田（1978; 1993），Chiba（2003），千葉（2003; 2004），遠藤（2010），河野（2012）を参照．
　関係節の中に祈願文を嵌め込んだような表現の中で，ふつう用いられるのは，上記例文（va），（vib）のように，法助動詞 may を用いたものや，下記例文（vii）に見るように，法助動詞 may を用いた祈願文を挿入句の形で取り込んだような表現であろう．

　　（vii）　Ken: I must say, Lily, that was a magnificent meal. Where did you learn to cook so well?
　　　　　　　　（リリー，まったくすばらしい料理だったよ．こんなすごい料理の腕，一体どこで磨いたの）
　　　　　　Lily: My late husband, *may he rest in peace*, was a professional chef. Wonderful man, He taught me all I know.
　　　　　　　　（亡くなった夫——どうか，安らかにお眠り下さい——が本職のシェフだったのよ．すてきな人で，私が今知っていることは，あの人がすべて教えてくれたの）

（*Columbo: Murder by the Book*, Dir. Steven Spielberg, DVD, Universal Studios, 1971）
　なお，*OED*, 2nd ed.（on CD-ROM, version 4.0）の関係代名詞 which の項には，B. III. 14. b のセクションにおいて，"Peculiar constructions" の見出しのもと，祈願文が関係節の中に現れる例を挙げているので，下に引用しておこう．

　　（viii）　If anything 'appens to you—which God be between you and 'arm—I'll look after the kids.　　　　　　　　　　　　　　　　　　（1905 *Daily Chron*. 21 Oct. 4/7）
　　　　　　（あなたの身にもしものことがあったときは——どうぞ，神様があなたを危害からお守りくださいますように——私が子どもたちの面倒をみましょう）

　ただし，このような例には，"Hence, in vulgar use, without any antecedent, as a mere connective or introductory particle" のようなコメントが付されている．すなわち，この種の which の用法は，前の文全体を which で受ける用法のひとつであるが，関係節の中に which を受ける適当な統語的位置（すなわち wh 移動の痕跡（trace） t）を見いだすことのできない破格構文になっている．
　なお，関係節の中が疑問文になっているような文は一般的に許されないが，下記例文（Sadock（1974: 126））に見るように，純粋な疑問文になっていないような文の場合（たとえば，Sadock（1971; 1974）の言う "queclaratives（疑問平叙文）" のような場合）は，方言によっては，文法的文となることがある．

　　（iv）　a. [d]Symbolic logic, which who cares about anyway, is awfully tough.
　　　　　　　（記号論理学——それって，誰か関心持つ人っているのだろうか——は，とてもむずかしいや）
　　　　　b. *Symbolic logic, which by the way who invented (?), isn't my cup of Postum.
　　　　　　　（記号論理学——ところで，それって，誰が考え出したものなの——は，私のお気に入りのものとは言えない）
　　　　　c. Symbolic logic — and by the way who invented it? — isn't my cup of Postum.

（（iva）の文頭の記号 [d] は，その文の容認可能性に関し，方言上の差異が見られるということを表す．（ivb）の文中に (?) とあるのは，疑問文であることを示すクエスチョンマークをその箇所に記入しても記入しなくても，いずれにしても非文になるという意味であろう）

及されている.

> "In independent clauses the subjunctive is used for the unreal—for hypothesis, wish, advice, command; it has a similar general value in dependent clauses, including cases of 'unreality' involving goal, wish or doubt, but it also occurs in indirect speech, concession, and sometimes in relative, temporal and other clauses."
>
> (独立節の中において,非現実的な事柄,例えば,仮説,願望,忠告や命令といったものを表そうとするときには仮定法が用いられる.仮定法は,従属節の中においても,目的,望みあるいは疑いなど,何か「非現実的な事柄」の場合にも見られるような同じようなムード(法性)上の一般的価値判断を示すのであるが,仮定法はまた,間接話法,譲歩節,それに時には関係節,時を表す節やそのほかの節の中にも用いられるのである)

ただし,Strang は具体例を挙げていないので,彼女がどのような例のことを言っているのか定かではない.また,Roberts (1985: 41, fn. 13) は,中英語における言語事実として,仮定法が起こる主な従属節のひとつに関係節を含めることができるということを指摘し,(中英語に見られる)具体例のひとつとして,"the properties that a king have" を挙げているのが参考になる.ただし,初期近代英語においても,この用法が成り立つかどうかについては述べていない.[33]

---

[33] 関係節が仮定法節になるような現象が広く見られる言語のひとつにスペイン語がある.下記例文 (i) (Kempchinsky (1986: 201, note 8) より) を参照.
  (i) Buscamos un secretario [que *hable* japonés] [イタリック体は筆者]
    'We are looking for a secretary who speaks (S) Japanese'
    [(S) とあるのは,動詞 hable が subjunctive verb であることを表す—筆者]
  スペイン語の関係節が仮定法節になることに関しては,「関係節の接続法」と題する寺崎 (1998: 218f.) の解説が有益だと思われるので,ここに引用してみよう.
  「接続法が出現するのは,限定的関係節に限られる.先行詞が不定かつ非特定であるか,または否定された名詞句である場合,その関係節の動詞は接続法になる.動詞の表す事象が仮定的なものとなるからである.この場合,先行詞を含む支配節[=主節]は意志,疑惑・否認など接続法を要求するような意味を示すことが多い.
    Busco un estudio que *esté* cerca de la estación.
    (私は駅の近くにあるアパートを探している)
    No hay nada que yo *respete* tanto como el trabajo.  (LT)
    (仕事ほど私が大事にしているものはありません)
    Desconocemos las causas de que *estuviera* allí.  (MS)

以上観察したように，関係節の中に仮定法現在動詞が用いられる場合があるとは言っても，上記の例文 "the properties that a king have" のような「単純な」形の関係節の場合には，下記例文 (28a-c) のように，直説法動詞を用いて表現するのが，KJV に見られる一般的な用法であることを付記しておきたい．

(28) a. Israel hath cast off the thing [that *is* good]: the enemy shall pursue him.   (KJV, Hosea 8: 3)
(しかし，イスラエルは恵みを退けた．敵に追われるがよい)
   b. And why beholdest thou the mote [that *is* in thy brother's eye], but considerest not the beam that is in thine own eye?
(KJV, Matthew 7: 3)

---

(我々はそれ［ピストル］があそこにあった理由を知りません)
名詞的関係節でも関係詞と融合した先行詞の指示が不定かつ非特定で，関係節の内容が仮定的となる場合は接続法が現れる．
　　Los que lo *sepan*, que levanten la mano.   (FS)
(それを知っている人は手を上げて下さい)
　　A quinquiera que *pregunte* por mí dile que no estoy.   (DP)
(私を尋ねて来た人がいたら，それがだれでも留守だと言ってくれ)
　　Tendría mucho gusto en llevarla a donde *quiera* en mi coche.   (NE)
(どこでもあなたのお好きな所へ私の車でお連れできれば，大変うれしいのですが)」
(上の引用例文の出典を表す略語 LT, MS, FS, DP, NE の正式出典名は，寺崎 (1998: 228-230) によると，以下のとおりである．
　　LT:  Luca de Tena, Juan Ignacio, 1951, *El cóndor sin alas*, en UH.
　　MS:  Moncada, Santiago, 1971, *Juegos de media noche*, en UH.
　　FS:  Gente, Rafael et al., 1977, *El subjunctivo*, Madrid, Aravaca.
　　DP:  Marsá, F. et al., 1982, *Diccionario Planeta de la lengua española*, Barcelona, Planeta.
　　NE:  Neville, Edgar, 1959, *La vida en un hilo*, en UH.)
スペイン語に見られる関係節内の仮定法について，さらに Givón (1994) も参照．なお，一般的に関係節が仮定法節となることを許す言語として，ほかにラテン語，フランス語，イタリア語，ルーマニア語などを加えることができる (cf. Hopper and Thompson (1980: 277), Palmer (1986: 178-179), Fauconnier (1985: 33), Farkas (1985: Ch. 6))．また，ルーマニア語，フランス語およびイタリア語においては，関係節の先行詞が指示するものが不特定または非特定とは言えない，下記 (ii) の英語の例文に見るような場合にも，関係節の中に仮定法が用いられるということを Farkas (1985: 1-3) は指摘している．
(ii)  *The best book that I have ever read* is this one.
　　(これまで私の読んだ本の中で一番よかったのはこれです)

（あなたは，兄弟の目にあるおが屑は見えるのに，なぜ自分の目の中の丸太に気づかないのか）

c. Give not that [which *is* holy] unto the dogs, neither cast ye your pearls before swine, lest they trample them under their feet, and turn again and rend you. (KJV, Matthew 7: 6)
（神聖なものを犬に与えてはならず，また，真珠を豚に投げてはならない．それを足で踏みにじり，向き直ってあなたがたにかみついてくるだろう」）

## 4.2. (22-2) の章句について

次に取り上げるのは，下に再録した章句 (22-2) についてである．

(22-2) [18]The flesh also, in which, even in the skin thereof, was a boil, and is healed, [19]and [in the place of the boil there *be* a white rising, or a bright spot, white, and somewhat reddish], and [it *be* shewed to the priest]; (KJV, Leviticus 13: 18-19)

これに先立つ部分には，「もし ... の場合には，〜すべし」の意味内容を表す文が連続して現われ，上記 (22-2) の文も内容的に同じような論理構造になっているので，統語的にも，[in the place of ... and somewhat reddish] の部分が条件文の条件節を構成し，一方，[it be shewed to the priest] の部分がその帰結節を構成する作りになっていると解釈できる．すなわち，それぞれ，[*if* in the place of ...] および [it *shall* be shewed to ...] のような表現として解釈できることとなり，最初の be は if により認可される仮定法現在形としての be であり，二つ目の be は法助動詞 shall の後に配置された原形動詞 be である（ただし，ここでは shall が省略されている）と結論付けることができるであろう．

ちなみに，ほかのバージョンではどのように訳されているか，4.1 節で紹介したインターネットサイトの "Biblos" で調べてみると，以下のとおりであることが分かる．すなわち，King James 2000 Bible と American King James Version は KJV と同じように "there *be*" および "it *be* shewed/shown" を踏襲し，Webster's Bible Translation は，"there *shall be*" および "it *be* showed" のように翻訳している．残りのバージョンは，いずれも，"there be" の部分は直説法動詞を用いて英訳し，一方，"it be shewed" の部分は，法助動詞を用いて "must/shall V" のように英訳するか，または（Young's Literal Translation が試みているように）直説法動詞を用いて "then it *hath* been seen by the priest" のような英訳になっている．すなわち，問題の箇所（のいずれか）

が，KJVと同じようになっているバージョンは，上記最初の三つのバージョンのみで，それ以外のバージョンは，いずれも，そのまま，現代英語としても受け入れられるような英語表現の形で翻訳されていることが分かる．

念のため，ヘブライ語原典版聖書の強い影響が働いていないかどうかを探る[34]ために，以下の3種類の資料を調べてみた．まず，インターネットサイ

---

[34] 橋本 (1996; 1998) は，KJVの英語には多くのヘブライ語法が導入されているということを，豊富な例を挙げながら解説している．そのような場合のひとつとして，橋本 (1996: 157) は「一人称の代名詞が二人称や三人称の（代）名詞と等位関係にあるとき，欽定訳聖書では一人称の代名詞が他の人称の（代）名詞に先行する語順が支配的である」という事実を指摘している．橋本によると，その理由は，「一人称代名詞を他の人称の（代）名詞よりも前に置くヘブライ語の慣用が欽定訳聖書に導入されているため」(p. 157) であることになる（下記例文を参照）．

(i) a. *I and my Father* are one.　　　　　　　　　　　　　　(KJV, John 10: 30)
（わたしと父とは一つである）
b. And the one woman said, O my lord, *I and this woman* dwell in one house; and I was delivered of a child with her in the house.　　(KJV, I Kings 3: 17)
（一人はこう言った．「王様，よろしくお願いします．わたしはこの人と同じ家に住んでいて，その家で，この人のいるところでお産をしました」）
c. Now therefore come thou, let us make a covenant, *I and thou*; and let it be for a witness between me and thee.　　　　　　　(KJV, Genesis 31: 44)
（さあ，これから，お前とわたしは契約を結ぼうではないか．そして，お前とわたしの間に何か証拠となるものを立てよう」）

一人称代名詞を最初に置くこのような語順は，現代英語による翻訳版，例えば，Common English Bible (2011) においては，多くの場合，"... and I"のような語順で表されている．

ただし，次のことは看過されやすいので，特に注意する必要がある．すなわち，現代英語の場合においても，下記例文 (iia-c)（千葉 (2006: 32-33)）に見るように，一人称代名詞を最初に置く語順のほうが自然であると判断されるような場合がある．

(ii) a. When computers were in their infancy, a common frustration was the error messages they delivered instead of results. One frequent error that *I and many of my engineering colleagues* made (though we had no excuse to repeat it as often as we did) was to input a number as a simple integer when the computer was looking for a number with a decimal point, or vice versa.
（コンピュータがまだ揺籃期にあった頃，よくいらいらさせられたのは，ちゃんと結果が出てこないで，エラーメッセージになることであった．（実際，何度も何度もエラーを繰り返したことについては弁解の余地はないが）私と私のエンジニア仲間の多くがしばしば犯したエラーのひとつは，コンピュータが小数点の付いた数字を要求しているのに，小数点のない整数で入力してしまう，あるいは，その逆の誤りを犯すということであった）
b. Finally, while you read about current events upcoming in the Academy, below, know that *I and the entire Academy staff* are wishing you a wonderful holiday

トの Online Hebrew Interlinear Bible のひとつ,"Scripture 4 All"(www.scripture4all.org) によると,ヘブライ語を英語の逐語訳で表した部分は以下のとおりになっていることが分かる.

(22-2a)　and・*he-becomes* in・place$^{ri}$-of the・boil nodule white or blotch white reddish and・*he-$^n$appears* to the・priest[35]

これを上記 (22-2) の KJV の英語と比べてみると,there be に相当する部分も,it be showed に相当する部分も,それぞれ,he-becomes および he-appears のような直説法動詞を用いた英語表現で表されていることが分かる.

次に,同じくウエブサイトによる情報で,"A Hebrew-English Bible According to the Masoretic Text and the JPS 1917 Edition" (© 2005) (http://www.mechon-mamre.org/p/pt/pt0.htm) を検索した結果,該当箇所の英語訳は以下のようになっていることが分かる.

(22-2b)　and in the place of the boil there *is* a white rising, or a bright spot, reddish-white, then it *shall be* shewn to the priest.

すなわち,there be に相当する箇所は,上記 (22-2a) の場合と同じように,

---

　　　　season and a productive and fulfilling 2005.
　　　　(最後になりましたが,下に掲載いたします,近く公開されることになっている我がアカデミーの最新の行事に関する記事を皆様がお読みになっている間,私およびアカデミーのスタッフ一同から皆様に,どうぞ,すばらしい休暇と,実り豊かで,また成果の上がる 2005 年の新年をお迎え下さいますようお祈りいたします)

　c.　One day, a city news editor told me to give full coverage to the issue in a series of articles, since there was a high level of interest in the topic in the Kansai region as well as other areas of the country. Soon *I and other reporters* started working on the articles.
　　　　(この国のほかの地域はもちろん関西地方においても,この話題に対する強い関心がわき起こっていたので,ある日のこと,市の広報編集者から私に,連載記事の形でその問題の全容を取り上げるようにとの指示が出された.そこで間もなく,私とほかのレポーターがこの記事に取りかかることとなった)

詳しくは,千葉 (2006: 31-34) を参照.

[35] nodule「小さな節(こぶ)」,blotch「できもの,発疹」.なお,上付き記号 $^{ri}$ および $^n$ は,"Abbreviation key"によると,それぞれ,"rise"および"Niphal"を表すとある."Niphal"は,ヘブライ語動詞の種類のひとつ「ニファル(態)動詞」のことであるのは明らかであるが,文法用語の"rise"が何を意味するのか,それ以上の詳しい説明は見当たらない.

直説法動詞による表現になっているが，it be shewed に相当する箇所は法助動詞 shall を用いた表現になっている．

ついで調べた J. P. Green (1981) による Interlinear Bible においては，まず，この箇所の英語による逐語訳および，それを基に，自然な英語表現として表された英語訳を示すと，それぞれ，(22-2c) および (22-2d) のようになっている．

(22-2c) and is in the place of the boil swelling, a white or bright spot a white reddish then it shall be shown to the priest.

(22-2d) and a white swelling *has replaced* the boil, or a bright white spot, very red, then it *shall be* looked upon by the priest.

さらに，この章句のひとつ前の第 18 節の原典版聖書を英語訳で示したものを示すと，次のようになる．

(22-2e) And when the flesh has in the skin of it a boil, and it has been healed,

Green (1981) より得られるこれらの情報を併せて考えると，次のようにまとめることができる．すなわち，上記 (22-2d) に示された章句第 19 節の英語訳の最初の部分 "and a white swelling has replaced the boil" は，上記 (22-2e) に示された章句第 18 節の英語訳において表されている条件節の続きを成す部分であり，その意味内容は「もともと the boil ができていた所が a white swelling の状態に変化した(時は)」という意味であり，これは，"And if, in the place of the boil, there be a white rising, or ..." のように，従属接続詞 if を補った文と等価だと解釈できる．

以上の 3 種類の資料を用いた，ヘブライ語原典版聖書との比較の観点から，問題となっている KJV の英語訳を改めて眺めてみると，次のような結論にたどり着くことができる．すなわち，ヘブライ語原典版では，there be に相当する部分に仮定法が用いられているわけではないが，KJV においては，(接続詞 if により認可された) 仮定法現在形を用いた表現になっている．ただし，問題は，この KJV の英語表現そのものは，たとえ，ひとつ前の第 18 節とつなげてひと続きの文として読んだとしても，その文の中に，すなわち，ひとつの局所的な統語環境の中に，仮定法現在動詞の認可要素を見いだすことができないということである．このことから，たとえ仮定法現在の認可条件が守られているとしても，現代英語の場合と違って，その条件はかなりルースなものとなってい

第 4 章　欽定訳聖書に見る仮定法現在　　　　　　　　　　181

るような印象を受けるということが言えるであろう．

　かりに，KJV の持つ特殊な位置付けを取り去って，普通の意味での日常言語のひとつとしてみた場合，問題のこの箇所の英語は，当時としても，果たして，文法的に許される言語表現になっていたのだろうかとさえ思えるところがある．この点で，English Revised Version (ERV) などでは，ヘブライ語原典に従った，また，現代英語としても分かりやすい，直説法動詞を用いた表現 "there is" に改められているのが特に興味深いと思われる．そこで，KJV の "it be shewed to the priest" の "be" もまた，まさに，この用法，すなわち，直説法動詞としての "be" として用いられていたものと解釈できれば，上で指摘したような問題点は解消されるかも知れない．ここで，すでに 3.1 節において紹介した，be 動詞の変異形に見られる歴史的発達についての OED の説明を思い起こしてみよう．すなわち，以下のような主旨の内容になっていた．「OE 時代以降何世紀かの間に，複数主語に対する 直説法動詞としての "be" の使用が広まり，南部方言においては，直説法・単数形の場合においてすら，be/beest/beth が am/art/is の使用領域をおかし始め云々．」このことから，「初期近代英語の中に，3 人称単数現在動詞としての "be" の使用が見られる」というような解釈も可能かも知れないが，一方では，この用法について，「南部方言において，19 世紀に登場する」というような記述も OED に見られるので，この用法が，実際，KJV の中に見いだされるかどうかについては，慎重にならざるを得ないであろう．（シェイクスピアの作品に見られるこの用法の可能性については，注 5 を参照．）

　ここで，念のため，後期中英語のウィクリフ派聖書（1395）および初期近代英語のティンダル聖書（1534）の英語訳がどのようになっているか調べてみると，それぞれ，下記 (22-2f) および (22-2g) のような英語訳であることが分かる（テキストは，それぞれ，インターネットのホームページ "StudyLightorg." (www.studylight.org) および "The Bible Corner" (http://thebiblecorner.com) に掲載されているものを使用）．

(22-2f)　[18]Fleisch and skyn, in which a botche is bred, [19]and is heelid, and a step of wounde apperith whijt, ethir sum deel reed, in the place of the botche, the man schal be brouyt to the preest;

(22-2g)　[18]When there is a byele in the skynne of any mans flesh and is heelde [19]and after in the place of the byele there appeare a whyte rysyng ether a shynynge white somwhat redysh, let him be sene of the preast.

すなわち，前者においては，問題の箇所に法助動詞 schal（＝shall）が用いられ，また後者においては，動詞 let を用いた不定詞構文になっていて，いずれも，KJV のような仮定法現在形動詞が主節に用いられているような英語訳とは異なるので，「仮定法現在の認可要素探し」の問題とは無縁であることになる．

ところで，「マタイ福音書」を資料とした浦田（2010）によるウィクリフ派聖書とティンダル訳聖書の比較研究によると，接続法現在，すなわち，仮定法現在の用法に関し，両者には大きな違いが見られるとのことである．すなわち，願望，勧告や命令などを表す場合には，主節に仮定法現在が用いられることがあるが，浦田（2010）によると，ウィクリフ派聖書の場合は，be 動詞と一般動詞がほぼ同じ割合で用いられているのに対し，ティンダル訳聖書においては，大半が be 動詞の例であり，一般動詞はごくわずかであるとのことである．また，浦田（2010: 450）は，次のようにも述べている．すなわち，「中英語の『ウィクリフ派聖書』では，後の時代に比べて，主節での接続法現在の用法に制約が少なかったのではないかと思われる．」

このような観点から，上記（22-2f），（22-2g）の章句を再度比較してみると，たまたま，この章句に関しては，（初期近代英語に属する）ティンダル聖書の場合（すなわち（22-2g））ばかりか，（中英語に属する）ウィクリフ派聖書の場合（すなわち（22-2f））においても，接続法現在を用いていない英語表現になっていることが分かる．しかし，可能性としては，上記浦田（2010）による推測を反映して，少なくとも後者の場合は，（KJV と同じように）接続法現在を用いたような英語訳になっていてもおかしくはないはずであると想像されるかも知れない．

以上，（22-2）の章句に見られる仮定法現在の用法に関し，筆者の抱いている疑問点について，いろいろな角度から検討を加えてみた．特に，上に紹介した浦田の研究成果をも取り入れた形でまとめると，次のようになるであろう．すなわち，KJV の英語には，（22-2）の章句に見るように，認可要素が欠けているように見える仮定法現在の用法（特に，願望，勧告や命令を表す用法）が，部分的ながら見受けられる．ただし，KJV に見られるこのような用法は，ウィクリフ派聖書などの場合と比べると，ごくわずかの例を見るに過ぎない．

## 4.3. (22-3) の章句について

この節では，以下に再録する章句（22-3）について考えてみよう．

(22-3) So Gad came to David, and told him, and said unto him, [$_{S1}$ Shall seven years of famine come unto thee in thy land?] or [$_{S2}$ wilt thou flee three months before thine enemies, while they pursue thee?] or [$_{S3}$ that there *be* three days' pestilence in thy land?] now advise, and see what answer I shall return to him that sent me.
(KJV, II Samuel 24: 13)

上記 (22-3) の章句は，Gad が David に次のようなことを質問している場面内容を表す．すなわち，与えられた三つの選択肢（S1, S2, S3 で表されている部分の意味内容）のうちどれを選びたいか（すなわち，どれが現実に起こることを希望するのか）ということを Gad が David に尋ねている場面内容を表す．S1 および S2 には，それぞれ，shall および wilt のように，意向を表す法助動詞が用いられているのに対し，S3 においては，仮定法現在動詞 be がそれに相当する働きをしていると考えることができる．すなわち，S3 は，"dost thou wish that there be three days' pestilence in thy land?" と意味的に等価であることになる．問題は，仮定法節 S3 の認可要素は何で，またそれはどこに存在するのかということである．なお，S3 の動詞 be の真主語名詞句，すなわち，"three days' pestilence" は単数なので，「複数主語名詞を受ける直説法動詞としての be」としての用法の可能性はここでは一応消えることになる．[36] ただし，S3 の "there be" は "there shall be" あるいは "shall there be" のように，先行部分に明示的に現れている shall などの法助動詞を補って解釈することが期待される構文であるとみなすことは可能であるかも知れない．事実，English Revised Version (ERV) などの多くのバージョンでは，下記 (22-3a) のイタリック体の部分に見るように，その線に沿った英語表現となっている．

(22-3a) So Gad came to David, and told him, and said unto him, Shall seven years of famine come unto thee in thy land? or wilt thou flee three months before thy foes while they pursue thee? or *shall there be* three days pestilence in thy land? now advise thee, and consider what answer I shall return to him that sent me.

"Biblos.com" の Parallel Translation として挙がっている，KJV 以外の 14 種

---

[36] ただし，4.2 節で指摘したような「3 人称単数主語名詞を受ける直説法動詞としての be」の用法が，実際，ここにも現れているとしたならば，以下本文で指摘するような，仮定法認可条件に関する問題点は回避できるかも知れない．

のバージョンの中で，KJV と同じように，該当箇所に "or that there be" を用いているのは，American King James Version と Webster's Bible Translation だけである．この二つのバージョンにしても，問題となっている "or that there be three days' pestilence in thy land?" の英語訳については，ここでわれわれが問題にしているような観点をも取り入れて検討を加えた結果，このまま自然な英語として採用できるという判断に至ったのかどうか疑わしいと思われる．

念のため，ヘブライ語原典版ではどのような表現になっているのかを知るために，Jay P. Green およびインターネット OnlineInterlinear (www.scripture4all.org) による Interlinear Bible の解説を覗いてみると，問題の箇所のヘブライ語を英語逐語訳で示したものは，それぞれ，(22-3b) および (22-3c) のようになっていることが分かる．

(22-3b)　Or shall there be three days plague in your land?
(22-3c)　and·if to-become-of three-of days plague in·land-of·you

すなわち，もともと，ヘブライ語原典自体に仮定法動詞による構文が用いられていて，その構文を英語に平行移動したために，"or that there be ..." のような KJV に見る英語訳が生まれたとは考えにくいところがある．したがって，当然考えられるのは，特別不自然だとは思われない英語表現として，このような仮定法節を用いた英語訳を考えたのであろうということである．しかしながら，当時の英語としても，このような仮定法節の用い方が一般的に認められていたのであろうかという疑問が残る．少なくとも，仮定法現在の認可条件にかなったような言語表現になっていないように思われるのだが，筆者の思い違いであろうか．

## 4.4. (22-4) の章句について

次に取り上げるのは，以下に再録する章句 (22-4) である．

(22-4)　Give glory to the Lord your God, before he cause darkness, and before your feet stumble upon the dark mountains, and, while ye look for light, he *turn* it into the shadow of death, and *make* it gross darkness.　　　　　　　　　　(KJV, Jeremiah 13: 16)

この章句の中の "he turn it into the shadow of death, and make it gross darkness." の箇所では，主節の中の動詞 turn および make が仮定法現在に

第 4 章　欽定訳聖書に見る仮定法現在　　　　　　　　　　　　　185

なっているのであるが，その認可要素が見当たらないと思われる特異な例である．ほかのバージョンで，同じように仮定法現在を用いているようなものが見いだされるであろうか．念のため，"Biblos.com" を検索して，そこに挙がっている（KJV 以外の）13 種のバージョンを調べてみると，KJV と同じように，仮定法現在動詞を用いているものがいくつか存在することが分かる．すなわち，American King James Version, American Standard Version, English Standard Version の 3 種のバージョンである．それ以外のものは，問題の箇所に直説法動詞を用いるか，あるいは，法助動詞を用いている．

　さらに，上で述べたバージョンの中には含まれていない英語翻訳聖書，例えば，New King James Version（NKJV）および New Amerian Standard Bible（NASB）を調べてみると，該当箇所には，いずれも，直説法動詞が用いられていることが分かる．以下に，参考のため，NASB の英語訳を引用しておこう．

(22-4a)　　Give glory to the LORD your God,
　　　　　Before He brings darkness
　　　　　And before your feet stumble
　　　　　On the dusky mountains,
　　　　　And while you are hoping for light
　　　　　He *makes* it into deep darkness,
　　　　　And *turns* it into gloom.[37]

　問題となっている英語表現を KJV が用いている理由を探るために，次に，これまでと同じように，Interlinear Bible による原典ヘブライ語の英語逐語訳を調べてみよう．ここでは，以下のような 2 種類の Interlinear Bible を参考にする．まず，Jay P. Green (1981) による逐語訳は次のようになっている．

(22-4b)　　Give to Jehovah your God glory before He brings darkness and before stumble your feet on the mountains of darkness; and while you wait for light, He *puts* it into death-shade, (and) *sets up* deep gloom.

---

[37] 原文では，(22-4a) の最後の部分 "And turns it into gloom" の And と it はイタリック体になっていて，それらの語句に相当する表現が，原典のヘブライ語聖書には用いられていないということを表しているが，ここではローマン体にしてある．

さらに，"Online Hebrew Interlinear Bible"（www.scripture4all.org）によると，該当箇所の英語逐語訳は以下のようになっている．

(22-4c)　give-you<sup>(p)</sup>! to·Yahweh Elohim-of·you<sup>(p)</sup> glory in·ere he-is-<sup>c</sup>bringing-darkness and·in·ere they-are-<sup>s</sup>striking feet-of·you<sup>(p)</sup> on mountains-of gloaming and·you<sup>(p)</sup>-<sup>m</sup>expect to·light and·he-*places*·her to·shadow-of-death he-*is-setting and·to-set-of* to·murkiness
（上付き記号 <sup>(p), c, s, m</sup> は，それぞれ，次の文法用語の略である．(p): plural; c: cause; s: self (reflexive); m: make）

すなわち，いずれの逐語訳においても，該当箇所は，直説法動詞を用いた表現となっていることが分かる．だとすると，KJV のように，英語訳として原形動詞を用いるべき理由が，ヘブライ語原典版聖書にも見当たらないことになる．

念のため，Wycliffe 派による英訳版聖書（1395）を調べてみると，該当箇所の部分は，"... and he schal sette it in to the schadewe of deeth, and in to derknesse." となっていて，法助動詞 schal（＝shall）を用いていることが分かる．

以上の考察から，ここでもまた，KJV に見られる英語表現の背後にある文法（と言っても，KJV の英語翻訳作業形態（すなわち，集団的翻訳作業）を考慮した場合，英語の母語話者一人ひとりが身に着けているような，普通の意味での文法の場合とは性質の異なる，比喩的な意味での文法のことにならざるを得ないけれども，そのような文法）に含まれているはずの「仮定法現在の認可条件」というものが，いったいどの程度厳密に働いていたのか疑問視せざるを得なくなる．

### 4.5.　(22-5) の章句について

次に，5 番目の章句（22-5）の問題点についてである．

(22-5)　And the Lord said unto Satan, The Lord *rebuke* thee, O Satan; even the Lord that hath chosen Jerusalem *rebuke* thee: is not this a brand plucked out of the fire?　　　　(KJV, Zechariah 3: 2)

この章句に現れる動詞 rebuke は直説法動詞でないのは確かであるが，それでは，仮定法現在形動詞であるかというと，認可要素の存在が明らかでないという点で，そのように断定するのは困難なようにも思われる．少なくとも，現代英語の場合なら，このような英語表現が許されるのは，祈願文としての解釈を

持つときであろう．しかしながら，その祈願文とされる文 "The Lord rebuke thee" の発話者とその文の主語がいずれも同一人物の The Lord なので，この場合，The Lord は，きわめて不自然な内容の祈願文を発していることになり，そのような解釈は受け入れがたいと言わざるを得ないであろう．

そこで，このような問題の解決の糸口を探るために，まず，KJV 以外のバージョンの英語訳がどのようになっているかを調べてみよう．"Biblos.com" の中の 15 の翻訳版（ただし，KJV は除いてある）に Common English Bible (CEB) を加えた合計 16 種の英語訳を比較してみると，以下のように，4 つのグループに分類することができることが分かる．

(29) 1. 原形動詞 "rebuke" を用いているもの： 12
2. 直説法動詞 "doth push against" を用いているもの： 1
3. 主語を "the LORD" ではなく "I, the LORD" として（動詞を主語 I に合わせて）いるもの： 2
4. 直説法動詞を用いて "The LORD rebukes you" としているもの： 1

すなわち，1 の種類のバージョンを用いたものが一番多く，その割合は 12/16，つまり 75% にも達する．この結果は，これまで取り上げた (22-2)-(22-4) の場合とは異なり，KJV が決して少数派ではないということを示していて，その意味で，大変興味深いと思われる．

次に，ヘブライ語原典における表現がどのようになっているのかを調べてみよう．"Online Hebrew Interlinear Bible" (www.scripture4all.org) によるヘブライ語原典版による英語逐語訳では，以下のようになっていることが分かる（問題の箇所をイタリック体で示す）．

(22-5a) and·he-is-saying Yahweh to the·adversary *he-shall-rebuke* Yahweh in·you the·adversary *and·he-shall-rebuke* Yahweh in·you the·one-choosing in·Jerusalem ?·not this wooden-poker being-ᶜrescued from·fire　　［上付き記号の ᶜ は causative を表す］

すなわち，"rebuke" は原典ヘブライ語の "(and) he-shall-rebuke" に相当する英語表現であることが分かる．これを見ると，KJV では "shall" をどうして英語訳に反映させなかったのだろうかという疑問が生ずることになる．

ところが，Jay P. Green (1981) の Interlinear Bible および "The Hebrew Bible in English According to the JPS 1917 Edition" の英語訳では，該当箇

所を，それぞれ，下記（22-5b）および（22-5c）のように，原形動詞 rebuke のまま訳しているという事実にぶつかることになる．

(22-5b) Jehovah *rebuke* you, Satan! And, Jehovah who has chosen Jerusalem *rebuke* you!

(22-5c) The LORD *rebuke* thee, O Satan, yea, the LORD that hath chosen Jerusalem *rebuke* thee;

　このことから推測されることは，ヘブライ語原典版においても，法助動詞そのものが用いられているということではなく，この場合の rebuke に相当する動詞の用法が，英語で表すと "shall rebuke" に相当する言語表現になっているのであろうかということである．ただ，英語の場合，動詞形 rebuke をそのまま単独で用いることが可能となるには，それ相応の条件が整っていなければならないという問題が残ることになる．例えば，この場合の rebuke は，命令文としての働きをさせた rebuke なのか，それとも，しかるべき認可要素に正しく認可された仮定法現在動詞としての rebuke なのかというような問題である．

　可能性として考えられる結論は以下の二つであろう．

(30) 1. shall を補って，the Lord shall rebuke thee と解釈する．
　　　 2. "I, the Lord, rebuke thee" と解釈されるような場合は，たとえ表面的には三人称主語になっていても，それを受ける動詞は一人称扱いとなる．

このうち，2の解釈には多少無理があると思われる．なぜなら，KJV のほかの章句には，"I the Lord" のように，"I" を明示的に加えたような同格表現を用いている箇所があるからである．例えば，下記の章句（22-5d）のように．

(22-5d) Thou shalt also suck the milk of the Gentiles, and shalt suck the breast of kings: and thou shalt know that *I the LORD am* thy Saviour and thy Redeemer, the mighty One of Jacob.

　　　　　　　　　　　　　　　　　　　　　　　　　　(Isaiah 60: 16)

　　　（あなたは国々の乳に養われ／王たちを養う乳房に養われる．こうして，あなたは知るようになる／主なるわたしはあなたを救い，あなたを贖う者／ヤコブの力ある者であることを）

　すなわち，このことから，(22-5) に見られる "the Lord" は，(22-5d) に

見られる "I the LORD" とはやはり異なる表現として用いられているのではないかと推測されることになる．したがって，残された結論は，(22-5) の章句に見られる "the Lord rebuke thee" は，shall を補って，"the Lord shall rebuke thee" のような意味の表現として解釈されることになるであろう．

なお，上に提示した二つの結論案のいずれをとるにしても，上記 (22-5) の章句に用いられている動詞 rebuke は仮定法現在形ではないことになるので，問題の章句は，厳密な意味での「仮定法現在の認可要素探し」の対象から外れることになるかも知れない．[38]

さらに，興味ある現象として，次のことを付け加えておきたい．すなわち，新しい翻訳版聖書の中には，(22-5) の "the Lord said" の部分を "the angel of the Lord said" のように，その場に同席していた「主の御使い」が（サタンに向かって）言ったことにしている翻訳版が登場するようになったという事実である．例えば，Good News Bible (1976), Revised English Bible (1989), New English Translation (2005) などがそうである．確かに，場面をこのような設定に変更すれば，その御使いが言うセリフ "The Lord rebuke thee" のような文は，祈願文として自然な響きを持って受け取ることができるようになるであろう．なお，後続の部分に，KJV などと同じように仮定法現在による祈願文の形式をそのまま用いているのは，上に挙げた三つの新しい翻訳版の中で，Revised English Bible (REB) のみである（すなわち，REB は "The LORD silence you, Satan!" のように訳している）．他の二つは，法助動詞 may を用いた祈願文 "May the Lord condemn you, Satan!" を採用している．

このような対処の仕方によっても，(22-5) に見られる KJV の抱える問題点は，確かに回避できることにはなるが，ただし，原典版ヘブライ語聖書を調べてみると，問題のセリフは，御使いによるものではなく，主のセリフであることが明らかに読み取れるので，その意味で，この解決法には，気がかりな点がまだ残ることになる．ここで紹介した新しい三つの翻訳版聖書に見られるこの新しい試みには，どのような裏付けがあるのかについても，今後さらに検討しなければならないであろう．

以上は，(22-5) に関し，言語学的に見た場合の表現解釈についての議論であるが，この章句については，神学上あるいは聖書解釈上，別の見方も可能で

---

[38] 川崎 (1982: 16) は，仮定法現在が「3人称主語を伴って，祈願，誓い，呪い，非難（ないし強い否定），承諾（同意）を表わす」場合で，さらに，「Deity を表わす主語を伴う場合」の例のひとつとして，この章句を挙げているが，それ以上の説明は与えられていない．

あるようなので，そのことについて少しだけ触れておきたい．例えば，"Biblos" に掲載されている "Commentary" のセクションを見てみると，Zechariah 3 についての解説のひとつ，"Calvin's Commentary" によると，「このように，神が自分自身の名前を三人称で呼ぶというのは，聖書では珍しくないことであり，したがって，問題の表現は，ここでは強調を込めた言い方になっていて，"Rebuke thee let Jehovah [ = the Lord], that is, I myself will rebuke thee" というに等しい」というような趣旨の説明も可能だということになる．また，これに関し，ウェブサイトの編集者が注を付けて，「別の表現を用いて，"Rebuke thee, Satan, will Jehovah, Yea, rebuke thee will Jehovah, Who has chosen Jerusalem" のように言い換えてもよい」という解説も見られる．さらに，"Barnes' Notes on the Bible" の中の解説は，「the Father と the Son は共に Lord であり，この場面では，一方の Lord が他方の Lord のことに触れていることになる．"The Lord rebuke thee" と Satan に呼びかけているほうの the Lord は，自分自身で Satan を叱責することができないということではなく，"the Plurality of Persons in the One Godhead" [「三位一体」の教義] の観点から，他方の the Lord が Satan を叱責するならば，すなわち，自分自身が叱責していることになる」というような趣旨の説明を与えている．

ただし，「一見矛盾するように見えるこの英語表現の本当の意味は，かくかくしかじかである」というように，神学上のいろいろな知識を持ち出して説明を試みようとするのは，本章の狙いとする言語学的研究をはるかに超えた領域に入り込むことになるので，残念ながら，これ以上議論を進めることはできない．

## 4.6. (22-6) の章句について

この節で取り上げる章句は，下に再録した (22-6) である．

(22-6) ¹⁸And if the family of Egypt go not up, and come not, that *have no rain*; there shall be the plague, wherewith the Lord will smite the heathen that come not up to keep the feast of tabernacles. ¹⁹This shall be the punishment of Egypt, and the punishment of all nations that come not up to keep the feast of tabernacles.

(KJV, Zechariah 14: 18-19)

この章句に現れる "that have no rain" は，(And) if に導かれた従属節を受ける主節の働きをしているのであろうか．(それとも，"the family of Egypt" を先行

詞とする関係節であろうか．）ただし，that が they と同じように，複数名詞句を受ける代名詞として用いられることがあるというような記述は *OED* に見当たらないので，この場合の that は，普通どおり，単数名詞句を受ける代名詞として働いていると解釈することになる．そうすると，動詞 have は原形動詞であることになるので，ここでもまた，「仮定法現在動詞か，それとも，それ以外の動詞としての用法か」という問題が生ずることになる．

　もし，have が仮定法現在動詞だとすると，認可条件が満たされていないのではないかという問題にぶつかるので，それ以外の解釈を考えてみることにする．中で最も有力だと思える解釈は，"that have no rain" が "they shall have no rain" のような意味で用いられているとする解釈である．ただし，ここでもまた新たな問題が生ずることになる．すなわち，KJV では，どうして "that shall have no rain" のように，shall またはその他の法助動詞を補ったような英語訳を与えなかったのかという問題を提起することになるであろう．

　そこで，これまでと同じような手続きを踏んで，問題解決の糸口を探っていくことになる．まず，KJV 以外のバージョンではどうなっているのかを調べるために "Biblos.com" による Parallel Translation を覗いてみよう．4.1 節で行ったのと同じように，今回も，そこに挙がっている翻訳バージョンをすべて（ただし，KJV は除く）一括して引用してみよう（該当箇所をイタリック体で示すことにする）．

(31)　**New International Version**（©1984）
If the Egyptian people do not go up and take part, *they will have no rain.* The LORD will bring on them the plague he inflicts on the nations that do not go up to celebrate the Feast of Tabernacles.

**New Living Translation**（©2007）
If the people of Egypt refuse to attend the festival, *the LORD will punish them with the same plague* that he sends on the other nations who refuse to go.

**English Standard Versio**n（©2001）
And if the family of Egypt does not go up and present themselves, then on them *there shall be no rain*; there shall be the plague with which the LORD afflicts the nations that do not go up to keep the Feast of Booths.

### New American Standard Bible (©1995)
If the family of Egypt does not go up or enter, then *no rain will fall on them*; it will be the plague with which the LORD smites the nations who do not go up to celebrate the Feast of Booths.

### GOD'S WORD® Translation (©1995)
If the people of Egypt won't go or enter Jerusalem, then [*rain won't fall*] *on them*. The plague the LORD uses to strike the nations will affect those who won't come to celebrate the Festival of Booths.

### King James 2000 Bible (©2003)
And if the family of Egypt goes not up, and comes not, *they will have no rain*; there shall be the plague, with which the LORD will smite the nations that come not up to keep the feast of tabernacles.

### American King James Version [1999]
And if the family of Egypt go not up, and come not, *that have no rain*; there shall be the plague, with which the LORD will smite the heathen that come not up to keep the feast of tabernacles.

### American Standard Version [1901]
And if the family of Egypt go not up, and come not, *neither shall it be upon them; there shall be the plague* wherewith Jehovah will smite the nations that go not up to keep the feast of tabernacles.

### Douay-Rheims Bible [1752]
And if the family of Egypt go not up nor come: *neither shall it be upon them, but there shall be destruction* wherewith the Lord will strike all nations that will not go up to keep the feast of tabernacles.

### Darby Bible Translation [1890]
And if the family of Egypt go not up, and come not, *neither shall it be upon them; there shall be the plague*, wherewith Jehovah will smite the nations that go not up to celebrate the feast of tabernacles.

### English Revised Version [1885]

And if the family of Egypt go not up, and come not, *neither shall it be upon them; there shall be the plague,* wherewith the LORD will smite the nations that go not up to keep the feast of tabernacles.

### Webster's Bible Translation [1833]

And if the family of Egypt shall not go up, and shall not come, *that have no rain; there shall be the plague*, with which the LORD will smite the heathen that come not up to keep the feast of tabernacles.

### World English Bible [2000]

If the family of Egypt doesn't go up, and doesn't come, *neither will it rain on them.* This will be the plague with which Yahweh will strike the nations that don't go up to keep the feast of tents.

### Young's Literal Translation [1862]

And if the family of Egypt go not up, nor come in, *Then not on them is the plague* With which Jehovah doth plague the nations That go not up to celebrate the feast of booths.

　おそらく，KJVの訳のままでは無理があるという判断が働くためであろう，問題の箇所の英語訳を，そのままKJVを踏襲した形の"that have no rain"（雨がもたらされない）のような訳にしているのは，American King James VersionとWebster's Bible Translationの二つだけである．

　また，原典ヘブライ語版の逐語訳では，「もたらされない」の部分は，"and-not on them she-shall-become"（"Online Hebrew Interlinear Bible"（www.scripture4all.org））や"then-not on them will be (rain)"（Green (1981)）のようになっているので，これを見ても分かるように，「何が」もたらされないのかを表すような言語表現が明示されていない（後者の英語訳に"(rain)"と表記されているのは，Greenが補った部分であることを示す）．したがって，英語訳では，前後のコンテクストを基に，"rain"や"the plague"（または，"neither shall it be upon them"のように，代名詞 it）を補ったような訳を考える必要があることになる．上に掲げた14種の英語翻訳版の中で，KJVとは異なり，rainのことに一切触れていないものが6つ存在するのは興味深いと思われる．

なお，上に (31) として引用した聖書のひとつ，GOD'S WORD Ⓡ Translation (ⓒ 1995) の訳には，角括弧 [ ] を用いて，[rain won't fall] のように表記している部分があることに気づくであろう．これは，上で述べたように，ヘブライ語原典版聖書には，rain に直接触れた言語表現が用いられていないのを，この英語による翻訳版において補ったものであるということを示している．[39]

最後に，上でも触れるところのあった，"that have no rain" を関係節とみなす見方について付言しておこう．この場合，先行詞の the family of Egypt をその意味内容の上から複数名詞として扱えば，関係節内の動詞 have は直説法動詞であるとの解釈が可能となる．一方，その先行詞を単数名詞として扱うとするなら，動詞 have は仮定法現在動詞であることになり，したがって，その場合は，(22-6) の章句を，関係節が仮定法節になっている例のひとつとみなすことになるかも知れない．ただし，上ですでに指摘したように，問題の箇所の英語訳に関し，KJV の訳をそのまま踏襲した形を取っている American King James Version と Webster's Bible Translation の二つを除くとすると，関係節としての解釈を行っている翻訳版は，少なくとも，上に掲載した翻訳版聖書の中には見いだすことができないので，その点で，KJV は特異な存在であるとみなすことになるであろう．

## 4.7. (22-7) の章句について

最後に，(22-7) の章句を取り上げることにする．

(22-7) And if [we know [that he *hear* us]] whatsoever we ask, we know that we have the petitions that we desired of him.

(KJV, I John 5: 15)

この章句の if 節の中の英語表現は，どうみても，動詞 know が仮定法節を認可すると考えなければ，どうして仮定法現在形動詞 hear が可能なのかがうまく説明できないような例であるように思われる．それでは，動詞 know が仮

---

[39] 当面の問題である仮定法現在の解釈についての問題とは直接関係ないことではあるが，上記の様々な翻訳バージョンの中で特に興味深いのは，最後の Young's Literal Translation によるものである．この英語訳だと，「もたらされない」のは rain ではなく，the plague であることになる．このように，この翻訳バージョンでは，「災いがもたらされない」という訳を与えているので，「災いがもたらされる」とする他の翻訳バージョンの場合とは逆の意味になってしまうという点で，このバージョンは特別である．

定法節を認可することが明らかであるような例が，KJV の他の章句（あるいは，初期近代英語のその他の文献）の中に見いだすことができるであろうか．

例えば，下記章句（22-7a），（22-7b）のようなものは，どうであろうか．

(22-7a)　For, said Hushai, thou *knowest* thy father and his men, [that they *be* mighty men, and they be chafed in their minds, as a bear robbed of her whelps in the field]: and thy father is a man of war, and will not lodge with the people.　　　(KJV, II Samuel 17: 8)
（こう続けた．「父上とその軍がどれほど勇敢かはご存じのとおりです．その上，彼らは子を奪われた野にいる熊のように気が荒くなっています．父上は戦術に秀でた方ですから，兵と共にはお休みにならず，…」）

(22-7b)　And the king arose in the night, and said unto his servants, I will now shew you what the Syrians have done to us. They *know* [that we *be* hungry]; therefore are they gone out of the camp to hide themselves in the field, saying, When they come out of the city, we shall catch them alive, and get into the city.

(KJV, II Kings 7: 12)

（夜中に王は起きて家臣たちに言った．「アラム軍が我々に対して計っていることを教えよう．我々が飢えているのを知って，彼らは陣営を出て野に隠れ，『イスラエル人が町から出て来たら，彼らを生け捕りにし，町に攻め入ろう』と思っているのだ」）

このような場合，動詞 know の補文が「複数主語名詞＋be」から構成されているので，これまでも指摘したように，直説法動詞としての be の可能性を払拭できず，したがって，動詞 know が仮定法節の認可要素となりうることを示すための適当な例とは言えないことになる．

詳しく調べてみると，KJV の中で know 補文が仮定法節になっている例は，この（22-7）の章句のみである．その意味で，この章句は貴重な例であるとみなすことができる．

なお，すでに 2.3 節において取り上げた章句（9b）（下に（22-7c）として再録）のような例が，該当例のひとつに数えられるかも知れない．

(22-7c)　Then said the princes unto Baruch, Go, hide thee, thou and Jeremiah; and let no man *know* [where ye *be*].　　(KJV, Jeremiah 36: 19)

しかしながら，この例は，know の補文が間接疑問文になっている例であるこ

とに注意しなければならない．すでに，2.3 節において説明したとおり，間接疑問文（あるいは，間接疑問文を導く疑問詞そのもの）が，仮定法節の認可要素のひとつになると考えることもできるので，上記 (22-7c) の例も，ここでわれわれが求めているような適当なデータの候補からは外れることになる．しかも，これまで何度か指摘したことであるが，(22-7c) の場合は，「複数名詞主語を受ける直説法現在形動詞としての be」の可能性がある．その意味でも，(22-7c) は適当な例とは言えないことになるであろう．

念のため，問題の章句について，Biblos.com の Parallel Translations によるその他の英語翻訳版がどのようになっているかを調べてみると，次のようになっていることが分かる（便宜上，比較の対象となっている動詞の部分をイタリック体にしてある）．

(32) **New International Version** (©1984)
And if we know that he *hears* us—whatever we ask—we know that we have what we asked of him.

**New Living Translation** (©2007)
And since we know he *hears* us when we make our requests, we also know that he will give us what we ask for.

**English Standard Version** (©2001)
And if we know that he *hears* us in whatever we ask, we know that we have the requests that we have asked of him.

**New American Standard Bible** (©1995)
And if we know that He *hears* us in whatever we ask, we know that we have the requests which we have asked from Him.

**International Standard Version** (©2008)
And if we know that he *listens* to our requests, we can be sure that we have what we ask him for.

**Aramaic Bible in Plain English** (©2010)
And if we *are convinced* that he *hears* us concerning whatever we ask from him, we trust that even now we receive the things that we desire which we ask from him.

### GOD'S WORD® Translation (©1995)

We know that he *listens* to our requests. So we know that we already have what we ask him for.

### King James 2000 Bible (©2003)

And if we know that he *hears* us, whatsoever we ask, we know that we have the requests that we desired of him.

### American King James Version [1999]

And if we know that he *hear* us, whatever we ask, we know that we have the petitions that we desired of him.

### American Standard Version [1901]

and if we know that he *heareth* us whatsoever we ask, we know that we have the petitions which we have asked of him.

### Douay-Rheims Bible [1752]

And we know that he *heareth* us whatsoever we ask: we know that we have the petitions which we request of him.

### Darby Bible Translation [1890]

And if we know that he *hears* us, whatsoever we ask, we know that we have the petitions which we have asked of him.

### English Revised Version [1885]

and if we know that he *heareth* us whatsoever we ask, we know that we have the petitions which we have asked of him.

### Webster's Bible Translation [1833]

And if we know that he *heareth* us, whatever we ask, we know that we have the petitions that we desired from him.

### Weymouth New Testament [1903]

And since we know that He *listens* to us, then whatever we ask, we know that we have the things which we have asked from Him.

### World English Bible [2000]

And if we know that he *listens* to us, whatever we ask, we know that we have the petitions which we have asked of him.

**Young's Literal Translation** [1862]
and if we have known that He *doth hear* us, whatever we may ask, we have known that we have the requests that we have requested from Him.

これを見て分かるように，KJV と同じように仮定法現在形の hear を踏襲しているのは，American King James Version のみである．なお，Aramaic Bible in Plain English は，動詞 know の部分に are convinced という表現を用いているので，比較の対象にならないが，その他のすべてのバージョンにおいては，問題の部分の動詞は，仮定法現在ではなく，直説法現在の形が用いられていることが特に印象的である．KJV のような動詞の用い方は，かなり無理があるということであろうか．

なお，問題の章句 (22-7) のいくつか後に続く第 20 節には，(22-7d) に示すように，動詞 know が that 節補文を従える構文を用いた章句が見いだされるが，ここでは，know の補文内の動詞は，仮定法現在形ではなく（少なくとも，原形ではなく），直説法動詞になっているということをも考慮すると，(22-7) において，動詞 know が（単独で）仮定法節の認可要素として働くという説明はやはり受け入れがたいと思われるかも知れない．

(22-7d)　　And we *know* [that the Son of God *is* come, and *hath* given us an understanding], that we may know him that is true, and we are in him that is true, even in his Son Jesus Christ. This is the true God, and eternal life.　　　　(KJV, I John 5: 20)
（わたしたちは知っています．神の子が来て，真実な方を知る力を与えてくださいました．わたしたちは真実な方の内に，その御子イエス・キリストの内にいるのです．この方こそ，真実の神，永遠の命です）

次に，当面の問題に関して，KJV の新約聖書の元になっているギリシア語原典の影響が大きく働いていないかどうかを調べるために，ここで，Interlinear Bible を覗いてみよう．that he *hear* us に相当する部分をギリシア語原典版の英語逐語訳で示すと，"that He *hears*"（Green (1981)）や "that *HE-IS-HEARING*"（www.scripture4all.org）（いずれも，イタリック体は筆者）のように，直説法動詞を用いた表現になっていることが分かる．すなわち，問題の箇所は，もともとギリシア語原典において仮定法動詞となっていたものを，そのま

ま英語訳に受け継いだというような見方はできないことになる．

ところで，ヘブライ語原典およびギリシア語原典の聖書において直説法の動詞として用いられている言語表現を，仮定法動詞の形に変えて英語訳聖書の中に取り入れることが可能となるためには，受け皿としての英語そのものの中に，そのような独特の形式（すなわち，仮定法現在動詞を用いた表現形式）を許容するような文法的仕組みが用意されていなければならないと考えられる．[40] したがって，問題の章句の場合，KJV 成立当時（以前[41]）の英語において，動詞 know そのものに，仮定法の認可要素となりうる資格が備わっていたのかも知れないと推測されることになるのであるが，上でも述べたとおり，該当例となる章句が KJV の中に見いだされるのは，ここで問題にしている章句ただひとつだけなので，そのように推測するには，ためらいも感じられる．

それでは，初期近代英語を全般的に見た場合，動詞 know が仮定法節を認

---

[40] 現象としては同じではないが，このことと関連する興味深い現象のひとつとして，池谷 (1961) および橋本 (1998) は，次のような趣旨のことを指摘している．すなわち，ヘブライ語（およびギリシア語）に特徴的な語法が英語訳聖書の中に取り入れられている場合，それを可能にするような言語学的受け皿が英語のほうにも用意されていなければならない．

[41] 以下に (i), (ii) として引用する，それぞれ，寺澤 (1984: 10-11) および宇賀治 (2000: 64) による説明を参照（下線はいずれも筆者）．

(i)　「このように，英訳聖書が英語史資料として極めて有用なことは事実だが，一方また資料的な限界のあることも指摘しておかなければならない．第一に ...」(p. 10)「第四に聖書訳で用いられる文体は，宗教書としてまた典礼用としての威厳を求めるため厳密に同時代のものではなく，屢々その時代より古い表現が用いられる―例えば，<u>AV の英語は Tyndale 訳などの影響を強く受けているため，半世紀以上古い言語状態を反映している場合のあること</u>，第五に，...」(p. 11)

(ii)　「それまでの英訳聖書の集大成．翻訳の基本方針は，新訳よりは先行訳の改定とされ，ティンダル訳新約聖書，次にジュネーヴ聖書の影響が最も大きい．したがって，<u>欽定訳の英語は，刊行当時のそれよりはむしろ半世紀以上以前の英語を代表する．</u>」

なお，Butterworth (1941; 1971; 斎藤国治訳 (1980: 20)) によると，<u>KJV の英語にもっとも近い英語は，1500 年から 1540 年までの日常の話し方や書き方に見られる英語である</u> (cf. 岡野 (1983: 54))．

このような事実と密接に関係するのは，KJV の翻訳方針として定められた 15 箇条からなる Bancroft's Rules に含まれている次のような規定の存在であろう．すなわち，その第 1 条と第 14 条は次のようになっている（原文およびその大意の訳述は，永嶋 (1988: 110-111) による）．

1. The ordinary Bible read in the Church, commonly called the Bishops [＝Bishops'] Bible, to be followed, and as little altered as the Truth of the original will permit. （教会で普通用いられている通称「主教聖書」を基にし，変更は原典を正しく伝えるための最小限にとどめること．）

可できることを示すようなデータを KJV 以外の文献から提供することはできないであろうか．例えば，このことでよく引き合いに出される Shakespeare の作品はどうだろうか． 興味あることには，Shakespeare の作品を対象にして調べてみると，下記例文（33a-c）のような，一見該当するように見える例が三つ存在することが分かる（日本語訳は小田島雄志訳（新潮社）による）．

(33) a. I never *knew* [woman *love* man so].　　(Shakespeare, *Othello*, IV. i)
　　　（あれほど男を愛する女はいませんよ）
　　b. I never *knew* [man *hold* vile stuff so dear].
　　　　　　　　　　　　　　　(Shakespeare, *Love's Labour's Lost*, IV. iii)
　　　（あんなに醜い安物をこんなにありがたがるとは）
　　c. I never *knew* [a woman so *dote* upon a man]: surely I think you have charms, la; yes, in truth.
　　　　　　　　　　　　　　　(Shakespeare, *Merry Wives of Windsor*, II. ii)
　　　（女が男に夢中になる例は見てまいりましたが，あれほどというのは私もはじめてです．きっと，あなた様は，魔法かなにかお使いになれるのでしょう．ええ，そうにちがいありません）

ただし，これらの例は，いずれも，動詞 know の後ろの位置に補文標識 that が欠けていることや，文全体の意味内容から判断すると，[ ] の中は，(that の省略された) 補文を形成するのではなく，「目的語＋原形不定詞」の構文になっていると解釈するのが妥当であろうと考えられる．もし，このような解釈が正しいとすると，結局，Shakespeare の作品の中にも，ここで我々の求めているような例は存在しないことになる．

このように，KJV および Shakespeare 共に，動詞 know の補文の中に，明

---

14.　These translations to be used when they agree better with the Text than the Bishops Bible. 　{ *Tindoll's.* *Matthew's.* *Coverdale's.* *Whitchurch's.* *Geneva.* }

（「主教聖書」よりも「ティンダル訳」「マシュー訳」「カヴァデール訳」「ウィトチャーチ聖書」[＝「大聖書」]「ジュネーヴ聖書」の訳の方が本文によりよく合致する場合は，これらの訳を採用すること．）

（上記各聖書の制作・出版年度を（　）の中に入れて示すと，以下のようになる．The Bishops' Bible (1568), Tyndale's Bible (1530), Matthew's Bible (1537), Coverdale's Bible (1535), Witchurch's Bible＝The Great Bible (1539), The Geneva Bible (1560))

らかに仮定法現在と目される動詞が用いられているような例は皆無に近いと結論付けることができるかも知れない．筆者の調べた限り，唯一その例かも知れないと思われるのが，KJV の中に見られる上記（22-7）の章句である．したがって，「極めて稀な使用例」とのコメント付きながらも，この使用例を基に，動詞 know を仮定法節認可要素のひとつとして取り扱うことも一応考えられることではある．

ただし，ここでは，学問的興味，特に，文法理論研究の立場から，少し見方を変えて，かりに，一般的に，この時代の英語において，動詞 know が仮定法節の認可要素にならないと考えるとした場合，上記（22-7）に見られるような現象については，どのような説明が可能であろうか，ということを考えてみたい．以下に紹介するのは，筆者の考える，「仮定法の伝播」の現象として捉える分析法の試みの一端である．

ここで，第1章第5節で解説した「仮定法の伝播」の現象について，もう一度簡単にまとめてみよう．すなわち，仮定法の伝播というのは，「仮定法過去の構文において，主節または従属節の一部として埋め込まれた従属節の動詞を，たとえ意味の上では現在（あるいは未来）のことを表しているような場合でも，過去形で表すような現象である」（千葉（2001b: 404））．仮定法の伝播の現象が見られる具体例として，すでに第1章で取り上げた例文の中からいくつかここに再録してみよう．

(34) a. If Japanese students *were* supposed to study English [so that they *developed* competence in English], then such study should begin much earlier than it does. ［＝第1章 (9)］
   b. If we measured adult sentences with a ruler, we *would* find in most cases [that the length before the verb *was* short and the length after the verb *was* long]. ［＝第1章 (10)］
   c. On the basis of this set of data, a grammar [that *included* a rule such as (59)] *would* seem a reasonable choice. ［＝第1章 (14a)］

すなわち，上記例文において，［ ］で示した従属節内のイタリック体の動詞が過去形になっているのは，意味の上での過去時制を反映させたものではなく，仮定法過去動詞 were や would に影響された結果であると考えることができるということであった．また，このような現象は，広い意味での「時制の一致」のひとつに数えることができるかも知れないが，仮定法伝播の現象に関して特に興味深いのは，下記例文 (35a, b)（＝第1章 (15a, b)）に見るように，

この現象が，問題の従属節のさらに下に埋め込まれた従属節にも及んでいくことができるということであった．

(35) a. I wish snow was dry, [so that you *didn't* get all cold and wet [when you *played* in it]].
   b. If they had had a more profound comprehension of language, they would have understood [that linguistic phenomena *were* complex events [which *could* be scrutinized from two equally valid points of view, [neither of which *was* adequate by itself]]].

このような仮定法伝播の現象が，KJV における英語表現の中にも見られると筆者が感じたのは，次のような章句に接した時である．

(36) a. Now both the chief priests and the Pharisees had given a commandment, that, *if* [any man *knew* [where he *were*]], he should shew it, that they might take him.　　　　　　　(KJV, John 11: 57)
   （祭司長たちとファリサイ派の人々は，イエスの居どころが分かれば届け出よと，命令を出していた．イエスを逮捕するためである）
   b. And I wrote this same unto you, *lest*, [[when I *came*], I *should have* sorrow from them of whom I ought to rejoice; having confidence in you all, that my joy is the joy of you all].

(KJV, II Corinthians 2: 3)

（あのようなことを書いたのは，そちらに行って，喜ばせてもらえるはずの人たちから悲しい思いをさせられたくなかったからです．わたしの喜びはあなたがたすべての喜びでもあると，あなたがた一同について確信しているからで）

すなわち，これらの章句において，where he were および when I came の中に用いられている過去形動詞は，いずれも，仮定法過去の用法を表しているのであるが，この場合の仮定法過去は，統語構造上，ひとつ上の節の位置を占める any man knew ... および I should have ... の持つ仮定法過去の用法が伝播された結果，生み出されたものであると判断できる．

以上のような情報を背景に，問題の章句 (22-7) に戻って考えてみよう．便宜上，ここに (22-7) を再度示すことにする．

(22-7)　And *if* [we know [that he *hear* us]], whatsoever we ask, we know that we have the petitions that we desired of him.

(KJV, I John 5: 15)

すでに指摘したとおり，if 節（の主動詞）が仮定法現在になるのは，KJV（を含む初期近代英語一般）において普通に見られる語法であるので，ここでも，認可要素 if により，仮定法現在動詞としての know が現れているものと考えることにしょう．[42] 問題となるのは，上で説明した仮定法伝播の現象の例として取り上げた仮定法過去および仮定法過去完了の場合以外に，仮定法現在の場合にも，仮定法伝播の現象が一般的に見られるのかどうかということである．KJV の中に用いられている英語表現の中で，この検証のための該当例候補として考えることができるのは，筆者が調べた限りにおいては，すでに述べたように，上記例文 (22-7) のみである．[43]

理論的可能性としては，仮定法現在の認可要素としての接続詞 if が，いわば，一足飛びに，that 節の中の仮定法現在動詞 hear を認可することも考えられないことではないが，ふつう認可要素はひとつ下に嵌め込まれた補文ないし従属節（の動詞）だけを認可できると考えられるので，ここでも，動詞 hear の認可要素としては，「ひとつ上の」動詞 know にだけその資格があるとみなすことになる．[44] しかしながら，すでに指摘したように，動詞 know は，おそら

---

[42] 盛田 (2007: 104-105) が，「if 副詞節内の that 名詞節の中に仮定法の hear が用いられている例」として，(22-7) の章句を挙げているのは興味深いと思われる．

[43] 初期近代英語において，実際に仮定法の伝播の現象が一般的に許されるのだとしたら，例えば，以下の章句 (i) において，関係節内の動詞 is も仮定法現在形 be の形で現れるようなことが期待されことになるが，この場合には，そのようにはなっていないので，別の例を考えなければならない．

(i) And make straight paths for your feet, lest [that [which is lame]] be turned out of the way; but let it rather be healed.　　　　　　(KJV, Hebrews 12: 13)

（また，足の不自由な人が踏み外すことなく，むしろいやされるように，自分の足でまっすぐな道を歩きなさい）

[44] すなわち，ある種の局所的制約のもとで認可のメカニズムが働くものと考えられる．次の例文は，現代英語のものであるが，仮定法節の中にさらに別の仮定法節がはめ込まれている例である．

(i) a. We do not *require* of theoretical work on intuitions [that it *guarantee* [that the grammar of any one individual *be* explicit or even consistent]]．[＝第1章(33a)]

b. Apartment Sen. William Lambeth II presented a *bill* [that the SGA *request* [the university *add* the official abbreviation of campus buildings—what students see in the timetable—to each building sign]].

(C. E. A. Finney, "Examples of the subjunctive mood in English" (http://www.

く，仮定法現在の認可要素にならないと考えられる．したがって，残された解決策として，「仮定法伝播の力」により，まず，if から know に与えられた仮定法(現在)の力が，さらに，その下の動詞 hear にも及び，その結果，仮定法現在動詞 hear が認可されると説明することになる．[45]

ceafinney.com/subjunctive/examples.html) July 11, 2012)
(住居評議員のウイリアム・ランベス二世は，それぞれの建物の表示に学内建造物の正式な略語——学生が時間割の中で目にするもの——を付け加えることを SGA 学生組合が大学側に要請すべしとする議案を提出した)

このような場合は，適当な認可要素が，それぞれ，ひとつ下に位置している補文だけを認可しているとみなすことができるので，その点において，認可条件としての局所制約は守られているということに注意したい．なお，仮定法節の認可条件に見られる局所性について詳しくは，Chiba (1987) を参照．

[45] よく似た現象として，次のようなイタリア語の場合を取り上げることができる．すなわち，Manzini (2000) によると，下記例文 (pp. 241-242) に見るように，動詞 volére 'want' のような場合とは異なり，動詞 sapére 'know' は仮定法節を認可することができないように見える．

(i) a. Voglio che tu *vai/vada.
'I want that you go/go:SUBJ'
b. So che tu sei/*sia andato.
'I know that you have/have:SUBJ gone'

ところが，否定文や疑問文の中や，さらには，英語の if に相当する接続詞 se によって導かれる従属節の中においては，動詞 sapére の補文が仮定法節になることができるという事実が見られる (以下の例文 (p. 242) を参照)．

(ii) Non sa che io sono/sia andato.
'He doesn't know that I have/have:SUBJ gone'
(iii) a. Sai che lui è/sia andato?
'Do you know that he has/has:SUBJ gone?'
b. Chi sai che è/sia andato?
'Who do you know that he has/has:SUBJ gone?'
(iv) Se sai che lui è/sia andato, ...
'If you know that he has/has:SUBJ gone ...'

Manzini は，これら仮定法の認可が「仮定法の伝播」によるという見方ではなく，これらの構文の COMP の位置を占める特別の演算子（operators）（例えば，Neg, Q/Wh, If などの演算子）の作用によるものと捉えている．すなわち，これらの演算子 (O) と時制要素 (T) の間に見られる依存関係 (O, ... T) により，仮定法動詞が認可されると説明している（詳しくは，Manzini (2000: 243ff.) 参照）．しかしながら，少なくとも，上記例文 (iv) のような場合は，動詞 sapére 'know' そのものが仮定法動詞になるのではなく，know の補文が仮定法節になるという問題を抱えているので，厳密に言うと，本文で取り上げたような「仮定法の伝播」の可能性（その正否はともかくも）も考慮に入ってくるのではないかと思われる．

Fridén (1948: 22) が挙げている下記例文 (v) も，同じように，仮定法伝播の現象のひとつ

第4章　欽定訳聖書に見る仮定法現在　　　　　　　　　　　205

　ただし，仮定法現在の場合には，すでに上で取り上げたような仮定法過去や仮定法過去完了の場合とは異なり，伝播の力がそれほど強くないと思われるので，実際には，伝播の現象が働いていないと思われる場合がかなりの数見られることになる．例えば，次に挙げる章句（37a, b）において，もし，仮定法伝播の現象が見られるとするならば，イタリック体の部分の動詞は，仮定法現在としての形，すなわち，do, execute, seek のような形をとって現れてもいいことになるのであるが，実際には，そうはなっていないので，この場合は，伝播の力が働いていないと考えられる．[46]

---

として説明できるかも知れない．

(v) The god *forbid*, that ere [ = soon] it *happen* so.　　Green *Alphonsusu* 1166
　　（どうか神様，そんなことになりませんように）
　　[Green *Alphonsusu* = Robert Greene, *The Comicall Historie of Alphonsus, King of Aragon*, 1599. Text from The Malone Society Reprints, Ed. W. W. Greg, Oxford, 1907-35] (Fridén (1948: 22; 松浪有訳述 (1959: 7))

　この例文は，Fridén が「希求（desire），期待（expectation）などを表す動詞に続く従属節において，仮定法動詞が現れることがある」（松浪有訳述（1959: 22））ことを示すために挙げている例文の中のひとつである．ただし，動詞 forbid 自体は，彼の言うような「希求，期待などを表す動詞」とは考えられない．恐らく，彼の言わんとするところをもう少し厳密に捉え直すと，次のような解釈になるであろう．すなわち，すでに 2.1 節において指摘した遂行的分析に従って想定される，例えば，"I wish" のような隠れた主節を補い，それと "the god forbid" とを合体させたところから得られる意味的複合体としての「希求，期待などを表す動詞」に続く従属節として，仮定法現在動詞 happen を含む that 節補文が用いられていることになる．このような解釈を当てはめるということは，すなわち，上記例文 (v) に現れる仮定法現在動詞 happen を，本文で解説したような仮定法伝播の現象として捉えているとみなすことになるであろう．
　同じような解釈が可能となる例として，Shakespeare, *Twelfth Night*, II. ii から，Viola のセリフにある次のような英語表現を挙げてもいいであろう（日本語訳は小田島雄志訳（CD-ROM 版『シェイクスピア大全』新潮社）による）．

(vi) Fortune *forbid* my outside *have* not charmed her!
　　（まさか私の男ぶりにまどわされたのでは）

　ちなみに，動詞 forbid が仮定法節を補文とするような例は KJV には見当たらない．ただし，that 節補文を従える場合の例は，下記 (vii) を含め 11 例見いだすことができる．いずれも，God または the Lord が主語になっていて，that 節の中には法助動詞 should が用いられている．("God forbid!" のように，成句的に用いるような例も多い．）

(vii) And the people answered and said, God *forbid* [that we *should* forsake the Lord, to serve other gods];　　　　　　　　　　　　　　　　(KJV, Joshua 24: 16)
　　（民は答えた．「主を捨てて，ほかの神々に仕えることなど，するはずがありません」）

[46] 仮定法節を認可する接続詞の例として，すでに 2.2.2 節において，"if so be" のことを例と共に取り上げた．この表現について指摘できる興味ある事柄として，"if so be that" の部分

(37) a. Doth our law judge any man, before [it hear him, and know [what he *doeth*]]? (KJV, John 7: 51)

（「我々の律法によれば，まず本人から事情を聞き，何をしたかを確かめたうえでなければ，判決を下してはならないことになっているではないか」）

b. Run ye to and fro through the streets of Jerusalem, and see now, and know, and seek in the broad places thereof, if ye can find a man, if [there be any [that *executeth* judgment], [that *seeketh* the truth]]; and I will pardon it. (KJV, Jeremiah 5: 1)

（エルサレムの通りを巡り／よく見て，悟るがよい．広場で尋ねてみよ，ひとりでもいるか／正義を行い，真実を求める者が．いれば，わたしはエルサレムを赦そう）

このように，仮定法伝播の現象については，まだ十分分からない点もあるので，今後さらに研究を進めて行かなければならない．[47]

---

に仮定法現在動詞 be が用いられていて，さらに，その後に続く補文の中の動詞も仮定法現在になっているという事実がある（2.2.2 節の例文（7-11）参照）．この場合，二つ目の仮定法現在動詞の認可要素となっているのは，いったい何であろうか．まず，"if so be that" の中の接続詞 if が仮定法現在動詞 be を認可し，その認可要素の力がさらにその下の従属節に浸透し，その従属節の動詞をも仮定法現在となることを許しているとみなしてよいだろうか．もしそうなら，これも，仮定法伝播の現象が仮定法現在の場合にも起こりうることを示す数少ない例のひとつであるということになるであろう．もうひとつの解釈は，一般的に，仮定法の伝播の現象は仮定法現在の場合には許されず，上記例文のような場合は，"if so be that" という複合的表現全体が 接続詞 if と同値とみなされ，その if が仮定法現在を認可した結果，二つ目の仮定法現在形の出現を許すことになると考える方法である．

[47] 第1章第7節において，例文（33c）として挙げた文（下に例文（i）として再録）の中には，おそらく，仮定法伝播の現象の表れではないかと思われる動詞 did（太字体で示す）が用いられているのが分かる．この場合，この動詞を仮定法現在動詞 do に置き換えることができるのかどうかの問題をも含め，仮定法伝播の現象をどのように説明したらよいかについて考えるのは，興味深い研究になりうるであろう．

(i) It would be nice to know who *suggested* [who *insist* [that who *do* what before who **did** what else]], supposing that somebody did *suggest* [that somebody *insist* [that somebody *do* something before somebody **did** something else]].

2011年10月22日に故人となられた宇賀治正朋先生から生前いただいた2010年9月19日付け私信には，名古屋大学英語学研究室主催の研究会における先生の御講演のハンドアウトが添えられていた．その中には，「仮定法伝播の現象」（先生ご自身による造語では，「"sequence of moods" の現象」）に関するデータとして，古英語から初期近代英語にかけてのものがかなりの数掲げられている．その中からいくつかを選んで引用してみると，以下のようになる（(iia, b, e)，(iic)，(iid) の日本語訳は，それぞれ，小田島雄志訳（CD-ROM 版『シェイ

## 5. まとめ

　以上，KJV に現れる英語表現の中で，仮定法現在の持つ文法的特徴の点から興味深い，あるいは，問題を含むと思われる 7 つの章句を取り上げ，筆者なりの解説を試みてみた．この節では，(22-1)-(22-7) の章句のうち，その

---

クスピア大全』新潮社），石井美樹子／久木田直江訳（『マージェリー・ケンプの書—イギリス最古の自伝』慶應義塾大学出版会，2009），小田島雄志訳（『エリザベス朝演劇集 II: ヴォルポーネ／錬金術師』白水社，1996）による）．

 (ii) a.　If it were done when 'tis done, then 't*were* well
   [It *were* done quickly].
   'If the act of murdering [i.e. Duncan] is finished when it is executed, then it would be well that it were executed quickly.' (1606 Sh *Macbeth* 1.7.1-2)
   （やってしまえばすべてやってしまったことになるなら，早くやってしまうにかぎる）
  b.        But were I Brutus
   And Brutus Antony, there were an Antony
   [*Would* ruffle up your spirits, and put a tongue
   In every wound of Caesar, [that *should* move
   The stones of Rome to rise and mutiny]].
             (1599 Sh *Julius Caesar* 3.2.226-230)
   （私がブルータスで，ブルータスがアントニーであれば，そのアントニーは諸君の胸に怒りの火を点じ，シーザーの傷口の一つ一つに舌を与えて語せ，ローマの石という石も暴動に立ちあがることだろう）
  c.　he seyth to me it *wer* bettyr [he *wer* neuyr born],
            (a1438 *Margery Kempe* 155.21-22)
   （主は [...] 修道士が生まれてこなければよかったとも仰せられます）
  d.　I *would* [I *could* forget, [I *were* a creature]].　(1606 Jonson *Volpone* 4.5.102v)
   （ああ，人間であることをやめてしまいたい！）
  e.　If they would yield us but the superfluity while it were wholesome, we *might* guess [they *reliev'd* us humanely]; but they think we are too dear.
            (1607-8 Sh *Coriolanus* 1.1.17-19p)
   （せめてその食い残しを腐らないうちにおれたちにまわしてくれりゃあ，おれたちだって助けてくれてなさけ深いかたたちだと思うだろう．ところがあの連中にとっておれたちはもっと大事なんだ，...）

　千葉（2001b）において指摘されている，現代英語に関する「仮定法伝播」に相当する現象が，このように，古い時代の英語においても観察されるということを先生はお気づきになられ，名古屋大学での御講演の中で，そのことを初めて公になさったとのことであった．しかしながら，"sequence of moods" の現象に関する論文を先生がすでにどこかに執筆していらっしゃるかどうか，先生ご自身に確かめることができなくなってしまったのは，はなはだ残念である．

後，特に，English Revised Version (ERV)，American Standard Version (ASV) などの KJV 改訂版聖書において，おそらく，上で指摘したような線に沿ったと思われる言語学的観点が考慮された結果，修正が加えられるようになったと推測できるようなものがどのくらい存在するかについて考えてみたい．

以上の考察により，問題が残るとされた章句について，KJV におけるこれらの章句の英語表現が問題となるのは，現代英語の文法の観点からだけでなく，当時の英語を背景にして考えたとしても，依然として，文法的にどこか不自然な英語表現になっていたのではないかということが本章において指摘した主要点であった．KJV 以降に作成された英語聖書の中には，少なくとも，現代（もしくは，出版当時）のイギリスおよびアメリカの標準英語や口語英語としても十分受け入れられるような英語翻訳を目指して作成されたような聖書の中には，上に指摘したような問題点をも考慮して，それぞれの目標に従って，必要な改変を加えたような新しい翻訳が数多く存在する．

そのような新しい翻訳版聖書の中には，少なくとも，上で取り上げた (22-1)–(22-7) の章句の持つ問題点に関して言えば，仮定法現在形動詞を用いない方向での現代風英語訳を目指した結果，いずれの問題点も解消した形になっているものも多い．例えば，GNB (1976)，REB (1989)，CEVUS (1995)，CEVUK (1996)，NET (2005)，CEB (2011) などがそうである（上記 GNB 以下の略語の正式名称は以下のとおりである：GNB = Good News Bible; REB = Revised English Bible; CEVUS = Contemporary English Version (US); CEVUK = Contemporary English Version (UK); NET = New English Translation; CEB = Common English Bible）．ただ，そういう中にあって，New Living Translation (NLT, 2007) および New International Version (NIV, 1978, 2011) などは，7 つの問題点のうち，章句 (22-4) のみ（前者の場合），あるいは，章句 (22-5) のみ（後者の場合）に関する部分は，KJV の問題点をそのまま持ち越す形になっているのが注目される．

一方，それとは逆に，KJV より古い英訳聖書であれば，本章で指摘した KJV の持つ問題点が，すべてそのまま当てはまるかというと，そういうわけでもないことが分かる．例えば，Wycliffe 派聖書 (1395) では，問題点 (22-1), (22-5) だけが該当するのに対し，Bishops' Bible (1568/72)[48] と Geneva

---

[48] 注 41 において説明したように，KJV の翻訳作業の際に従うべき方針として，15 か条からなる規則が設けられたが，その第一条は，「教会で普段用いている聖書で，Bishops' Bible

Bible (1599) では，共に，(22-2), (22-6) を除く残りの章句が該当するという具合である．なお，Tyndale 聖書 (1526; 1534) の場合は，新約聖書に加えて，旧約については，「モーセ五書 (Pentateuch)」と「ヨナ書 (Jonah)」の英語訳だけが公になっている (cf. 寺澤 (1985: 5))[49] という事情があるので，調査の対象とできるのは，問題の7つの章句のうち，(22-1), (22-2), (22-7) の章句のみである．このうち，新約聖書の (22-1) と (22-7) の章句だけが，本章で指摘した問題点を含んでいることが分かる．[50]

次に，KJV の改訂版ないし，King James の名称を聖書の名前の一部にしているような，いわゆる，KJV 系統の翻訳版聖書を中心に取り上げ，それらを制作および出版年度順に並べてみよう．さらに，7つの章句の問題点が依然含まれていると思われるものがどれだけ残っているかという点に焦点を当てて，問題が残っている章句の番号を（例えば，(22-1) を単に (1) のように省略した形で）（ ）内に表示してみると，だいたい，以下の様な図式が得られることになる（矢印は，「改定の流れ」を示す）．

(38)
```
                          RSV   →   NRSV
                        ↗ (5)        (5)
   KJV   →   ERV   →   ASV
  (1-7)     (1, 4)    (4, 5) ↘
                          NASB
                           (5)

                   NKJV     KJ21       AKJ    KJ 2000
                   (1,5)  (1,2,4,5,6,7) (1-7)  (1,2,5)
```

KJV 以外の省略記号について，以下に示す正式名称に加え，便宜上，それぞ

---

という名の聖書の訳に従い云々」とある (cf. 寺澤 (1985: 8), 永嶋 (1988: 110), Campbell (2010: 35)).

[49] ただし，永嶋 (1988: 61-62) によると，Tyndale は，1530年に「モーセ五書」を出版し，翌1531年には「ヨナ書」の英訳を出版，さらに，「ヨシュア記 (Joshua)」から「歴代志下 (II Chronicles)」までも訳了していた，ということになっている．

[50] Tyndale 訳聖書の場合，新約聖書の (22-1) と (22-7) の章句に関し，KJV の場合と同じ問題点が見られるということは，Tyndale 訳聖書と KJV との間に見られる次のような関係に密接に関連するかも知れない．すなわち，「KJV の特に新約においては訳文の8割から9割までがティンダルに由来するといわれ」（永嶋 (1988: 69)) ている．

れの翻訳版の完成年度あるいは出版年度を添えて示すと，以下のようになる（並べる順序は，アルファベット順でなく，「古いものから新しいものへ」の順になっている）．

> ERV = English Revised Version (1881-94); ASV = American Standard Version (1901); RSV = Revised Standard Version (1952/71); NASB = New American Standard Bible (1971); NKJV = New King James Version (1982); NRSV = New Revised Standard Version (1989); KJ21 = 21st Century King James Version (1994); AKJ = American King James Version (1999); KJ 2000 = King James 2000 Bible (2002)

上記 (38) の図式を大雑把に眺めてみると，ERV を除くすべてのバージョンに (5) の数字が含まれていることが分かる．すなわち，少なくともこれらのバージョンにおいては，(5)(=(22-5)) の章句に関する問題点は，従来，筆者が期待するほどには，重要な問題点として受け取られてこなかったので，KJV にあるのと同じような英語表現がそのまま引き継がれてきているのかも知れない．なお，KJV 系統の新しい翻訳バージョンのうち，KJ21 だけは，7 つの問題点の中の (22-3) を除くすべてを引きずった形になっていることが分かる．それもそのはずで，Wikipedia のウェブサイトで KJ21 についての解説を見ると，"..., it is a simple word for word update from the King James English. [...] The grammar has not been changed to avoid altering the doctrine." のような内容になっていて，特に文法一般に関する部分，したがって，仮定法現在に関する部分についても，「教義をゆがめることのないよう」手を加えることを控えたと断っていることから，少なくとも，本章で取り上げた仮定法現在についての問題点がほとんどそのまま持ち越された形になっていることも納得がいくであろう．同じように，KJ 2000 についての Wikipedia の解説によると，この翻訳聖書が "a minor update of the King James Version" であるとなっているので，やはり，そのことが，上記 (38) の図で見るように，問題として依然残る箇所の数が，KJV ほどではないにしても，(1, 2, 5) のように，他より多めになっていることと連動しているのではないかと思われる．

　KJV に見られる翻訳英語の持つ優れた特質を現代でもそのまま保ち続けたいという願いは，十分尊重されるべきであると思うが，一方では，本章において取り上げたような，現代風の文法観の立場から指摘されるような問題の箇所がいくつか存在するということについては，これを真剣に受け止め，必要な改変を加えるということもまた期待されるのではないだろうか．

第5章

# 現代英語に見られる仮定法現在の再興と拡大について

## 1. はじめに

　20世紀のイギリスにおける英語の言語使用にこれほど以上に大きな影響を及ぼした書物はほかにないとさえ言われる[1]ことのある H. W. Fowler, *A Dictionary of Modern English Usage* (MEU) の初版本 (1926) に，David Crystal が Introduction と Notes を新たに付け加えた形の新しい版 (The Classical First Edition) が，2009年に Oxford University Press より出版された．周知のとおり，第2版 (1965) は Sir Ernest Gowers の編集になるもので，また，第3版 (1996) は R. W. Burchfield の編集したものである．改訂版においては，ほかのいくつかの項目と同じように，subjunctive の項目についても，内容的にかなりの修正ないし補筆が見られる．初版本をはじめとするいずれの版の記述内容も，それぞれ，出版年度当時の仮定法に関するおおよその言語使用状況を反映したものとなっているので，それらを比較検討することにより，仮定法の言語使用に関する変化の様子を窺い知ることができる．

　この章では，仮定法のさまざまな用法のうち，仮定法節，すなわち，that 節補文の中に用いられる動詞が仮定法現在形となる用法に焦点を当てて，古英語から中英語，近代英語を経て現代英語に至る，仮定法節の言語発達の模様を捉え，さらには，英米以外の英語圏諸国に見られる仮定法節使用の現状をも探ってみたい．[2]

---

[1] Crystal (2009) "Intrroduction" より．
[2] 本章は千葉 (2011) を部分的に修正したものである．

## 2. Fowler (1926, 1965, 1996) に見られる仮定法現在についての記述の変遷

### 2.1. Fowler (1926)

まず，*MEU* の初版本を覗いてみると，仮定法の用法を四つの部類（すなわち，ALIVES, REVIVALS, SURVIVALS, ARRIVALS の4グループ）に分け，このうち，後者二つの部類に属する用法については，「使用を控えるのがよい」とのコメンを加えていることが分かる.[3] その4つの部類に属する代表的例文を挙げると，それぞれ，(1a), (1b), (1c), (1d) のようになる (pp. 574-575):[4]

(1) a. Manners *be* hanged! (& such 3rd-pers. curses)
（行儀作法なんかくそくらえだ）

b. What care I how fair she *be*?
（彼女がどんなにきれいだろうと私には関心ない）

c. If it *have* [has] a flaw, that flaw takes the shape of a slight incoherence.
（もしそれに欠陥があるとすれば，その欠陥はちょっとした矛盾の形で現れます）

d. If that appeal *be* made & *results* in the return of the Government to power, then ...
（もしそのとおり訴えがなされて，政府が再び政権の座につくことになれば，そのときは ...）

ひとつ目の部類 ALIVES に属する用法は，文字どおり，「生きた用法」であり，不自然さも衒学的匂いも感じられない言語表現としてまとめられている. (1a) のほかに，次のような例文が挙げられている (p. 575).[5]

(2) a. *Go* away (& all 2nd-pers. imperatives).

---

[3] Crystal (2009: 776) は，「Fowler が伝統的文法構文に愛着を持っているという事実からすると，仮定法に対して，彼が全般的に非難の態度を示すのを知るのは，読者にとって一種の驚きである」と述べている.

[4] (1c) に [has] とあるのは，原文のままである. (1d) において，仮定法現在の動詞と直説法の動詞が等位接続されていることに注意.

[5] (2) の各例文（および (1a)）の後ろの（ ）内の説明は，原文にあるコメントそのものである.

b. *Come* what may（どんなことがあろうとも），*Be* that as it may（いずれにせよ），Far *be* it from me to ...,（〜する気など私にはまったくない）(& other such stereotyped formulae).

c. I shall be 70 *come* Tuesday.
（火曜日には私は70歳になる）

d. If he *were* here now (& all *if* ... *were* clauses expressing a hypothesis that is not a fact; *were* & not *be*, & not a fact, are essential)
（もし今彼がここにいたなら）

e. I wish it *were* over.
（そんなこと終わりになってほしい）

f. Though all care *be* exercised (the difference is still a practical one between Though ... is, = In spite of the fact that, & Though ... be, = Even on the supposition that).
（万全の注意を施したとしても）

初版本には，このALIVESの部類に属する用法についての説明の中はもちろん，その他の部類に関する説明の中にも，仮定法節の用法については，ほとんど触れられていない．例外と言えるのは，ARRIVALSの部類の解説の中に見られる以下の2例 (p. 577) を数えるのみである．

(3) a. But if, during the intercourse occasioned by trade, he finds that a neighbour in possession of desirable property *be* weaker than himself, he is apt to take advantage.[6]
（しかしながら，商売によってもたらされる交際を進める中で，もし好ましい品物を所有している相手のほうが自分より弱い立場にいると彼が踏んだ場合，彼はそれに乗じて事を運びがちである）

b. Ask him who he *be*.[7]

---

[6] 例文 (3a) について，Fowler (1926: 577) は次のような説明を加えているが，説明と言えるかどうか疑問が残る．
「*if he finds* は条件節になっているので，その節に対する従属節［すなわち，that節の動詞—筆者］は仮定法で表さなければならないことになる．」

[7] 例文 (3b) は間接疑問文が仮定法節になっている例である．間接疑問文の例は，Fowler (1926) の574ページの第1パラグラフに，次のような例がもうひとつ登場する．

(i) When I ask her if she love me,....

(彼が誰なのか彼に聞いてみなさい)

このように，仮定法節についての記述が皆無に近いというのも，初版本出版年度（1926年）に至るまでの何年かにわたる英国における仮定法節使用の実態を反映したものとして受け取ることができるであろう．

## 2.2. Fowler (1965)

Sir Ernest Gowers の編集による第 2 版（1965）になると，ALIVES の部類についての初版本の解説の最後の部分に，以下に示すようなコメントと共に，(4) に挙げるような仮定法節の例文が加わることとなり（pp. 595-596），これにより読者は，初版本の出版年度以降，第 2 版の出版年度に至る間に，仮定法現在の言語使用について，英国においてかなりの変化が生じた可能性があることを知らされることになる．[8]

---

(私を愛しているかどうか彼女にたずねると ...)

このような例に関して，Fowler (1926: 577) は，「仮定法になっているのは，おそらく，ラテン語文法の影響も見られるのであろう．ただし，英語では，仮定法にする必要はない」と述べている．仮定法節が間接疑問文となる場合の説明については，第 3 章を参照．

[8] イギリス英語における仮定法の使用状況に関する変化の模様を，Gowers (1973) の第 3 版（revised by S. Greenbaum & J. Whitcut, 1987 年出版）は，概略次のように説明している（pp. 138-139）．すなわち，[この版の出版年度 1987 年を基準として，それから数えて―筆者] 30 年前だったら，以下のように述べることもできたであろう．すなわち，まず，仮定法の用法は現在廃れつつあるので，次第に直説法動詞によって置き換えられようとしている．唯一，今でも通常の語法として残っているのは以下 (ia-d) に示すような用法に限られることになる．

(i) a. いくつかの慣用句として：'*Be* it so'（それも仕方ない），'God *bless* you '（神の恵みがありますように），'*come* what may'（たとえどうなろうと），'if need *be*'（必要であれば）
   b. 法律用語的表現および文語的表現として：'I move that Mr Smith *be* appointed Secretary'（スミス氏を書記官に任命するよう提案します），'I suggest that Mrs Jones *lead* the delegation'（ジョーンズ夫人が代表団を率いるよう提案します）．
   c. 非現実的仮定を表す条件文の中で：'*Were* this true, it would be a serious matter'（もしこのことが事実ならば，重大なことになるでしょう）．'If he *were* here I would tell him what I think of him'（もし彼がここにいたなら，私が彼のことをどう思っているか彼にお話しするのですが）．
   d. 'as if' や 'as though' を用いて，事実として受け取れない仮定を表す従属節の中で：'He spoke of his proposal as if it *were* a complete solution of the difficulty'（彼は自分の提案について，それがまるで問題点に対する完全な解決法になるかのような話しぶりであった）．

(原文では，上記例文 (ic), (id) には引用符が用いられていないが，ここでは，例文 (ia),

(4) a. I move that Mr. Smith *be* appointed Chairman.
(スミス氏の議長選出を提案いたします)
b. Public opinion demands that an inquiry *be* held.
(取り調べを行うべきだとの世論調査の結果が出ています)
c. He insists that steps *be* taken to meet this danger.
(この危険な状態に対処すべきだと彼は主張しています)
d. It is suggested that a ring road *be* built to relieve the congestion.
(交通渋滞を緩和するための環状道路の建設が提案されています)
e. He asks that the patent rights *be* given back to him.
(特許権を返してくれるよう彼は求めています)

---

(ib) に合わせて，引用符を施してある．)
　ところが（と，Gowers の説明は続く），注目すべき事柄として，アメリカ英語の影響により，仮定法用法がイギリス英語の中に逆戻りして忍び込んで来ているという事実がある．このような現象は，英語に見られる歴史的発達の全体的流れとは逆の方向をたどることになるので，注目に値する．そのような具体例として，下記（iia-c）のような例文（p. 139）がイギリス人の書き物の中に見いだされるようになって，すでに，［この本が出版された 1987 年当時から数えて一筆者］30 年くらい経っている．
　(ii) a. No one would suggest that a unique, and in the main supremely valuable, work *be* halted. ［= 2.2 節 (4g)］
　　b. Public opinion demands that an inquiry *be* held. ［= 2.2 節 (4b)］
　　c. He is anxious that the truth *be* known. ［= 2.2 節 (4f)］
　このような文に仮定法現在形動詞が用いられる傾向は，その後ますます増えてきているが，ただし，このような用法が文語的色彩を帯びているということには，依然として変わりはないので，法律関係の文章や文語体の文章の場合以外は，should を用いる用法のほうが好まれるであろう．以上のように Gowers (1987) は述べている (pp. 138-139).
　なお，Turner (1980: 273) は，このようなイギリス英語の言語変化について，Sir Ernest Gowers が抱いた感慨の模様を以下のように説明している．すなわち，アメリカ英語の影響を受けて，現代のイギリス英語においては，仮定法の用法に関する復興の現象が生じているが，その勢いの強さは，イギリスにおける規範文法の長老とも言うべき Sir Ernest Gowers でさえ，次のような感想を漏らさざるを得ないくらいである．すなわち，「20 世紀が終わるまでには，(G. M. Young のことばを借りて言えば) 我々みんなが，あたかも，『Marburg で生まれて，Michigan で揺籃期を迎えた』かのような状態になるであろう」(Gowers (1973: 151)).  (Turner は，上記引用箇所を，Gower (1973, 2nd ed.) の 212 ページとしているのであるが，そこには，該当箇所は見当たらない．ここでは，正しい引用箇所のページ (p. 151) に直してある．)
　上述のように，「アメリカ英語の影響を受けて，イギリス英語に仮定法の用法に関する復興の現象が生じ」たとする見方は，ほかに，Leech (2004)（注 12 参照）や Weekley (1952: 36) などにも見られるきわめて標準的な捉え方である．

f. He is anxious that the truth *be* known.
   (真実が明らかになることを彼は切に望んでいます)
g. No one would suggest that a unique, and in the main supremely valuable, work *be* halted.
   (ユニークで，しかもほとんどの点で大いに価値のある仕事を中止するなんて，誰も提案しないであろう)
h. She had used her stay in Holland to insist that the Dutch *release* a ship carrying arms for the King.
   (彼女はオランダが国王のために武器を積み込んだ船を一隻手放すようにと，自分のオランダ滞在を機に主張していたのであった)

すなわち，Sir Ernest Gowers のコメントによると，例文 (4a) に見るように，「公式の場で動議を提出するときの発言に見られる 仮定法のこのような用法は，今では確立した語法となっている．また，アメリカ語法の影響もあって，それが用いられる範囲も広がってきている．」したがって，例文 (4b–h) に見るように，「命令や要求を表す動詞なら，どのような動詞の後にも用いることができるのである．」(p. 595)

なお，仮定法における should の用法の変化についても，Sir Ernest Gowers は次のような説明を加えている．すなわち，「以前は，イギリス英語の語法としては，［例文 (4a-f) のような場合―筆者］should be のように表現する必要があったのだが，今では，should を用いないこの用法がすっかり確立したものとなっていて，例えば，*The Times* の社説にも，上記 (4g) のような文が用いられているのを見ることができるし，また，ある高名な英国人歴史家の書き物の中にも，上記 (4h) のような文章が見られるほどである．」(p. 596)[9]

---

[9] イギリス英語におけるこのような言語変化の様子は，Turner (1980) による実験データからも窺い知ることができる．Turner は，ロンドン大学 Goldsmith's College のイギリス人学部生 31 人を含む合計 41 人のイギリス英語話者（平均年齢 26 歳）を対象に，アンケート方式により，仮定法節の使用に関する彼らの反応を調査している．問題の動詞の部分を適当な形に自由に書き換えることを求める形式の文 50 の中には，誤答選択肢 (distractors) として用意したものが 30 含まれているが，残りの 20 の文は，例えば，例文 "A shareholder proposed that all the directors (to re-elect)." のように，いずれも，文脈上，(少なくとも，アメリカ英語であれば) 仮定法現在動詞を選ぶことが可能なものばかりである．実際には，それ以外の動詞形として，直説法動詞の現在形，直説法動詞の過去形および「法助動詞＋動詞」の形などが選ばれている．結果として興味深いのは，次の 3 点である．すなわち，

(i) 820 の返答のうち，328 (すなわち，40%) が仮定法現在形であったことを見ても，

## 2.3. Fowler (1996)

　第3版（1996）になると，アメリカ英語だけでなく，カナダ，南アフリカ，ニュージーランド，オーストラリアなど，英国以外の英語圏における仮定法用法の実態にも触れた記述が加えられるようになるのが，大変興味深いと思われる．すなわち，「アメリカ合衆国およびその他の諸国における仮定法の普及」というタイトルのついた第2節において，「仮定法が古英語において，および，1600年頃までは，ごく普通の語法であった」(p. 747) ことが述べられ，さらに，「1600-1900年の時期になると，仮定法の用いられた例を見つけるのが，それ以前と比べるとより困難になるが，しかしながら，その後，まずアメリカ英語において，ついで，その他の英語圏諸国の英語において，仮定法の使用域が顕著な広がりを見せるようになり」(p. 747) さらに，「仮定法は，英国においても，使用される頻度が次第に増えつつある」(p. 747) と述べられている．この説明は，単に，下記例文 (5) のような仮定法過去の用法だけでなく，例文 (6) のような仮定法節の用法をも含めた仮定法用法全般についての説明となっている．

---

　　　　［この論文の執筆当時，すなわち，1980年の時点で―筆者］現代英語において，(イギリス英語では) 仮定法が消滅してしまった (に等しい) というような主張をすることは許されないことが分かる．
(ii) 仮定法現在を選んだ328の回答のうち230 (すなわち，70%) が受動態の文であったが，これは，受動態の示す文語体的色彩が仮定法現在の選択をうながしたためであろう．さらに，be動詞は，言語変化の歴史の中で，ほかの動詞の多くの場合に当てはまるような言語変化にもさからうことがしばしば見られるのと同様，この場合も，「仮定法の砦 (stronghold of the subjunctive)」(cf. Turner (1980: 276)) 的役割を演じているのではなかろうか．
(iii) 現代のイギリス英語において，通常，仮定法現在は，法助動詞を用いた迂言的仮定法により置き換えられるというような，これまでしばしば耳にすることのある評言は不適切で，誤解を与える評言であることになる．

ただし，Turnerの行った実験については，次のような問題を指摘することができるであろう．すなわち，実験で用いた例文の中には，動詞 insist と suggest を含むものが多く含まれているが，これらの例文の多くは，仮定法現在動詞の解釈以外に，直説法動詞としての解釈をも許す曖昧文となっている．これが原因で，直説法過去形動詞を選んだ被験者の割合がかなり高い結果となったのではないだろうか．すなわち，受動態の文および能動態の文のそれぞれ12%および34%が直説法過去形動詞を選んでいる．文脈の上で，事実をそのまま述べる用法の直説法動詞を用いる解釈は不自然で，命令的仮定法としての解釈だけにしぼられるような例文を工夫すべきではなかったかと思われる．(なお，イギリス英語では，仮定法現在動詞の代わりに直説法動詞を用いるような仮定法の用法があるので，注意を要する．詳しくは，第4節を参照．)

(5) It would be as though the artist *were* not aware of the interim period—*Dædalus*, 1986
(その画家がまるでその一時しのぎの期間のことには気がついていないかのように思えるであろう)

(6) a. I was going to recommend that he *be* terminated—*New Yorker*, 1987
(私は彼を解雇すべきだと勧めるつもりだった)

b. Vice President George Bush phoned Noriega ... asking that Noriega *warn* Cuban leader Fidel Castro not to interfere in the operation—*USA Today*, 1988
(副大統領ジョージ・ブッシュはノリエガに電話して, その作戦にキューバの指導者フィデル・カステロが介入しないよう警告してくれないかと頼んだ)

c. Gorbachev himself proposed that farms *be* leased back to farmers—*Bull. Amer. Acad. Arts & Sci.*, 1989
(ゴルバチョフは農地を農夫たちに賃貸しするようにとの提案を自らが行った)

ついで, カナダ (Canad.), 南アフリカ (SAfr.), ニュージーランド (NZ), オーストラリア (Aust.) など, 米国・英国以外の英語圏における標準的語法の中にも, 仮定法用法が次第に広がりを見せるようになっていることにも触れ, 以下のような例文を提示している.

(7) a. We suggest that a local hiring policy *be* put in place—*Globe & Mall* (Toronto), 1985
(私たちは地元の雇用政策をしっかりと機能させるよう提案したい)

b. Now there were demarcations about where one lived and how one lived, especially if one *were* a black person—M. Ramgobin, 1986 (SAfr.)
(特に黒人の場合には, どこに住んでいてどういう生活をしているかについての区分が今や出来上がっていた)

c. Your situation demands that either Kooti *be* nobbled or Whitmore nullified—M. Shadbolt, 1986 (NZ)
(あんたの置かれている立場からすると, コーティを買収するか, ホイットモアを無効にするかのどちらかの手立てが必要になるね)

第 5 章　現代英語に見られる仮定法現在の再興と拡大について　　219

    d. She wished Sol Meyer would suddenly demand that she *act* her age and *return* to Parramatta—P. Carey, 1988 (Aust.)
    （年齢相応に振る舞ってパラマタに戻ることを，ソル・マイヤーが自分に突然要求してくれないものかと彼女は願っていた）
    e. She declined a seat beside Charles on the sofa. She insisted Jane *sit* there—Barbara Anderson, 1992 (NZ)
    （彼女はソファーのチャールズの隣に座るのを断った．そこにはジェーンが座るべきだと彼女は言い張ったのである）
    f. It was suggested he *wait* till the next morning—M. Ondaatje, 1992 (Canad.)
    （翌朝まで待つように彼は勧められた）

これら仮定法節の例文については，以下のような主旨の注が施されている（p. 747）．すなわち，「多くの場合，仮定法原形動詞の代わりに，should + 動詞の形が用いられ，また，どちらを用いたとしても，意味の違いは感じられない．[10] should を用いたほうは，should のないほうと比べ，少なくとも，同じ

---

[10] このように，should を用いても仮定法現在動詞を用いてもどちらでもよいという記述態度は，Biber et al. (1999: 667; 674) などにも見られる．

ただし，すでに第 1 章第 7 節においても触れたように，アメリカ英語では，should を用いると非文となる場合がいろいろあるという事実に注意しなければならない．詳しくは，Chiba (1987: 67; 147ff.) を参照．Radford (2009: 108-109) は，Chiba (1987) のこの指摘に触れ，下記 (ia) のような，Chiba (1987: 146) の例文および，Chiba (1987: 147-148) の挙げている Hojo (1971) と Matsui (1981) からの例文（それぞれ，下記 (ib, c)）を引用している．
  (i) a. John ordered that Tom (*should*) leave immediately.
       （ジョンはトムが直ちに出発するよう命じた）
    b. I demand that you (*should*) do the dishes.　［= 第 1 章 (44b)］
    c. It is crucial that the war between Iran and Iraq (?*should*) be settled.
       （イラン対イラクの戦争を終結させることが重要だ）
Radford (p. 109) は，さらに，彼自身のイギリス英語では，should を用いたこれらの例文は文法的文であるが，下記 (ii) のような文においては，should は用いないと述べている．
  (ii) I'd rather that she (*should*) be there with you.
    （私はむしろ彼女がそこにあなたと同席してほしいと思う）
なお，Övergaard (1995: 61) は，イギリス英語において，仮定法現在動詞を用いた場合と，that 節の中に should を用いた場合とで，意味の違いが感じられる場合があるのではないかということを，下記例文 (iii) を挙げて説明している．
  (iii) a. Kenneth Clark [...] insisted/suggested that compensation *be* decided by the courts.
    （ケネス・クラークは賠償額を法廷で決定すべきだと主張／提案した）

くらいに普通に用いられる用法である」ということになる．

　以上，H. W. Fowler, *A Dictionary of Modern English Usage* の初版本から第3版に至る諸版において，仮定法用法のうち特に仮定法現在の用法についての記述内容にどのような変化が見られるかを中心に，特に，そこに反映されているイギリス英語，アメリカ英語，およびそれ以外の英語圏における仮定法現在形用法の記述について，どのような変遷の跡が見られるかを概観してきたことになる．

## 3. その後の流れ

　次に，上記概説のうち，*MEU* 第3版によって解説されている内容を，特に仮定法現在に焦点を当て，Peters (2006: 770-771) に従ってさらに敷衍すると，以下のようになる．

　すなわち，18世紀以来今日まで，仮定法の衰退という話題は，英語の語法に関するさまざまなコメントの中で，おなじみのものと言える．ただし，仮定法過去の用法と仮定法現在の用法に関する推移の様子に違いが見られることについては，常に注意が向けられてきたとは言えない．Johansson and Norheim (1988) が行ったコーパス言語学的研究[11]においても，第二次世界大戦後の英

---

　　　b. Kenneth Clark [...] insisted/suggested that compensation *should* be decided by the courts.

すなわち，(iiia) の場合は，「要求・指図」の意味を表すことが明らかであるのに対し，(iiib) のほうは，その意味以外に，「勧誘的コメント」を表す解釈も可能である．これは，法助動詞 should の持つ意味自体にあいまい性が伴うからであるということになる．(なお，中英語においては，両者の用法に関して，かなり明確な違いがあったとする Warner (1982) の指摘については，10.1節を参照．また，法助動詞 should の持つ様々な意味特徴については，Coates (1983) 参照．)

　[11] Johansson and Norheim (1988) は，Brown (University) Corpus と LOB (Lancaster-Oslo-Bergen) Corpus の言語データに基づき，それぞれ，アメリカ英語およびイギリス英語における仮定法の使用状況を調べ，その違いについての特徴をまとめた研究となっている．そのような事実指摘の中から，ここでは，興味深いと思われるものを以下三つだけ取り上げてみよう．

　まず，アメリカ英語の場合と比べ，イギリス英語における仮定法節の使用頻度は全般的に非常に低いのであるが，明らかに仮定法現在動詞であると認定できる例が LOB Corpus の中に14例見付かり，その内の11の例が受け身構文となっているという事実がある．受け身構文の仮定法節に現れる動詞形 be は「仮定法の砦」(注9の (ii) 参照) とも言える特殊な動詞であり，be 動詞は仮定法現在形を示す独特の形態を備えている唯一の動詞である．受け身構文は，文語的で非個人的な感じの散文体の特徴を持っているので，受け身構文にすると，特にイギリ

第5章　現代英語に見られる仮定法現在の再興と拡大について

国における仮定法現在の使用頻度の低さが裏付けられた形になっていて，これには，Fowler (1926) が（特にある種の）仮定法の使用を避けるようにとの忠告を行った（2.1節参照）ことの影響が見られるとも考えられるかも知れない．一

---

ス英語の仮定法節の持つ堅苦しさの特徴をよく表すことにもなる (p. 30)．（このように，イギリス英語の場合は，仮定法節が受け身構文になっていることが多いのに対して，一方，アメリカ英語の場合には，そのような傾向が見られないのであるが，そのことについては Algeo (1992: 610) を参照．）

二つ目の特徴は，典型的にアメリカ英語の仮定法節の特徴を表す (cf. Kirchner (1954: 123), Hundt (1998: 89)) 下記例文 (ia, b) (p. 30) に見るような否定構文についてであるが，イギリス英語においては，この種の仮定法節が用いられることはきわめて少ないと言える．その理由は，おそらく，起こるべきではないことに対して命令を与えるより，何かをするように要求するために命令を与える方が自然であるように思われるからである (p. 30)．

(i) a. The council advised the governor that 'large supermarkets, factory outlets and department stores *not be* allowed to do business' on Sunday.
(BROWN A05:0880)
（大手スーパーマーケット，工場の直販店およびデパートが日曜日に店を開くことを許さないよう評議会は政府に勧めた）

b. This dissatisfaction led to Howsam's request that the video *not be* terminated before the end of the game. (BROWN A13:1620)
（このような不満が基で，試合終了まではビデオを終わらせないようにとハウサムは依頼することとなった）

三つ目に，かなり文語的な文体ではあるが，if, unless, whether などの従属接続詞の後に仮定法現在動詞が用いられることがあり（下記例文 (iia, b) (p. 31) 参照），この用法は，イギリス英語，アメリカ英語の両方に見られる現象である．ただし，接続詞 lest の場合だけは例外で，そのような用法（下記例文 (iii) (p. 32) 参照）が認められるのは，典型的にアメリカ英語のほうである (p. 32)．

(ii) a. His objection to it is that *if* mind *be* the product of the brain, it would be subject like the brain to the law of atomic change. (LOB D14:79)
（彼がそれに反対する理由は，もし心が脳の産物だとしたなら，脳と同じように心が原子変化の規則に従うことになってしまうだろうということである）

b. Here, too, a change of wording is imperative; *unless*, indeed, question 53 *be* deleted altogether, which we ourselves would favour... (LOB D10:54)
（ここでもまた，言い方を変えることが絶対に必要となる．すなわち，私たちが望むように，疑問点の53が完全に削除されない限り ...）

(iii) When she appeared at the store to help out for a few hours even my looking at her was surreptitious *lest* my Uncle *notice* it. (BROWN N18:0630)
（彼女が二，三時間手助けするために店に姿を現したとき，私の叔父がそれに気がつきはしまいかと，私の彼女を眺める態度もこそこそとした感じのものとなっていた）

（上記三つ目の特徴については，Quirk et al. (1985: 158, 1108), Görlach (1987: 53) にも同じような指摘が見いだされる．）

方，Johansson and Norheim (1988) が用いた LOB コーパスおよび Brown コーパスのデータは，アメリカ英語における仮定法現在用法の頻度が，イギリス英語と比べてはるかに高いことをも示していることが分かる．

また，その後の研究 (Peters (1998); Hundt (1998); Collins and Peters (2004)) によれば，この傾向が，オーストラリアやニュージーランドなどの英語圏においても見られることが分かる．つまり，英国からの入植者によって建国された英語圏諸国で用いられる英語における仮定法現在の用法は，標準的語法としての位置づけがなされてきたのに対し，英国国内においては，Quirk et al. (1985) などのイギリスの文法研究家によると，仮定法現在が，文語的で二次的な語法としての扱いを受けるように変化して行ったということになる．

ただし，Övergaard (1995) におけるように，新たな見方を加えるならば，第二次世界大戦終了時に至るまで，英国における仮定法現在の用法の頻度は低かったものの，それまでずっと比較的安定した状態を保ってきていたと言えるであろう．仮定法の語法を用いないようにとの Fowler の忠告を英国民が受け入れたと思われるような形跡は，Övergaard (1995) において提示されているデータ[12] からはどこにも見いだせない．そのデータから言えるのは，むしろ，

---

[12] Övergaard (1995) は，1961 年に発行された出版物を資料として作成された LOB コーパスおよび Brown コーパスのデータに加えて，その後の新しい言語データに基づいて作成された 8 種類のコーパスを用いて，イギリスとアメリカにおける仮定法節（および，それに相当する that 節で，法助動詞を用いたもの）の使用状況を，1900 年，1920 年，1940 年および 1980-1994 年の時代変化に沿って調査している．この新しい 8 種類のコーパスも，LOB コーパスおよび Brown コーパスと同程度の大きさ（100 万語程度）と種類（15 種類のジャンル）から成り立っているが，後者二つのコーパスには含まれていなかった演劇作品のジャンルが加えられているのが新しい点である．その調査の結果，特に，(1) 1940-60 年代において，イギリスとアメリカにおける仮定法節の使用状況に最も大きな隔たりが見られること，および，(2) その時代以降に，イギリスでの仮定法節使用頻度に著しい増加が見られることを指摘している．

このように，確かに，イギリス英語における仮定法節の使用状況には，近年，大きな変化が見られると言えるのであるが，一方では，Leech (2004) のように，冷めた見方をする学者もいるようである．すなわち，Leech は以下のように述べている (p. 118, note a)．

「今から 50 年前には，イギリス英語における仮定法現在が，死を目前に控えているような状態を呈しているように見えたものだが，その後，おそらく，アメリカ英語において，それが頑強に生き延びたということの影響もあってか，イギリスにおいても，わずかながら復活の兆しを呈するようになってきている．そうは言うものの，イギリスにおいては，仮定法節が用いられるのはまれな状況であるということには変わりはないし，アメリカ英語においてすら，仮定法節が特によく用いられるというほどになっているわけでもないのである．」

イギリス英語における仮定法現在の用いられる頻度が，20世紀前半において，アメリカ英語の場合と比べると，はるかに低かったということだけである．

特に20世紀後半以降のことについて，Peters (2006) はさらに以下のようにまとめている．すなわち，20世紀後半になると，アメリカ英語の用法がイギリス英語における仮定法現在の使用に対して少なからぬ影響を及ぼしたであろうということは，1960年から1990年にかけて，英国において，仮定法節の使用が急激に伸びていることを示すデータ（Övergaard (1995: 39)）からも読み取ることができる．英国における仮定法節の使用が，この時期に，Strang (1970: 37) が指摘するようなアメリカ英語独特の語彙項目の借用と相俟って，復活を始めたと見ることができる．すなわち，このようなアメリカ英語の影響力は，仮定法を用いないようにと勧める Fowler の忠告をはるかに凌駕する勢いのものだったと言える．ここには，イギリス英語とアメリカ英語（および，それ以外の英語圏諸国の英語）という主要な方言同士が接触するときに生じる一種の「共通語化」(koinéization, cf. Trudgill (1986: Ch. 4)) の顕著な例を見ることができる．地域的言語使用と国際的言語使用の間に亀裂が生じた場合，後者の影響力のほうが，長い目で見れば，Fowler の場合に見られるような局所的で規範的な忠告より，より大きな力を発揮すると考えてよいであろう．

Serpollet (2001) は，1960年代のデータコーパス LOB および Brown と，1990年代のデータコーパス FLOB および Frown の中のジャンル分類のうち，「新聞 (Press)」および「知識人による散文 (Learned Prose)」の二つのジャンルに焦点を当ててデータ検索をして調査した結果，そこから読み取れる英米それぞれおよそ30年の間に見られる仮定法の用法に関する言語変化として，次のような結論を導き出している．すなわち，この30年の間に 仮定法現在の使用率が増えるが，一方，should を用いる用法（これを Serpollet (2001: 532) は「命令的 should (mandative *should*)」と呼んでいる）は減少するという傾向が見られる．この変化の幅は，アメリカ英語におけるよりも，イギリス英語においてのほうがはるかに大きいと言える (p. 541)．

## 4. 直説法動詞を用いた仮定法節

仮定法節の用法に関する アメリカ英語とイギリス英語の違いを問題にするとき，特にイギリス英語に見られる重要な特徴として，すでに第1章第6節において触れたとおり，「直説法動詞を用いた仮定法節」とも呼べるような言語現象を指摘することができる．すなわち，（厳密な意味での）仮定法節を用い

ず，また，法助動詞 should による that 節も用いないで，その代わり，第 3 の選択肢として，下記例文 (8) のように，直説法動詞を用いる方法を選ぶ傾向がイギリス英語には見られるということを Leech (2004: 118, note *a*) が指摘している．

(8) It's important that the expedition REACHES its destination by the end of the month.
（重要なのは，遠征隊が月末までに目的地に到着することです）

上記例文 (8) について，さらに，Leech は解説を続け，「that 節の中には，(事実を表す) 直説法動詞が用いられているが，ただし，このような that 節は，内容的に事実を表すかどうかに関しては中立的であり (truth-neutral)，したがって，この文の話し手は，(月末までに) 遠征隊が目的地に到着するかどうか知りたいと主張しているわけではない」と述べ，最後に，「直説法動詞のこのような用法は，ときに，『不正確である』という印象を与えることがある」と結んでいる．[13]

なお，アメリカ英語では普通に見られない仮定法の用法の別の場合として，下記 (9a, b) のような，仮定法現在形動詞の代わりに過去形動詞を用いる用法を指摘することができる．

(9) a. They demanded that she *left*.
（彼らは彼女が出発するよう要求した）
b. I suggested that Ian *tried* to stay with him.
（私は彼のところになんとかとどまるようやってみてはとイアンに提案した）

アメリカ英語としては，上記 (9a, b) のような文は，ごくまれにしか見られない用法であり，ふつういずれも非文となる．Algeo (1992: 613; 2006: Ch.

---

[13] イギリス英語に見られるこの種の仮定法の用法について，さらに詳しくは，Bolinger (1968; 1977)，Close (1975)，Johansson (1979: 201-203)，Quirk et al. (1985)，Chiba (1987: 7ff.; 169, note 19)，Övergaard (1995)，鷹家・林 (2004: 66-67)，Nevalainen (2006: 96)，Kjellmer (2009: 250-252) を参照．

なお，Wright (2001) は，この用法が，1575-1648 年頃のロンドンを中心とするイギリス英語において，仮定法現在形を用いる従来の用法と並んで用いられていたということを例を挙げて説明している．Wright (2001: 249) は，仮定法のこの新しい用法のことを "-s subjunctives" (-s 仮定法) と呼んでいる．

12) は，このような用法のことを「命令的直説法（mandative indicative）」と呼んでいる．

LOB コーパスおよび Brown コーパスのデータを調査した Johansson and Norheim (1988) は，過去形動詞を用いた下記 (10) のような例がただひとつだけ LOB コーパスの中に見いだされることを報告している (p. 28).

(10) Feeling it would not be wise to rush matters so soon he finished his drink and suggested they *returned* to the dance room.
(LOB P07: 87)[14]

（事柄をそんなに性急に運ぶのはどうかという気がしたので，彼は飲むのを止め，ダンスフロアに戻ることを提案した）

なお，Övergaard (1995: 11; 62-63; 85) も，イギリス英語においては，仮定法現在形を用いる用法，および (should を主とする) 法助動詞を用いる用法のほかに，三つ目の用法として，直説法動詞を用いる用法があることを指摘しているが，この3番目の用法は，3人称単数現在動詞の場合も，過去形動詞の場合も，実際に用いられる例は極めて少ないと述べている (p. 12). 直説法動詞を用いることにより，命令・要求・主張など，本来，仮定法現在動詞（および，それを認可する主節の動詞・形容詞・名詞との総合作用）によって表される意味内容がうすれ，下記例文 (11a, b) (p. 62) に見るように，通常の指図（instruction）やコメントを表すだけとなり，場合によっては，話し手や書き手の個人的態度が表明されていない言語表現と解釈されるようであるとも述べている (p. 63, p. 85).

---

[14] 例文 (9a, b), (10) と同じような例として，下記例文 (i) を参照.

(i) In order to ensure that humans *were* not destroyed or enslaved by their unerringly efficient assistants, he [ = Issac Asimov] framed a set of 'Laws', which were programmed into the electronic brains of all robots as a safeguard.
(John D. Barrow, *100 Essential Things You Didn't Know You Didn't Know*, London: The Bodley Head, 2008, p. 216)
（人間が自分たちの紛れもなく有能な助手たちによって破壊されたり，その奴隷にされたりするのを確実に避けるために，彼は一連の法律なるものを立案したのであるが，これは予防措置としてすべてのロボットの電子頭脳の中に組み込まれた）

過去形動詞を用いるイギリス英語の用法について，さらに詳しくは，Johansson (1979: 201-203), Chiba (1987: 9, ex. (23); 170, note 19; 182, note 15), 鷹家・林 (2004: 66-69) を参照.

(11) a.　[...] it is essential that the ripening *is* stopped at the correct degree of acidity [...]　　　　　　　　　　(LOB: E33 81)
（酸性の進み具合がちょうどいいところで成熟をストップさせるのが肝要だ）

　　b.　It is recommended that the saline [...] techniques *are* used in parallel.　　　　　　　　　　　　　　　　　(LOB: J13 73)
（それと並行的に，塩水に関する技術も用いるというのがお勧めです）

Algeo (1992: 613ff.; 2006: 264) は，命令的直説法がイギリスにおいて用いられる場合，主節の時制が過去となっているときには，補文内の動詞は，ふつう過去形となり，一方，主節の時制が現在または未来となっているときには，非過去時制で表されるのが普通であると述べている．

仮定法現在によって表される意味内容を直説法動詞によっても表すことができるとして，Berk (1999: 150) が下記 (12) のような例文を挙げているのも，同じように，イギリス英語におけるこの用法のことを指しているものと思われる．

(12)　We insist that Marsha *tells* the truth.
（私たちはマーシャが本当のことを話すよう要求したい）

ところが，Berk によるこの解説を紹介しているウェブサイトの "The English subjunctive: scholarly opinions" (http://www.ceafinney.com/subjunctive/examples.html) は，この解説を正しくないものとして，以下のような内容のコメントを付けて，読者に注意を促している．すなわち，直説法節と仮定法節を共に認可できる動詞のひとつとして insist を取り上げて，以下のような一対の例文 (13a, b) を示し，両者はおおいに異なる意味内容を持った文であるので，直説法動詞 tells を用いるか，仮定法現在動詞 tell を用いるかの区別が重要であり，したがって，上記例文 (12) を「指示」を表す仮定法の用法とする Berk の解説は間違っていると指摘している．(例文 (13a, b) の後ろの ( ) の中には，それぞれ，意味がどのように異なるかが分かるように，言い換えた表現が示されている．)

(13) a.　We insist that Marsha *tells* the truth. (We aver or claim emphatically that Marsha tells or does tell the truth.)　　[indicative mood]
（私たちはマーシャが本当のことを話しているのだと主張したい）

　　b.　We insist that Marsha *tell* the truth. (We demand or require that

Marsha must or should tell the truth.)　　［subjunctive mood］
(私たちはマーシャが本当のことを話すよう要求したい)

　これまでの説明からも分かるように，ここには，明らかに，このウェブサイト執筆者の側における誤解が見られるようである．おそらく，この執筆者は，少なくとも，問題になっている仮定法節の用法に関する限り，アメリカ英語の話し手のひとりであると推測される．なぜならば，アメリカ英語の語法に関する限り，この執筆者の主張は正しいからである．

　一方，上に紹介した Berk (1999) は，当然のことながら，自分の方言（すなわち，イギリス英語）の文法に基づいて，上記例文 (12) が仮定法節の場合と同じ意味用法を表す文として用いることができると解説しているのであろうから，彼女の習得している方言はイギリス英語の方言のひとつに違いないということになる．ただし，彼女も言うように (p. 150)，上記例文 (12)（および，法助動詞を用いた "We insist that Marsha must tell the truth" のような文）は，厳密に言うと，仮定法を用いた表現の例ではないことになる．

　ウェブサイト上に掲載されている仮定法についての解説としては，ほかに "English Grammar, Verbs, Modals & Modality" (http://hi2en.com/grammar.aspx?ld–75) がある．このサイトには，次のような興味深い説明がなされている．すなわち，「イギリスでは，しばしば，［仮定法現在動詞の代わりに―筆者］直説法動詞の現在形が用いられたり，ときによっては，直説法動詞の過去形が用いられたりすることさえある．ただし，これらの動詞形は，いずれも，イギリス人の多くの人たちや，語法に関する（規範的考えを持った）専門家たちによって間違った語法だと考えられている」(p. 3) というような，イギリス英語とアメリカ英語の違いをも考慮した注意深い解説が施されている．

　英・米の違いには触れていないが，おそらく，イギリス英語の話し手の持つ言語感覚を反映させた解説として興味深いと思われるのは，もうひとつ別のサイト (http://www.ego4u.com/en/cram-up/grammar/subjunctive) に掲載されている次のような説明である．すなわち，「（しかしながら）仮定法現在の文は非常に改まった感じを与えるので，しばしば，法助動詞を用いた表現の方が好まれる．指示や命令的意味内容が込められていることが，法助動詞を用いなくても明らかなような場合には，下記例文［例文 (14) として下に引用―筆者］のように，法助動詞なしで，直説法動詞を用いて表現することもまた可能である．」

(14)　a.　People demand that the troops *are/should be* withdrawn.
　　　　　（軍隊を撤退させるよう人々は要求しています）

b. It is important that everyone *registers*.
   (皆が登録するのが重要です)

　問題になっているイギリス英語とアメリカ英語の違いは，上で紹介したウェブサイトの最初の例に見るように，看過されやすいところがあるので，これを正確に把握する必要がある．この点に注目して，Chiba (1987: 9-14) では，特にイギリス英語の場合には，「仮定法としての用法を持つ直説法動詞の使用」が認められるという捉え方をしている．[15] また，Algeo (1992: 613-616; 2006: 264-267) は，このように，仮定法動詞の代わりに直説法現在形および過去形動詞を用いた実例を，認可要素が動詞／形容詞／名詞のいずれであるかを区分した上で，かなりの数紹介しているので，参考になるであろう．

　少なくとも，1950年代以降の仮定法使用状況をデータコーパスを基に観察・調査を試みた研究者は，大概の場合，仮定法の使用に復活の兆候が見られることを報告しているのであるが，中に特異な存在として指摘できるのはウェブサイトに掲載された Jack English (2009) の場合である．English (2009) は TIME Corpus および COCA (The Corpus Contemporary American English) のデータコーパスに基づいて，アメリカ英語における仮定法現在の使用頻度にどのような変化が見られるかを調べている．TIME Corpus のデータには1920年代から2000年代までの言語資料が含まれ，一方，COCA には1990-2008年の言語資料が含まれている．その調査の結果，いずれのデータからも，

---

[15] このような語法を示す具体例として，さらに下記例文 (ia-c), (iia-c) を参照．
(i) a. One can thus firmly *insist* (by using MUST) that he *says* what he wants for a present, or that he *pays* a visit.　　　　　　　　　　　　(Chiba (1987: 7))
   (このように，(助動詞 must を用いることにより)，プレゼントに何がほしいかを彼が言ったり，彼が訪問したりすることを強く主張することができるのである)
b. It is *essential* that he *comes* too.　　　　　　　　　　(Chiba (1987: 8))
   (彼も一緒に来ることが重要だ)
c. What is of crucial *importance* is that a particular and distinct "kind" of grammar *is* postulated for natural language.　　　　　　　　(Chiba (1987: 8))
   (自然言語のために，特別で異なる「種類」の文法を仮定することがとても重要になる)
(ii) a. The employees have *demanded* that the manager *resigns*.
　　　　　　　　　　　　　　　　　　　　(Quirk et al. (1985: 157)) (cf. 第1章, (19a))
   (経営者は辞職すべきだと雇用人たちは要求している)
b. I *insist* that he *gets* the money. 　［＝第1章 (23b)］
c. We *propose/recommend* that Mr X *goes/is* dismissed.　　　(Close (1975: 47))
   (X 氏が行く／解雇されることを我々は提案する／勧める)

アメリカ英語において仮定法現在の使用頻度には，今日に至るまで，年代ごとに減少傾向が見られるので，仮定法が復活してきているという見方はできないと主張している．ただし，彼が検索した仮定法現在の文の種類は，"that＋代名詞＋be" の連鎖として現れる仮定法現在の場合に限られているので，この調査からただちに，be 動詞以外の動詞をも含む仮定法現在全体について，その使用頻度が年々減少してきていると結論できるかどうかについては，さらに詳しいデータ検索および事実調査が必要かも知れない．

　English (2009) が最も興味深い現象として報告しているのは，四つの種類に区分されたデータ，すなわち，話しことば，小説，雑誌・新聞，学問的内容の書き物の分野別のうち，仮定法現在の使用頻度が最も高いのは，話しことばの分野においてであるという現象である．これを基に，English (2009: 2) は，「仮定法が衰退の道をたどっていることが，このことからも明らかであろう」と結論付けている．ふつう推測されるのは，文語的な色彩が濃くなる傾向のある学問的な内容の書き物においてこそ，仮定法現在の使用頻度が一番高くなるのではないかということであるので，そのような予想に合わない English のこの結論は，その結論を導き出すことになったデータの取り扱いに何か問題がありはしまいかというような疑問が生じる可能性がある．とにかく，すでに，上でも述べたように，English (2009) のこの研究は，大量のデータコーパスに基づいているものとしては，特異なものと言わざるを得ないであろう．

## 5. 英米以外の英語圏における仮定法節の用法の使用状況について

　上で見たように，Peters (2006) には，イギリス英語，アメリカ英語以外の英語として，オーストラリア英語やニュージーランド英語などに見られる仮定法節の使用状況についても，部分的ながら言及されているが，Peters (2009) では，英米以外の英語圏における仮定法節の使用状況について，さらに詳しい現状が報告されている．この報告により，これら英語圏の中には，仮定法節が口語的表現としても広く用いられている地域があるということを知るのは，大変興味深いと思われる．以下，Peters (2009) の概要を紹介することにしよう．

　Peters (2009) は，まず，Peters (2006) の場合と同じように，Övergaard (1995) による通時的研究に基づき，イギリス英語とアメリカ英語における仮定法節使用の時代的推移を簡単にまとめている．すなわち，1900 年頃は，イギリス英語において，仮定法節の使用頻度はほとんど零に近かったが，この時代の使用頻度は，アメリカ英語においても，かなり低いことが分かる．このこ

とは，Fries (1940) の中に報告されているアメリカ英語の調査結果（第一次世界大戦米国政府関係文書をコーパスとした調査結果），すなわち，仮定法節の用法がほとんど見られなかったという報告とも符合している．

ところが，第一次世界大戦後，1920年から1940年にかけて，アメリカ英語において，仮定法節の使用頻度に急激な上昇が見られるようになり，この上昇傾向が，1940年から1960年にかけても引き続き観察される．[16] 一方，この

---

[16] 1950年代中頃の時点において，アメリカ英語における仮定法現在の使用状況を概説したものとして，Evans and Evans (1957) を挙げることができる．すなわち，Evans and Evans は，当時の模様を次のようにまとめている．

まず，アメリカにおいて，「今から三,四十年前までは，ありうる事実とは考えられないような事柄，単に頭の中で思い浮かべられるような想像上の事柄や理論だったら何でも，下記例文に見るように，仮定法現在を用いて表現していたものである」と述べている．

(i) Even though it *be* true/Even though he *come* tomorrow, ....
 （たとえそれが事実だとしても／たとえ彼が明日来たとしても ...）

さらに，仮定法現在のこのような使い方は，「確かに，今でも耳にすることはあるが，かつてのような，よく用いられる表現ではなくなってしまった．現代では，同じようなことを表現しようと思ったら，should 用いて下記例文 (ii) のように言うのが普通であろう」(p. 485) と説明している．

(ii) Even tough it *should be* true/Even though he *should come* tomorrow, ....

さらにまた，「以前は，結果を表す表現としても仮定法現在が，下記例文に見るように，用いられていたし，

(iii) He that smiteth a man so that he *die* ....
 （人を強打して死に至らしめたものは ...）

20世紀に入って大分経ってからでも，下記例文に見るように，時を表す表現の中に仮定法現在を用いるようなアメリカ人が何人かはいたものである」とも述べている．

(iv) a. The tree will wither before it *fall*.
 （その木は倒れる前に枯れるであろう）
　　b. I will wait till he *send* for me.
 （私は彼が呼びに来るまで待っていよう）

ついで，「第一次世界大戦の始まる直前，このような表現が大西洋を渡り，英国の新聞にも登場し始めた結果，教養ある英国人たちを大いに嘆かせることとなったほどである．このような語法は，[この本の出版当時の1957年当時においては—筆者] イギリスはもちろん，アメリカにおいても，廃れてしまっている．ところが，"two weeks come Michaelmas"［「聖ミカエル祭の二週間後（または二週間前）」あるいは「聖ミカエル祭が来ると，あれ（あのとき，あの出来事）から二週間が経ったことになる」と解釈される；第4章注2の例文 (iii) 参照—筆者］のような奇妙な (quaint) 表現を好む傾向にあるイギリス推理小説を読んでいると，仮定法現在を時を表す表現の中に用いたような例にお目にかかることが今でもあるのである」(pp. 485-486) との解説が続く．

さらに，「アメリカでは，ごく最近に至るまで［すなわち，1957年頃まで—筆者］下記例文に見るように，疑いや不確かさを表す従属節において，仮定法現在が用いられていたのであ

間，イギリス英語においては，ほとんど変化が見られない．しかし，1960年から1990年に至る時代になると，第二次世界大戦後のアメリカ英語の影響を受けて，[17] イギリス英語における仮定法節の使用頻度が急上昇することとなり，その割合は，仮定法節を用いることが可能な構文の50%以上が，事実，仮定法節で表現されているという具合である．（一方，アメリカ英語におけるその割合は90%に近いので，アメリカ英語と比べると，その使用頻度は，依然として，はるかに低いと言える．）

イギリス英語とアメリカ英語における仮定法節使用頻度の実質的違いは，20世紀末まで続くことになる．ここで注意すべきことは，従来の仮定法節に関する研究が，ほとんどすべての場合，書かれた散文英語をデータとしていたという事実である．Övergaard (1995: 122ff.) の挙げているデータの中には，下記例文 (15a-e) に示すような，個人的会話から採取されたデータが含まれていると同時に，

(15) a. He said: "If you insist that I not *come* [...]."
（「もし私が来ないようあなたが言い張るならば ...」と彼は言った）
b. Then the hostess will suggest that my mother *go* and *sit* at that table.
（そこで，女主人は私の母に，行ってそのテーブルに座るよう勧めるでしょう）
c. I am going to insist that Kelly *come* down.

---

る」
(v) a. I wonder whether it *be* wise.
（それは賢明なことだろうか）
b. However hard he *work*, ....
（どんなに一生懸命彼が仕事をしたとしても ...）
との説明が続き，「以前は，この仮定法現在は，下記例文に見るように，しかとは確信が持てないような事柄に関する表現ならどんなものにでも用いることができたのであるが，
(vi) I think the king *be* stirring.
（王はわざともめ事を起こしておられるのだと私は思う）
今日では，疑いの気持ちを強調したいような場合を除いては，直説法動詞を用いるようになってきているし，疑いの気持ちを強調したいような場合でも，may be のように，法助動詞のどれかを用いて表現することが多い」と締めくくっている (p. 486).

[17] その具体的要因としては，娯楽産業を通しての影響だけでなく，経済的結びつきや人物の往来などが次第に増大するようになったことを挙げることができる (cf. Schlüter (2009: 293)).

　　　　（私はケリーが降りてくるよう要求するつもりです）
　d. What do you think he'll suggest she *sell*?
　　　　（彼女がいったい何を売るように彼が勧めるだろうとあなたは思うのですか）
　e. I want, of course, that this *be* kept off the record. [＝第1章 (27f)]

その他演劇のテキストからのものなどが含まれていることになっているが，Peters (2009：127) によると，Övergaard (1995) が挙げている例文の中には演劇テキストからのものがほとんど含まれていないし，また，演劇テキストのものが，話された英語としての代表的サンプルとなるかどうかについては疑問であると述べているので，Peters (2009) に従えば，Övergaard (1995) をも含め，従来の研究は，ほとんどのものが，書かれた散文英語のデータに基づいているということになる．したがって，これまでの研究におけるように，散文の中に仮定法節の用法が息づいていることを示し得たとしても，仮定法節は，やはり文語的文体の，書かれた英語としての性質を持つ言語表現である――たとえ，一部の言語コーパスには，日常的散文の中に散見される仮定法節の例が見られるとしても――とする従来の見方に対しては，これに直接的反論を加えることはできないことになる．つまり，仮定法節が，日常的に用いる話しことばでのやりとりの中に自由に登場させることのできるような種類の言語表現であることを示す証拠は，これまでの研究では示し得ていないことになる．もし，それが可能ならば，仮定法節というものが，文語的というより，文体的にもっと中立的性質のものであることを示唆することになるはずなのだが．

　ただし，実際には，その後の研究により，仮定法節の使用が会話的表現の中にも広く用いられているような英語圏地域が存在することが分かっているのである．以下，Peters (2009: 127ff.) に従って，どのような地域がそうなのかについて考えてみよう．

　まず，ニュージーランドおよびオーストラリアにおいての仮定法節の使用状況は，イギリス英語よりアメリカ英語のそれに近いことが，それぞれ，Hundt (1998) および Peters (1998) の研究により理解できる (p. 127).[18] さらに，

---

　[18] Peters (1995: 723-724) では，オーストラリア英語における仮定法の使用状況を，アメリカ英語よりイギリス英語のそれに近いものとみなしていて，「イギリスとオーストラリア両国における仮定法の衰退は，仮定法が聞き手の耳には文法的には異常で，響きとしても文語的または形式ばった感じに受け取られるというところに原因がある」および「仮定法が用いられなくなったとしても嘆くにあたらない」(p. 725) との見解を示している．ところが，その後

第5章　現代英語に見られる仮定法現在の再興と拡大について　　　233

インドにおいても，イギリス英語と比較して，より高い頻度で仮定法節が用いられていることが分かる（Schneider (2000; 2005)）．これは，イギリス以外の英語圏地域あるいは世界的規模で見られる現象の現れとして捉えることもできるであろうし，また，仮定法節の使用が文体的に文語的特徴と結びつけられるというイギリス英語に見られる一般的傾向が中和された結果，より広範囲にわたり使用可能となった結果であるとみなすこともできるであろう (p. 127).

一方，フィリピンにおける英語の場合，Schneider (2005: 37) によると，インド英語の場合をはるかに越える割合で，仮定法節の使用が認められることになるが，これは，もともと，フィリピンの英語がアメリカ英語を基にしていることを考えれば，納得できるであろう．Schneider はまた，書かれた英語のデータと話された英語のデータとを比較した結果，後者における使用頻度のほ

---

の Peters (2007: 768-769) の研究では，そのような見解は次のように改められていることが分かる．すなわち，「[アメリカ英語と同じように―筆者] オーストラリア英語でも，命令的仮定法が，特に肯定文では，よく用いられている」(p. 769) と述べる一方で，「肯定文・否定文ともに，仮定法節の代わりに，法助動詞 should を用いた表現も用いられる」(p. 769) と説明している．イギリス英語と同じようにオーストラリア英語においても，仮定法の衰退が見られるかのように受け取られる記述はここでは改められて，「イギリス英語における仮定法の全体的衰退は云々」のような表現に変えられていることに注意したい．

オーストラリア英語に関する同じような見解は，上記 Peters (2007) の研究より以前に発表された Peters (1998) においてもすでに見られる．すなわち，アメリカ英語およびイギリス英語の代表的データコーパスである Brown Corpus および LOB Corpus にならって，シドニーの Macquarie 大学で作成されたオーストラリア英語版データコーパス ACE Corpus (Australian Corpus of English) をひとつの資料とし，また，600人のオーストラリア人から得られたアンケート調査結果をも資料としてまとめられた研究論文 Peters (1998) の中では，以下のような見解 (pp. 100-101) が述べられている．すなわち，if it were/as if she were など「were 仮定法」の用法は，was を用いる表現と比べると，特に若い世代の間では次第に用いられなくなり，heaven forbid/come what may などと同じような固定化した固い表現になりつつあるが，仮定法節は，さまざまな動詞と共に用いられ，多くの異なる文体の散文の中に見受けられると述べている．

なお，Collins and Peters (2004: 599) および Burridge (2004) では，オーストラリア英語およびニュージーランド英語における仮定法節の使用状況は，イギリス英語とアメリカ英語の中間的位置を占めているという見方を示している．

1950年代のオーストラリア英語について報告している研究のひとつとして，Eagleson (1958) を挙げることができる (cf. Visser (1966: 845))．Eagleson は，当時のオーストラリア英語の中における仮定法の使用状況について，次のように述べている．すなわち，原稿を前もって用意して話すのではなく，自然発生的にしゃべるような場合には，仮定法動詞の使用は，ほとんど見られなくなってしまっている．直説法動詞を用いる頻度の方がはるかに高く，しかも，仮定法動詞を用いる場合があるにしても，それは be 動詞に限られている (p. 146).

うが前者におけるものより，いくらか高くなるという事実を見いだしている．そのうちの多くのものが，公式な場での政治的演説からの例であるが，中には，かなり口語体の感じの言語表現として用いられているものもあるという報告になっている．このことにより，Peters (2009: 128) は，「少なくとも，植民地独立後の英語圏地域においては，仮定法節の使用が，文語対口語の文体的区別の上で，比較的中和されている」という可能性が見られることを指摘している．

Peters (2009: 128) によると，上記 Schneider (2005) によるフィリピン英語の研究は，英米以外の英語圏地域における仮定法節の使用状況を，書かれた英語と話された英語とを比較するという形で行われた初めての試みであることになる．Peters (2009: 128ff.) は，次に示す6種のデータコーパス ICE (International Corpus of English) を用いて，それぞれの地域の仮定法節使用頻度について，特に，二つの文体にどのような違いが見られるかを調査すると共に，話された英語の4つの下位グループ（すなわち，個人的会話，公の場での議論，公の場での個人の話，および，原稿を見ながらの個人の話の4種類）のうちのどの場合に仮定法節がよく用いられるか，を調査している．用いた6種の ICE コーパスは，以下のとおりである：ICE-AUS, ICE-NZ, ICE-GB, ICE-SING, ICE-IND, ICE-PHIL（ICE- の後ろの国名省略記号は，それぞれ，オーストラリア，ニュージーランド，英国，シンガポール，インド，およびフィリピンを表す）．

その調査の結果の概要は，以下のとおりである．まず，書かれた英語より話された英語のほうが仮定法節使用頻度が高いのが，AUS と PHIL であり，その逆の現象が見られるのが，NZ と GB である．残りの地域，すなわち，SING と IND は，どちらとも言えないという傾向を示している．次に，この二つの文体の間に見られる仮定法節使用の違いが大きいか小さいかという点について言うと，GB における両者の違いの方がその他の地域における両者の違いより大きいということが分かる．また，この6つの地域の中で，GB における仮定法節使用頻度が一番低く，ついで IND が低い．

さらに，仮定法節の代わりに，法助動詞を用いた that 節を用いる傾向がどの程度あるかということについて，Peters は次のような結果を報告している．すなわち，GB と IND において，その傾向が強く見られるのに対して，その他の4つの地域では，仮定法節のほうを用いる傾向が強い．[19]

---

[19] SING も IND と同じ傾向を示すものと推測されるかも知れないが，事実はそうではなく，PHIL に見られると同じように，仮定法節のほうを用いる強い傾向が見られる，ということを

第 5 章　現代英語に見られる仮定法現在の再興と拡大について　　235

なお，Peters (2009: 132) に示されている Table 2 によると，仮定法節を従える動詞のうち，6つの地域を通して比較的使用頻度の高いものは，以下のとおりである．

(16)　advise, ask, demand, insist, move, order, propose, recommend, request, require, urge

このうち，最も使用頻度の高い6つの動詞（すなわち，demand, move, recommend, request, require, suggest）について，6つの地域全体にわたり，話しことばにおける仮定法節の使用状況を Peters は調べている．この場合，話しことばを，すでに説明したような4つの下位グループ，すなわち，「個人的会話 (S1A)」，「公の場での議論 (S1B)」，「公の場での個人の話 (S2A)」，および，「原稿を見ながらの個人の話 (S2B)」の4種類，に分類している．このうち，仮定法節の使用頻度が一番低いのは，S1A であり，しかも，そこに登場する動詞は demand と suggest に限られている．動詞 suggest は，4つの下位分類のどのグループにも登場するので，この動詞は文体的に中立的であると言える．

4つの下位分類のうち，S1A のグループの中に登場するものがあれば，その動詞に対する仮定法節使用は，真に口語的ことば遣いとして確立したと言えるが，ほかの三つのグループ内での使用範囲にとどまっている限りは，（社会的地位関係の点で）同等な立場の人同士の間で交わされる自発的会話にも登場するとみなすことはできない．なぜならば，この後者の三つのグループは，法廷や教室，ラジオ番組としての討論会，あるいは，講演などで用いられている話しことばをデータとしているからである．

調査結果を全体的にまとめて言えることは，仮定法節が日常的会話における使用の領域にまで達していることを示す証拠はほとんど得られないということ

---

Peters (2009: 130) は興味ある現象として指摘している．Peters は，さらに，同じように興味ある現象として，下記例文 (i) のような，仮定法節の言い換え表現が，IND に特有の構文として見られることを指摘している (p. 130):

(i)　I request you truly sir, that **please bring** in the practice that ...
　　　　　　　　　　　　　　　　　　　［太字体は原文のままである―筆者］
　　（どうか ... という慣例を導入して下さいますよう心よりお願いいたします）

一般的に，動詞 request や ask に続く仮定法節の中に，この種の please が用いられる場合（および，不定詞構文の中に用いられる場合）に関する考察については，Chiba (1987: 166-167, note 5) を参照．

である．むしろ，データに現れるほとんどの例は，何らかの公的集まりや集団の中で交わされる談話に関連するものとなっている．たとえば，中で，使用頻度の比較的高い動詞 move（「動議として提出する」）は，公式の会議の席での議会運営手続きに関する表現であることを如実に表している．その他の使用頻度の高い動詞の場合も，属するグループとしては S2A ないし S2B であり，公の席で行うスピーチのたぐいということになる．動詞 demand や recommend の場合も，一方から他方に向けての要求や忠告・助言を表すのであるから，対等な立場の話し手同士の間に交わされる会話に現れたものとは言えない．

　以上をまとめると，現代英語において，仮定法節を用いる場合，英語圏のどの地域で用いられるかにより，文体的に重要な違いが見られることになる．すなわち，イギリス英語においては，依然として使用頻度および使用範囲が制限されると共に，（ほとんどの場合，書きことばの中において）文語的構文のひとつとして用いられている．一方，オーストラリア英語，ニュージーランド英語およびシンガポール英語においては，イギリス英語の用法以外に，公の場で用いられる演説調の話しことばの中にも見いだすことができる．ただし，それだからと言って，仮定法節が，これら英語圏諸国において日常会話の中に用いられる語法として，あるいは，将来の世界の英語の中に取り入れられる語法としての位置づけが保証されたということにはならない (Peters (2009: 136))．[20]

---

[20] Peters (2009: 135) には，仮定法現在の使用を是認するかどうかについて，オーストラリア国内で行われたアンケート調査の結果報告がある．すなわち，雑誌 *Australian Style* が，下記例文（1a, b）（太字体は原文のまま）に対する読者の反応を調べたところ，
  (i) a. They **insisted** that the complaint **be** presented in writing.
     （苦情は書状でもって提出するべきだと彼らは主張した）
   b. She expressed the **wish** that her jewelry **be** given to charity.
     （彼女は自分の宝石類を慈善事業に寄付したいとの意向を表明した）
1993 年に行ったアンケートのときには，80% を上回る人が，このような例文の使い方を是認していたのに対し，2004 年に行われたアンケートの結果では，その数値が 67% にまで下降していることが分かる．
　オーストラリア国内で見られる反応の同じような例として，Peters (2009: 135) はまた，*Sydney Morning Herald* 誌上での次のようなやりとりの模様を伝えている．すなわち，ある作家が，Winston Churchill の演説の一部に登場する下記 (iia) のような文を (iib) のように書き直して引用したところ，
  (ii) a. All that matters is that he goes.
     （大事なことはただひとつ，彼が出掛けるということだ）
   b. All that matters is that he go.
元の表現のほうが会話調の言い方としてふさわしいので，書き換えるべきではないとの抗議が

## 6. 口語的表現としての仮定法現在

　Haegeman (1986) は，the Survey of English Usage のコーパスを調査した結果，法律関係文書の中だけでなく，口語体の文体によるスピーチの中にも，仮定法節の使用が見られることを報告している．Haegeman は，「おそらくアメリカ英語の影響によって，話しことばとしての英語の中にも仮定法節が導入される傾向が最近になって生じてきているのではないだろうか」(p. 66) という見解を述べている．

　Asahara (1994) は，18 世紀，19 世紀および 20 世紀に書かれた種々のジャンルにわたる言語資料を，それぞれ，イギリス英語とアメリカ英語に区分し，仮定法の使用に関しどのような変異が見られるかを調査・検証している．そこに報告されている結果は，大体において，本章でこれまで取り上げた内容を補強するような形のものとなっている．中でも特に興味深いのは，「文語的か，それとも口語的か」と題する第 1.2.4 節において，仮定法現在形の口語的文体における使用頻度が，イギリス英語およびアメリカ英語のいずれの場合においても，かなりの程度観察されることを説明している点である．彼女の挙げている例文の中から，以下の二つ（いずれも，20 世紀アメリカ英語の例で，Asahara

---

何人か別の作家や読者から寄せられたということである．
　上記例文 (ii) に関するこのやりとりは，Peters (2009: 135) も言うように，イギリス英語では，仮定法現在動詞の代わりに直説法動詞を用いて，仮定法に替える語法が多く用いられるという事実などともかかわってくるので，大変興味深いと思われる（注 15 参照）．
　なお，Hundt et al. (2004: 570) は，アメリカ英語が世界の英語のほかの国々に対するモデル的役割を演じているという事実がある一方で，アメリカ英語には見られない特徴をこれらの国々がイギリスと共有しているという点もあるということを見逃してはいけないと述べている．すなわち，そのような例のひとつとして，上で指摘したような，仮定法現在の代わりに直説法動詞を用いる語法がニュージーランド英語にも見られるということを，Hundt et al. は次のような例文と共に指摘している．

(iii) a. Holmfirth Police Community Forum is now writing to the tory MP to complain at his lack of support and request he *attends* the next meeting of the forum [...].
（ホームファース警察の地域フォーラムはそのトーリー党議員に手紙を書いて，彼の支持が得られなかったことに苦言を呈すると共に，次回開かれるフォーラム集会に出席するよう要請することを目下進めている）
b. I *recommend* that this meeting *passes* a motion tonight commissioning me to travel to Wellington [...].
（この会議が今夜動議を可決し，私がウェリントンに行くことを委任するようお勧めいたします）

(1994: 10) からの引用) を示しておこう．

(17) a. "Grandma, I don't think it's *appropriate* you *be* hanging around the Playboy Club," I said.
（「おばあちゃん，プレイボーイクラブをうろつくなんて，どうかと思うよ」と私は言った）
b. "... Now, what I want to *suggest* is that she *go* to Washington."
（「さて，私が提案したいのは，彼女がワシントンに行くことです」）

このような，仮定法現在動詞の「口語化の現象（colloquialization）」については，Leech et al. (2009: 58-61) においても示されている．まず，イギリス英語において，これまでのように，仮定法節は文体的に文語的な表現であるとする一般化が成り立たなくなり始めていることが指摘されている (p. 58, p. 60)．すなわち，データコーパスの中で，いろんなジャンルにまたがって仮定法節の使用例が見いだされる傾向がいっそう強くなってきていることが，F-LOB（1991年）などの比較的新しいデータコーパスから読み取れるということである．それに対して，アメリカ英語の場合には，そのような傾向は見られず，むしろ，Brown（1961年）のデータから Frown（1992年）のデータへの推移において，仮定法節の全体的使用頻度には減少の傾向がみられる．ただし，書かれた英語のデータに見られるこのような減少傾向は，アメリカ英語において，口語化の現象が進んできていることの表れであるとみなすことができるであろう (p. 58, fn. 12)．また，一般的に，補文標識 that の省略の現象も，口語的特徴の表れのひとつとみなすことができるが，実際，仮定法節を導く補文標識 that が省略される傾向が，文語的英語の中より，口語的英語の中により多く見られることを指摘することができる (p. 60)．

英米以外の英語圏における仮定法節の使用状況については，Sedlatschek (2009) による以下のような報告も参考になる．すなわち，Sedlatschek (2009: 283) によると，Sayder (1989) は，1978年に作成されたインド英語のデータコーパス Kolhapur Corpus を（1961年に作成された）BROWN Corpus および LOB Corpus と比較調査することにより，インド英語における仮定法節の使用状況を次のように特徴付けている．すなわち，インド英語の使用者が should を用いないで仮定法節のほうを用いる頻度は，アメリカ英語の場合と比べるとかなり低いが，一方，イギリス英語の場合と比べるとはるかに高くなるという事実が見られる．すなわち，仮定法節使用状況に関し，インド英語は，アメリカ英語とイギリス英語の中間的位置を占めていると言える．

ただし，Sayder (1989) が調査の対象とした Kolhapur コーパスとBROWN/LOB コーパスとでは，作成年代に 17 年の差があるので，Sedlatschek (2009: 284ff.) は，より新しいデータを調査する必要があると考え，さらに詳しいデータ調査をした結果，インド英語の位置づけに関し，上記のものとは異なる結果を引き出すに至っている．すなわち，イギリス英語のコーパスデータとして，その後 1991 年に作成された FLOB コーパスを調査対象に加え，さらに，インド英語に関するより新しいデータとして，ウェブサイトを通して入手可能な英語の主要新聞 6 誌を検索して，データに加えた．このほか，オンラインデータとして，Google 検索により，英国，米国，シンガポール，ニュージーランド，およびオーストラリア各国の英語データも調査対象にして，should を用いる頻度と仮定法節を用いる頻度の違いを，特に，動詞 demand, recommend, insist, suggest の場合について調べている．得られた結果の概要は以下のとおりである．まず，上記英語使用国 6 カ国のうちで，インド英語における仮定法節使用の頻度が一番低いと言える．つまり，仮定法節を用いることに関し，インド英語は，イギリス英語以上に躊躇する傾向，すなわち，保守的な傾向が窺える．Sedlatschek (2009: 285-287) の解説を基に，6 カ国間の順位を付けて見ると，おおよそ (18) に示すようになるであろう (AmE, AusE, SAfrE, BrE, SgE, IndE の略語は，それぞれ，アメリカ英語，オーストラリア英語，南アフリカ英語，イギリス英語，シンガポール英語，およびインド英語を表す)．[21]

(18)　AmE > AusE > SAfrE > BrE > SgE > IndE

インド英語において，仮定法節の使用頻度が低い原因のひとつは，仮定法節が文法的に主要な位置を占めていないことにより，英語教育の中でも，仮定法節の用法について言及されることがごくわずかに過ぎないという現状によるのかも知れないと Sedlatschek (2009: 287) は述べている．また，たとえ，ほかの英語の場合と比べ，インド英語における仮定法使用頻度がより低いという事実があるにしても，仮定法節の使用が決してまれな現象であるとは言えないということにも言及している (p. 287)．

なお，Sedlatschek (2009) には，その他のインド英語の特徴として，イギリス英語の場合と同じように，仮定法現在動詞の代わりに直説法動詞を用いる

---

[21] ニュージーランド英語 (NZE) を (18) の図式の中に取り入れて示すとすると，だいたい，AusE と同じ位置づけ (cf. Hundt (1998: 89-97)) にするか，あるいは，AusE の右隣あたり (cf. Schlüter (2009: 283)) となるであろう．

仮定法の用法が見られること (p. 283)，および，仮定法現在が文体的により口語的な特徴を帯びる傾向の表れとして，補文標識 that の消去された仮定法節が次第に用いられるようになってきていること (p. 288) などの興味ある指摘も見られる．

## 7. 仮定法節の否定表現

上で取り上げた Sedlatschek (2009) には，下記例文 (19) (p. 288) のような，仮定法節の否定表現についての言及も見られる．

(19) His moral sense demanded that he *not allow* an innocent person to suffer for him.
（彼の道徳観念からすれば，自分のために罪のない人が苦しむのをそのままにしておくことはできなかった）

すなわち，「この種の否定構文は，おそらく 20 世紀になって初めてアメリカ英語に登場し，そこから，世界各地の英語に広まったものと考えられる」(pp. 288-289：もともとは Bauer (2002: 88) からの引用）が，1978 年に刊行されたおよそ 100 万語からなるインド英語を収録したデータコーパス the Kolhapur Corpus の中にある上記例文 (19) からも分かるように，遅くとも 1978 年までにはこの種の構文がインド英語の中に取り入れられていたものと思われる (p. 289).

この種の否定構文がいつ頃登場するようになったかを考えるとき，以下のような，エピソードが参考になるであろう．すなわち，Z. W. Zandvoort が *English Studies* 35 (1954)，pp. 37-38 において，G. V. Carey, *American into English: A Handbook for Translators* (London: Heinemann, 1953) の書評を行ったとき，(文法研究の専門家ではない) Carey が指摘しているアメリカ語法のひとつとしてのこの否定構文のことを Zndvoort は話題として取り上げている．すなわち，Carey の指摘している否定構文を含む例文 "It is absolutely necessary that this power *not rest* merely on the goodwill of the management" の中に見られる問題の語順が，単なる文体的気まぐれ (stylistic freak) によるものではないであろうと Zandvoort は推測し，その理由として，アメリカ人作家が書いたスリラー物の中などにも同種の構文が用いられていることを指摘している．さらに，Zandvoort が，自分の知る限り，この種の構文の存在には，どの文法家もまだ気がついていない，と述べたのに対し，G. Kirchner が同誌

第5章　現代英語に見られる仮定法現在の再興と拡大について　　　241

に，"*Not* before the Subjunctive" と題する短いコメントを寄せ（*English Studies* 35 (1954), pp. 123-125），次のような主旨の反論を加えている．すなわち，「私が『典型的なアメリカ語法』と呼ぶこの否定構文については，*Neuphilologische Zeitschrift* 3 (1949), p. 27 に掲載された小論 "Negation in modernen Englisch ohne Umschreibung" において，私自身が，いくつか例文を挙げながら，すでに指摘している」というものである．すなわち，その例文は，1948年から1949年にかけて発行された新聞・雑誌からのものであることに注意したい．

　興味深いのは，最後の部分で，Kirchner が次のような指摘をしていることである．すなわち，「アメリカ人の文学史家たちには，現在のところ，この種の構文を使うことには，まだ，戸惑いの様子が見受けられるようだ」と述べ（p. 124)，そのような具体例のひとつとして，1948年に書かれたものの中から，"... with the request that it *be not* printed." のような（従来の）否定構文を用いている文章の例を挙げていることである．この二人（すなわち，Zandvoort と Kirchner）のやりとりから推測できることは，問題の否定構文が，おそらく，「仮定法現在動詞＋not」の語順を持つ従来の否定構文に代わって，1940年代頃からアメリカ英語の中に登場し，それが次第に広く用いられるようになって行ったのではないかということである．

　Kirchner のこのノートのすぐ後ろに，*English Studies* の編集者として Zandvoort 自身がコメントを付記している．そのコメントの中で，Zandvoort は Kirchner が指摘している，文学史家たちの見せる戸惑いの様子に触れ，Zandvoort が G. V. Carey から受け取った私信の中にも，それを裏付けるような事実が含まれていることを紹介している．すなわち，その私信の中で，Carey は，「イタリア語で書かれたものを英語に翻訳したアメリカ人が "It is very helpful, I would say almost necessary, that history *not be* written in one country alone." という英語の訳文を用いている箇所があるのだが，私は，むしろ，これは，語順を変えて，"... that history *be not* written ...." のような標準的な英語に訳すべきだと思う」というようなことを Zandvoort に述べている箇所がある．そのことを読者に紹介した後，Zandvoort は，「Kirchner が指摘していた戸惑いの様子と同じものが，Carey の場合にも顔をのぞかせているようだ．しかも，『not＋仮定法現在動詞』の語順が持つ自然な文のリズムを壊すという犠牲を払ってまで」というような感想を漏らしている．すなわち，Zandvoort にとっては，"... that history not be written ...." の語順のほうが自然なリズムを持った文であると（当時すでに）感じられたということになる．

なお，Övergaard (1995: 70) は，第二次世界大戦直後に，文法学者 A. M. Clark がその文法書 *Spoken English* (Edinburgh and London: Oliver, 1947, p. 229) の中で，仮定法節の否定表現について，次のように述べていることを報告している．すなわち，「通常の否定表現は，能動態の文の場合は "I (he, she, it, we, you, they) do not/don't take" のようになり，一方，受け身文の場合は "I (he, she, it, we, you, they) be not taken" のようになる」．上記の「戸惑い」に関するエピソードと同様，Clark のこのコメントも，「not＋仮定法現在形動詞」の語順がまだ確立していない頃の様子を伝えるものとして，大変興味深い．（上記例文に見るように，現代英語の仮定法節の中に助動詞 do が起こりうることについては，第 1 章注 19 および Chiba (1987: 177, note 1; 183, note 22) を参照．）

Kjellmer (2009: 247) が指摘するように，Övergaard (1995: 73) には，「not＋仮定法現在形動詞」の最初の例として，1940 年のコーパスの中にあるただひとつの例のことが報告されている．ただし，Kjellmer 自身は，それよりもっと早い例として，Visser (1966: 848) が挙げている例の中に，1936 年のものがあることを指摘している (p. 247, fn. 1)．Visser (1966) のその箇所を調べてみると，確かに，下記例文 (20) が挙げてあるのが分かる．

(20)　May I suggest now that this party break up and *not meet* again ...?
　　　　　　　　　　　　　　　　　　(1936 V. Markham, Deadly Jest (Albatross) 225)
　　　（この党は解散ということにして，今後再開しないということをここで提案させていただきたいのですが）

Visser (1966: 847) 自身は，「not＋仮定法現在動詞」の語順について，以下のように指摘している．すなわち，「この語順は，アメリカにおいて，それも，これまで得られたデータを基に考えると，[Visser のこの本が出版された 1966 年の時点から見て—筆者] ごく最近になって，発生した言語表現であるように思われる．」この語順の発祥地がイギリスではなく，アメリカであることを裏付けるデータのひとつとして，Sedlatschek (2009: 289, fn. 66) が，以下のような Schneider (2000) によるコメントを紹介しているのを挙げることができる．すなわち，Schneider (2000: 129) によると，この種の否定表現は，（アメリカ英語を取り扱った）BROWN Corpus の中に 6 例見つかるが，（イギリス英語を取り扱った）LOB Corpus の中には一例も見いだせないという事実があるので，このことにより，この種の否定構文の発祥地はアメリカではないかという考えが支持されることになる．

1936 年より古い例がないかどうかを探るため，筆者は 2010 年に新しく

作成されたデータコーパス The Corpus of Historical American English (COHA)[22] を検索した結果，該当する例文として，以下のようなものを入手することができた（例文の頭の部分の数字は，それぞれの例文の見いだされる出版物の出版年を示す．日本語訳は，検索データの英文から意味が十分推測されうる部分のみを示してある）．

(21) a. 1840  ... for Dinah go to bed when they leib [ = leave] her all alone, so that she *not see* the spook. (*Greyslaer: A Romance*)[23]
(だって，みんな，おら（ダイナ）をひとり残して行っちまったので，お化けに会わないように，おら寝ちまおうとしてたもんで ...)

b. 1875  ...; possible that you had of the experience, and possible that you *not be* but an amateur. (Mark Twain, *Sketches*)
(あなたがそのような経験を積んでいらっしゃって，ずぶの素人ではないということはありうることです)

c. 1903  ... of the more infinential [*sic*] friends of the Senator conferred with him and advised that he *not yield* anything to the Governor, but continue to .... (*New York Times*)
(上院議員の友人のうちのもっと影響力のある（？）人たちが彼と協議して，彼が知事に何ら譲歩することなく引き続き ... するよう助言した)

---

[22] COHA は，米国 Brigham Young 大学の Mark Davies によって 2010 年に作成されたアメリカ英語のデータコーパスで，1810 年代から現代に至るまでの 4 億語以上からなる言語資料を含んでいる．

[23] この例文は，Charles Fenno Hoffman, *Greyslaer: A Romance of the Mohawk*, Vol. 2, p. 185 (New York: Harper & Brothers, 1840) からのものである．ここでは，黒人女奴隷の Dinah が若きご主人の Greyslaer に向かって話している台詞となっている．問題のこの英語表現は表面的には仮定法節と同じ格好になっているが，当時の黒人英語方言を表したものであり，仮定法現在動詞を用いた例でない可能性があるので（第 2 章第 5 節および Chiba (1987: 42–43) 参照），したがって，ほかの例文と同じように取り扱うことはできないかも知れない．
なお (21b) の例文は，Mark Twain, "The Celebrated Jumping Frog of Calaveras County" (1867) の仏訳を基に，彼自身が，フランス語の文法構造や表現法をそのまま取り入れる形で，再び英語に戻して訳したものの中に見られる英文である．フランス語臭の強い不自然な英語になっているので，この例文も (21a) と同様，ここでは，本当の意味での仮定法節の該当例としては除外するのが望ましいであろう．ちなみに，Mark Twain による原典英語版では，(21b) に相当する箇所の英文は以下のようになっていて，
  "... you don't understand 'em; maybe you've had experience, and maybe you ain't only a [*sic*] amature, as it were."
明らかに，仮定法節の構文とは異なる表現になっていることが分かる．

d. 1907 ... about the labor conditions' [*sic*] on the Isthmus, Capt. Pierce said that he *not know* exactly, what the trouble Contlaueil on, .... (*New York Times*)
(その地峡における労働条件について，ピアス船長は，いったいどんなやっかいなことが ... なのか正確なところは分からないと言った)

e. 1915 ... he gasped over and over. "I'll go very fast so that I *not say* it, for I am only old Pickaroon, and he is fine gentlemans [*sic*] ...." (*Landloper*)
(彼はあえぎあえぎ言った．「それを話さないでいいように，できるだけ急いで行くことにしょう．だって，わしは老いぼれた盗賊にすぎないが，彼は元気な紳士なんだから ...」)

f. 1928 ..., while appreciating the compliment that is intended, I request that it *not be* done. (*Time*)
(お褒めいただいているようなので，そのことはありがたいと思いますが，どうぞそのようなことはなさらないようお願いします)

g. 1931 ... per cent of the normal income tax, may we non-residents ask that it *not apply* to us? (*New York Times*)
(その土地の住民でない私たちにはそれは該当しないということでお願いできましょうか)

h. 1934 ..., Senator Feinberg, a Republican, suggested, after a while, that they *not be* read, but just put into the record.
(*New York Times*)
(しばらくすると，共和党上院議員のファインバーグが，それは読み上げないで記録にとどめるだけにするよう提案した)

このように，1930年代以前でも，ごくわずかながら，「not＋仮定法現在動詞」の語順の例が見いだされることが分かる．ただし，この語順を示す大半の例は，1950年代以降に集中していることも事実なので，このデータコーパスの検索結果からも，「not＋仮定法現在動詞」の語順が次第に広く用いられ始めるのは，1940年ないし1950年代以降であろうと見るのが妥当だと思われる．

ここで，一般的に，英語の否定構造が歴史的にどのような発達を遂げてきたかを概観して見るのも有益だと思われる．荒木・宇賀治 (1984: 508ff.) に従って，定動詞の場合の否定構文の変化の様子を時代順にまとめると，以下のよう

になる.

(22)  1)  ic ne secge.　　（OE の代表的否定構造）
　　　2)  I ne saye not.　（ME の典型的否定構造）
　　　3)  I say not.　　　（1400 年頃生じた否定構造）
　　　3′) I not say.　　　（1500–1700 年）
　　　4)  I do not say.　　（17 世紀末に確立）
　　　5)  I don't say.

　上記発達段階のうち，3′) について，荒木・宇賀治（1984: 509）は次のように説明している．すなわち，3′) の否定構造は，「あまり強大ではないひとつの傾向」であり，「do を用いない単純形であるが，not を本動詞の前に置く点で特異なものである．」また，「not を定動詞の前に置くこの傾向の時期的特徴は，1400 年頃に現われ始め，1500 年以前は稀にしか使われなかったが，その後は次第に数を増し，Sh 当時はある程度の頻度を示すが，その後間もなく衰退し，およそ 17 世紀末からは散発的にしか使われなくなった．すなわち，3′) の活動期ともいうべきものは，せいぜいおよそ 1500 年から 1700 年までの約 2 世紀に過ぎない．」

　(22) の 3) に見られる語順は，第 2 章で説明したように，否定語 not の後ろの位置を占めた動詞が，動詞繰り上げの規則適用により，not の前の位置に移動した結果得られるものと考えることができる．4) のような語順が確立するまでの間，および，確立してからも暫くの間は，動詞繰り上げの結果生成される否定文と，助動詞 do を用いた否定文のどちらの種類の否定文も用いられるという現象が見られる．この 2 種類の否定文が近代英語期以降起こる割合について，Lightfoot（1999: 163）は次のような統計的数字を挙げている．すなわち，動詞繰り上げによる否定文の起こる割合が，1625–50 年においては 68% 見られたが，1650–1700 になると 54% に減少し，さらに，18 世紀になると 20% にまで急激に減少する，という具合である．

　ここで，再び仮定法節の話題に話しを戻すことにしよう．仮定法節の否定構造「not + 仮定法現在形動詞」の由来として，すでに上で説明したように，アメリカ英語において新たに生じたとする説（例えば Visser (1966)）があるが，それに対し，Kirchner（1970-72：§105.4）のように，シェークスピア時代に頻繁に用いられていた否定構造の語順がそのままアメリカに保存されたものと見る説がある（cf. 若田部 (1985: 133); Nomura (2006: 315)）．しかし，もし後者の説に従うと，Ukaji（1978: 36）の指摘しているシェークスピア時代の仮定

法節がとる否定構造の特徴と相容れないなど,いくつか問題が生じることとなるので,上で述べたように,「アメリカ起源」説に従うのが妥当であろうと思われる。Kirchner の説に伴ういくつかの問題点の中で最も重要だと思われる点は以下のとおりである。すなわち,Ukaji は,1585-1625 年の間に書かれた 50 の作品の中から,命令文の嵌め込み節(すなわち,仮定法節)を含む文をすべて調査した結果,ただひとつの例外を除いて,あとはすべて,not が動詞の後ろに現れるものばかりであることを見いだしているが,Kirchner の説は,Ukaji の指摘するこの事実と矛盾することは明らかである。[24]

上記 Ukaji の研究は,Chiba (1987: 53) にも紹介されているが,Chiba (1987: 52-53) は,さらに,歴史的に見ると,(仮定法節において) not が常に動詞の後ろに位置する時代があったとする Traugott (1972: 18) の指摘を紹介すると共に,それを裏付けるデータの一部として,すでに第1章第9節でも例文 (65a-c) として取り上げた,下記のような 15-16 世紀時代の例文 (Visser (1966: 837-839)) を提示している。[25]

---

[24] Kirchner が「接続法を含む従属節の中での否定語 not の前置」の見出しのもと,105.4 節 (p. 507) で述べている内容は以下のとおりである。「動詞の前に not を置く語法はシェークスピアのころなお全く普通であったが[45],17世以降はまれになった[46] (Jesp. V, 428). 現代《英》では not の前置はただ時おり,そして精々,対立的表現法[47]にのみ表われるが,《米》では接続法(仮定法)を内蔵する従属節の中でよく保存されている。」(前島儀一郎ほか共訳 (1983) p. 507 による。ただし,注 45-47 はここでは省略) なお,注 45 に挙げてあるシェイクスピア時代の英語の例には,接続法(仮定法)の場合の例は含まれていない。仮定法現在動詞の場合と直説法動詞の場合とで,否定語の位置が違いうるという認識が,Kirchner の場合には欠けていたのかも知れないとさえ思われる。一方,Visser (1966: 847) は,do による迂言的否定構文を用いない否定表現がまだしばしば見られる時代のイギリスにおいて,仮定法現在動詞の否定構文は,動詞の後ろに否定語を配置するのが普通であったことを指摘している(本文第7節の例文 (23a-c) を参照)。

別の観点からの Kirchner 批判については,Nomura (2006: 314-320) 参照。また,否定構文の歴史的変化に関する記述・分析について,さらに詳しくは,荒木・宇賀治 (1984: 508ff.),Ukaji (1992),Nomura (2006: Chs. 11-12),Murakami (2007) を参照。なお,特殊な語順を持つ「not + 仮定法現在動詞」の否定表現がどうしてアメリカ英語に登場するようになったのかの考察については,第8節を参照。

[25] 初期近代英語に関する同趣旨の記述については Baker (1991: 420),Rissanen (1994) 参照。なお,伝統文法家 Poutsma (1904-29),Kruisinga (1932),Jespersen, *MEG*, Part VII, Curme (1931) の挙げている例文の中から 16-19 世紀のものをいくつか取り上げた研究として,Stuurman (1990: 229-230) がある。

Traugott (1972: 181) は,「not + 仮定法現在動詞」の語順について,以下のような主旨の指摘をしている。すなわち,(アメリカ英語の仮定法節そのものは,1600 年以降,主として Pil-

(23) a. take good kepe þat þe nedil *touche not* þe ye
   (c1410 Duke of York, Master of Game (ed. Baillie/Groman) 52)
   b. Y praie you that ye *be not* the furst to take new shappes and gis-es of array    (c1450 Knight Tour-Landry 29, 31)
   c. To prouide that a thing *happen not*, 'precaueo'
   (1573-80 John Baret, An Alvearie or Triple Dictionarie, P 801)

## 8. 「not＋仮定法現在動詞」語順はどのようにして生まれたか

　Kjellmer（2009: 252-256）は，特殊な語順を持つ「not＋仮定法現在動詞」の否定表現がどうしてアメリカ英語に登場するようになったのかの考察を加えている．すでに第7節でも見たように，この特殊な語順の否定表現が生まれる以前は，not の普通の語順としては，動詞の後ろの位置を占めていたのである．古風で厳粛な（あるいは格言調の）文体としては，この後者の語順が今でも用いられることがある[26]くらいであるから，仮定法の動詞の前に not を配置する語順は，そういう意味でも特異な表現であるとみなすことができるという前置きをした上で，Kjellmer は，そのような特異な語順がどうして採用されるに至ったのかについて，以下のような説明を加えている．
　まず，この問題に対する Visser（1966: 847-848）の考えを紹介している．

---

grim Fathers およびその子孫の用いる話しことばの中に，それまで用いられていたイギリスにおける語法がそのまま保持されていたものであるので，アメリカ英語において新たに用いられるようになったとは言えないのに対し）「not＋仮定法現在動詞」の語順については，アメリカ英語において用いられ始めた新しい語法と考えることができる．なぜならば，それまでの英語では，仮定法節の場合，not は常に動詞の後ろに現われていたのであるから．なお，Traugott（p. 181）は，この特殊な語順の由来について，(1) not の前に現れる法助動詞 should が消去された結果生まれたとする説と，(2) この not は，強調用法の not であるとする説の二つを取り上げ，それぞれの説について，以下のようなコメントを加えている．すなわち，(1) については，法助動詞が not の前の位置で消去されるような構文がほかには見当たらないのに，この場合にだけどうして許されるのかという新たな問題が持ち上がることになる．(2) については，これもまた，十分納得のいく説明ではないにしても，この場合は，少なくとも，*Not laugh but cry is what I feel like doing* の例に見られるように，not を節の頭の部分に置いて強調を表すようなほかの構文との類似性を基盤としているという点において評価できる．
　[26] 方言によっては，現代英語において，be/have＋not の語順を持つ仮定法節が許されることがあるという事実については，すでに，第1章第9節で解説したとおりである．そこに挙げた例文（54a-e）参照．

すなわち，Visser は，かつての母国，イギリスにおいて用いられていた表現が，いろいろと入植後のアメリカ英語の中に生き残ったもののひとつとして，「not＋仮定法現在動詞」の語順が登場したのかも知れないとする説を提示しているが，Kjellmer はこの説を退け，代わりに，普通ではない箇所に not を配置することにより，際立たせる効果をもたらすことができるので，この語順が採用されるようになったのかも知れないと説く．Haegeman (1986) および Övergaard (1995: 72-73) もこの説に基づき，さらに，not 以外の副詞（例えば，never, always など，頻度を表す副詞）の中にも，not と同じような語順をとるものがあることを指摘している．例えば，下記例文 (24a-c) (Övergaard (1995: 72)) は，仮定法節の中において，副詞 never, always が仮定法現在動詞の前の位置を占めることを表している．

(24) a. Uncle Izaak had, in an unexpected grandiose gesture, handed over the pretty sloop to Abel for keeps, on condition that he *never* fail to let his brother accompany him [...].
（叔父アイザックは，思いもかけず大げさなジェスチャーをしながら，アベルの弟も必ず一緒に連れて行くことを条件に，その見事なスループ型帆船を今後いつまでもアベルのものとして譲り渡してくれたのであった）

b. He insisted/demanded that we *never* use it again.
（彼は私たちが今後いっさいそれを使うことのないようにと主張／要求した）

c. ... a recommendation/stipulation that he *always* notify us in advance.
（彼が常に事前に私たちに通告するようにとの勧告／規程 ...）

ただし，これらの例は，never, always などの副詞が，直説法動詞の場合でも，ふつう同じような位置を占めるという事実を考慮した場合，ここでの問題を考えるときに，有効なデータとなりうるものか疑問が残るであろう．[27] Kjellmer (2009: 253) も，Övergaard のこのような説明では不十分であると考え，次の

---

[27] 否定語 not と，ある種の副詞が示す語順に関する共通性を挙げるとするなら，むしろ，すでに，第 1 章第 9 節において取り上げた，Chiba (1987: Ch. 3) の指摘している以下のような現象のほうが，この場合の有効なデータとなりうるであろう．すなわち，actually, always などの副詞（「動詞前副詞 (preverbs)」と呼ばれることがある），および，all, each などの数量詞は，助動詞 be/have と一緒に用いられるとき，直説法動詞の場合は，通常，これらの助動詞の後ろの位置を占めるのに対して，仮定法動詞の場合は，下記例文 (ia-d) (＝第 1 章第 9

第 5 章　現代英語に見られる仮定法現在の再興と拡大について　　249

節の例文（62a-d））および下記例文（iia-d）が示すように，助動詞 be/have の前の位置を占めるという現象が見られる．

(i) a. John required that they *actually be/*be actually* accepted.
   b. I demand that filthy hippies *always be/*be always* shot.
   c. John required that they *all be/*be all* accepted.
   d. John demanded that the boys *each be/*be each* given five dollars.

(ii) a. The students disregarded her requirement that they *all have/?have all* completed the job by 10:00 today．［＝第 1 章，注 25 (iv)］
   b. I demand that the students *all have/?have all* finished their assignments when they come to the class.
   （授業に出席するときは，学生諸君はみなが宿題をし終えていること）
   c. We request that you *all have/?have all* departed by no later than Wednesday．［＝第 1 章，注 25 (v)］
   d. It is required that they *each have/?have each* mastered one African language．［＝第 1 章，注 25 (vi)］

（(i) と (ii) の例文を比べて分かるように，一般的に，be の場合には，動詞前副詞および数量詞の前に置くと非文になるが，have の場合には，そのようにしても，文法性の程度がそこまでは悪くならないようである．）

このようなデータを基に，Chiba（1987: 107-111）は，否定語 not と動詞前副詞，および all, each などの数量詞をひとつの範疇 PREV にまとめた上で，語順に関して PREV が示す特徴を，次のように一般化できるとしている（第 2 章第 5 節参照）．すなわち，仮定法節においては，一般動詞はもちろん，助動詞 be/have の場合にも，「動詞繰り上げ」（または「have-be 繰り上げ」）の規則が適用できず，したがって，基底構造の語順，すなわち，PREV ＋ have/be がそのまま音声形式上の語順となる（詳しくは，第 2 章および千葉（2001a: 15-16）を参照）．

なお，上で提示した言語現象のうち，動詞前副詞の語順に関するものについては，すでに第 1 章において例文（63a, b）として紹介したように，Radford（1988: 457）に以下のような類似の事実指摘が見られる．

(iii) a. I insist that he *definitely have* finished by tomorrow.
   b. *I insist that he *have definitely* finished by tomorrow.

また，Potsdam（1997: 536-537）には，すでに同じく第 1 章において例文（64a-c）として示したように，have と be の文法性の違いをも含め，上に紹介したような言語事実と同種の現象が，以下のような例文と共に取り上げられている．

(iv) a. *It is recommended that you *be normally* approved by the committee first.
      (cf. Participants *are normally* approved by the committee first.)
   b. *It is crucial that we *be absolutely* paying attention to his every word.
      (cf. We *were absolutely* paying attention to his every word.)
   c. ?It is mandatory that everybody *have certainly* read at least the introduction.
      (cf. Everybody *had certainly* read at least the introduction.)

（否定語 not の語順についての言語現象を，上述のように，動詞繰り上げ，および，それと関連するその他の規則を用いて分析しようとする試みの例としては，ほかに Baker（1991:

ように述べている．すなわち，「それにしても，notの示すこの語順は驚異的と言わねばならない．否定語notは，用いられる頻度の高い語のひとつであり，しかも，動詞句内で，動詞の後ろの位置を占める語順のほうは，何世紀もの間用いられ，十分に確立されてきた語順であるので，由緒あるその語順を変えてまで，頻度を表す副詞の語順に合わせるというようなことを言語使用者が考えるものかどうか疑わしい．ただし，その他の要因が大きな力となるような場合は別であるが」(p. 253) として，次に示すような，そのような別の要因三つを挙げている．そのひとつは，仮定法の場合と同じように，助動詞が消去される場合がいろいろあるので，肯定文の仮定法節の場合同様，否定文の場合も，shouldを消去した結果，「not＋仮定法現在動詞」の語順が得られるようになるというものである．さらに，これと関連するデータとして，下記例文 (25a-c) (pp. 254-255) のように，等位構造において，andの後ろが，省略現象のため，「and＋not＋不定詞」のような表面的構造をとるに至る場合がいろいろと生ずるということを指摘している．

(25) a. I think I'll go straight down and *not vote* for any incumbent.
 (これからまっすぐ出掛けて行って，現職議員には誰にも投票しないようにしようと思う)
 b. And then I went through a phase where I was just sort of like passive and *not say* anything at all and just let it wash over me.
 (それから私は，何だかちょっと消極的な気分になり，いっさい一言もしゃべらずに，そういう気分に襲われるままの状態の一時期を過ごしました)
 c. But researchers would have to be sure that the genes only entered the right lung cells, and *not travel* to other cells in the body.
 (しかしながら，研究者は，遺伝子が決められた肺細胞の中にだけ入り，体のほかの細胞のところにさまよって行かないという確信が持てるようになることが求められるであろう)

二つ目の要因として，構造的曖昧性に関する事実を指摘している．すなわち，使役動詞haveあるいは感覚動詞hear, seeなどを含む文の場合には，下記例文 (26a, b) (p. 255) を見ても分かるように，「not＋仮定法現在動詞」と

---

420), Beukema and Coopmans (1989: 429, note 13), Pollock (1989: 375), Rizzi (1990: Ch. 1, note 18), Roberts (1985: 41, fn. 12) などがある．)

表面的によく似た構造が現れているので，このような文の存在が，問題の否定構造の出現を助ける働きをすることが考えられるというものである．

(26) a. They're going to have ... about 135,000 people come out to see the Giants *not win* anything.
（動員したおよそ13万5千人の観客がジャイアンツが一勝もしないのを見る羽目になるであろう）

b. I'd rather see more people *not accept* keeping people alive just to keep them alive.
（さらに多くの人たちが，ただ人々を生かしておくだけのために生かしておくというようなことを許さないようになってほしいと私はむしろ願っています）

三つ目の要因としてKjellmerが指摘するのは，ヨーロッパ大陸からの入植者が母語としていたヨーロッパ系の言語が，アメリカ英語の新しい構文「not＋仮定法現在動詞」の出現に与えたと考えられる影響についてである．具体例として挙げられているのは，下記例文（27）(p. 256) のようなドイツ語の場合である．すなわち，否定語 nicht 'not' は，動詞の前の位置を占めていることが分かる．

(27) Sie verlagt, dass er nicht komme.
 she demands that he not come

以上の三つの要因が，さらに，頻度を表す副詞に見られる語順の特徴と相俟って，アメリカ英語の「not＋仮定法現在動詞」の誕生を促したのではないかというのが，Kjellmer (2009) の主張である．should 消去に関する部分については，筆者は Kjellmer とは意を異にする[28]のであるが，ほかの部分，特

---

[28] すなわち，「not＋仮定法現在動詞」の語順が，should を消去することにより生じたとする「should 消去」のアイデアは，アメリカ英語においては，should を用いた迂言的仮定法の文そのものが，具体的例文によっては非文となる方言がいろいろ存在するという事実と相容れないところがある (cf. Chiba (1987: 146-149)) ので，ここでは採用しないことにする．ただし，Visser (1966: 788-789) が指摘している，次のような事実を知るのも興味深いことではある．すなわち，「18世紀の文法家の間では，仮定法現在形動詞のことを，may, might, should などの助動詞の省略された用法とみなす考え方が広く行われていたようだ．」なお，should 消去のアイデアに対する問題点の指摘は，Traugott (1972: 181) にも見られる（注25を参照）．

に，例文（25a-c），（26a, b）に示されたデータの重要性については，十分納得のいくものであると考える．一般的に，言語発達において，あるひとつの段階における言語表現（A）から，ある次の段階における新しい言語表現（B）への推移を考えるとき，その推移を促進させる働きをする要因のひとつとして，一種の起爆剤やバネになるある特定の表現の存在が重要であると考えられるからである．この場合，そのような働きをするのが，上記例文（25a-c），（26a, b）であるということになる．そのような言語表現や構造に基づいて（be based on），新しい仮定法否定構造が生まれると考えられる（ここで用いた「に基づいて」のアイデアは，言語習得のメカニズムについての興味深い理論「動的文法理論（dynamic model of syntax）」（cf. Kajita (1977; 1997; 2002)，梶田 (1981)) を形成する重要な理論的概念のひとつを言語変化のメカニズムに応用した考えとなっている）．

　ここで再び，現代英語についての考察に戻って話を進めることにしよう．英国の新聞 Gurdian をデータとして，1991 年に仮定法の否定構文を調査した Hundt (1998: 95) によると，そこには，should を用いた否定構文しか見いだせなかったとのことである．また，ニュージーランドの新聞 Domination および Evening Post を主なデータとした調査結果でも，should を用いた否定構文が大半を占めていることが分かる．ただし，Hundt は，ここで，ニュージーランド英語の中にも，「not＋仮定法現在動詞」の否定構文が，少数ながら用いられているという事実のほうに注目する．さらに，オーストラリア英語およびイギリス英語でも，この構文の使用例が見いだされることを指摘し，アメリカ英語以外の英語においても，この種の否定構文が受け入れられ始めていることを強調している (pp. 95-96)．

　「not＋仮定法現在動詞」の語順については，今日でも，イギリス英語におけるよりもアメリカ英語におけるほうが，使用頻度ははるかに高いことが知られている．Kjellmer (2009: 248) は，イギリス英語，アメリカ英語とオーストラリア英語の 5,700 万語からなるコーパスデータ Cobuild Direct Corpus を検索した結果をまとめて，この三つの地域の英語における「not＋仮定法現在動詞」の使用頻度を示す表を掲げているが，その表によると，アメリカ英語における使用頻度は，イギリス英語の 50 倍であることが分かる．ちなみに，オーストラリア英語も，イギリス英語に比べ，26 倍の高率を示している．

## 9. 植民地時代のアメリカ英語

　以上観察したように，現在用いられている仮定法節の否定表現の持つ特殊な

第 5 章　現代英語に見られる仮定法現在の再興と拡大について　　　　253

語順は，新たに 1940 年代以降アメリカにおいて発達した言語変化であるとみなすことができるが，それでは，仮定法節を全体的に見た場合，これも，アメリカで新たに発達した言語現象のひとつとみなすことができるであろうか（注 25 において，（　）の中に入れて示した Traugott による説明を参照）．以下，この節では，アメリカ新大陸入植以前の本国における英語との比較の観点から，アメリカ英語の特徴について，特に，仮定法節の特徴についてまとめてみよう．

　Hundt (2009) は，Ellis (1869: 19-20) が早い時期に，「植民地停滞 (colonial lag)」に相当する概念，すなわち，「発達停滞 (arrest of development)」という概念を用いて，「植民地停滞」の現象について触れていることを紹介している．すなわち，Ellis によると，アメリカの入植地では，「一種の発達停止状態が見られ，入植者達の用いる言語が，長い間，入植開始時の状態のままとどまっていて，母語であるイギリス英語の場合と比べると，変化の状態がより緩やかであると同時に，変化の仕方も異なったものとなっていることが分かる．事実上，アメリカ英語のことばは，イギリス英語と比べると，古風な響きを与えると言ってよい」(Hundt (2009: 13)) ことになる．

　Hundt は，さらに，次のように解説を続けている．すなわち，別の研究者の中には，Bryant (1907: 281) のように，イギリス英語と比較して，アメリカ英語には，保守的な面と革新的な面の両方の特徴が見られ，特に，後者の特徴は語彙の領域に最も顕著に現れているということを指摘する学者もいる．また，植民地における保守性と革新性の概念は，長い間用いられてきているが，Ellis (1869: 20) が用いている「発達停滞」の概念よりもっと広い意味で「植民地停滞」の用語を用いだしたのは Marckwardt (1958) である．すなわち，Marckwardt (p. 80) は，その用語を，単に言語に関してだけではなく，文化全体に関わるものとして用いている，と Hunt は解説している (p. 13)．

　なお，Marckwardt (1958) の改訂版を手がけた J. L. Dillard は，その改訂版の中 (p. 89) で，植民地停滞の現象に関して，以下のように述べている．すなわち，「アメリカ英語が元のものをそのまま受け継いでいるものとしてどんなものがあるかについて，これまで，多くの研究がなされてきているが，具体的に指摘されている種々の特徴を見てみると，数の点においても，分布の点においても，決して，目を見張ると言えるほどのものではないことが分かる．確かに，植民地停滞の現象は，アメリカ英語の発達の中に見られるひとつの要因であったには違いないのであるが，ほかの言語や文化との接触によってもたらされる種々の特徴と比較してみた場合は，むしろ，些細なものであるという結論付けをせざるを得ないであろう．」

Hundt による解説に戻ると，仮定法節（すなわち，命令的仮定法）の用法については，以下のような解説になっている（pp. 30-31）．すなわち，まず，Görlach (1987) が，仮定法節の用法のことを「アメリカ英語の中に生き残った統語的現象のひとつ ("a syntactic survival in AmE")」であるとみなしていることを挙げ (Hundt (2009: 30))，一方，Övergaard (1995) に示された 20 世紀イギリス英語およびアメリカ英語のデータ調査によると，アメリカ英語における仮定法節の使用は，［古いものが保存される―筆者］（言語発達の）「停滞（lag）」というよりは，むしろ，植民地後に起こった「復活（revival）」の現象のひとつということになると述べている．

Hundt はさらに解説を続け，次のように述べている．すなわち，「ただし，これまでの研究では，17 世紀，18 世紀および 19 世紀における仮定法節の使用状況を示す証拠が欠けているので，したがって，［そのようなデータを考慮しないままだと，例えば―筆者］初期植民地時代および植民地後の時代におけるアメリカ英語においては，仮定法節が，イギリス英語の場合よりはるかに広範囲にわたって，元の姿のまま保たれていたというように推測することも考えられるかも知れないが，しかしながら，このような推測は，かなり無理がある．というのも，Rissanen (1999: 285) も指摘しているように，［本国イギリスにおいては―筆者］中英語の時代からすでに，仮定法現在動詞ではなく，shall/should のような法助動詞による that 節のほうが数多く用いられていたのであるから．したがって，初期近代英語および後期近代英語についても，同じことが当てはまるのではないかということが十分考えられるであろう．データコーパス ARCHER (A Representative Corpus of Historical English Registers) を調べてみると，事実はまさにそのとおりであることが分かるのである」(p. 30) と述べている（すなわち，仮定法節の用法は，植民地後に起こった復活の現象のひとつであるとする見方のほうに利があるということになる）．Hundt (2009: 31) の挙げているデータの中から，Table 1.13 および Table 1.14 を，それぞれ，Table 1 および Table 2 として，下に掲げておこう．

Table 1: Table 1.13 *Mandative subjunctives vs.* should/shall-*periphrasis in ARCHER-2*

|     | 1750-99 | 1800-49 | 1850-99 | 1900-49 | 1950-90 |
| --- | --- | --- | --- | --- | --- |
| AmE | 0:6 | 1:2 | 2:10 | 2:2 | 12:2 |
| BrE | 0:4 | 1:4 | 0:9 | 3:7 | 2:10 |

第5章　現代英語に見られる仮定法現在の再興と拡大について　　255

Table 2:　Table 1.14 *Mandative subjunctives vs.* should/shall-*periphrasis in Early American Fiction (eighteenth-century-born authors only)*

| verb/noun | subjunctive | should/shall |
| --- | --- | --- |
| ASK | 0 | 6 |
| DEMAND | 7 | 26 |
| INSIST | 1 | 54 |
| PROPOSE | 4 | 128 |
| RECOMMENTD | 4 | 10 |
| REQUEST | 1 | 14 |
| REQUIRE | 6 | 96 |
| SUGGEST | 1 | 14 |
| URGE | 0 | 5 |
| WISH | 0 | 60 |
| Total | 24 (5.5%) | 413 (94.5%) |

　Table 1 は，それぞれの時代区分において，イギリス英語とアメリカ英語に現れる仮定法節（命令的仮定法）の使用頻度と法助動詞 should/shall を用いた節（迂言的仮定法）の使用頻度とを対比的に示している．この表に現れる全体としての数字は少ないものの，この表から，18 世紀および 19 世紀の英語において，イギリス英語，アメリカ英語共に，仮定法節はまれにしか用いられなかったことが明らかに読み取れる．
　一方，18 世紀生まれのアメリカ人作家による小説の中に見られる用法の頻度を数値化した Table 2 も，その時代における仮定法節の使用頻度が明らかに少ないことを裏付けている．すなわち，仮定法節の使用に関し，もともと，アメリカ英語はイギリス英語より保守的な傾向が見られるという結論付けはできないことになる．全体的に見て，言語コーパスに基づいた調査によると，アメリカ英語における仮定法節の使用は，植民地停滞の現象というより，明らかに植民地入植後に復活した現象のひとつであることに疑問の余地はないと言える，というのが Hunt の結論である．

## 10.　仮定法節内の法助動詞

### 10.1.　古英語から中英語へ

　ここで，イギリス本国における英語発達史の中から，古英語から中英語に至

る仮定法現在の発達の様子について，特に，中英語における仮定法節の使用状況についてまとめておきたい．以下の解説は，主として，Warner (1982) に基づいている．Warner (1982) は，1390年頃に刊行されたと思われる John Wycliffe の説教集（294の説教を集めたもの）をデータとして，中英語の補文構造の特徴を研究したものである．その中から，仮定法現在に関する解説を下にまとめてみよう．

　まず，間接疑問文の中の動詞について言うと，疑問詞 wheþir (=whether) によって導かれる補文の中の動詞は，古英語期以来，直説法動詞のこともあれば，仮定法動詞のこともある．それ以外の疑問詞によって導かれる間接疑問文の場合は，直説法動詞が用いられるのが普通である (p. 180, p. 190)．(なお，両者の使い分けが，いかなる基準によるものかということを明確にするのはむずかしいと Warner (1982: 190) は述べている．仮定法節の中に疑問詞が現われる別の例については，注7および第3章を参照．なお，仮定法節と疑問文の組み合わせが許されるかどうかについての考察については，第3章および Chiba (2009)，千葉 (2010) を参照．また，whether の様々な用法とその歴史的発達については，Ukaji (1997) を参照．)

　Warner (1982: 188) は，仮定法現在動詞からなる補文のことを「屈折的仮定法 (inflectional subjunctive)」と呼び，代わりに法助動詞 shulde (=should) を用いる場合の補文のことを「迂言的仮定法 (periphrastic subjunctive)」と呼ぶ．いずれの仮定法を用いるかについては，多くの場合，自由変異的なもの (in free variation) ではなく，一定の基準に基づいて行われているという興味深い指摘を行っている (pp. 190ff.)．その基準は，次の二つの部分から成り立っている．ひとつ目の基準は，補文の意味内容が，ある行為 (action) を表すか，あるいは，ある出来事の状態 (states of affairs) を表すなら，屈折的仮定法が用いられ，一方，(ここからは，分かりにくい言い方になっているのであるが)「ある命題 (propositions) を表すか，あるいは，ことばによる描写 (verbal representations) を表すなら」，迂言的仮定法が用いられる，というものである．

　二つ目の基準は，補文の意味内容が，仮想や仮定や想像上の事柄を表すならば，屈折的仮定法が用いられ，一方，真実・現実の事柄を表すならば，迂言的仮定法が用いられる，というものである．したがって，例えば，実際にある命令が下されたり，ある要求が示されるような場合，補文の主語がその命令や要求に応えうる立場にある場合は，そのような状況を述べようとすると，shulde を用いた表現になることが多い．一方，命令や要求が出されても，ことの性質上，補文の主語がそれに応えることのできるようなものではない場合には，屈

第 5 章　現代英語に見られる仮定法現在の再興と拡大について　　257

折的仮定法のほうを用いることが多いということになる（下記例文（28a, b）参照）．

(28) a. ii.87.20　For Crist wolde, for þe tyme of grace, þat men *shulden* turne men bi preching, and good liif and clene of preestis wiþouten sich feyned lawes.　(p. 195)
（というのも，そのような偽りの掟によるのではなく，伝導により，また聖職者の全うな清い生き方によって，恵みの時のために人が人を導かねばならないということをイエス様は望んでおられるからです）

b. i.157.14 ... Crist ... biddiþ hem, þat 'þer herte *be* not disturblid ne drede;' ...　(p. 194)
（彼らの心が惑わされることのないよう，また恐れを抱くことのないよう，イエス様は説いておられるのです）

Warner による解説をさらに続けてみよう．すなわち，歴史的に見ると，法助動詞 shal（=shall）が，それまでのように，時制の一致により，過去形に置き換わった結果 shulde が用いられるという用法とは独立した別の用法として，新たに初期中英語において，間接的命令文としての働きを持つ補文の中で，ought to の意味を表す迂言的仮定法としての shulde の用法が発達したと考えられる（p. 196）．この shulde は，最初は，補文の中で示される間接的命令文としての発話力（speech force）を強調するか，それをさらに余剰的に表すものとして用いられるようになったものであろう，と Warner は述べている（p. 197）．

Wycliffe の説教集の中に数多く見いだされる shulde の持つこの用法は，間接的命令文としての発話力を担う言語表現として，当時，最先端的役割を負っていたとみなすことができるかも知れない，とも Warner（1982: 197）は述べている．すなわち，中英語のこの時期は，shulde が法助動詞としての一語彙項目としての働きから，文法的に，間接的命令文を表す仮定法の用法を担う表現として発達し，ついには屈折的仮定法の用法に取って代わるようになることを示す時期でもあるという解釈が成り立つであろう（p. 196）．（中英語における仮定法の特徴についてさらに詳しくは，中尾（1972: 271ff.）参照．）

## 10.2.　仮定法衰退の原因

仮定法動詞の使用は，16世紀以降衰微して行くが，Turner（1980: 272）によると，その主な原因として考えられるのは，以下の二つである．

まず，ひとつ目の理由としては，強勢を持たない語尾に含まれる母音が弱化すると共に，それが失われて行くという一般的流れに沿って，それまで，広く用いられていた（現在，過去共に）仮定法動詞の単数形語尾 -e および複数形語尾 -en が次第に失われるようになり，[29] その結果，大部分の動詞において，直説法と仮定法の形態的区別が明確でなくなったということを指摘することができる．

　次に，二つ目として，多くの言語的環境において，仮定法が持つ意味的表示は，動詞の語尾変化以外にも，余剰的に示すことが可能であり，例えば，法助動詞を用いた言い換えや，副詞的表現，さらには，音調やジェスチャーによる補いも可能であったが，このうち，特に，法助動詞による迂言的仮定法を用いて仮定法の意味情報を表す傾向が強くなって行ったと思われる．[30] このように，

---

[29] 古英語における仮定法動詞の屈折語尾変化を示す表のうち，強変化動詞 rīdan 'ride' の場合を James (1986: 141), APPENDIX A より引用して示すと，以下のようになる（同様の表は，第 2 章第 4 節においても取り上げてある）．

|  |  | Indicative | Subjunctive | Imperative |
|---|---|---|---|---|
| Present | | | | |
| Sg. | 1. | rīde | rīde | |
| | 2. | rītst | rīde | rīd |
| | 3. | rītt | rīde | |
| Pl. | 1. | rīdaþ | rīden | |
| | 2. | rīdaþ | rīden | rīdaþ |
| | 3. | rīdaþ | rīden | |
| Past | | | | |
| Sg. | 1. | rād | ride | |
| | 2. | ride | ride | |
| | 3. | rād | ride | |
| Pl. | 1. | ridon | riden | |
| | 2. | ridon | riden | |
| | 3. | ridon | riden | |

*Infinitive:* 　　rīdan, tō rīdenne
*Present participle:* rīdende
*Past participle:* 　　riden

古英語における仮定法の特徴について，詳しくは Faulkner (1902)，小野・中尾 (1980: 392ff.) を参照．

[30] 仮定法動詞の屈折語尾の消失が生じると共に，従来だと屈折仮定法動詞が起こることが期待されていたような場所に，法助動詞が現れるようになるというこの現象は，古英語にすでに見られる現象であるということを Denison (1993: 329-330) は指摘している．仮定法動詞の代わりに，法助動詞を用いる傾向がその後次第に増大し，それ以来ずっと，仮定法動詞が直

第5章　現代英語に見られる仮定法現在の再興と拡大について　　259

仮定法を形態的に明示する役を担っていた特別の接尾辞が，17-18世紀を通してますます使用されなくなって行くのであるが，その間，そのような仮定法の衰微を食い止めようとする一部の文法学者・作家・教育者による散発的な試みもあったようである．[31]

なお，よく知られている言語事実として，仮定法現在には時制の一致の現象が見られないという特徴があるが，Turner (1980: 272) は，この特殊性を，英語の歴史上，仮定法が全般的に衰退するという流れを食い止めることのできなかった要因のひとつとみなしている．（ただし，仮定法現在には時制の一致の現象が見られないとする捉え方には異論もある．詳しくは，第1章第5節および千葉 (2001b: 404ff.) 参照.）

## 10.3. 現代英語における仮定法節内の法助動詞

「仮定法節内の法助動詞」のテーマは，すでに第1章第8節において触れた

---

説法動詞，法助動詞およびその他の表現に取って代わられることとなり，仮定法の退行現象へとつながって行くことになる (p. 330).

なお，Plank (1984: 345) によると，古英語期に見られるこの言語変化は，広く，ゲルマン語族一般に見られる言語変化，さらには，印欧語族全般に起こった変化，すなわち，動詞の接尾辞のうち，特に，法 (Mood) に関する細かな区別（たとえば，仮定法，祈願法，命令法，その他）が失われて行く言語変化の一環として捉えることができる．そのあたりのことを解説した文献として，Plank (p. 345) は，以下の二つを挙げている．J. Gonda, *The Character of the Indo-European Moods*, Wiesbaden: Harraddowitz, 1956; J. Kuryłowicz, *The Inflectional Categories of Indo-European*, Heidelberg: Winter, 1964.

古英語期において，迂言的仮定法として法助動詞が用いられるとき，もともとは，法助動詞そのものが仮定法の接尾辞を伴って用いられていた (cf. ブルンナー (1973: 668), James (1986: 92)) のであるから，厳密に言うと，「仮定法動詞が，最初の段階から，文字どおり，法助動詞（＋動詞）によって置き換えられるようになった」と言うのは正しくないので，注意する必要があると Plank (1984: 346-347) は述べている．ただし，ここで言う「法助動詞」の中には，一般動詞の中のあるグループのものが，1500年頃に再分析を受けた結果，新たに，「法助動詞」として，一般動詞から独立した統語範疇を形成するようになってできたものも含まれている．そのように新たにできた「法助動詞」をも含める意味で，Plank は「法助動詞（以前）((pre-)modals)」という用語を用いている．「法助動詞」の生まれるあたりの歴史的変化の様子については，Lightfoot (1979; 1999), Plank (1984) を参照.

[31] Auer (2004, 2006) 参照．同種の内容の指摘としては，つとに，Jespersen (1924: 318) が行っているものがあるのを指摘しておきたい．すなわち，Jespersen は，「19世紀中頃より，仮定法現在の用法の一部に関して文芸上の復興 (literary revival) が見られるとはいうものの，英語において，仮定法は，古英語期以来，衰退の一途をたどるのである」と述べている．同じような記述が，Strang (1970: 209), Plank (1984: 346), Rissanen (1999: 228) にも見られる．

話題であるが，ここで改めて，この話題についての考察を深めて見たい．下記例文 (29a, b) に示すように，仮定法節を迂言的仮定法に置き換えると，非文になる場合があることが分かる．

(29) a. *He demanded that the successful candidates can speak German.
　　 b. *The police require that the spectators must stand behind the barricade.[32]

特に，must, can のような法助動詞を一般的に用いることのできない理由として，Celce-Murcia and Larsen-Freeman (1999: 691) は，demand, require のように，仮定法節を認可する動詞そのものが，その意味特徴の一部として should や must で表されるような意味概念をすでに有していると考えられるので，上記 (29a, b) のような文は，法助動詞を加えることで，意味の余剰が生じることとなり，非文となることが説明できるであろうと述べている．

アメリカ英語において，should を用いた迂言的仮定法の表現は，一般的に，「堅苦しい」とか「イギリス英語っぽい」というような印象を与えるようである (cf. Evans and Evans (1957: 484))．一方，イギリス英語においては，少なくとも一昔前までは，(should を欠いた) 仮定法現在動詞の文は「衒学的」であるとみなされる (Evans and Evans (1957: 484)) のが一般的傾向であったが，現代では，それが次第に変わりつつあるということについては，多くの研究者が指摘しているとおりである．

以下に示すのは，すでに第 1 章第 7 節において例文 (44a-e) として挙げた例であるが，アメリカ英語の話し手が示す典型的な反応であると言えるであろう．((*should) とあるのは，「should を選んだ場合は，非文となる」ことを表す．)

(30) a. I require that he (*should) do that.
　　 b. I demand that you (*should) do the dishes.
　　 c. I prefer that I (*should) not be asked to do the work.
　　 d. Mary obeyed the command that she (*should) come here at once.
　　 e. It is imperative that she (*should) talk to them every Sunday.

---

[32] Potsdam (1998: 64) より．同じような事実指摘として，ほかに，Wierzbicka (1988: 140-161), Ruwet (1991: 52), Roberts (1985: 40, fn. 12), Declerck (1991: 354, note 1) を参照．

なお，Celce-Murcia and Larsen-Freeman (1999: 633) によると，下記例文 (31a, b) の持つ文法性の違いについて，

(31) a. The customer demanded that the store (?must/?had to) return his money.　　　　　　　(Celce-Murcia and Larson-Freeman (1999: 633))
　　　（客は店が自分のお金を返してくれるよう要求した）
　b. We insisted that he (should/had to) take the rest again.

(op. cit., p. 691)

　　　（ぜひもう一度彼が休息するようにと私たちは言った）

(31b) の場合には，法助動詞を用いて，物腰の柔らかい感じ (a softening effect) を出すことが可能となるので，法助動詞を用いた場合も文法的文となるのであろうと説明している．

Asahara (1994: 9) は，法助動詞を用いた場合と仮定法現在動詞の場合との意味の違いに関して，Poutsma (1926: 174) による説明を紹介している．すなわち，Poutsma によると，法助動詞は仮定法現在動詞と同じ意味を表すが，ただし，法助動詞を用いた場合は，意味が「多少とも弱められる (more or less weakened)」と説明している．Asahara (1994) はまた，上記例文 (30a-e) に見られるようなアメリカ英語の話者の反応についての Chiba (1987: 148) による説明，すなわち，そのような反応を示すのは，「仮定法現在動詞を用いて話し手が表現しようとする改まった感じの，強い要求や命令の気持ちが，法助動詞 should を加えることにより，弱められることになるからであろう」という説明をも紹介している．

仮定法節の中に should 以外の法助動詞（例えば，shall, may, might, must, will, would など）が現れる場合があることについては，Chiba (1987: 64-78)，Övergaard (1995: 54-61) を参照．なお，仮定法節の中に用いることのできる法助動詞は，根源法助動詞 (root modals) に限られ，認識様態法助動詞 (epistemic modals) は用いることができないという制約については，第 1 章第 8 節および Chiba (1987: 185, note 29), Gelderen (1993: 113) を参照．一般的な傾向としては，イギリス英語においては，（今日においても，仮定法現在に対する should の使用率が高いので）法助動詞の使用が should に偏っているという分布状態を呈することになるが，一方，アメリカ英語においては，should の使用率自体がそれほど高くないので，ほかの法助動詞と比べて使用率が飛び抜けて高いということにはならない (cf. Övergaard (1995: 56), Schlüter (2009: 302))．むしろ，アメリカ英語では，should の場合をも含め，全般的に，法助

動詞の使用が少なくなってきていると言えるであろう (cf. Schlüter (2009: 303), Leech (2003: 236)).

なお, 補文内においてどの法助動詞が選ばれるかということは, その補文を支配する主節の動詞・形容詞・名詞の意味内容などの意味論的および語用論的特徴によって決まることになる (cf. Chiba (1987: 77), Övergaard (1995: 54-61), Schlüter (2009: 283, 302)).

オーストラリア英語の場合については, Peters (1998) が行った, データコーパス (ACE corpus) に基づく仮定法使用状況調査の研究が参考になる. Peters は, 仮定法節に代わる, should を用いた that 節の中で, should 以外の法助動詞 (および準法助動詞 (quasi-modal)) として, どのようなものが現れるかについての報告も行っている. 結果は, 下に示す Table 3 (Peters (1998: 93), Table 1) の中に, 仮定法節使用の頻度と比較する形でまとめられている.

Table 3: *Choice of subjunctive or modal verb paraphrase after selected verbs/ verbal nouns in ACE corpus*

| | subj. | S* | A* | M | QM | (nos. in bracket) |
|---|---|---|---|---|---|---|
| *advise* | 0 | 0 | 1 | | | |
| *ask* | 7 | 1 | 0 | | | |
| *demand* | 11 | 2 | 1 | | | |
| *direct*(incl. *directive*)(1) | 2 | 0 | 0 | | | |
| *insist*(incl. *insistence*)(1) | 5 | 4 | 4 | 4 | 1 | *should*(2), *must*(2); *had to* |
| *move* | 1 | 0 | 0 | | | |
| *order*(incl. *order, n*)(1) | 3 | 0 | 0 | 1 | | *should* |
| *propose*(incl. *proposition, n*)(1);(incl. *proposal, n*)(2) | 6 | 0 | 0 | 5 | | *should*(4), *would* |
| *recommend*(incl. *recommendation, n*)(4) | 21 | 1 | 1 | 9 | | *should*(9) |
| *request*(incl. *request, n*)(2) | 3 | 1 | 0 | 1 | 1 | *should; was to* |
| *require*(incl. *requirement*)(2) | 5 | 2 | 0 | 2 | | *must*(2) |
| *stipulate* | 0 | 0 | 0 | 1 | 1 | *must; had to* |
| *suggest*(incl. *suggestion, n*)(1) | 10 | 8 | 4 | 13 | | *should*(12), *could* |
| *urge* | 4 | 0 | 0 | | | |
| TOTAL | 78 | 19 | 11 | 36 | 3 | |

(Table 3 の中で, S* の記号は, 仮定法節であることが動詞の形態から明確な場合を表

第5章　現代英語に見られる仮定法現在の再興と拡大について　　263

し，A* の記号は，直説法動詞と仮定法現在動詞の区別が形態的に明確でない場合を表す．また，記号 M および QM は，それぞれ，法助動詞および準法助動詞を表す．）

　この表から分かることは，まず，全体的に言って，仮定法節の現れる頻度の方が，法助動詞を用いた that 節の現れる頻度と比べるとかなり高いということである．すなわち，現代のオーストリア英語において，仮定法節がかなり用いられていることを示すものと解釈できる．法助動詞の使用について言うと，should 以外に，must, would, could などの法助動詞が用いられるほか，have to, be to などの準法助動詞も用いられることが分かる．また，この表から，法助動詞を用いるか，それとも仮定法節を用いるかが，主節の動詞（あるいは名詞）の違いに左右されるようだということも読み取ることが可能である．例えば，動詞 demand の場合，仮定法節だけを補文として選び，一方，動詞 suggest の場合は，法助動詞を用いた補文のほうを好む傾向がある，という具合である．

　なお，法助動詞の中で，用いられる頻度が一番高いのは should であるが，強い義務（strong obligation）を表す must や have to などの（準）法助動詞，あるいは，義務の観念がかなり弱い could や be to などの（準）法助動詞も用いられることがある．重要だと思われることは，どの（準）法助動詞を用いるかの選択が，主節の動詞（あるいは名詞／形容詞）の表す義務の観念の強さの程度の違いに密接にかかわっている（Peters (1998: 94)）のではないかということである（同じような指摘については，Chiba (1987: 77), Crawford (2009)[33] を参照）．

---

[33] 仮定法節内に現われる法助動詞について，Crawford (2009) の興味深い研究の概要を紹介すると，以下のようになる．まず，Crawford は，仮定法現在の用法を，主節の動詞・名詞・形容詞の持つ一定の意味内容に応じて，その補文内に仮定法現在形が現れる用法であると捉えるのであるが，この点において，Crawford (2009) のアイデアは，Chiba (1987) で示された仮定法現在の分析と同じであると言える．また，仮定法節を引き起こす役目を担う，それら主節の動詞・名詞・形容詞のことを「引き金 (trigger)」と呼ぶことにおいても，両者は共通点を持つ（「引き金」の用語の使用は，Serpollet (2001: 532) にも見られる）．

ついで，Crawford は，仮定法節の「引き金」となる可能性を持った語彙項目 (potential subjunctive triggers) により選ばれる補文構造として，次の三つのものを考える．すなわち，(1) 仮定法節としての補文のほか，(2) 法助動詞 should/shall によって表される補文，および，(3) 法助動詞 must/have to によって表される補文の三つである．これら三つのものを合わせて「命令的仮定法 (mandative)」と呼ぶ．（ふつう「命令的仮定法」と呼ばれるものは，上記の分類のうち (1) の補文だけ，すなわち，法助動詞を含まないものだけを指すことが多いのであるが（第3章注3参照），Crawford は，ここでは，普通とは異なる意味でこの用語を用いていることに注意．Crawford 自身は，この二つの異なる用法を区別するために，普通の意味で

の「命令的仮定法」のことを「特異命令的 (specific mandative)」(仮定法) と呼び,彼自身の
ものを「一般命令的 (general mandative)」(仮定法) と呼び分けている.) これら三つの (一般)
命令的仮定法補文のうちどれが選ばれるかは,仮定法の引き金としての語彙項目が持つ微妙な
意味内容の違いによって決まる.

　なお,法助動詞としては, should/shall/must/have to 以外にも,例えば, could/might など
があるが,これらは,その意味的特徴の点から,命令的仮定法を作り出す働きを持たないの
で,「非命令的」(non-mandative) 法助動詞のひとつであると考える.また,直説法動詞を用
いた補文により仮定法節を置き換えることもあるので,命令的仮定法節以外の補文をまとめて
「非命令的補文」と呼ぶことができる.

　この分析によると,仮定法現在動詞を用いた命令的仮定法 (すなわち,上記 (1) の種類の
補文) は,上に示したような,限られた数の法助動詞のみを用いた補文 (すなわち,上記 (2),
(3) の種類の補文) により置き換えが可能となる. Crawford (2009: 259) の挙げている下記
例文 (i) を参照.

　　(i) Israel was also said to be determined that the agenda for a meeting with Palestin-
　　　 ians *be/should be/must be restricted* to agreeing details of the conduct of elections
　　　 in the West Bank and Gaza strip.

　　　 (イスラエルはまたパレスチナ側との会合における議題を,ヨルダン川西岸地域およ
　　　 びガザ地区における選挙をどのように進めるかの詳細について同意することだけに
　　　 限定すべしとの決定を下しているとのことであった)

　ただし,すでに述べたように,イギリス英語であるか,あるいは,アメリカ英語であるかの
違いにより,また,同じ種類の英語に限ってみても,仮定法節の具体的例文次第により,この
限られた数の法助動詞の中のいずれを用いても置き換えが不可能であるとの反応を示す英語母
語話者も存在するので,仮定法節と迂言的仮定法との間の「書き換え (言い換え) 可能性」の
問題は,取り扱いが厄介である (cf. Chiba (1987: 64-80), Övergaard (1995: 54-61)).

　Crawford (2009) のこの研究は,このような厄介な問題に正面から取り組もうとする意欲
的な研究である.すなわち,この研究は,仮定法節と迂言的仮定法の間の互換性の問題に関
し,イギリス英語とアメリカ英語の間にはどのような違いが見られるか,また,それぞれの英
語において,仮定法の引き金となる語彙項目の間でどのような違いが見られるかについて,
1990 年代のイギリス英語・アメリカ英語の言語データを納めたコーパス Longman Grammar
of Spoken and Written English (LGSWE) の中からニュース記事を選び, 108 個の仮定法節
引き金候補者となる語彙項目について調査・分析したものである. 108 個の引き金は,仮定
法節と頻繁に共起するものと,そうではないものの 2 種類に分けることができる. Crawford は,
前者を「強い引き金」と呼び,後者を「弱い引き金」と呼んでいる (p. 258).

　この研究のもうひとつの特徴は,上で説明したように,三つの種類の補文をひとまとめにし
て「(一般) 命令的仮定法」として扱い,それに対する「非命令的補文」と比較した場合,どち
らのほうが (それぞれ,どれだけの頻度で) 用いられるか,ということを示す統計的データを
も提示していることである.これは,仮定法を扱ったほかの同種の研究にはほとんど見られな
い貴重なデータとなっている.

　Crawford (2009) の中に提示されている結果のうち,興味深いと思われる一般的傾向をい
くつかまとめてみると,以下のようになる.

　(1) 命令的仮定法節を選ぶことが多いか,それとも,非命令的補文を選ぶことが多いか

第 5 章　現代英語に見られる仮定法現在の再興と拡大について　　　　　　　　265

の頻度の違いについて言うと，動詞と名詞の場合，アメリカ英語においてのほうがイギリス英語の場合と比べて，仮定法節を選ぶ頻度がより高くなる傾向が見られる．一方，形容詞の場合には，そのような違いがないことが分かる．

(2) 非命令的仮定法との使用率の違いを比較した場合，65% 以上の高い命令的仮定法節の使用率を示す語彙項目にあっては，イギリス英語とアメリカ英語の間で大きな差が見られる場合があるのに対し，それ以下の使用率を示す語彙項目の場合には，両者の間に，さほど大きな差が見られないという一般的傾向がある．例えば，動詞 ask の場合，イギリス英語とアメリカ英語で，命令的仮定法の使用率は，それぞれ，63% ［上に示した基準値の 65% に達していないが，それでも，それにほぼ近い―筆者］と 83% であり，動詞 demand の場合は，それぞれ，68% と 85% となり，また，動詞 request の場合も，それぞれ，65% と 85% であるので，これらの動詞の場合，イギリス英語とアメリカ英語における命令的仮定法の使用率の違いは 17-20% 程度あることになる．一方，動詞 propose, require, urge にあっては，それより少ない 10% 程度になる．（違いが最も大きく出るのが，動詞 order の場合であり，イギリス英語（55%）とアメリカ英語（85%）の間に 30% の差が見られる．）

それに比べ，65% より少ない命令的仮定法使用率を示す語彙項目，例えば，dictate, wish, decide, ensure, insist, suggest などの場合，イギリス英語とアメリカ英語の差は，比較的少ない（0-13%）ことが分かる．動詞 determine と provide の場合は例外的で，それぞれ，27% と 22% である．

(3) 特に注目に値するのが，動詞 insist と suggest の場合である．これらの動詞は，いずれも，仮定法節（を含む一般命令的仮定法）の引き金となる語彙項目として，頻出度の上では比較的高い数値を示す語彙項目のひとつに数えられることが多い．ところが，本調査によると，非命令的補文との使用率の違いを比べてみた場合，イギリス英語，アメリカ英語共に低い数値しか示さないことが分かるのである．すなわち，insist の場合，両者共に 13% であり，一方，suggest の場合は，イギリス英語で 13%，アメリカ英語で 14% である．このように，仮定法の引き金としての使用頻度だけを問題にした場合は，上述のように，これらの動詞は頻出度の比較的高い種類の動詞として分類されるので，これらの動詞が，むしろ，非命令的補文と共起することのほうが多いというような本当の姿を見誤る場合があるので注意を要する，と Crawford (2009: 264) は述べている．

(4) イギリス英語とアメリカ英語での違いが大きく現れる語彙項目として重要なのは，名詞 proposal, recommendation と requirement の場合である．すなわち，動詞の場合には，非命令的補文と比較して，仮定法節の使用率のほうが高くなる語彙項目であれば，一般的に，イギリス英語，アメリカ英語のいずれにおいても高い数値を示すのが普通であるが，上に挙げたような名詞の場合には，両英語で，大きな使用率の違いが見られるのが特徴である．例えば，名詞 proposal と recommendation の場合，イギリス英語では，それぞれ，88% と 80% の高い使用率を示すのに対し，アメリカ英語での使用率は，それぞれ，26% と 29% とかなり低い数値となっている．三番目の名詞 requirement にあっては，アメリカ英語で 70% の高率を示すものの，イギリス英語では，なんと，使用率 0% の低さである．あと，名詞 condition, decree, mandate, request, suggestion なども，いずれも，英米で 18% 以上の開きがで

このように，(準)法助動詞の使用には選択の幅が許されているので，このことにより，仮定法節を用いる場合と比べ，(準)法助動詞を用いるほうが，微妙な意味の違いを明確に表すことができ，それだけ，意味の違いを表すために用いる材料の幅も拡大されることになると Peters (1998: 94) は述べている．この点に関し，古英語の仮定法の用法について Ogawa (2000) の指摘している内容と響き合う点があるのが興味深いと思われる．すなわち，Ogawa によると，古英語では，仮定法動詞の現れる箇所ならどんな所にも，いずれかの法助動詞を用いることができるが，その反対に，法助動詞の現れる箇所で，仮定法動詞を用いることのできないような箇所がある．例えば，(1) 義務を表す表現 (Expression of obligation) として，(2)（現実とは合わないので，条件節の内容が）否定される条件文の帰結節 (Apodoses of rejected conditions) として，お

---

きている．
(5) 形容詞について言える目立った特徴は，65% 以上の命令的仮定法節の使用率を持つ「強い引き金」となる語彙項目が英米共に存在しないことである．中で最も高い使用率を示すのは，アメリカ英語における important であるが，これでも，せいぜい 52% 程度の使用率しか示さない．その他の形容詞は，いずれも，3%（アメリカ英語の concerned の場合）から，せいぜい 38%（アメリカ英語の essential の場合）止まりである．
(6) 最後に，仮定法使用に関し一般的に言われている英米の違い，すなわち，イギリス英語では，should に代表される法助動詞を用いた迂言的仮定法が多く用いられ，一方，アメリカ英語では，迂言的仮定法より命令的仮定法を用いることが多い，という違いは，この調査でも裏付けられたであろうかという点について触れておこう．まず，13 の動詞のうち 6 つの動詞 (ask, demand, order, request, require, urge) が，英米共に，仮定法節のほうを（60% 以上の割合で）好む傾向が見られることから，イギリス英語でも，仮定法節の使用率のほうが迂言的仮定法の使用率より高くなる動詞が存在することが分かる．動詞 propose も，イギリス英語において，50% 以上の高い使用率を示している．また，動詞 insist, propose, provide, recommend, wish の場合は，アメリカ英語においてのほうが，イギリス英語の場合に比べ，仮定法節の使用率がはるかに高くなる．
　法助動詞 should を用いた補文の使用率のほうが仮定法節の使用率より高くなる動詞がアメリカ英語の場合にもひとつだけ存在し（すなわち，decide），また，動詞 ensure, suggest についても，アメリカ英語において，should を用いる割合が，イギリス英語の場合ほどではないにしても，50% 程度の高率を示すことが分かる．(Crawford (2009: 268) は，上に取り上げた動詞 decide と並んで，suggest をも，迂言的仮定法使用率のほうが仮定法節の使用率より高くなる動詞の例に加えているが，図表 (Figure 14.5, p. 269) を見る限り，そうは言えないことが分かる．したがって，ここでは，それを修正して，上で示したように，suggest を「50% 程度の高率を示す」動詞として挙げておくこととする．)

第 5 章　現代英語に見られる仮定法現在の再興と拡大について　　267

よび，(3) 従属節で表される依頼・要求（dependent requests）として，など
がそうである (pp. 54-56).[34]

## 11. まとめ

　20世紀初頭，イギリスの英語学者 Henry Bradley は，その著書 *The Making of English* (1904) において，今後，英語の仮定法が辿る運命を次のように予測している．「おそらく，後20年もすれば，仮定法動詞は，唯一の例外 were を除いて，地球上から姿を消してしまっていることであろう」(p. 53).[35]周知のとおり，あれから20年経った1920年代においてはもちろん，あれから100年以上経過した現代においても，Bradley の予測とは裏腹に，仮定法は

---

[34] Ogawa (1989: Part III) はまた，伝統的な「代用理論（substitution theory）」，すなわち，古英語の法助動詞は，仮定法屈折動詞の単なる代用物的存在であり，それら仮定法動詞の独特の屈折語尾変化が失われたその穴埋め役として主に発達したものである，とする理論は，古英語の姿を正しく捉えたものではない，ということを主張している．すなわち，古英語において，法助動詞と屈折的仮定法の間には，単なる同等物としての関係は認められない（Ogawa (2000: 10)）．具体的テキストを詳しく当たってみると，法助動詞の使用に関するさまざまな違いが見いだされるので，法助動詞が全体的に屈折仮定法の肩代わりをするというような単純な変化，すなわち，統合 (synthesis) から分析 (analysis) への年代記的発達，が見られるというような捉え方はできず，そこには，もっと込み入った関係が認められると Ogawa は主張している (p. 11)．

　なお，Denison (1993: 338-339) は，古英語期において，仮定法動詞を法助動詞に置き換えることがどの程度広く行われていたかは，諸説紛々としていて，厄介な問題であるとした上で，古英語期においてすでに，法助動詞が仮定法の代用として広く用いられていたとする説には Ogawa (1989) が反対しているということを指摘している．

　また，Plank (1984: 314) によると，認識様態的用法の法助動詞を非定形節の中に用いる用法は，古英語・中英語には存在しなかったようである．古英語に関する同じような指摘は Traugott (1992: 197-198) にも見られる（cf. Ogawa (2000: 33-34)）．なお，第1章第8節でも触れたように，仮定法節の中に起こりうる法助動詞の種類が根源法助動詞に限られ，認識様態法助動詞は用いられないという，現代英語に見られる事実（第1章第8節および Chiba (1987: 185, note 29) 参照）のことも併せて考えてみると，この種の制約は，かなり普遍的な性質のものではないかと思われる．

　法助動詞 should が従属節に現れる様々な場合を取り上げ，その意味論的特徴および歴史的発達について論じたものとして，Coates (1983)，Bybee, Perkins and Pagliuca (1994) がある．

[35] Revised edition (revised by Simeon Potter, 1967) には，次のような注が加えられている．すなわち，「しかしながら，アメリカ英語においては，"I insist that he appear without delay." の例に見るように，仮定法の言語形式が復活する傾向が見られる」(p. 43, fn. 1)．

立派に生き残っていると言える．

また，小説家 Somerset Maugham は，*A Writer's Notebook* (London: Vintage, 1949), p. 257 において，「仮定法は，今や死に瀕して断末魔の苦しみを味わっていると言える．なすべき最良の方法と言えば，できるだけ速やかに安楽死させてやることである」とさえ言っている．[36] 確かに，一般的に仮定法は，初期近代英語以来消滅しかかった文法的範疇の状態を呈していたのであるが，その中の一用法，すなわち，命令的仮定法だけは，20世紀初頭より，まず最初はアメリカ英語の（文語的表現の）中で，さらに後になっては，その他の地域の英語においても「驚異的な復活を遂げる」(Mair (2006: 108)) のである．

以上のように，古英語から中英語，近代英語を経て現代英語に至る仮定法節の変遷の歴史を辿ってみると，仮定法節の使用の広がりについて，大きなうねりのようなものを感じ取ることができる．今後何十年か後になって，「仮定法を安楽死させることなく，適切に治療を施し，回復させることができてよかった」というような感想を漏らす時代が来るかも知れない．

---

[36] Kovács (2009: 80) の指摘による．なお，Heinemann 社刊行版 (1949年) のテキストでは，上記引用箇所は261ページに相当する．Kovács (2009) は，また，19世紀の文法家 Goold Brown (1851: 33) が，「仮定法の使用を全般的にやめるほうが，おそらく，望ましいであろう」と述べていることを紹介している (p. 80)．

# 参 考 文 献

Aarts, Bas (2012) "The Subjunctive Conundrum in English," *Folia Linguistica* 46, 1–20.
Aboh, Enoch Oladé (2004) *The Morphosyntax of Complement-Head Sequences: Clause Structure and Word Order Patterns in Kwa*, Oxford University Press, Oxford.
Aijmer, Karin (1972) *Some Aspects of Psychological Predicates in English*, Almqvist and Wiksell International, Stockholm.
Akmajian, Adrian (1984) "Sentence Types and the Form-Function Fit," *Natural Language and Linguistic Theory* 2, 1–23.
Akmajian, Adrian and Thomas Wasow (1975) "The Constituent Structure of VP and AUX and the Position of the Verb BE," *Linguistic Analysis* 1, 205–245.
Akmajian, Adrian, S. M. Steele and T. Wasow (1979) "The Category AUX in Universal Grammar," *Linguistic Inquiry* 10, 1–64.
Algeo, John (1992) "British and American Mandative Constructions," *Language and Civilization: A Concerted Profusion of Essays and Studies in Honour of Otto Hietsch*, Volume II, ed. by Claudia Blank, 599–617, Peter Lang Publishers, Frankfurt-on-Main.
Algeo, John (2006) *British or American English?: A Handbook of Word and Grammar Patterns*, Cambridge University Press, Cambridge.
天野政千代 (1999)『言語要素の認可―動詞・名詞句・副詞』研究社出版, 東京.
Andersen, Elaine Slosberg (1990) *Speaking with Style: The Sociolinguistic Skills of Children*, Routledge, London and New York.
Anderson, Alan Ross (1951) "A Note on Subjunctive and Counterfactual Conditionals," *Analysis* 11, 35–38.
Anderson, John M. (2007) "Finiteness, Mood, and Morphosyntax," *Journal of Linguistics* 43, 1–32.
Anderson, Stephen R. (1982) "Types of Dependency in Anaphoras: Icelandic (and other) Reflexives," *Journal of Linguistic Research* 2, 1–22.
Ando, Sadao (1976) *A Descriptive Syntax of Christopher Marlowe's Language*, University of Tokyo Press, Tokyo.
Aoun, Joseph, N. Hornstein, D. Lightfoot and A. Weinberg (1987) "Two Types of Locality," *Linguistic Inquiry* 18, 537–577.
荒木一雄・宇賀治正朋 (1984)『英語史 III A』(英語学大系 第 10 巻), 大修館書店, 東

京.
Asahara, Kyoko (1994) "English Present Subjunctive in Subordinate *that*-Clauses," *Kasumigaoka Review* 1, 1-30, Fukuoka Women's University.
Atkinson, Martin (1982) *Explanations in the Study of Child Language Development*, Cambridge University Press, Cambridge.
Atwood, E. Bagby (1953) *A Survey of Verb Forms in the Eastern United States*, University of Michigan Press, Ann Arbor.
Auer, Anita (2004) "The Treatment of the Subjunctive in Eighteenth-Century Grammars of English," *Paradigm* 2, 3-18.
Auer, Anita (2006) "Precept and Practice: The Influence of Prescriptivism on the English Subjunctive," *Syntax, Style and Grammatical Norms: English from 1500-2000*, ed. by Christiane Dalton-Puffer et al., 33-53, Peter Lang, Bern.
Avrutin, Sergey and Maria Babyonyshev (1997) "Obviation in Subjunctive Clauses and Agr: Evidence from Russian," *Natural Language and Linguistic Theory* 15, 229-262.
Avrutin, Sergey and Kenneth Wexler (1999/2000) "Children's Knowledge of Subjunctive Clauses: Obviation, Binding, and Reference," *Language Acquisition* 8, 69-102.
Baker, Carl (1971) "Stress Level and Auxiliary Behavior in English," *Linguistic Inquiry* 2, 167-181.
Baker, Carl (1989) *English Syntax*, MIT Press, Cambridge, MA.
Baker, Carl. (1991) "The Syntax of English *not*: The Limits of Core Grammar," *Linguistic Inquiry* 22, 387-429.
Bailey, Guy and Marvin Bassett (1986) *Language Variety in the South: Perspectives in Black and White*, The University of Alabama Press, Tuscaloosa, AL.
Barbaud, Philippe (1991) "Subjunctive and ECP," *New Analyses in Romance Linguistics*, ed. by Dieter Wanner and Douglas Kibbee, 125-141, John Benjamins, Amsterdam.
Barss, Andrew (2000) "Minimalism and Asymmetric *Wh*-Interpretation," *Step by Step: Essays on Minimalist Syntax in Honor of Howard Lasnik*, ed. by Roger Martin, David Michaels and Juan Uriagereka, 31-52, MIT Press, Cambridge, MA.
Baugh, John (1983) *Black Street Speech: Its History, Structure, and Survival*, University of Texas Press, Austin.
Bauer, Laurie (2002) *An Introduction to International Varieties of English*, Edinburgh University Press, Edinburgh.
Behre, Frank (1955) *Meditative-Polemic* Should *in Modern English* That-*Clauses*, Almqvist and Wiksell International, Stockholm.
Bellert, Irena (1977) "On Semantic and Distributional Properties of Sentential Ad-

verbs," *Linguistic Inquiry* 8, 337–351.

Belletti, Adriana (1990) *Generalized Verb Movement*, Rosenberg and Sellier, Turin.

Berk, Lynn M. (1999) *English Syntax: From Word to Discourse*, Oxford University Press, New York.

Bernstein, Cynthia (1988) "A Varient of the 'Invariant' *Be*," *American Speech* 63, 119–124.

Berwick, Robert C. (1985) *The Acquisition of Syntactic Knowledge*, MIT Press, Cambridge, MA.

Beukema, Frits and Peter Coopmans (1989) "A Government-Binding Perspective on the Imperative in English," *Journal of Linguistics* 25, 417–436.

Biber, Douglas, Stig Johansson, Geoffrey Leech, Susan Conrad and Edward Finegan (1999) *Longman Grammar of Spoken and Written English*, Longman, Harlow, Essex.

Boeckx, Cedric and Kleanthes K. Grohmann, eds. (2003) *Multiple* Wh-*Fronting*, John Benjamins, Amsterdam.

Bolinger, Dwight (1968) "Postposed Main Phrases: An English Rule for the Romance Subjunctive," *Canadian Journal of Linguistics* 14, 3–30.

Bolinger, Dwight (1972) *That's That*, Mouton, The Hague.

Bolinger, Dwight (1977) *Meaning and Form*, Longman, London.

Bolinger, Dwight (1978) "Asking More Than One Thing at a Time," in Hiż, ed. (1978), 107–150.

Borkin, Ann (1984) *Problems in Form and Function*, Ablex Publishing Corporation, Norwood, NJ.

Bouchard, Denis (1982) *On the Content of Empty Categories*, Doctoral dissertation, MIT. [Published, Foris, Dordrecht, 1984]

Bouchard, Denis (1983) "The Avoid Pronoun Principle and the Elsewhere Principle," *NELS* 13, 29–36.

Boyer, James L. (1988) "Relative Clauses in the Greek New Testament: A Statistical Study," *Grace Theological Journal* 9, 233–256.

Bradley, Henry (1904) *The Making of English*, (Revised by Simeon Potter, 1967) Macmillan, London.

Brame, Michael (1980) "Lexicon vs. Filters," *Lexical Grammar*, ed. by Teun Hoekstra, H. van der Hulst and M. Moortgat, 73–95, Foris, Dordrecht.

Brame, Michael (1981) "Trace Theory with Filters vs. Lexically Based Syntax Without," *Linguistic Inquiry* 12, 275–293.

Bresnan, Joan (1972) *Theory of Complementation in English Syntax*, Doctoral dissertation, MIT. [Published, Garland, New York, 1979]

Bresnan, Joan (1977) "Variables in the Theory of Transformations, Part I: Bounded versus Unbounded Transformations," *Formal Syntax*, ed. by Peter Culicover,

Thomas Waswo and Adrian Akmajian, 157-196, Academic Press, New York.
Brown, Goold (1851) *The Grammar of English Grammars*, S & W. Wood, New York.
Brunner, Karl (1962) *Die englische Sprache I und II: Ire geschichtliche Entwicklung*, 2nd ed., Max Niemeyer Verlag, Tübingen ［松浪有ほか共訳『英語発達史』大修館書店，東京，1973］
Bryant, Frank Egbert (1907) "On the Conservatism of Language in a New Country," *Publications of the Modern Language Association of America* 22, 277-290.
Burchfield, Robert W., ed. (1996) *The New Fowler's Modern English Usage*, 3rd ed., Oxford University Press, Oxford.
Burridge, Kate (2004) "Synopsis: Morphological and Syntactic Variation in the Pacific and Australasia," in Kortmann et al., eds. (2004), 1116-1131.
Butterworth, Charles C. (1941) *The Literary Lineage of the King James Bible, 1340-1611*, University of Pennsylvania Press, Philadelphia. [Reprinted, Octagon Books, New York, 1971] ［斎藤国治訳『欽定訳聖書の文学的系譜（1340-1611）』中央書院，東京，1980］
Bybee, Joan, Revere Perkins and William Pagliuca (1994) *The Evolution of Grammar: Tense, Aspect, and Modality in the Languages of the World*, University of Chicago Press, Chicago and London.
Campbell, Alistair (1959) *Old English Grammar*, Clarendon Press, Oxford.
Campbell, Gordon (2010) *Bible: The Story of the King James Version 1611-2011*, Oxford University Press, Oxford.
Carden, Guy (1983) "The Debate about *wanna*: Evidence from Other Contraction Rules," *Papers from the Parasession on the Interplay of Phonology, Morphology, and Syntax*, ed. by J. F. Richardson et al., 38-49, Chicago Linguistic Society, Chicago.
Carey, G. V. (1953) *American into English: A Handbook for Translators*, Heinemann, London.
Celce-Murcia, Marianne and Diane Larsen-Freeman (1999) *The Grammar Book: An ESL/EFL Teacher's Course*, 2nd ed., Heinle & Heinle, Boston.
Chafe, Wallace L. (1970) *Meaning and the Structure of Language*, University of Chicago Press, Chicago.
Charleston, Britta (1941) *Studies on the Syntax of the English Verb*, Verlag A. Francke Ag., Bern.
Chiba, Shuji (1977) "On Some Aspects of Multiple Wh Questions," *Studies in English Linguistics* 5, 295-303.
Chiba, Shuji (1987) *Present Subjunctives in Present-Day English*, Shinozaki Shorin, Tokyo.
Chiba, Shuji (1991) "Non-localizable Contextual Features: Present Subjunctives in English," *Current English Linguistics in Japan* (Trends in Linguistics — State-of-

the-Art Reports 16) 19-43, ed. by Heizo Nakajima, Mouton de Gruyter, Berlin.
Chiba, Shuji (1994) "Tensed or Not Tensed: INFL in Present Subjunctives," *Synchronic and Diachronic Approaches to Language: A Festschrift for Toshio Nakao on the Occasion of His Sixtieth Birthday*, ed. by Shuji Chiba et al., 327-343, Liber Press, Tokyo.
千葉修司 (1995)「補文標識 that の消去——That 消去の現象の記述を中心に——」『津田塾大学紀要』27, 1-44.
千葉修司 (2001a)「動詞繰り上げと仮定法現在」『平成12年度COE形成基礎研究費研究成果報告 (5)(課題番号 08CE1001)「先端的言語理論の構築とその多角的な実証 (5) ——ヒトの言語を組み立て演算する能力を語彙の意味概念から探る——」』(研究代表者：井上和子) 1-19.
千葉修司 (2001b)「仮定法 (subjunctive mood)」中島平三 (編)(2001), 401-417.
Chiba, Shuji (2003) "Licensing Conditions for Sentence Adverbials in English and Japanese," *Empirical and Theoretical Investigations into Language: A Festschrift for Masaru Kajita*, ed. by Shuji Chiba et al., 95-109, Kaitakusha, Tokyo.
千葉修司 (2003)「『きっと効く薬』についての『なるほどうまい説明』」『市河賞36年の軌跡』, 財団法人語学教育研究所 (編), 81-89, 開拓社, 東京.
千葉修司 (2004)「日英語における文副詞の認可条件——『きっと効く薬』についての『なるほどうまい説明』」『津田塾大学紀要』36, 43-63.
千葉修司 (2006)「文法研究と学習英文法」『津田塾大学紀要』38, 15-46.
Chiba, Shuji (2009) "Combination of Different Sentence Types: The Case of Imperatives and Questions," *The Tsuda Review* 54, 1-23.
千葉修司 (2010)「仮定法節と疑問文」『英語研究の次世代に向けて——秋元実治教授定年退職記念論文集』, 古波弘ほか (編), 55-66, ひつじ書房, 東京.
千葉修司 (2011)「現代英語に見られる仮定法現在の再興と拡大について」『津田塾大学紀要』43, 23-80.
千葉修司 (2013)「欽定訳聖書に見る仮定法現在——認可要素探索の旅」『津田塾大学紀要』45, 1-77.
Chomsky, Noam (1965) *Aspects of the Theory of Syntax*, MIT Press, Cambridge, MA.
Chomsky, Noam (1973) "Conditions on Transformations, " *A Festschrift for Morris Halle*, ed. by Stephen R. Anderson and Paul Kiparsky, 232-286, Holt, Rinehart and Winston, New York.
Chomsky, Noam (1977) *Essays on Form and Interpretation*, Elsevier North-Holland, New York.
Chomsky, Noam (1981) *Lectures on Government and Binding*, Foris, Dordrecht.
Chomsky, Noam (1986) *Barriers*, MIT Press, Cambridge, MA.
Chomsky, Noam (1991) "Some Notes on Economy of Derivation and Representation," *Pinciples and Parameters in Comparative Grammar*, ed. by Robert Freidin, 417-454, MIT Press, Cambridge, MA. [Also in *MIT Working Papers in Linguis-*

*tics* 10, 43-74, Department of Linguistics and Philosophy, MIT, 1989]
Chomsky, Noam (1995) *The Minimalist Program*, MIT Press, Cambridge, MA.
Chomsky, Noam (2013) "Problems of Projection," *Lingua* 130, 33-49.
Cinque, Guglielmo (1999) *Adverbs and Functional Heads: A Cross-Linguistic Perspective*, Oxford University Press, New York.
Cinque, Guglielmo (2004) "'Restructuring' and 'Functional Structure'," *The Cartography of Syntactic Structures, vol. III: Structures and Beyond*, ed. by Adriana Belletti, 132-191, Oxford University Press, Oxford.
Clark, A. M. (1947) *Spoken English*, Oliver, Edinburgh and London.
Close, R. A. (1975) *A Reference Grammar for Students of English*, Longman, London.
Collins, Peter (2006) "Clause Types," *The Handbook of English Linguistics*, ed. by Bas Aarts and April McMahon, 180-197, Blackwell, Oxford.
Collins, Peter and Pam Peters (2004) "Australian English: Morphology and Syntax," in Kortmann et al., eds. (2004), 593-610.
Coates, Jennifer (1983) *The Semantics of the Modal Auxiliaries*, Croom Helm, London.
Costantini, Francesco (2006) "Obviation in Subjunctive Argument Clauses and the First-Personal Interpretation," *Phases of Interpretation*, ed. by Mara Frascarelli, 295-319, Mouton de Gruyter, Berlin.
Crawford, William J. (2009) "The Mandative Subjunctive," in Rohdenburg and Schlüter, eds. (2009), 257-276.
Crystal, David, ed. (2009) *A Dictionary of Modern English Usage*, The classic first edition, Oxford University Press, Oxford.
Crystal, David (2010) *Begat: The King James Bible and the English Language*, Oxford University Press, Oxford.
Culicover, Peter (1971) *Syntactic and Semantic Investigations*, Doctoral dissertation, MIT.
Culicover, Peter and Ray Jackendoff (1999) "The View from the Periphery: The English Comparative Correlative," *Linguistic Inquiry* 30, 543-571.
Culicover, Peter, T. Wasow and A. Akmajian, eds. (1977) *Formal Syntax*, Academic Press, New York.
Curme, George (1931) *Syntax*, D. C. Heath and Co., Boston.
Dancygier, Barbara (1998) *Conditionals and Prediction: Time, Knowledge and Causation in Conditional Constructions*, Cambridge University Press, Cambridge.
Davies, Eirlys (1986) *The English Imperative*, Croom Helm, London.
Dayal, Veneeta (2006) "Multiple-*Wh*-Questions," *The Blackwell Companion to Syntax*, Vol. III, ed. by Martin Everaert and Henk van Riemsdijk, 275-326, Blackwell, Malden, MA.

Declerck, Renaat (1991) *A Comprehensive Descriptive Grammar of English*, Kaitakusha, Tokyo.

Denison, David (1993) *English Historical Syntax: Verbal Constructions*, Longman, London.

de Villiers, Peter and Jill G. de Villiers (1979) *Early Language*, Harvard University Press, Cambridge, MA.

Dobrushina, Nina (2012) "Subjunctive Complement Clauses in Russian," *Russian Linguistics* 36, 121-156.

Doherty, Cathal (1993) *Clauses without That: The Case for Bare Sentential Complementation in English*, Doctoral dissertation, University of California, Santa Cruz.

土居琢磨 (1982)「英語聖書における MOOD―*If*-Clause を中心として―」『北九州大学外国語学部紀要』開学 35 周年記念号, 1-72.

Eagleson, Robert D. (1958) "Premeditated and Unpremeditated Speech: The Nature of the Difference," *English Studies* 39, 145-154.

É. Kiss, Katalin (1993) "Wh-Movement and Specificity," *Natural Language and Linguistic Theory* 11, 85-120.

Ellis, Alexander J. (1869) *On Early English Pronunciation, with Especial Reference to Shakespeare and Chaucer: Containing an Investigation of the Correspondence of Writing with Speech in England from the Anglosaxon Period to the Present Day, Preceded by a Systematic Notation of All Spoken Sounds by Means of the Ordinary Printing Types*, Part I, Asher, London.

Emonds, Joseph (1970) *Root and Structure-Preserving Transformations*, Doctoral dissertation, MIT. [Distributed by Indiana University Linguistics Club]

Emonds, Joseph (1976) *A Transformational Approach to English Syntax*, Academic Press, New York.

Emonds, Joseph (1978) "The Verbal Complex V'-V in French," *Linguistic Inquiry* 9, 151-175.

Emonds, Joseph (1985) *A Unified Theory of Syntactic Categories*, Foris, Dordrecht.

遠藤喜雄 (2010)「終助詞のカートグラフィー」『統語論の新展開と日本語研究―命題を超えて』, 長谷川信子(編), 67-94, 開拓社, 東京.

Enç, Mürvet (1987) "Anchoring Conditions for Tense," *Linguistic Inquiry* 18, 633-657.

Ernst, Thomas (1992) "The Phrase Structure of English Negation," *The Linguistic Review* 9, 109-144.

Erteschik, Nomi (1973) *On the Nature of Island Constraint*, Doctoral dissertation, MIT.

Evans, Bergen and Cornelia Evans (1957) *A Dictionary of Contemporary American Usage*, Random House, New York.

Farkas, Donka F. (1985) *Intensional Descriptions and the Romance Subjunctive*

*Mood*, Garland, New York.

Farkas, Donka F. (1992) "On Obviation," *Lexical Matters*, ed. by Ivan Sag and Anna Szabolcsi, 85–109, Stanford University.

Fauconnier, Gilles (1985) *Mental Spaces: Aspects of Meaning Construction in Natural Language*, MIT Press, Cambridge, MA.

Faulkner, W. Harrison (1902) *The Subjunctive Mood in the Old English Version of Bede's Ecclesiastical History*, Doctoral dissertation, University of Virginia.

Fiengo, Robert (1980) *Surface Structure: The Interface of Autonomous Components*, Cambridge, Harvard University Press, Cambridge, MA.

Fiengo, Robert, C.-T. James Huang and Tanya Reinhart (1988) "The Syntax of wh-in-Situ," *WCCFL* 7, 81–98.

Fintel, Kai von (1998) "The Presupposition of Subjunctive Conditionals," *MIT Working Papers in Linguistics* 25, ed. by Uli Sauerland and Orin Percus, 29–45.

Fischer, Olga and Wim van der Wurff (2006) "Syntax," *A History of the English Language*, ed. by Richard Hogg and David Denison, 109–198, Cambridge University Press, Cambridge.

Fodor, Janet D. (1967) "Noun Phrase Complementation in English and German," unpublished paper, MIT.

Fodor, Janet D. (1977) *Semantics: Theories of Meaning in Generative Grammar*, Thomas Y. Crowell, New York.

Foster, Brian (1968) *The Changing English Language*, Macmillan, London.

Fowler, Henry W. (1926) *A Dictionary of Modern English Usage*, Oxford University Press, Oxford.

Franz, Wilhelm (1939) *Die Sprache Shakespeares in Vers und Prosa*, Max Niemeyer, Halle.［斎藤静・山口秀夫・太田朗訳『シェークスピアの英語――詩と散文』篠崎書林，東京，1958］

Fraser, Bruce (1973) "On Accounting for Illocutionary Forces," *A Festschrift for Morris Halle*, ed. by Stephen Anderson and Paul Kiparsky, 287–307, Holt, Rinehart and Winston, New York.

Fridén, Georg (1948) *Studies on the Tenses of the English Verb from Chaucer to Shakespeare: With Special Reference to the Late Sixteenth Century*, Almqvist & Wiksells Boktryckeri, Uppsala.［松浪有訳述『動詞時制の歴史的研究』（英語学ライブラリー 34），研究社，東京，1959］

Fries, C. C. (1940) *American English Grammar*, Appleton, New York.

Garrett, Edward (1996) "Wh-in-situ and the Syntax of Distributivity," *UCLA Working Papers in Syntax and Semantics, Number 1: Syntax at Sunset*, ed. by Edward Garrett and Felicia Lee, 129–145, Department of Linguistics, UCLA.

Gelderen, Elly van (1993) *The Rise of Functional Categories*, John Benjamins, Amsterdam.

Ginzburg, Jonathan and Ivan A. Sag (2000) *Interrogative Investigations: The Form, Meaning, and Use of English Interrogatives*, CSLI Publications, Stanford.

Giorgi, Alessandra and Fabio Pianesi (1997) *Tense and Aspect: From Semantics to Morphosyntax*, Oxford University Press, New York.

Givón, Talmy (1993) *English Grammar: A Function-Based Introduction,* Volume II, John Benjamins, Amsterdam.

Givón, Talmy (1994) "Irrealis and the Subjunctive," *Studies in Language* 18, 265-337.

Gordon, David and George Lakoff (1971) "Conversational Postulates," *CLS* 7, 63-84. [Also in Peter Cole and J. L. Morgan, eds., *Syntax and Semantics 3: Speech Acts*, 83-105, Academic Press, New York, 1975]

Görlach, Manfred (1987) "Colonial Lag?: The Alleged Conservative Character of American English and Other 'Colonial' Varieties," *English World-Wide* 8, 41-60.

Gowers, Ernest, ed. (1965) *Fowler's Modern English Usage*, 2nd ed., Oxford University Press, Oxford.

Gowers, Ernest (1973) *The Complete Plain Words*, 2nd ed., Revised by Sir Bruce Fraser, Her Majesty's Stationery Office, London. [3rd ed, revised by Sidney Geenbaum and Janet Whitcut, Penguin Books, Harmondsworth, Middlesex, 1987]

Grainger, James Moses (1907) *Studies in the Syntax of the King James Version*, The University Press, Chapel Hill, NC. [Also published by General Books <www.General-Books.net>, 2010]［清水護訳『欽定英訳聖書の構文』（英語学ライブラリー48），研究社，東京，1959］

Green, Georgia (1975) "How to Get People to do Things with Words: The Whimperative Question," *Syntax and Semantics 3: Speech Acts,* ed. by Peter Cole and J. L. Morgan, 107-141, Academic Press, New York.

Green, Jay P., ed. (1981) *The Interlinear Hebrew/Greek-English Bible*, 4 vols, Baker Book House, Grand Rapids, MI.

Green, Lisa J. (1993) *Topics in African American English: The Verb System Analysis*, Doctoral dissertation, University of Massachusetts, Amherst.

Greenbaum, Sidney (1969) *Studies in English Adverbial Usage*, Longman, London.

Grohmann, Kleanthes K. (2000) *Prolific Peripheries: A Radical View from the Left*, Doctoral dissertation, University of Maryland.

Gruber, J. S. 1976. *Lexical Structures in Syntax and Semantics*, Elsevier North-Holland, New York.

Guéron, Jacqueline and Jacqueline Lecarme, eds. (2008) *Time and Modality*, Springer, Dordrecht.

Haegeman, Liliane (1986) "The Present Subjunctive in Contemporary British English," *Studia Anglica Posnaniensia* 19, 61-74.

Hagstrom, Paul Alan (1998) *Decomposing Questions*, Doctoral dissertation, MIT.

Haider, Hubert (2000) "Towards a Superior Account of Superiority," *Wh-Scope Marking*, ed. by Uli Lutz, Gereon Müller and Arnim von Stechow, 231–248, John Benjamins, Amsterdam.

Halliday, Frank E., ed. (1952) *A Shakespeare Companion 1550–1950*, Gerald Duckworth, London.

Halliday, Frank E., ed. (1964) *A Shakespeare Companion 1564–1964*, Gerald Duckworth, London.

Hankamer, Jorge (1974) "On WH-Indexing," *Papers from the Fifth Annual Meeting of the North Eastern Linguistic Society*, 61–76, Harvard University.

Harbert, Wayne (1995) "Binding Theory, Control, and *pro*," *Government and Binding Theory and the Minimalist Program*, ed. by Gert Webelhuth, 177–240, Blackwell, Cambridge, MA.

Harris, Zellig (1982) *A Grammar of English on Mathematical Principles*, John Wiley & Sons, New York.

Harris, Zellig (1991) *A Theory of Language and Information: A Mathematical Approach*, Clarendon Press, Oxford.

橋本　功（1996）『聖書の英語――旧約原典からみた――』英潮社，東京．

橋本　功（1998）『聖書の英語とヘブライ語法』英潮社，東京．

Haverakte, W. H. (1976) "Pragmatic and Linguistic Aspects of the Prepositional Infinitive in Spanish," *Lingua* 40, 223–245.

Hegarty, Michael (1992) *Adjunct Extraction and Chain Configurations*, Doctoral dissertation, MIT.

Hiż, Henry, ed. (1978) *Questions*, D. Reidel, Dordrecht.

Hogg, Richard and David Denison, eds. (2006) *A History of the English Language*, Cambridge University Press, Cambridge.

Hojo, Kazuaki (1971) "The Present Subjunctive in English NP Complements," *Kenkyu-Ronshu* (The Review of Inquiry and Research) 17, 93–112.

Hooper, Joan (1975) "On Assertive Predicates," *Syntax and Semantics*, vol. 4, ed. by J. P. Kimball, 91–124, Academic Press, New York.

Hopper, P. J. and S. A. Thompson (1980) "Transitivity in Grammar and Discourse," *Language* 56, 251–299.

Hornstein, Norbert (2001) *Move! A Minimalist Theory of Construal*, Blackwell, Malden, MA.

Hornstein, Norbert, Jairo Nunes and Kleanthes K. Grohmann (2005) *Understanding Minimalism*, Cambridge University Press, Cambridge.

細江逸記（1950）『シエクスピアの英語』篠崎書林，東京．

細江逸記（1973）『動詞叙法の研究［新版］』篠崎書林，東京．

Huang, C.-T. James (1995) "Logical Form," *Government and Binding Theory and the Minimalist Program*, ed. by Gert Webelhuth, 125–175, Blackwell, Oxford.

Huddleston, Rodney D. (1994) "The Contrast between Interrogatives and Question," *Journal of Linguistics* 30, 411-439.

Hundt, Marianne (1998) *New Zealand English Grammar—Fact or Fiction?: A Corpus-Based Study in Morphosyntactic Variation*, John Benjamins, Amsterdam.

Hundt, Marianne (2009) "Colonial Lag, Colonial Innovation or Simply Language Change?" in Rohdenburg and Schlüter, eds. (2009), 13-37.

Hundt, Marianne, Jennifer Hay and Elizabeth Gordon (2004) "New Zealand English: Morphosyntax," in Kortmann et al., eds. (2004), 560-592.

Huntley, Martin (1980) "Propositions and the Imperative," *Synthese* 45, 281-310.

Huntley, Martin (1982) "Imperatives and Infinitival Embedded Questions," *Papers from the Parasession on Nondeclaratives*, ed. by R. Schneider, K. Tuite and R. Chametzky, 93-106, Chicago Linguistic Society.

Huntley, Martin (1984) "The Semantics of English Imperatives," *Linguistics and Philosophy* 7, 103-133.

Iatridou, Sabine (1990) "About Agr(P)," *Linguistic Inquiry* 21, 551-577.

市河三喜 (1937)『聖書の英語』研究社，東京．

池谷 彰 (1961)「欽定訳聖書シンタクスの一面」『秋田大学学芸学部研究紀要人文』11, 33-46.

Ishii, Toru (2006) "On the Relaxation of Intervention Effects," *WH-Movement Moving On*, ed. by Lisa Lai-Shen Cheng and Nobert Corver, 217-246, MIT Press, Cambridge, MA.

Jackendoff, Ray (1972) *Semantic Interpretation in Generative Grammar*, MIT Press, Cambridge, MA.

Jackendoff, Ray (2002) *Foundations of Language: Brain, Meaning, Grammar, Evolution*, Oxford University Press, Oxford.

Jacobs, Roderick A. (1981) "On Being Hypothetical," *CLS* 17, 99-107.

Jacobsson, Bengt (1988) "*Should* and *Would* in Factual *That*-Clauses," *English Studies* 69, 72-84.

Jaeggli, Osvaldo and Nina M. Hyams (1993) "On the Independence and Interdependence of Syntactic and Morphological Properties: English Aspectual *Come* and *Go*," *Natural Language and Linguistic Theory* 11, 313-346.

Jakubowicz, Celia (1985) "Do Binding Principles Apply to INFL?" *Proceedings of the North Eastern Linguistics Society* 15, ed. by Stephen Berman, Jae-Woong Choe and Joyce McDonough, 188-206, University of Massachusetts, Amherst.

James, Francis (1986) *Semantics of the English Subjunctive*. University of British Columbia Press, Vancouver.

Jary, Mark (2010) *Assertion*, Palgrave Macmillan, New York.

Jespersen, Otto (1909-1949) *A Modern English Grammar on Historical Principles*, 7 vols., Ejnar Munksgaard, Copenhagen. Reprinted, George Allen and Unwin, Lon-

don.
Jespersen, Otto (1924) *The Philosophy of Grammar*, George Allen and Unwin, London.
Jespersen, Otto (1933) *Essentials of English Grammar*, George Allen and Unwin, London.
Johansson, Stig (1979) "American and British English Grammar: An Elicitation Experiment," *English Studies* 60, 195-215.
Johansson, Stig and Else H. Norheim (1988) "The Subjunctive in British and American English," *ICAME Journal* 12, 27-36.
Johnson, Kyle (1985) "Some Notes on Subjunctive Clauses and Binding in Icelandic," *MIT Working Papers in Linguistics* 6, 102-134.
Johnson, Kyle (1988) "Verb Raising and *Have*," *McGill Working Papers in Linguistics: Special Issue on Comparative German Syntax*, 156-167, McGill University.
Jones, Daniel (1960) *An Outline of English Phonetics*, 9th ed., W. Heffer and Sons, Cambridge.
Kajita, Masru (1968) *A Generative-Transformational Study of Semi-Auxiliaries in Present-Day American English*, Sanseido, Tokyo.
梶田　優 (1976)『変形文法の軌跡』大修館書店，東京.
Kajita, Masaru (1977) "Towards a Dynamic Model of Syntax," *Studies in English* 5, 44-76.
梶田　優 (1981)「生成文法の思考法——反証可能性の追求（その三）——」『英語青年』127, 242-244.
Kajita, Masaru (1997) "Some Foundational Postulates for the Dynamic Theories of Language," in Ukaji et al., eds. (1997), 378-393.
Kajita, Masaru (2002) "A Dynamic Approach to Linguistic Variations," *Proceedings of the Sophia Symposium on Negation*, ed. by Yasuhiko Kato, 161-168, Sophia University.
金子義明 (2009)『英語助動詞システムの諸相——統語論・意味論インターフェース研究』開拓社，東京.
Katz, Jerrold J. and Paul M. Postal (1964) *An Integrated Theory of Linguistic Descriptions*, MIT Press, Cambridge, MA.
川崎　潔 (1982)「The Authorized Version に於ける Optative Sentence の一面」『獨協大学英語研究』21, 1-38.
Kayne, Richard S. (1983) "Connectedness," *Linguistic Inquiry* 14, 223-249.
Kayne, Richard S. (1984) *Connectedness and Binary Branching*, Foris, Dordrecht.
Kayne, Richard S. (1998) "Overt vs. Covert Movement," *Syntax* 1, 128-191.
Kazenin, Konstantin I. and Yakov G. Testelets (2004) "Where Coordination Meets Subordination: Converb Constructions in Tsakhur (Daghestanian)," *Coordinating Constructions*, ed. by Martin Haspelmath, 227-239, John Benjamins, Amsterdam.

Kempchinsky, Paula Marie (1986) *Romance Subjunctive Clauses and Logical Form*, University Microfilms International, Ann Arbor.

Kempchinsky, Paula Marie (2009) "What Can the Subjunctive Disjoint Reference Effect Tell Us about the Subjunctive?" *Lingua* 119, 1788-1810.

Kennedy, Becky (2005) "Interpretive Effects in Multiple Interrogation," *Journal of Pragmatics* 37, 1-42.

King, Harold (1970) "On Blocking the Rules for Contraction in English," *Linguistic Inquiry* 1, 134-136.

木下りか (2013)『認識的モダリティと推論』ひつじ書房，東京．

Kiparsky, Paul and Carol Kiparsky (1970) "Fact," *Progress in Linguistics*, ed. by Manfred Bierwisch and Karl E. Heidolph, 143-173, Mouton, The Hague.

Kirchner, Gustav (1954) "*Not* Before the Subjunctive," *English Studies* 35, 123-125.

Kirchner, Gustav (1970-72) *Die Syntaktischen Eigentümlichkeiten des Amerikanischen Englisch*, 2 Bde., Niemeyer, Halle.［前島儀一郎ほか共訳『アメリカ語法事典』大修館書店，東京，1983］

Kjellmer, Göran (2009) "The Revived Subjunctive," in Rohdenburg and Schlüter, eds. (2009), 246-256.

Klein, Wolfgang (1994) *Time in Language*, Routledge, London.

河野継代 (2012)『英語の関係節』開拓社，東京．

Koopman, Hilda (1984) *The Syntax of Verbs*, Foris, Dordrecht.

Kortmann, Bernd, Kate Burridge, Rajend Mesthrie, Edgar W. Schneider and Clive Upton, eds. (2004) *A Handbook of Varieties of English, Vol. 2: Morphology and Syntax*, Mouton de Gruyter, Berlin.

Koster, Jan (1978) "Why Subject Sentences Don't Exist," *Recent Transformational Studies in European Languages*, ed. by S. J. Keyser, 53-64, MIT Press, Cambridge, MA.

Kovács, Éva (2009) "On the Development of the Subjunctive from Early Modern English to Present-Day English," *Eger Journal of English Studies* 9, 79-90.

Kruisinga, Etsko (1932) *A Handbook of Present-Day English* II, 5th ed., Noordhoff, Groningen.

Kuno, Susumu and Jane J. Robinson (1972) "Multiple Wh Questions," *Linguistic Inquiry* 3, 463-487.

Kuno, Susumu and Ken-Ichi Takami (1993) *Grammar and Discourse Principles: Functional Syntax and GB Theory*, University of Chicago Press, Chicago and London.

栗原和生・松山哲也 (2001)『補文構造』研究社出版，東京．

Ladefoged, Peter (1993) *A Course in Phonetics*, 3rd ed., Harcourt Brace Jovanovich, New York.

Lasnik, Howard (2003) *Minimalist Investigations in Linguistic Theory*, Routledge,

London.

Lasnik, Howard and Mamoru Saito (1992) *Move α: Conditions on Its Application and Output*, MIT Press, Cambridge, MA.

Leech, Geoffrey (2003) "Modality on the Move: The English Modal Auxiliaries 1961-1992," *Modality in Contemporary English*, ed. by Roberta Facchinetti, Manfred Krug and Frank Palmer, 223-240, Mouton de Gruyter, Berlin and New York.

Leech, Geoffrey (2004) *Meaning and the English Verb*, 3rd ed., Longman, London.

Leech, Geoffrey, Marianne Hundt, Christian Mair and Nicholas Smith (2009) *Change in Contemporary English: A Grammatical Study*, Cambridge University Press, Cambridge.

Lees, Robert B. (1964) "On Passives and Imperatives in English,"『言語研究』46, 28-41.

Levin, Beth (1993) *English Verb Classes and Alternations: A Preliminary Investigation*, University of Chicago Press, Chicago.

Lightfoot, David (1979) *Principles of Diachronic Syntax*, Cambridge University Press, Cambridge.

Lightfoot, David (1991) *How To Set Parameters: Arguments from Language Change*, MIT Press, Cambridge, MA.

Lightfoot, David (1999) *The Development of Language: Acquisition, Change, and Evolution*, Blackwell, Oxford.

Long, R. B. (1966) "Imperative and Subjunctive in Contemporary English," *American Speech* 41, 199-210.

Lunn, Patricia V. (1989) "The Spanish Subjunctive and 'Relevance'," *Studies in Romance Linguistics: Selected Papers from the 17th Linguistic Symposium on Roman Language* (XVII, LSRL), 27-29 March 1987, Rutgers University, ed. by Carl Kirschner and Janet Deceases, 249-260, John Benjamins, Amsterdam.

Lunn, Patricia V. (1995) "The Evaluative Function of the Spanish Subjunctive," *Modality in Grammar and Discourse*, ed. by Joan Bybee and Suzanne Fleischman, 429-449, John Benjamins, Amsterdam.

Lyons, John (1977) *Semantics*, Cambridge University Press, Cambridge.

前田　満 (2007)「疑似仮定法の should の発達と一般化」『英語青年』153, 157-160.

Mair, Christian (2006) *Twentieth-Century English: History, Variation, and Standardization*, Cambridge University Press, Cambridge.

Mann, Francis O. (1967) *The Works of Thomas Deloney,* Clarendon Press, London.

Manzini, Rita (2000) "Sentential Complementation: The Subjunctive," *Lexical Specification and Insertion*, ed. by Peter Coopmans, Martin Everaert and Jane Grimshaw, 241-267, John Benjamins, Amsterdam.

Manzini, Rita and Kenneth Wexler (1987) "Binding Theory, Parameters and Learn-

ability," *Linguistic Inquiry* 18, 413-444.
Marckwardt, Alabert H. (1958) *American English* (Revised by J. L. Dillard, 1980), Oxford University Press, New York.
Matsui, Chie (1981) "The Present Subjunctive in Embedded That Clauses," *Insight* 13, 45-59.
May, Robert (1985) *Logical Form: Its Structure and Derivation*, MIT Press, Cambridge, MA.
McCawley, James D. (1988) "The Comparative Conditional Construction in English, German, and Chinese," *BLS* 14, 176-187.
McCawley, James D. (1998) *The Syntactic Phenomena of English*, 2nd ed., University of Chicago Press, Chicago.
McDowell, J. P. (1987) *Assertion and Modality*, Doctoral dissertation, University of Southern California, Los Angeles.
三原健一 (1995)「概言のムード表現と連体修飾節」『複文の研究 (下)』,仁田義雄 (編),285-307,くろしお出版,東京.
Miller, Joseph H. (2011) *After 400 Years of the King James Version of the Bible: A Plow-Boy Speaks after Erasumus and Tyndale*, Author House, Bloomington.
盛田義彦 (2007)『欽定訳聖書の動詞研究』あるむ,名古屋.
Morgan, Jerry (1978) "Two Types of Conversation in Indirect Speech Acts," *Syntax and Semantics 9: Pragmatics*, ed. by Peter Cole, 261-279, Academic Press, New York.
森山卓郎 (1992)「日本語における『推論』をめぐって」『言語研究』101, 64-83.
森山卓郎 (2002)『表現を味わうための日本語文法』岩波書店,東京.
Murakami, Madoka (1995) "The History of Verb Movement in English," *Studies in Modern English* 11, 17-45.
Murakami, Madoka (1998) "*Not* in Subjunctive Clauses: A Review of Potsdam (1997)," *Journal of the Faculty of Letters* 5, 37-49, Prefectural University of Kumamoto.
Murakami, Madoka (1999) "*That*-less Subjunctives in Earlier English," paper presented at the 12th World Congress of Applied Linguistics.
Murakami, Madoka (2007) "An Analysis and History of Sentential *not*,"『近代英語研究』23, 99-128.
中島平三 (編) (2001)『[最新] 英語構文事典』大修館書店,東京.
中島文雄 (1979)『英語発達史』改訂版,岩波書店,東京.
永嶋大典 (1988)『英訳聖書の歴史』研究社出版,東京.
中村 捷・金子義明 (2002)『英語の主要構文』研究社,東京.
中尾俊夫 (1972)『英語史 II』(英語学大系 第9巻),大修館書店,東京.
中右 実 (1980)「文副詞の比較」國廣哲彌編『日英語比較講座第2巻 文法』第4章,大修館書店,東京.

中右　実（1994）『認知意味論の原理』大修館書店，東京．

Nevalainen, Terttu (2006) *An Introduction to Early Modern English*, Edinburgh University Press, Edinburgh.

西岡宣明（2007）『英語否定文の統語論研究―素性照合と介在効果―』くろしお出版，東京．

野村忠央（1999）「仮定法現在法助動詞句仮説」TACL における口頭発表．

Nomura, Tadao (1999) "Tense in Mandative Subjunctive Clauses," *Metropolitan Linguistics* 19, 41-58.

Nomura, Tadao (2006) *ModalP and Subjunctive Present*, Hituzi Syobo, Tokyo.

大津由紀雄（1989）「心理言語学」『英語学の関連分野』（英語学大系　第6巻），柴谷良方・大津由紀雄・津田葵，181-361，大修館書店，東京．

大庭幸男（1998）『英語構文研究―素性とその照合を中心に―』英宝社，東京．

大庭幸男（2001）「多重 wh 疑問文」中島平三（2001），168-184．

小川　明（1981）「That 節に現れる叙想法の should 考察」*Literature* 2, 17-28.

Ogawa, Hiroshi (1989) *Old English Modal Verbs: A Syntactical Study*, Rosenkilde & Bagger, Copenhagen.

Ogawa, Hiroshi (2000) *Studies in the History of Old English Prose*, Nan'un-do, Tokyo.

岡田伸夫（1985）『副詞と挿入文』（新英文法選書　第9巻），大修館書店，東京．

岡野昭雄（1983）「英語聖書を通して見た英語―統語史の二つの流れ」『園田学園女子大学論文集』18，37-46．

Onions, Charles (1965) *An Advanced English Syntax*, 6th ed., Routledge and Kegan Paul, London.

小野茂・中尾俊夫（1980）『英語史 I』（英語学大系　第8巻），大修館書店，東京．

小野経男（編）（2011）『聖書に由来する英語慣用句の辞典』大修館書店，東京．

太田　朗・梶田　優（1974）『文法論 II』（英語学大系　第4巻），大修館書店，東京．

大塚高信（1951）『シェイクスピア及聖書の英語』（研究社新英米文学語学講座（4）），研究社出版，東京．

大塚高信（1956a）『Random Reflections on English Grammar: 英文法点描』泰文堂，東京．

大塚高信（1956b）『英文法演義』研究社，東京．

大塚高信（1976）『シェイクスピアの文法』研究社出版，東京．

Övergaard, Gerd (1995) *The Mandative Subjunctive in American and British English in the 20th Century*, Almqvist & Wiksell International, Stockholm.

Padilla, José A. (1990) *On the Definition of Binding Domains in Spanish: Evidence from Child Language*, Kluwer Academic, Dordrecht.

Palmer, Frank (1986/2001) *Mood and Modality*, Cambridge University Press, Cambridge.

Perlmutter, D. M. (1971) *Deep and Surface Structure Constraints in Syntax*, Holt,

Reinehart and Winston, New York.
Pesetsky, David (1982) *Paths and Categories*, Doctoral dissertation, MIT.
Pesetsky, David (1987) "Wh-in-Situ: Movement and Unselective Binding," *The Representation of (In)definiteness*, ed. by Eric J. Reuland and Alice G. B. ter Meulen, 98-129, MIT Press, Cambridge, MA.
Peters, Pam (1995) *The Cambridge Australian English Style Guide*, Cambridge University Press, Cambridge.
Peters, Pam (1998) "The Survival of the Subjunctive: Evidence of Its Use in Australian English and Elsewhere," *English World-Wide* 19, 87-103.
Peters, Pam (2006) "English Usage: Prescription and Description," *The Handbook of English Linguistics*, ed. by Bas Aarts and April McMahon, 759-780, Blackwell, New York.
Peters, Pam (2007) *The Cambridge Guide to Australian English Usage*, Cambridge University Press, Cambridge.
Peters, Pam (2009) "The Mandative Subjunctive in Spoken English," *Comparative Studies in Australian and New Zealand English: Grammar and Beyond*, ed. by Pam Peters, Peter Collins and Adam Smith, 125-137, John Benjamins, Amsterdam.
Picallo, M. Carme (1984) "The Infl Node and the Null Subject Parameter," *Linguistic Inquiry* 15, 75-102.
Picallo, M. Carme (1985) *Opaque Domains*, Doctoral dissertation, CUNY.
Pirvulescu, Mihaela (2006) "Agreement Paradigms across Moods and Tenses," *New Perspectives on Romance Linguistics, vol. I: Morphology, Syntax, Semantics, and Pragmatics*, ed. by Chiyo Yoshida and Jean-Pierre Y. Montreuil, 229-245, John Benjamins, Amsterdam.
Plank, Frans (1984) "The Modals Story Retold," *Studies in Language* 8, 305-364.
Platzack, Christer (2007) "Embedded Imperatives," in Wurff, ed. (2007), 181-203.
Platzack, Christer and I. Rosengren (1998) "On the Subject of Imperatives: Minimalist Account of the Imperative Clause," *Journal of Comparative Germanic Linguistics* 1, 177-224.
Pollock, Jean-Yves (1989) "Verb Movement, Universal Grammar, and the Structure of IP," *Linguistic Inquiry* 20, 365-424.
Pollock, Jean-Yves (1997) "Notes on Clause Structure," *Elements of Grammar,* ed. by Liliane Haegeman, 237-279, Kluwer, Dordrecht.
Portner, Paul (1999) "The Semantics of Mood," *Glot International* 4, 3-9.
Postal, Paul (1974) *On Raising: One Rule of English Grammar and Its Theoretical Implications*, MIT Press, Cambridge, MA.
Potsdam, Eric (1997) "NegP and Subjunctive Complements in English," *Linguistic Inquiry* 28, 533-541.

Potsdam, Eric (1998) *Syntactic Issues in the English Imperative*, Garland, New York.
Poutsma, Hendrik (1904-1929) *A Grammar of Late Modern English* (Vol. I-I, 1904/1928; Vol. II-IB, 1916; Vol. II-II, 1926), Noordhoff, Groningen.
Progovac, Ljiljana (1992) "Relativized SUBJECT: Long-Distance Reflexives without Movement," *Linguistic Inquiry* 23, 671-680.
Progovac, Ljiljana (1994) *Negative and Positive Polarity: A Binding Approach*, Cambridge University Press, Cambridge.
Pullum, Geoffrey and Paul Postal (1979) "On an Inadequate Defense of 'Trace Theory'," *Linguistic Inquiry* 10, 689-706.
Quer, Josep (1998) *Mood at the Interface*, Holland Academic Graphics, The Hague.
Quirk, Randolph, Sydney Greenbaum, Geoffrey Leech and Jan Svartvik (1985) *A Comprehensive Grammar of the English Language*, Longman, London.
Radford, Andrew (1988) *Transformational Grammar: A First Course*, Cambridge University Press, Cambridge.
Radford, Andrew (1997) *Syntactic Theory and the Structure of English: A Minimalist Approach*, Cambridge University Press, Cambridge.
Radford, Andrew (2009) *Analysing English Sentences: A Minimalist Approach*, Cambridge University Press, Cambridge.
Reinhart, Tanya (1998) "*Wh*-in-situ in the Framework of the Minimalist Program," *Natural Language Semantics* 6, 29-56.
Reinhart, Tanya (2006) *Interface Strategies: Optimal and Costly Computations*, MIT Press, Cambridge, MA.
Reis, Marga and Inger Rosengren (1992) "What Do *Wh*-Imperatives Tell Us about *Wh*-Movement?" *Natural Language and Linguistic Theory* 10, 79-118.
Reuland, Eric and Werner Abraham, eds. (1993) *Knowledge and Language, vol. 1: From Orwell's Problem to Plato's Problem*, Kluwer, Dordrecht.
Rissanen, Matti (1994) "The Position of *not* in Early Modern English," *Studies in Early Modern English*, ed. by Dieter Kastovsky, 339-348, Mouton de Gruyter, Berlin.
Rissanen, Matti (1999) "Syntax," *The Cambridge History of the English Language, Vol. III: 1476-1776*, ed. by Roger Lass, 187-331, Cambridge University Press, Cambridge.
Rivero, María-Luisa (1994) "Negation, Imperatives and Wackernagel Effects," *Rivista di Linguistica* 6, 91-118.
Rizzi, Luigi (1990) *Relativized Minimality*, MIT Press, Cambridge, MA.
Rizzi, Luigi and Ur Shlonsky (2007) "Strategies of Subject Extraction," *Interfaces + Recursion = Language?: Chomsky's Minimalism and the View from Syntax-Semantics*, ed. by Uli Sauerland and Hans-Martin Gärtner, 115-160, Mouton de Gruyter, Berlin.

Roberts, Ian (1985) "Agreement Parameters and the Development of English Modal Auxiliaries," *Natural Language and Linguistic Theory* 3, 21-58.

Roberts, Ian (1993) *Verbs and Diachronic Syntax: A Comparative History of English and French*, Kluwer, Dordrecht.

Roberts, Ian (1999) "Verb Movement and Markedness," *Language Creation and Language Change: Creolization, Diachrony, and Development*, ed. by Michael De Graff, 287-327, MIT Press, Cambridge, MA.

Roberts, Ian (2007) *Diachronic Syntax*, Oxford University Press, Oxford.

Rochemont, Michael S. and Peter W. Culicover (1990) *English Focus Constructions and the Theory of Grammar*, Cambridge University Press, Cambridge.

Roeper, Thomas (1993) "The 'Least Effort' Principle in Child Grammar: Choosing a Marked Parameter," in Reuland and Abraham, eds. (1993), 71-104.

Rohdenburg, Günter and J. Schlüter, eds. (2009) *One Language, Two Grammars?: Differences between British and American English*, Cambridge University Press, Cambridge.

Rosenbaum, Peter (1967) *The Grammar of English Predicate Complement Constructions*, MIT Press, Cambridge, MA.

Ross, John (1967) *Constraints on Variables in Syntax*, Doctoral dissertation, MIT.

Ross, John (1974) "Three Batons for Cognitive Psychology," *Cognition and the Symbolic Process*, ed. by W. B. Weimer and D. S. Palermo, 63-124, Lawrence Erlbaum Associates, Hillsdale, NJ.

Ross, John (1979) "When the *Be*'s Go, the Frost Comes," *Explorations in Linguistics: Papers in Honor of Kazuko Inoue*, ed. by George Bedell, E. Kobayashi and M. Muraki, 464-470, Kenkyusha, Tokyo.

Ross, John (1986) *Infinite Syntax!*, Ablex, Norwood, NJ.

Rowlett, Paul (2007) *The Syntax of French*, Cambridge University Press, Cambridge.

Rupp, Laura (1999) *Aspects of the Syntax of English Imperatives*, Doctoral dissertation, University of Essex.

Rutherford, William (1997) *A Workbook in the Structure of English*, Blackwell, Oxford.

Ruwet, Nicholas (1991) *Syntax and Human Experience* [Edited and translated by John Goldsmith], University of Chicago Press, Chicago.

Sadock, Jerrold (1971) "Queclaratives," *CLS* 7, 223-232.

Sadock, Jerrold (1974) *Toward a Linguistic Theory of Speech Acts*, Academic Press, New York.

Sadock, Jerrold and Arnold M. Zwicky (1985) "Speech Act Distinctions in Syntax," *Language Typology and Syntactic Description, vol. 1: Clause Structure*, ed. by Timothy Shopen, 155-196, Cambridge University Press, Cambridge.

Saeed, John I. (2003) *Semantics*, 2nd ed., Blackwell, Oxford.

Safir, Ken (1982) "Inflection-Government and Inversion," *The Linguistic Review* 1, 417-467.

Saito, Mamoru (1994) "Additional-*WH* Effects and the Adjunction Site Theory," *Journal of East Asian Linguistics* 3, 195-240.

澤田治美 (1978)「日英語文副詞の対照言語学的研究」『言語研究』74, 1-36.

澤田治美 (1993)『視点と主観性』ひつじ書房, 東京.

Sayder, Stefan (1989) "The Subjuctive in Indian, British and American English: A Corpus-Based Study," *Englische Textlinguistik und Varietätenforschung* (Linguistische Arbeitsberichite), ed. by Gottfried Gaustein and Wolfgang Thiele, 58-66, Karl-Marx-Universität, Leipzig.

Schelter, Manfred (1982) *Shakespeares Englisch: Eine sprachwissenschftliche Einführung*, Erich Schmidt Verlag, Berlin.［マンフレート・シェーラー著／岩崎春雄・宮下啓三訳「シェイクスピアの英語——言葉から入るシェイクスピア——」英潮社新社, 東京, 1990］

Schlüter, Julia (2009) "The Conditional Subjunctive," in Rohdenburg and Schlüter, eds. (2009), 277-305.

Schneider, Edgar W. (2000) "Corpus Linguistics in the Asian Context: Exemplary Analyses of the Kolhapur Corpus of Indian English," *Parangal cang Brother Andrew: Festschrift for Andrew Gonzalez on His Sixtieth Birthday*, ed. by Maria Lourdes S. Bautista, Teodoro A. Llamzon and Bonifacio P. Sibayan, 115-137, Linguistic Society of the Philippines, Manila.

Schneider, Edgar W. (2005) "The Subjunctive in Philippine English," *Linguistics and Language Education in the Philippines and Beyond: A Festschrift in Honor of Ma Lourdes S Bautista*, ed. by Danilo T. Dayag and J. Stephen Quakenbush, 27-40, Linguistic Society of the Philippines, Manila.

Schütze, Carson (2004) "Synchronic and Diachronic Microvariation in English *Do*," *Lingua* 114, 495-516.

Sedlatschek, Andreas (2009) *Contemporary Indian English: Variation and Change*, John Benjamins, Amsterdam.

Selkirk, Lisa (1970) "On the Determiner Systems of Noun Phrase and Adjective Phrase," ms., MIT.

Selkirk, Lisa (1972) *The Phrase Phonology of English and French*, Doctoral dissertation, MIT. [Published, Garland, New York, 1980]

Serpollet, Noëlle (2001) "The Mandative Subjunctive in British English Seems to Be Alive and Kicking... Is This Due to the Influence of American English?" *Proceedings of the Corpus Linguistics 2001 Conference* (UCREL Technical Papers 13), ed. by Paul Rayson, A. Wilson, T. McEnery, A. Hardie and S. Khoja, 531-542, Lancaster University.

下瀬三千郎・古賀充洋・伊藤弘之 (1990)『古英語入門 (*An Introduction to Old Eng-*

lish)』大学書林, 東京.
Simpson, Andrew (2000) Wh-*Movement and the Theory of Feature-Checking*, John Benjamins, Philadelphia and Amsterdam.
Sobin, Nicholas (1987) "The Variable Status of COMP-Trace Phenomena," *Natural Language and Linguistic Theory* 5, 33-60.
Sobin, Nicholas (1991) "Agreement in CP," *Lingua* 84, 43-54.
Stein, Dieter (1994) "The Expression of Deontic and Epistemic Modality and the Subjunctive," *Studies in Early Modern English*, ed. by Dieter Kastovsky, 403-411, Mouton de Gruyter, Berlin.
Stenius, Erik (1967) "Mood and Language Game," *Synthese* 17, 254-274.
Stockwell, Robert P., Paul Schachter and Barbara Hall Partee (1973) *The Major Syntactic Structures of English*, Holt, Rinehart and Winston, New York.
Stowell, Timothy (1981) *Origins of Phrase Structure*, Doctoral dissertation, MIT.
Stowell, Timothy (1982) "The Tense of Infinitives," *Linguistic Inquiry* 13, 561-570.
Stowell, Timothy (2008) "The English Konjunktiv II," in Guéron and Lecarme, eds. (2008), 251-272.
Strang, Barbara (1970) *A History of English*, Methuen, London.
Stroik, Thomas (1996) *Minimalism, Scope, and VP Structure*, SAGE Publications, London.
Stuurman, Fritz (1990) *Two Grammatical Models of Modern English: The Old and the New from A to Z*, Routledge, London.
Suiko, Masanori (1978) "A Phonological Analysis of *wanna* Formation," *Studies in English Literature* 55, 303-317.
水光雅則 (1985)『文法と発音』(新英文法選書　第1巻), 大修館書店, 東京.
鷹家秀史・林龍次郎 (2004)『詳説レクシスプラネットボード』旺文社, 東京.
田中公介 (2005)「英語の仮定法現在節の統語構造と VP 削除」『九大英文学』48, 87-108.
寺崎英樹 (1998)『スペイン語文法の構造』大学書林, 東京.
寺澤芳雄 (1984)「英語史の中の聖書」『英語青年』130, 166-168.
寺澤芳雄 (1985)『翻刻版「欽定訳聖書」——文献学的・書誌学的解説——』研究社, 東京.
寺澤芳雄・早乙女忠・船戸英夫・都留信夫 (1969)『英語の聖書』冨山房, 東京.
Thráinsson, Höskuldur (1976) "Reflexives and Subjunctives in Icelandic," *Papers from the Sixth Meeting of the North Eastern Linguistic Society*, ed. by Alan Ford, J. Feighard and R. Singh, 225-239.
Traugott, Elizabeth (1972) *A History of English Syntax: A Transformational Approach to the History of English Sentence Structure*, Holt, Rinehart and Winston, New York.
Traugott, Elizabeth (1992) "Syntax," *The Cambridge History of the English Language, Volume 1: The Beginning to 1066*, ed. by R. M. Hogg, 168-289, Cam-

bridge University Press, Cambridge.

Trousdale, Graeme (2003) "Modal Verbs in Tyneside English: Evidence for (Socio)linguistic Theory," *Modality in Contemporary English*, ed. by Roberta Facchinetti, M. Krug and F. Palmer, 373–387, Mouton de Gruyter, Berlin.

Trudgill, Peter (1986) *Dialects in Contact*, Basil Blackwell, Oxford.

Tsoulas, Georges (1995) "Indefinite Clauses: Some Notes on the Syntax and Semantics of Subjunctives and Infinitives," *Proceedings of WCCFL* 13, ed. by R. Aranovich et al., 515–530, CSLI Publications, Stanford.

Turner, J. F. (1980) "The Marked Subjunctive in Contemporary English," *Studia Neophilologia* 52, 271–277.

宇賀治正朋 (1973)「命令文の遂行分析―史的観点より―」『英語文学世界』8 (6), 22–24.

Ukaji, Masatomo (1978) *Imperative Sentences in Early Modern English*, Kaitakusha, Tokyo.

Ukaji, Masatomo (1992) "'I *Not* Say': Bridge Phenomenon in Syntactic Change," *History of Englishes: New Methods and Interpretations in Historical Linguistics*, ed. by Matti Rissannen, T. Nevalainen and I. Taavitisainen, 453–462, Mouton de Gruyter, Berlin.

Ukaji, Masatomo (1997) "A History of *Whether*," in Ukaji et al., eds. (1997), 1236–1261.

宇賀治正朋 (2000)『英語史』開拓社, 東京.

Ukaji, Masatomo (2004) "Jespersen on Double Restriction in Relation to a Contact-Clause," *English Language and Linguistics* 18, 319–336.

宇賀治正朋 (2012)『英文法学史』(宇賀治展子氏による自費出版)

Ukaji, Masatomo, Toshio Nakao, Masaru Kajita and Shuji Chiba, eds. (1997) *Studies in English Linguistics: A Festschrift for Akira Ota on the Occasion of His Eightieth Birthday*, Taishukan, Tokyo.

浦田和幸 (2010)「後期中英語における接続法の用法について―『ウィクリフ派聖書』「マタイ福音書」を資料に―」『東京外国語大学論集』81, 447–464.

van Gelderen, Elly (1993) *The Rise of Functional Categories*, John Benjamins, Amsterdam.

Villalta, Elisabeth (2008) "Mood and Gradability: An Investigation of the Subjunctive Mood in Spanish," *Linguistics and Philosophy* 31, 467–522.

Vincent, Nigel (1988) "Latin," *The Romance Languages*, ed. by Martin Harris and Nigel Vincent, 26–78, Croom Helm, London.

Visser, Frederik Theodoor (1966) *An Historical Syntax of the English Language*, II, E. J. Brill, Leiden.

Wachowicz, Krystyna (1978) "Q-Morpheme Hypothesis, Performative Analysis and an Alternative," in Hiż, ed. (1978), 151–163.

若田部博哉（1985）『英語史 IIIB』（英語学大系　第 10 巻），大修館書店，東京．
Warner, Anthony (1982) *Complementation in Middle English and the Methodology of Historical Syntax: A Study of the Wycliffite Sermons*, Croom Helm, London.
Watanabe, Akira (2001) "Wh-in-situ Languages," *The Handbook of Contemporary Syntactic Theory*, ed. by Mark Baltin and Chris Collins, 203-225, Blackwell, Oxford.
Weeda, Don (1981) "Tenseless *That*-Clauses in Generalized Phrase Structure Grammar," *CLS* 17, 404-410.
Weekley, Ernest (1952) *The English Language: With a Chapter on the History of American English by Professor John W. Clark*, British Book Centre, New York.
Wierzbicka, Anna (1988) *The Semantics of Grammar*, John Benjamins, Amsterdam.
Wilkins, Wendy (1977) *The Variable Interpretation Convention: A Condition on Variables in Syntactic Transformation*, Doctoral dissertation, UCLA.
Wood, Winifred J. (1979) "Auxiliary Reduction in English: A Unified Account," *CLS* 15, 366-377.
Wright, Laura (2001) "Third-Person Singular Present-Tense -*S*, -*TH*, and Zero, 1575-1648," *American Speech* 76, 236-258.
Wurff, Wim van der (2007) "Imperative Clauses in Generative Grammar: An Introduction," *Imperative Clauses in Generative Grammar: Studies in Honour of Frits Beukema*, ed. by Wim van der Wurff, 1-94, John Benjamins, Amsterdam.
安井　稔・秋山　怜・中村　捷（1976）『形容詞』（現代の英文法　第 7 巻），研究社，東京．
Yonekura, Hiroshi (1985) *The Language of the Wycliffite Bible: The Syntactic Differences between the Two Versions*, Aratake Shuppan, Tokyo.
Zachrisson, Robert E. (1919) *Engelska Stilarter mea Textprov*, Carlson, Stockholm.［前島儀一郎訳『シェークスピア・聖書の語法』（英語学ライブラリー 28），研究社，東京，1958：Zachrisson (1919), pp. 24-60 の部分訳］
Zagona, Karen (2008) "Phasing in Modals: Phases and the Epistemic/Root Distinction," in Guéron and Lecarme, eds. (2008), 273-291.
Zandvoort, R. W. (1954) "Review of *American into English: A Handbook for Translators*, by G. V. Carey," *English Studies* 35, 37-38.
Zanuttini, Raffaella (1996) "On the Relevance of Tense for Sentential Negation," *Parameters and Functional Heads: Essays in Comparative Syntax*, ed. by Adriana Belletti and Luigi Rizzi, 181-207, Oxford University Press, New York and Oxford.
Zwicky, Arnold (1970) "Auxiliary Reduction in English," *Linguistic Inquiry* 1, 323-336.
Zwicky, Arnold (1971) "In a Manner of Speaking," *Linguistic Inquiry* 2, 223-233.

WEBSITE より：
"The Bible Corner." <http://thebiblecorner.com>
"Biblos.com Bible Study Tools." <http://www.biblestudytools.com>
"corpus.byu.edu." <http://corpus.byu.edu>
"English grammar, verbs, modals & modality."
　　<http://www.hi2en.com/grammar.aspx?ld-75> Aug. 1, 2010.
English, Jack. "The decline of the subjunctive," dated March 14, 2009.
　　<http://www.english-jack.blogspot.com/2009/03/decline-of-subjunctive.html> Sept. 2, 2010.
"The English subjunctive: Scholarly opinions."
　　<http://www.ceafinney.com/subjunctive/examples.html> July 3, 2010.
"A Hebrew-English Bible According to the Masoretic Text and the JPS 1917 Edition."
　　(© 2005) <http://www.mechon-mamre.org/p/pt/pt0.htm>
"Online Hebrew Interlinear Bible." <http://www.scripture4all.org>
"OnlineInterlinear." <http://www.scripture4all.org>
"Scripture 4 All." <http://www.scripture4all.org>
"StudyLightorg." <http://www.studylight.org>
"Subjunctive."
　　<http://www.ego4u.com/en/cram-up/grammar/subjunctive> Aug. 6, 2010.
"Wordbanks Online." <http://www.collinslanguage.com/content-solutions/wordbanks>

## 索　引

1. 日本語は五十音順に並べた．英語（で始まるもの）はアルファベット順で，最後に一括した．
2. ～は見出し語を代用する．
3. 数字はページ数を表す．n は脚注を表す．

### 【あ】

アイスランド語　27, 96, 96n, 115, 131n
曖昧文　217n
アポロニオス　112n
アメリカ英語　21n, 36, 36n, 72, 222, 237n, 253
アメリカ語法　216
アングリア方言　152

### 【い】

イギリス英語　36, 36n, 72, 216, 223, 225, 252
意志　16, 175n
依存的時制（dependent Tense）　45n
イタリア語　27, 33, 34n, 35n, 114, 127n, 176n, 204n, 241
一人称代名詞　178n
意図　73
移動規則　60
一致要素（AGR, Agr）　44, 47
一般的原理　46, 80n, 108n
一般的制約　24, 151
一般動詞　77, 80, 156
一般命令的仮定法（general mandative subjunctive）　264n
意味解釈　91, 110, 118, 118n
意味概念　260
意味機能　110, 111, 122
　～の衝突　100
意味情報　111
意味(的)特性　128, 133n, 260
意味的に空虚な仮定法　113
意味的・認知的制約　123
意味的・認知的メカニズム　137n
意味内容　256
意味の化合　137n, 139n
意味の複合体　138n, 205n
意味の余剰(性)　260
意味役割（semantic role）　80n
意味要素　120
依頼　90, 116, 267
印欧語族（Indo-European family）　259n
インターフェイス（interface）　79n
インド　233
　～英語　238-240

### 【う】

ウィクリフ派聖書（the Wycliffite Bible, the Lollard Bible）　141n, 170, 181, 182, 186
ウィトチャーチ聖書　→大聖書
受け皿　199
　言語学的～　199n
受け身　48, 217n, 220n, 242
迂言的仮定法（periphrastic subjunctive）　256, 260, 264n, 266n
迂言の do（periphrastic do）　41n
疑い　231n
埋め込み文（embedded sentence）　91,

171

**[え]**

英語学習者　71
英語教育　71, 239
英語圏　211, 217, 233
英語の発達過程　82
英語発達史　255
英語母語話者　46n, 106n, 186, 264n
英語翻訳聖書　167, 185
エボニックス（Ebonics）　85
絵文字　172
エリザベス朝時代　111
演劇作品　222n
演劇テキスト　232
演算子（operator）　28-30, 102, 103, 204n
　〜による認可　28, 29

**[お]**

オーストラリア　217, 222, 232, 236n, 239
　〜英語　229, 232n, 236, 252
重い要素　80
オランダ語　40
音声形　70
音声的特徴　69
音調　258

**[か]**

下位範疇化（subcategorization）　97, 102, 111
下位理論　80n
会話的表現　232
顔文字　172
書かれた英語　232, 233
隠された条件　6
格
　〜の照合（Case checking）　45
　〜の付与（Case assignment）　45

隠れた主節　205n
過去形動詞　7, 225, 228
過去時制　2n, 11, 201
過去分詞形　152
カタロニア語　27, 28, 30, 33
仮定法　1, *passim*
仮定法演算子（subjunctive operator）　66n, 102, 115
仮定法過去　1, 2, 5, 7-9, 31, 150, 201, 205, 217, 220
仮定法過去完了　1, 2, 2n, 31, 205
仮定法原形　1, 14
仮定法現在　1, 14, 16, 31, 32, 38, 39, 41, 52, 68
仮定法現在（形）動詞　16, 19, 20, 21n, 36, 70
仮定法現在動詞 + not　241
仮定法現在の使用率　223
仮定法（現在の）認可条件　183n, 186
仮定法使用状況　211, 214n, 228, 229, 235, 238, 262
仮定法節　16, 20, 22, 24, 26-28, 31, 32, 33n, 36, 38, 40, 41, 45, 47, 49, 50, 54, 56-58, 67-69, 217
　〜認可　28, 30, 34n
　〜の使用頻度　220n, 221, 229, 230, 238, 239, 255
　〜の認可要素　133n, 138, 141, 195, 198, 201, 203
　〜の認可要素探し　182, 189
　〜の引き金　→引き金
　形態上の〜　113, 115
　実質的な〜　115
仮定法的極性表現（subjunctive polarity item）　3n
仮定法（節）と疑問文の混交　111, 114, 256
仮定法動詞　1, 3n, 9, 12, 14, 17, 18, 24, 29, 31, 35, 36, 38, 46, 51, 53, 66n, 67
仮定法による wh 疑問文（*wh*-subjunctive）　102
仮定法認可（要素）　34n, 35n, 204n

仮定法の衰退　220, 229
仮定法の衰微　259
仮定法の素性　14
仮定法の退行現象　259n
仮定法の伝播　6, 10, 11, 14n, 30, 35, 201, 204n, 205, 205n, 206n
仮定法の力　9, 12, 14
仮定法の砦（stronghold of the subjunctive）　217n, 220n
仮定法否定構造　252
仮定法非同一指示効果（Subjunctive Disjoint Reference (SDR) effect）　33n, 68
カナダ　217
軽い要素　80
関係節　4, 5, 9, 33, 35, 159, 165, 165n, 166n, 169, 170, 172, 172n, 175n, 191, 203n
　限定的〜　175n
　制限用法の〜　171
　非制限用法の〜　171
関係代名詞　108n, 159, 159n, 166n, 169
関係副詞　108n
勧奨的仮定法（hortatory subjunctive）　172n
感情の should（emotional *should*, emotive *should*）　72, 73
間接疑問文（indirect question）　24, 91, 97, 102, 103, 149, 151, 195, 213n, 256
間接的発話行為（indirect speech act）
　→発話行為
間接的命令文（indirect imperative）　257
間接話法　7, 112, 132n
感嘆文　73, 90
願望　16, 73, 90, 145n, 170, 175
勧誘的コメント　220n
完了形　160
　自動詞の〜　160
完了相動詞　79n
完了の助動詞　159
関連性（relevance）　16

[き]

祈願　146n, 189n
祈願文　90, 125, 126, 127n, 146n, 167, 169, 171, 173n, 186, 189
祈願法　259n
希求（desire）　205n
帰結節（apodosis）　2n, 177, 266
疑似仮定法の should（quasi-subjunctive *should*）　73
疑似分裂文（pseudo-cleft sentence）　21n
記述的内容（descriptive content）　89
期待（expectation）　205n
基底構造（underlying structure）　51, 88, 249n
疑念性（doubt）　145n
機能主義（functionalism）　58, 64, 65
機能範疇（functional category）　78n, 79, 79n, 84, 84n, 85
規範文法（prescriptive grammar）　215n
疑問詞　93, 99, 104, 150, 196, 256
疑問文　28, 33, 73, 89, 90-92, 204n
疑問文形態素（Q）　28, 29, 105
疑問平叙文（queclarative）　174n
疑問命令文　90
義務　263
旧約聖書　144n, 209
強調のストレス　35n
強調の do　41n
共通語化（koinéization）　223
強変化動詞　258n
極小主義（Minimalist Program）　34n, 45n
局所性　29, 204n
局所(的)制約　203n, 204n
局地化（localization）　31
許容度　49
ギリシア語　172n, 199n
ギリシア語原典版(聖書)　172n, 198
疑惑　145n, 175n
近代英語（Modern English, ModE）　53, 245

後期～（Late Modern English, LModE）　84, 254
初期～（Early Modern English, EModE）　35, 42n, 54, 75, 76, 84, 85, 141, 142n, 151, 154, 206n, 246n, 254
欽定訳聖書（the Authorized Version（AV），King James Version（KJV））　42n, 76, 125, 178n

【く】

クイズ疑問文（quiz（master's）question）　104
空演算子（null operator）　120
空の AGR（null AGR）　→ AGR
空の仮定法助動詞（null subjunctive modal）　77
空の法助動詞（null modal）　38
空範疇（empty category, null category）　46
空範疇原理（empty category principle, ECP）　108n
句構造規則（phrase structure rule）　31n, 38
屈折仮定法動詞（inflectional subjunctive verb）　258n
屈折形態素（inflectional morpheme）　84, 85
屈折語尾の消失　258n
屈折語尾変化　258n, 267n
屈折辞　→屈折要素
屈折的仮定法（inflectional subjunctive）　256
屈折範疇（AGR, Agr）　84
屈折要素（inflection, INFL, I）　38, 44, 45, 47, 53, 78, 81
繰り上げ規則（raising）　51, 53

【け】

繋辞（copula）　48

経験者　80n
形態上の仮定法節　→仮定法節
形態的区別　258
軽動詞（$v$）　78n
軽動詞句（$v^{max}$, $v$*P）　78n, 118n
ゲルマン語族　259n
原形動詞　51n, 87, 88, 95, 169, 177, 186, 188, 191
言語運用（performance）　12
言語使用（language use）　12, 211, 214
言語習得（language acquisition）　67, 68
　第一～　67, 68
　第二～　12
言語直観（linguistic intuition）　20n, 42n
言語的経験　11
言語能力（competence）　12
言語変化　216n, 259n
現在時制　2n
現実可能性　8
現代英語（Present-day English, PE）　20, 32, 35, 41n, 42n, 56n, 75, 77, 82, 85, 111, 125, 159, 171, 178n, 259
限定的関係節　→関係節
原典ギリシア語聖書　→ギリシア語原典版（聖書）
原典版ヘブライ語聖書　→ヘブライ語原典版聖書
原理 A　46, 47, 115n
原理 B　68

【こ】

古アイスランド語（Old Icelandic）　95
語彙項目（lexical item）　16, 17, 19, 22, 28, 29, 31, 33, 33n, 34n, 68, 101, 118n, 128
項（argument）　80n
行為（action）　256
後期近代英語　→近代英語
口語英語　208
口語化の現象（colloquialization）　238

口語体　234
口語的　237, 240
口語的ことば遣い　235
口語的表現　13n, 229
構成素否定（constituent negation）　→否定
構造的曖昧性（structural ambiguity）　250
構造的位置　26n
構造表示（structural representation）　29, 84n
肯定的動詞前副詞　117
肯定文　30, 131n
古英語（Old English, OE）　35, 83-85, 111, 127n, 132n, 152, 206n, 217, 255, 258n, 267n
国際的言語使用　223
黒人英語（Black English, African American Vernacular English (AAVE), African American English (AAE)）　85n
黒人日常英語（Black English Vernacular）　85
個人語（idiolect）　49, 65n
個人差　54
個人的会話　231, 235
古スウェーデン語（Old Swedish）　95
古スカンジナビア語（Old Scandinavian）　95
古代英語　149
古代ヘブライ語　165n
古典ギリシア語　112n
誤答選択肢（distractor）　216n
異なる種類の文　90n, 104
ことばによる描写（verbal representation）　256
ことばの乱れ　19
コーパス言語学　220
語尾変化　82
　豊富な～　82, 84, 85
個別文法（particular grammar）　11
語用論的説明　119, 120

語用論的な観点　120
根源法助動詞（root modal）　→法助動詞
痕跡（trace）　45, 174n

[さ]

再帰代名詞（reflexive pronoun）　45, 46, 115, 115n
最大項構造（full argument structure）　118n
指図（instruction）　73, 225
散文英語　231
散文体　220n
三位一体（the Trinity）　190
3人称単数現在動詞　181

[し]

シェイクスピア　129n, 153n, 158, 160, 170, 170n, 200, 246n
シェークスピア　→シェイクスピア
指示的時制（referential Tense）　45n
時制　11
　～上の不定性（temporal indefiniteness）　110
　～接辞　51n
　～素性　31n
　～の一致（sequence of tenses）　→時の一致
　～の選択　33n
　～文（tensed clause）　40, 70n, 79n
　～要素（T）　40, 51n, 66n, 70, 76, 87, 204n
質問　90, 111
指定部（specifier, Spec）　99
詩的古語用法　152
自動詞　160, 161
自動詞用法　163
自発的会話　235
島（island）　65n
自由変異（free variation）　256

従属疑問文　→間接疑問文
従属接続詞　128, 145n, 221n
主観的判断　72
主教(訳)聖書 (the Bishops' Bible)
　199n
縮約 (contraction)　70n
　〜化　69
　〜可能性　69
　〜形　69-71
　〜現象　69-71
主語指向の法助動詞 (subject-oriented modal auxiliary)　→法助動詞
主語・動詞の倒置　114n
主語の一致 (subject agreement)　78n
主語の取り出し　56
主語補文 (subject complement)　34n, 35n
主語名詞句 (subject NP)　61, 106
主節主語　34n, 68
主節動詞　5, 150
主節における仮定法　127n
主題　80n
受動態　→受け身
ジュネーヴ聖書 (the Geneva Bible)
　199n, 200n
主要語　→主要部
主要部 (head)　78, 79n, 99, 118n
純粋な疑問文　174n
準法助動詞 (quasi-modal)　262, 263
照応形 (anaphor)　46, 115n
照応現象　33n
照応的時制 (anaphoric Tense)　45n
上位の節　45
証言　146n
条件節　1-6, 2n, 17, 144n, 177, 266
条件文　67, 177, 266
承諾　189n
譲歩節　175
省略現象　250
初期近代英語　→近代英語
植民地停滞 (colonial lag)　253, 255
叙実述語 (factive predicate)　17

叙実性 (factivity)　17
叙想法 (subjunctive mood)　130n, 149
助動詞　80
助動詞縮約 (auxiliary reduction)　71
助動詞的動詞句 (Auxiliary VP)　79n
助動詞 do　41, 41n, 42n, 157n, 242
シンガポール　239
　〜英語　236
真偽値 (truth value)　116
進行形　48
進行相動詞　79n
心的惰性 (mental inertia)　11, 12
新約聖書　172n, 198, 209
心(理)的作用　11, 12

[す]

遂行的分析 (performative analysis)
　126, 127n, 205n
遂行動詞 (performative verb)　126, 127n
推定的 should (putative *should*)　72, 73
スウェーデン語　96, 96n
数量詞 (quantifier)　50, 51n, 52n, 54, 151n, 248n
スペイン語　17, 30, 33, 33n, 68, 102, 103, 114, 131n, 175n
スラブ系言語　17

[せ]

成句的表現 (idiomatic expression, idiom)　127n
制限用法の関係節 (restrictive relative clause)　→関係節
生成文法 (generative grammar)　11, 24, 36, 45, 77
成節子音 (syllabic consonant)　66n
接辞移動 (Affix Hopping)　78
接辞素性
　解釈可能な〜　118n
　解釈不可能な〜　118n

接続詞　3n, 8n, 32, 33, 75, 141, 149, 180, 203
接続法（subjunctive mood）　30, 113n, 246n
接続法現在（subjunctive present）　182
接続法第2式（Konjunktiv II, K2）　13n
接尾辞　259, 259n
接触節（contact clause）　159n
先行詞　166n
選択可能性　20n
前置詞句　31

[そ]

相互代名詞（reciprocal pronoun）　45, 46
操作詞（operator）　126n
挿入句　171, 172n
束縛理論（binding theory）　34n, 46, 47, 68, 115n
素性（feature）　82
　～構造　77
　～照合（feature checking）　85, 93, 99
　解釈不可能な～　99

[た]

第一言語習得　→言語習得
大聖書（the Great Bible）　200n
第二言語習得　→言語習得
代名詞　170
　～回避の原理（avoid pronoun principle）　34n
　～主語　34n
代用的使用法　19
代用理論（substitution theory）　267n
多重疑問詞同一節制約（Clause-Mate Constraint on Multiple WH）　105
多重wh疑問文（multiple wh-question）　104, 106, 107n, 108n
断言　90, 146n
単数形語尾　258

談話連結されたwh句（D-linked wh-phrase）　106

[ち]

地域的言語使用　223
誓い　146n, 189n
中英語（Middle English, ME）　35, 53, 75, 76, 83-85, 111, 127n, 220n, 255
中核的意味特徴　16
中部方言　152
直接的発話行為（direct speech act）　→発話行為
直説法（動詞）　1, 5, 17-20, 21n, 28, 30, 33n, 41, 44, 46, 51, 67, 70, 150, 169, 225, 227
　～を用いた仮定法節　223, 228, 237n
直接話法　7

[つ]

通時的研究　229

[て]

定（形）動詞　78, 81, 118n
定DP句（definite DP）　109
定性（definiteness）　110
停滞（lag）　254
定名詞句（definite NP）　109
ティンダル（訳）聖書（Tyndale's Bible）　170, 181, 182, 199n
出来事の状態（states of affairs）　256
データコーパス　223, 228, 233n, 240, 244
転移　139n
伝統文法　16, 36
伝統文法家　246n
伝播　→仮定法の伝播
デンマーク語　40

## [と]

問い返し疑問文 (echo question)　104
ドイツ語　13n, 40, 93, 127n, 131n, 251
同意　189n
等位項 (conjunct)　26, 26n
等位構造 (co-ordinate structure)　26, 26n, 250
等位接続 (coordination)　212n
同一指示 (coreference)　33n, 115n
同一内容命題 (the Same Content Thesis (SCT))　89
同格節　9
同格表現　188
統合 (synthesis)　267n
統語構造 (syntactic structure)　26n, 77, 85, 89, 90, 94, 118n, 202
統語的制約　107n
統語範疇 (syntactic category)　79n, 84n
動作主　80n
動詞移動　78
動詞句　51
　〜削除 (VP Deletion)　42n, 43n, 44n
　〜否定 (VP negation)　→否定
動詞繰り上げ (verb raising)　44, 45n, 51n, 52n, 53, 76, 77, 78n, 81-83, 85, 86n, 87, 88, 245, 249n
動詞繰り下げ (verb lowering)　78
動詞前副詞 (preverb)　→副詞
動詞の語形変化　81
動詞の語尾変化　81, 82, 84, 258
統率・束縛理論 (GB 理論) (government-binding theory)　34n, 45n, 46, 68, 78, 80n, 115n
統率範疇 (governing category)　46, 47, 115n
倒置　3n
　〜構文　3n
動的文法理論 (dynamic model of syntax)　137n, 252
東部方言　153

動名詞 (補文)　24, 44
時の一致　7-9, 8n, 12, 14, 201, 257, 259
特異命令的仮定法 (specific mandative subjunctive)　264n
独立文　126, 127n

## [な]

夏目漱石　121
南部ドイツの方言　92
南部方言　152

## [に]

二重制限 (double restriction)　159n
日常的散文　232
ニファル (態) 動詞 (niphal)　179n
に基づいて (be based on)　252
ニュージーランド　217, 222, 232, 239, 252
　〜英語　229, 233n, 236, 237n, 239n, 252
認可作用 (licensing operation, triggering operation)　29
認可作用の局所性 (locality of triggering)　29
認可条件 (licensing condition)　191
認可要素 (licenser, trigger)　3n, 26, 26n, 102, 128, 154, 163, 228
　〜探し　128
認識様態法助動詞 (epistemic modal)
　→法助動詞

## [の]

能動態　242
呪い　189n

## [は]

排他的な関係　90
破格構文　174n

発言動詞 (verbs of saying)　59n
発語内行為 (illocutionary act)　89
発語内の力 (illocutionary force)　127n
発話行為 (speech act)　89, 90, 94, 111, 127n, 171
　間接的〜　95
　直接的〜　95
発話様態動詞 (manner-of-speaking verb)　56, 58-64, 66, 67, 67n
発話力 (speech force, Force)　118n, 133n, 171, 257
発達停滞 (arrest of development)　253
話された英語　233
話しことば　235
話し手指向の法助動詞 (speaker-oriented modal auxiliary)　→法助動詞
嵌め込み文 (embedded sentence)　91, 246
嵌め込み命令文 (embedded imperative)　94-96, 154
反意述語 (adversative predicate)　119, 120
搬送　139n
バンツー語　33n

## [ひ]

比較構文　17, 26n
引き金 (trigger)　263n, 264n
　強い〜　264n
　弱い〜　264n
非現実性　4, 16, 112n
非現実的出来事　16, 17
非時制文 (tenseless clause)　79n
非叙実性 (non-factivity)　16
非制限用法の関係節 (non-restrictive relative clause)　→関係節
非対格動詞 (unaccusative verb)　151, 161, 163n
非断定性　16, 17
否定　117

構成素〜 (constituent negation)　48
　強い〜　189n
動詞句〜 (VP negation)　48, 49
文〜　43n, 48, 49
否定句 (NegP)　78n, 79n
否定語　49, 50, 53, 75-77, 88, 151, 154, 245, 246n
否定構造　79n, 244-246, 251, 252
否定構文　240, 242, 244, 246n, 252
否定対極表現 (negative polarity item, NPI)　17
否定文　28-30, 41, 47, 54, 76, 77, 94, 103, 154, 204n, 245
否定を表す動詞前副詞 (negative pre-verb)　117
非難　189n
否認　175n
非人称主語　33
非命令的仮定法 (non-mandative subjunctive)　265n
非命令的法助動詞　264n
非命令的補文　264n
表示レヴェル　79n
標準英語　152, 208
標準的語法　218
表層構造　61
表面的構造　250
頻度を表す副詞　→副詞
非θ位置 (non-θ-marked position)　67n

## [ふ]

フィリピン　233
　〜英語　233
フェーズ (phase)　118n
不確実　145n
深さ制約 (depth constraint)　24, 26, 26n
付加詞 (adjunct)　67n
複合的語彙項目　137n
副詞　50-52, 51n, 54, 79n, 116
　動詞前〜　95n, 116, 151n, 248n

頻度を表す〜　248
　文〜　116
　法(的)〜　116
副詞句（AdvP）　31, 79n
副詞節　14, 14n, 32, 125, 156
複数形語尾　258
複数主語名詞　→複数名詞主語
複数名詞主語　130n, 133n, 150, 153, 165n, 166n, 181, 183, 195, 196
不確かさ　230n
復活（revival）　254
不定関係節（indefinite relative clause）　149
不定 DP 句（indefinite DP）　109
不定詞　24, 44, 46, 85, 153
不定詞構文　20n
不定詞補文（infinitival complement）　24
不定性（indefiniteness）　109, 110
　時制上の〜（temporal indefiniteness）　109, 110
不定名詞句（indefinite NP）　109
不特定法助動詞（unspecified modal）　38
不変の be（invariant be）　85n
普遍文法　11, 79n
フランス語　20, 33, 78-81, 127n, 176n
文幹（sentence-radical）　89
文語的　214n, 220n, 221n, 222, 232, 233, 236-238
文語的色彩　215n, 229
文語的用法　125
分析（analysis）　267n
文体的区別　234
文の種類（sentence type）　90, 94
文の発話力　118n
文副詞（sentential adverb）　→副詞
文法化（grammaticalization）　111
文法性（grammaticality, grammaticalness）　20n, 36n, 49, 56n, 65n, 173n
文法的制約　105
文法理論　201
文脈素性（contextual feature）　31

【へ】

平叙文　89, 90, 92, 94
ヘブライ語　128n, 179, 179n, 184, 185, 199n
ヘブライ語原典版聖書　178, 180, 184, 186, 187, 189, 193, 199
ヘブライ語の慣用　178n
ヘブライ語法　178n

【ほ】

母音の弱化　258
方言　49
方言差　36n, 54
法（mood）　→ムード
法助動詞（modal auxiliary, M）　1, 2, 5, 21n, 38, 40, 70n, 81, 117, 174n, 177, 180, 183, 191, 225, 233n, 247n, 260, 261, 263, 267n
　根源〜（root modal）　40, 118n, 261, 267n
　主語指向の〜　118n
　状況指向の〜　118n
　話し手指向の〜　118n
　認識様態〜（epistemic modal）　40, 117, 118n, 119, 261, 267n
法助動詞(以前)((pre-)modal)　259n
法性（modality）　84, 111, 116
法性要素　3n
　仮定法を形成する〜（subjunctive modal）　3n
法(的)副詞（modal adverb）　→副詞
法の選択（mood choice）　17
法律関係文書　237
北部方言　152
母語話者　12, 20n, 27n, 36
補文構造（complement construction）　24, 31, 256
補文標識（complementizer, COMP, Comp）　34n, 54, 56n, 61, 66n, 91, 93,

96, 98, 117, 118n
本動詞 (main verb)　41, 44, 77

### [み]

南アフリカ　217
　〜英語　239
ミニマリスト　→極小主義

### [む]

ムード (mood)　84, 84n, 85, 112n, 175, 259n

### [め]

名詞句移動　45, 46
名詞句主要部　139n
命題 (proposition)　100, 256
命令　90, 175
命令的仮定法 (mandative subjunctive)　68, 73, 95n, 97, 151, 233n, 254, 263n
命令的直説法 (mandative indicative)　225, 226
命令的 should (mandative *should*)　223
命令文　8n, 51n, 89-91, 133n, 154, 172n, 173n, 188
命令文の習得　68
命令法　1, 84, 172n, 259n
命令法動詞　1, 95

### [も]

目標言語 (target language)　12
目的語の位置への繰り上げ (raising to object)　66n
目的語の一致 (object agreement)　78n
目的語引き上げ (object raising)　78n
目的語＋原形不定詞　200
モーセ五書 (Pentateuch)　209, 209n

### [ゆ]

融合 (Merge)　118n
融合操作　118n

### [よ]

要求　267
要求を表す動詞 (verbs of requesting)　21n
幼児の言語　86, 88
幼児の文法　86, 87
要素の取り出し　57, 58, 65, 65n
様態要素 (modal element, "neustic")　89
容認可能性 (acceptability)　108n
ヨシュア記 (Joshua)　209n
ヨナ書 (Jonah)　209

### [ら]

ラテン語　95n, 114, 176n
ラテン語文法　214n
ラテン語訳聖書 (the Vulgate)　141n

### [る]

ルーマニア語　176n

### [れ]

レキシコン　118n
歴史的発達　73
歴史的変化　83
歴代志下 (II Chronicles)　209n

### [ろ]

ロシア語　33n, 68
ロマンス系言語　17, 30, 33n
論理形式 (Logical Form (LF))　117
論理形式部門 (LF component)　117

## 【わ】

話法の転換　8
話題化（topicalization）　34n, 35n

## 【英語】

AAE（African American English）　85n
AAVE（African American Vernacular English）　85n
ACE Corpus（Australian Corpus of English）　233n
AdvP　79n
AGR, Agr（Agreement）　47, 78n, 79n, 82
　　空の〜　77
　　強い〜　80, 84n
　　透明な〜（transparent AGR）　84n
　　不透明な〜（opaque AGR）　84n
　　弱い〜　80, 84n
Agr$_o$　→目的語の一致
Agr$_s$　→主語の一致
AgrP（Agr Phrase）　79n
and + not + 不定詞　250
ARCHER（A Representative Corpus of Historical English Registers）　254
AUX, Aux（Auxiliary）　38, 77, 84n
AV（the Authorized Version）　→欽定訳聖書
Bancroft's Rules　199n
be 動詞　41, 77, 82, 83, 85-87, 151, 152, 160, 217n, 220n, 233n
be/have 動詞　151n
be/have + not の語順　→ have/be + not の語順
Bishops Bible　→ Bishops' Bible
Bishops' Bible　200n
*bring it about*　32
Brown コーパス　222n, 225, 239
c-command　3n
Cobuild Direct Corpus　252
COCA（the Corpus Contemporary American English）　228
COHA（the Corpus of Historical American English）　243n
COMP　→補文標識
CP（Complementizer Phrase, Comp Phrase）　118n
D 構造（D-structure）　36
do 支持（*do*-support）　86n
do 挿入（*do*-insertion）　44, 86, 86n
ECP（Empty Category Principle）　→空範疇原理
FLOB コーパス　239
FP　→ TP
GB 理論　→統率・束縛理論
Geneva Bible　→ジュネーヴ聖書
Have-Be 繰り上げ（*Have-Be* raising）　44, 45, 47, 77, 249n
have/be 動詞　77, 78, 81, 88
have/be + not の語順　47, 247n
have 動詞　41, 77, 82, 160
if 節　5, 144n, 194, 203, 206n
I　→ INFL
ICE（International Corpus of English）　234
INDEFINITES　→時制上の不定性
INFL　→屈折要素
*in order that*　142n
IP（Inflectional Phrase）　78, 78n
Jespersen　2n, 5n, 8n, 11, 12, 72, 112n, 130n, 145n, 149, 153, 259n
KJV（King James Version）　→欽定訳聖書
*know*　194, 195, 199
Kolhapur Corpus　238, 240
K2（Konjunktiv II）　→接続法第 2 式
let us 構文　157
LF 移動（LF Movement）　45n
LF 操作（LF operation）　120
LGSWE（Longman Grammar of Spoken and Written English）　264n

索　引

LOB コーパス　222n, 225, 239
M (Modal) →法助動詞
ME (Middle English) →中英語
[−WH]　99
−Wh 命令文 (−Wh-imperative)　92, 93
Mood →ムード
ModE (Modern English) →近代英語
MoodP (Mood Phrase)　84, 84n, 85
Neg　28, 29, 79n
NegP →否定句
not+仮定法現在動詞　241, 242, 244, 246n, 247
not+V の語順　157, 157n
null modal →空の法助動詞
OE (Old English) →古英語
Op (Operator) →演算子
Ormulum　112
Oxford 標準版　128n
Pilgrim Fathers　247n
[+finite] →時制要素
[+Mood]　84n
[+Subj]　31, 31n
[+WH]　99-101
+Wh 補文　93
+Wh 命令文 (+Wh-imperative)　92, 93
[±AGR]　44
[±Tense]　44
PREV (Preverb)　88, 249n
PREV+have/be　249n
PRO　33n
pro　33n
Q →疑問文形態素
QM (quasi-modal) →準法助動詞
que 補文　109
rhetorical question　170
*say*　32, 32n, 130n, 131n
sequence of moods の現象　206n
Shakespeare →シェイクスピア
should 消去 (*should* deletion)　250, 251n
should の歴史的発達　73

-s 仮定法 (-s subjunctive)　224n
*so help me* (*God*)　145n
Spec (Specifier)　79n
SUBJ (subjunctive)　31n, 38
TENSE (tense)　38
[Tns$_{Subj}$]　31n
that 構文　46n
that 痕跡効果 (*that*-trace effect)　46, 58, 61
that 消去　54-67, 56n, 64n, 65n, 66n, 67n, 238, 240
that 節 (補文)　15, 21n, 108, 125, 151
*that*-t　46, 61
*the powers that be*　152
$\theta$ 基準 ($\theta$-criterion)　80, 80n
$\theta$ 標示 ($\theta$-mark)　67n
$\theta$ 理論 ($\theta$ theory)　80, 80n
$\theta$ 連鎖 ($\theta$-chain)　80
$\theta$ 役割 ($\theta$-role)　80, 80n
$\theta$ 役割付与 ($\theta$-role assignment)　80
*think*　129n
TIME Corpus　228
TP (Tense Phrase)　78n
*tradition*　23n
Tyndale 訳聖書 →ティンダル聖書
Tyneside English　70n
V+not の語順　156n
*v*P →軽動詞句
*wanna* 縮約 (*wanna*-contraction)　71n
*want*　21n
were 仮定法　233n
W 動詞 (W-verb)　21n
whether 構文　46n, 101, 256
wh 移動　45, 61, 99, 109, 174n
wh 疑問文　91, 102, 105
wh 疑問演算子 (*wh* operator)　102, 110
wh 補文　102
*wh*-subjunctive →仮定法による wh 疑問文
Wycliffe 派訳聖書 →ウィクリフ派訳聖書
yes-no 疑問文　17

**著者紹介**

千葉修司（ちば　しゅうじ）

　1942年福井県生まれ。1965年東京教育大学文学部（英語学専攻）卒業。1968年同大学大学院修士課程（英語学専攻）修了。1970年同大学大学院博士課程（英語学専攻）中退。大妻女子大学専任講師、津田塾大学教授を経て、現在、津田塾大学名誉教授。

　主な著書・論文：*Present Subjunctives in Present-Day English*（篠崎書林、1987）, "On Some Aspects of Multiple Wh Questions" (*Studies in English Linguistics* 5, 1977), "On Transitive Verb Phrase Complementation in English" (*English Linguistics* 2, 1985), "Non-localizable Contextual Features: Present Subjunctive in English" (H. Nakajima (ed.), *Current English Linguistics in Japan*, Mouton de Gruyter, 1991), "Licensing Conditions for Sentence Adverbials in English and Japanese" (S. Chiba et al. (eds.), *Empirical and Theoretical Investigations into Language*, 開拓社、2003).

---

開拓社叢書23

## 英語の仮定法
──仮定法現在を中心に──

ISBN978-4-7589-1818-3　C3382

| | | |
|---|---|---|
| 著作者 | 千葉修司 | |
| 発行者 | 武村哲司 | |
| 印刷所 | 日之出印刷株式会社 | |

2013年10月25日　第1版第1刷発行Ⓒ

発行所　株式会社　開拓社
〒113-0023　東京都文京区向丘1-5-2
電話　（03）5842-8900（代表）
振替　00160-8-39587
http://www.kaitakusha.co.jp

JCOPY ＜(社)出版者著作権管理機構　委託出版物＞
本書の無断複写は、著作権法上での例外を除き禁じられています。複写される場合は、そのつど事前に、(社)出版者著作権管理機構（電話 03-3513-6969, FAX 03-3513-6979, e-mail: info@jcopy.or.jp）の許諾を得てください。